《大学生健康教育与用药指导》

编 委 会

主　编　聂　丽（武汉生物工程学院）

副主编　赖晓晶（武汉生物工程学院）

吴　杰（武汉生物工程学院）

廖生俊（武汉大学中南医院）

王文娟（武汉市妇女儿童保健中心）

前　言

《"健康中国 2030"规划纲要》明确提出,"加大学校健康教育力度。将健康教育纳入国民教育体系,把健康教育作为所有教育阶段素质教育的重要内容"。健康是青少年全面发展的基础,加强高校健康教育、提升学生健康素养,是贯彻落实党的教育方针、全面实施素质教育、促进学生全面发展、加快推进教育现代化的必然要求,是贯彻落实《"健康中国 2030"规划纲要》,建设健康中国,全面提升中华民族健康素质的重要内容。

高校健康教育是中小学健康教育的延续和深化,是全民健康教育的重要组成部分。本书旨在从健康生活方式、疾病预防、性与生殖健康、安全应急与避险等方面,帮助学生增强防病意识,掌握常见疾病的预防原则和常规措施;树立现代健康意识,养成文明健康的生活方式;掌握常见突发事件和伤害的应急处置方法,提高自救与互救能力。

本教材是根据教育部关于《普通高等学校健康教育指导纲要》的通知,按照学校制定《学生健康生活及疾病预防工作方案》的要求进行编写的。本书集中了一批有丰富高校教学经验的教师、有健康教育工作经验的执业医师和有药学指导工作经验的执业药师进行编写,在此对他们的辛勤付出致以衷心的感谢。本书还引用了一些学者的资料和图表,也在此对相关作者表示诚挚的感谢。

聂丽

2018 年 2 月

DAXUESHENG JIANKANG JIAOYU
YU YONG YAO ZHIDAO

大学生健康教育与用药指导

聂丽　主编

長江出版傳媒
湖北科学技术出版社

图书在版编目（C I P）数据

大学生健康教育与用药指导 / 聂丽主编. -- 武汉：湖北科学技术出版社, 2018.5
ISBN 978-7-5352-9928-4（2025. 7 重印）

Ⅰ. ①大… Ⅱ. ①聂… Ⅲ. ①大学生－健康教育 Ⅳ. ①G647.9

中国版本图书馆 CIP 数据核字(2017)第 306524 号

责任编辑：冯友仁　　封面设计：曾雅明

出版发行：湖北科学技术出版社　　电话：027-87679447
地　　址：武汉市雄楚大街 268 号　　邮编：430070
（湖北出版文化城 B 座 13-14 层）
网　　址：http://www.hbstp.com.cn

印　　刷：武汉邮科印务有限公司　　邮编：430205

787×1092　1/16　20.25 印张　520 千字
2018 年 5 月第 1 版　　2025 年 7 月第 8 次印刷
定价：55.00 元

本书如有印装质量问题 可找承印厂更换

目 录

第一章　大学生健康与健康促进

健康是促进人的全面发展的必然要求，是经济社会发展的基础条件。实现国民健康长寿，是国家富强、民族振兴的重要标志，也是全国各族人民的共同愿望。

党和国家历来高度重视人民健康，新中国成立以来特别是改革开放以来，我国健康领域改革发展取得显著成就，城乡环境面貌明显改善，全民健身运动蓬勃发展，医疗卫生服务体系日益健全，人民健康水平和身体素质持续提高。2015 年我国人均预期寿命已达 76.34 岁，婴儿死亡率、5 岁以下儿童死亡率、孕产妇死亡率分别下降到 8.1‰、10.7‰和 20.1/10 万，总体上优于中高收入国家平均水平，为全面建成小康社会奠定了重要基础。同时，工业化、城镇化、人口老龄化、疾病普遍化、生态环境及生活方式变化等，也给维护和促进健康带来一系列新的挑战，健康服务供给总体不足与需求不断增长之间的矛盾依然突出，健康领域发展与经济社会发展的协调性有待增强，需要从国家战略层面统筹解决关系健康的重大和长远问题。

第一节　健康的概念

一、什么是健康

健康是指一个人在身体、精神和社会等方面都处于良好的状态。健康包括两个方面的内容：一是主要脏器无疾病，身体形态发育良好，体形均匀，人体各系统具有良好的生理功能，有较强的身体活动能力和劳动能力，这是对健康最基本的要求；二是对疾病的抵抗能力较强，能够适应环境变化，适应各种生理刺激及致病因素对身体的作用。

传统的健康观是“无病即健康”，现代人的健康观是整体健康，世界卫生组织提出“健康不仅是躯体没有疾病，还要具备心理健康、社会适应良好和有道德”。因此，现代人的健康内容包括躯体健康、心理健康、心灵健康、社会健康、智力健康、道德健康、环境健康等，健康是人的基本权利。

现代健康的含义并不仅是传统所指的身体没有病而已，根据“世界卫生组织”的解释：健康不仅指一个人身体有没有出现疾病或虚弱现象，而是指一个人生理上、心理上和社会上的完好状态，这就是现代关于健康的较为完整的科学概念。

现代健康的含义是多元的、广泛的，包括生理、心理和社会适应性 3 个方面，其中社会适应性归根结底取决于生理和心理的素质状况。心理健康是身体健康的精神支柱，身体健康又是心理健康的物质基础。良好的情绪状态可以使生理功能处于最佳状态，反之则会降低或破坏某种功能而引起疾病。身体状况的改变可能带来相应的心理问题，生理上的缺陷、疾病,特别是顽疾,往往会使人产生烦恼、焦躁、忧虑、抑郁等不良情绪,导致各种不正常的心理状态。作为身心统的人,身体和心理是紧密依存的两个方面。

二、健康的标准

(一)世界卫生组织给健康提出了十条标准

(1)有足够充沛的精力,能从容不迫地应付日常生活和工作的压力。

(2)处事乐观,态度积极,乐于承担责任,不挑剔事务的巨细。

(3)善于休息,睡眠良好。

(4)应变力强,能适应环境的各种变化。

(5)能够抵抗一般性感冒和传染病。

(6)体重得当,身体均匀,站立时,头、肩、臂位置协调。

(7)眼睛明亮,反应敏锐,眼睑不发炎。

(8)牙齿清洁,无空洞,无痛感,牙龈颜色正常,无出血现象。

(9)头发有光泽,无头皮屑。

(10)肌肉、皮肤有弹性,走路感到轻松。

(二)健康指数的简单测定标准

(1)体温:正常人体温 37 ℃,一天相差不超过 1 ℃。

(2)呼吸:卧位为 14～16 次/分,坐位为 16～18 次/分,站位为 18～20 次/分,休息时为 15～18 次/分。

(3)心率:正常值为每分钟 60～80 次。

(4)血压:成年人正常血压,男性为 120/80 mmHg;女性比男性略低 5～10 mmHg,40 岁以上,年龄每增加 10 岁,收缩压增高 10 mmHg。

(5)肺活量:男性平均为 3 470 mL,女性 2 400 mL。肺活量随年龄的增加而下降。

(三)健康的生活方式

世界卫生组织向世界推广健康的生活在方式的基本原则是:不吸烟,少饮酒,平衡膳食,注意锻炼。医学专家提出下列几项生活方式可以减少疾病,增加寿命。

(1)每天正常规律的三餐而不吃零食。

(2)每天都吃一顿丰盛的早餐。

(3)每周至少有 3 次体育锻炼,锻炼时心率应达到一定水平,如 120 次/分。

(4)保持每天 7～8 h 睡眠。

(5)不吸烟。

(6)体重不超过标准体重的 20%。

(7)少饮酒,不喝烈性酒。

上述 7 项能经常做到 6 项或 7 项的人比只做到了 3 项及做不到 3 项的人平均寿命长 11 年。

第二节　健康中国2030

《“健康中国2030”规划纲要》是为推进健康中国建设，提高人民健康水平，根据党的十八届五中全会战略部署制定。由中共中央、国务院于2016年10月25日印发并实施。

中华人民共和国成立特别是改革开放以来，我国健康领域改革发展成就显著，人民健康水平不断提高。同时，我国也面临着工业化、城镇化、人口老龄化，以及疾病谱、生态环境、生活方式不断变化等带来的新挑战，需要统筹解决关系人民健康的重大和长远问题。

“健康中国2030”规划纲要是今后15年推进健康中国建设的行动纲领。要坚持以人民为中心的发展思想，牢固树立和贯彻落实创新、协调、绿色、开放、共享的发展理念，坚持正确的卫生与健康工作方针，坚持健康优先、改革创新、科学发展、公平公正的原则，以提高人民健康水平为核心，以体制机制改革创新为动力，从广泛的健康影响因素入手，以普及健康生活、优化健康服务、完善健康保障、建设健康环境、发展健康产业为重点，把健康融入所有政策，全方位、全周期保障人民健康，大幅提高健康水平，显著改善健康公平。

规划纲要一共包括八篇，共29个章节的内容，具体可参考相关文件。

第二章 身体与疾病信号

身体健康是成功与幸福的基础，拥有健康的体魄，远离疾病的侵袭，是每个人的愿望。但疾病总是防不胜防，细菌感染、饮食不洁、精神压力等都可能触动疾病的开关，让人措手不及。其实每个人的身体都是一个医生，它每天都在不停地向我们传递着机体活动的信息，告诉我们自己的健康状况，身体会向我们传递一些疾病的信号，以示警告。对疾病信号的重视，在很大程度上决定着疾病的转归，甚至一个人一生的生存质量乃至寿命的长短。

健康是靠丰富自我保健知识，增强自我保健能力来达到的，而不仅仅是靠打针吃药。现实生活中，人们往往过于依赖医生、药物和医疗设施，很少重视自身的作用，要知道你才是自己健康的掌权人。因此，了解疾病的信号、准确描述疾病的信号对我们非常重要。

第一节 头面部疾病信号

一、头发颜色出现异常

东方人的头发以黑而有光泽为人体健康的标志，如果发色异常，则表示身体的某个部位出了问题，应及时检查。

（一）异常发色与疾病信号

(1)白发。中年人出现白发是正常的生理衰老现象，并不是病态。而青少年头发斑白或全白，则为肾气亏乏的标志，如果伴有心虚症状，则为耗伤心血所致。如果头发是在短时间内变白的，且伴有面红口苦，烦躁易怒，则为肝病的表现。另外，动脉粥样硬化、结核病、贫血、斑秃、白癜风等疾病也可能引起白发。因此，如发现头发短期内不明原因变白，应及时到医院检查。

很多人年纪轻轻就满头白发，确实不美观。对于白发的处置方法就是见一根拔一根，这是非常不科学的。如果出现了“早生华发”的现象，不要随便拔，因为，强行把头发拔掉会伤害发根，特别是拔的太多还可能引起皮囊炎。最好的方法应该是立即就医，找出生白发的原因，然后对症下药。

(2)红发。头发变成红色或红褐色，是铅、砷中毒的表征。

(3)黄发。头发发黄且干枯稀疏，是体虚、精血不足或营养不良的表现。

(4)黑发。黄种人的发色虽多为黑色或黑褐色，但如果头发过分漆黑也不是正常现象。当发色过黑或突然变黑，则有可能是癌症的表征。

无论什么样的异常发色，都有可能预示着疾病，因此当头发颜色异常时，应进行必要的检查，并采取必要的预防与治疗措施。

（二）治疗与保健方案

（1）一个月修剪一次头发，有利于发质的健康。

（2）芝麻中含有大量的维生素 E，多吃可使头发乌黑亮丽。

（3）在洗发后用啤酒润发，可以使头发变得柔软易梳理。

（4）吹风机的热风是破坏发质的第一杀手，所以洗发后，最好让头发自然风干。

（5）洗头后，不要湿着头发睡觉，否则易早生白发。

（6）把吃剩的沙拉油和鸡蛋抹在头发上，然后反复梳理，再用毛巾包起来，大约半小时后冲掉，经常做可以使发质明显改善。

二、严重脱发

脱发是一种十分常见的病症，男女皆有可能患病。12～40 岁的男性时常会有局部小面积脱发现象，但大多数会重新长出头发。女性在更年期后，有时也会脱发，但不像男性那么严重。脱发的主要症状是斑形脱落或全面稀疏，斑形脱发，通常在 6～12 个月之内即会恢复正常。脱发的病因很多，月经、怀孕都可使人脱发或改变发质。有些药物，特别是致癌药物，也可使头发脱落。

通常只有瘢痕与遗传性的秃脱发是永久的，若是其他原因的脱发，头发一般会逐渐长出。如因服用某些药物引起头发脱落，在停服该药后，头发便能重新长出。因重病、怀孕或口服避孕药而引起的脱发，多会持续 6 个月以上。因此，当出现脱发现象时，可到医院查明病因，对症下药，病愈后头发即可重新长出。

（一）判断脱发程度

（1）脂溢性脱发。脱发在 50～150 根的为轻度脱发；脱发在 100～250 根，且头屑增多，头发油腻的为中度脱发；脱发在 250 根以上，头屑增多，头皮油腻，形成区域面积脱发且头痒异常为重度脱发(图 2-1)。

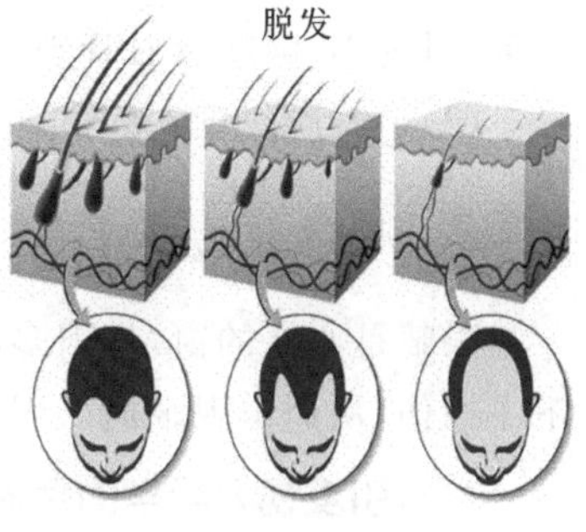

图 2-1　脱发的程度

（2）神经性脱发。脱发在 50～150 根的为轻度脱发；脱发在 100～250 根，并出现块状脱发的为中度脱发；脱发在 250 根以上，出现块状脱发且脱发位置具有游走性，脱发面积加大的为重度脱发。

（3）斑秃、全秃。头发迅速脱落，每次脱发约 100 根的为轻度脱发；出现独立的局部性成片头发脱落的为中度脱发；逐渐扩大至全秃，头皮光滑发亮的为重度脱发。

（二）治疗与保健方案

（1）勤洗发。洗发可以除去灰尘、止头痒，有利于头部皮肤的呼吸，以每周洗发 4～7 次为宜。洗发时不要用太烫的水，不宜用脱脂性较强的洗发液，应边搓边按摩。

（2）勤梳头。每日早、中、晚梳头 10 次，可边梳边按摩头皮，以增强发根部的血液供应和头发的营养。梳头时最好用木梳或牛角梳，头发湿润时不要梳刷，以免损伤发质。

(3)消除压抑感。压抑的程度越深,脱发的速度也越快。经常进行深呼吸,散步,做松弛体操等,保持充足的休息和睡眠,可消除精神疲劳。

(4)多吃含碱性物质的新鲜蔬菜和水果。脱发及头发变黄的因素之一是由于血液中有酸性毒素,原因是体力和精神过度疲劳。因此可多吃白菜、生菜、胡萝卜、西瓜、香蕉、草莓、板栗、柿子等碱性食物。

三、眼皮跳个不停

民间有句话说"左眼跳财,右眼跳灾",这是不科学的说法。事实上,频发的眼皮跳,不论是左眼还是右眼,都是身体不适所致。

(一)眼皮跳的原因

长期眼皮跳,可能是动脉硬化症的预示。主要症状为眼皮跳、头昏、头痛、疲乏、嗜睡、注意力不集中、四肢麻木、记忆力差等。如果治疗不及时,很有可能导致瘫痪,甚至死亡,因此,当出现类似该病症状时,一定要及时检查,抓紧治疗。

频繁的眼皮跳也可能是由血虚引起的。中医认为久病过劳而导致心脾损伤,或肝脾血虚生风也可导致眼皮跳。其中,若是由心脾损伤引起的,常伴有失眠健忘、心烦心悸、食少体倦等症状;若是因血虚生风引起的,常伴有眉、额、面、口角等部位相互作用而不能自控。

(二)治疗与保健方案

(1)饮食要低胆固醇、少盐少糖。多吃新鲜蔬菜瓜果,有助于防止动脉粥样硬化。

(2)烟中的尼古丁可使血中胆固醇浓度升高,加速动脉粥样硬化;酒精易增高胆固醇含量,引发心、脑动脉血管硬化。因此,应戒烟限酒。

(3)平时应注意吃好早餐,保证充足的睡眠。

四、眼睛视力突然改变

眼睛是心灵的窗户,很多眼睛的病害并非眼睛本身引起的,而是某些疾病在眼底留下了损伤,从而出现眼病。因此当视力改变时,要做好与疾病大干一场的准备。

(一)引发视力异常的疾病

(1)视神经炎。是指因血液循环障碍而突然损失部分视力的眼病,多见于中年人。其主要症状为一只眼睛的部分视力丧失,并在数天后慢慢好转,1~2 个月内视力几乎完全恢复。由于视神经炎可能与脑脊髓多发性硬化有关,因此当出现持续眼痛,或一只眼睛看不见东西时,应该马上就医。

(2)颈椎病。由于颈部有交感神经分布,如果颈椎因骨质增生而压迫到此神经,就会牵扯到交感神经的远端部位,如眼部、面部、头部等,进而发生视力下降,怕光等眼部病症。因此,当出现视力障碍,但是在眼科检查中却找不出明确的病因时,可以考虑是否与颈椎病有关。

(二)治疗与保健方案

(1)视力疲劳时,可排除杂念,全身自然放松,闭目静坐 5～10 min。每日早、中、晚各一次,有消除视力疲劳、调节情志的作用。

(2)头部有很多使眼睛明亮的穴位,双手抱头,揉搓头皮各处,能使头脑清醒,眼睛明亮。

(3)用眨眼的方式对眼睛进行按摩。一般而言,每天特意眨眼 300 次比较合适,不仅有助于泪液分泌,缓解干燥酸涩的症状,而且可以清洁眼睛,缓解眼睛疲劳。

(4)晨起喝一杯加菊花的绿茶,不仅清香润喉、提神醒脑,而且绿茶和菊花均有清肝明目的作用。

五、耳痛

耳部疼痛是指耳郭及耳内部发生的疼痛,表现为针扎痛和隐隐作痛等。引起耳痛的原因很多,据统计,约有 95%的耳痛患者是由于耳部局部病变而引发,5%的患者是由于其他部位的病变而引起的疼痛。

(一)引起耳痛的病因

(1)外耳道疖肿。是外耳道皮肤急性局限性化脓性病变,多发生于外耳道软骨部。其主要症状为跳动性耳痛、听力减退等。该病多因中耳长期流脓、挖耳、游泳等损伤或刺激外耳道皮肤所致。

(2)耳气压伤。又称航空性中耳炎,是指由于骨膜两侧压力相差悬殊而导致的中耳损伤。表现为突发性的耳聋、耳痛、耳闷等。由于此病常见于飞机起落、潜水作业、低压舱工作和高压氧治疗时,所以,当人们处于以上环境时,需格外谨慎。

(二)治疗与保健方案

(1)平时要注意保持耳朵干爽,无论是洗澡或游泳的时候,都要避免耳朵入水,一旦入水,要尽快用棉签将水分吸干。

(2)耳痛时,可采取坐立姿势,有利于消肿,缓解疼痛。

(3)耳痛时,可嚼一块口香糖,因为肌肉活动有利于打通耳咽管,减轻疼痛。

(4)乘飞机发生耳痛时,可先吸口气,捏住鼻子,然后将空气挤入鼻腔内,当听到啪的一声时,说明耳内外压力平衡。

(5)飞机降落时不要睡觉,避免因耳朵无法跟上气压变化而不舒服。

六、耳鸣

在没有任何外界刺激的条件下,耳内产生嘶嘶声、蝉鸣声、嗡嗡声等异常声音感觉,即称为耳鸣。耳鸣不仅令人不安,影响工作和生活,而且常常是全身某些疾病的早期信号,因而应引起注意。

(一)引起耳鸣的病因

(1)生理性耳鸣。声音微弱,常与紧张的脑力劳动或特殊的环境刺激有关。

(2)传导性耳鸣。是一种以低频为主的,像刮风似的呼呼响声,多由听觉系统的传导部分发生障碍引起,如外耳道肿胀、堵塞、骨膜穿孔、中耳炎症等。

(3)神经性耳鸣。多为高频性蝉鸣或刺耳的尖声,主要由听觉系统的感音神经部分发生障碍引起,如听神经发生炎症、中毒、缺血等。

(二)治疗与保健方案

(1)保持良好的心态,消除不必要的忧虑、不安及避免紧张。

(2)避免长期处在过度喧闹及嘈杂的环境中。

(3)多吃含铁丰富的食物,如紫菜、黑芝麻、黄花菜、香菜、苋菜等。当机体缺铁时,血液运输氧的能力降低,致使耳部养分供给不足,导致听觉细胞功能受到损害,引起耳鸣。

七、睡觉打鼾

许多人认为睡觉打呼噜是睡得香、身体好的表现,其实打鼾是一种疾病状态,是许多疾病的发病信号。

(一)引起打鼾的病因

(1)气道狭窄。当人体的悬雍垂(小舌头)过长,扁桃体肥大时,就会造成上气道狭窄,出现呼吸暂停现象而引起打鼾。如果不及时治疗,容易引起憋气、窒息甚至死亡。

(2)呼吸道阻塞。上呼吸道阻塞也会引起打鼾,其主要症状是鼾声时续时断,有起有伏,且超过 60 dB。该病严重影响气体交换,使人体夜间长期处于缺氧状态。因此对于此病,一定要及时医治,以免造成严重后果。

(3)鼻部疾病。鼻息肉、鼻甲肿大、鼻腔肿瘤均可引起打鼾。由于打鼾者在睡眠时容易张口呼吸,干燥的冷空气直接进入咽喉部、气管内,醒来时咽干舌燥,很容易引起咽炎、咽部充血及水肿等。另外,打鼾还可导致哮喘病的患者急性发作。

(二)治疗与保健方案

(1)改变睡姿。仰卧时口腔后部会随重力下沉阻碍上呼吸道,而侧卧可以防止咽部组织和舌后坠阻塞气道。枕头高一点,尽量使头部和呼吸道保持平直状态;改掉睡觉时用口呼吸的习惯。

(2)避免服用某些药物。不要服用任何安眠药、镇静剂,因其会使呼吸变浅变慢,使咽部肌肉松弛,从而加重打鼾和呼吸暂停。

(3)定期锻炼。肥胖可使脂肪在咽腔侧壁堆积,使得呼吸道更显狭窄,使打鼾加剧。研究表明,体重减轻 10%,睡眠打鼾可以减轻 20%。

八、鼻出血

鼻出血是常见的病症之一,轻者仅鼻涕中带血,重者可引起失血性休克,反复出血可导致贫血,因此需要引起重视。

(一)引起鼻出血的病因

(1)鼻腔病变。鼻腔病变引起的鼻出血多伴有鼻痒、干痛等症状。如鼻中隔穿孔、干燥性鼻炎、萎缩性鼻炎等。

(2)全身疾病。全身疾病如高血压、动脉硬化、血液病、维生素缺乏、肝肾疾病等,引起的鼻出血大都属于后位型出血,出血量较大,不容易自行停止,尤其是肝炎、肝硬化引起的鼻出血,还会伴有面色灰暗的表现。

(3)根据出血症状判断。如果出血为涕中间断性带血丝的鼻出血,有可能是鼻咽癌的早期信号;如果出血为血块或血出如流,则可能是危及生命的动脉瘤或颈动脉海绵窦等引起的。

(二)治疗与保健方案

(1)用冰冷敷。冰冷敷能促进血管收缩及减少流血,可以用冰袋或冰毛巾冷敷鼻子、颈部及脸颊。

(2)捏住鼻子。用拇指和示指将双侧鼻翼捏向鼻中隔,持续紧压 3～5 min,可达到止血的目的。

(3)塞棉花。将蘸有 3～4 滴 0.1%肾上腺素的棉球塞入鼻腔,可迅速止血。

(4)举手臂。左鼻孔出血上举右臂,右鼻孔出血上举左臂,两鼻孔出血上举双臂,对止血有效。要求举臂时身体立直,举起的臂与地面垂直,与身体平行。

(5)捏脚后跟。用拇指和示指捏脚后跟,左鼻孔出血捏右脚后跟,右鼻孔出血捏左脚后跟,当即可止血。

九、口臭

呼气发臭,或呼吸有异味,是日常生活中令人苦恼的事情,不仅令别人暗自掩鼻,还往往是某些疾病的信号。因此当呼气发臭时,一定要找到口臭的原因,以免疾病蒙混过关。

(一)引起口臭的病因

(1)口腔疾病。如牙周炎、口腔溃疡、口腔肿瘤等,都可引发口臭。臭味有食物味和腐败味的特点,较易识别。

(2)消化道疾病。如因进食过量、消化不良等症引起的口臭多为酸馊味;因肝功能衰竭引起的口臭多为鼠臭味;因上消化道出血引起的口臭多为血腥味;因胃及十二指肠溃疡引起的口臭多为酸败味。

(3)全身性疾病。全身性疾病也会通过口臭来向我们示警,如患有肾功能衰竭的人呼出的气体多为尿臊味;磷中毒患者呼出的气体多为大蒜味;而糖尿病患者的口中总会有种苹果样的甜味。

此外,口腔卫生不良,如不刷牙、不认真刷牙、不经常清洗假牙或长期嗜烟、嗜酒等,也是口臭的常见原因。

(二)治疗与保健方案

(1)饭后漱口,早晚刷牙,养成良好的口腔卫生习惯。

(2)不宜食用大蒜、韭菜、洋葱等热性食物,以免因肠胃湿热内结,诱发口臭。

(3)每天清晨空腹喝一杯温盐开水,可调节胃肠功能,有利于消除口臭。

(4)定期接受口腔检查,每隔半年左右洁牙一次。

(5)积极治疗引起口臭的原发病。

第二节 胸腹部疾病信号

一、心口刺痛感

又称心口疼,是常见的病症,引起心口疼的原因很多,如外伤、心血管疾病、炎症、消化道疾病等均可刺激心口的感觉神经而产生疼痛。

(一)引起心口疼的病因

(1)急性心肌梗死。急性心肌梗死的致死率非常高,几乎是人类的"头号杀手"。不过,好在绝大部分的心肌梗死患者在发病前都会有先兆,可为我们对抗病魔争取到宝贵的时间。胸骨后疼痛正是这个先兆,因此当感觉胸骨后疼痛,并伴有胸闷时,一定要及时去医院检查、诊治,以免错过治病良机。

(2)过度换气综合征。很多女性在情绪激动时,会由于过度换气而发生心前区疼痛,同时还会感到呼吸急促、头晕、视物模糊、手足发麻、牙关紧闭等,患有此病的人,病发时如果屏住呼吸,症状即可缓解。

(3)颈心综合征。如果在从事体力劳动时,发生心前区疼痛,并且持续时间很长,很可能是颈心综合征。此病是由于颈椎肥大性骨关节炎压迫和刺激神经引起的,因此发病时休息或服用硝酸甘油均不能缓解症状。若想治好此病,需从颈椎病入手。

(二)治疗与保健方案

(1)晨起时喝一杯水,并服药,可减少发作。

(2)疼痛发作时,不要惊慌,应立即停止工作和活动,并且用急救药自救。

(3)生活要有规律,不可暴饮暴食,忌饮食后即睡觉。

(4)随身携带治疗心口疼的药,如突然发病,可以用此药自救。

(5)恬静愉快的情绪是预防心痛的药物,因此平时要重视精神调养,避免情绪激动。

(6)不要用力排便,平举手臂提物等。

二、腹部疼痛

俗称肚子疼,是一种比较常见的病症,一般是由腹部脏器的疾病引起的,如胆囊炎、胆结石、胃病等会引起上腹疼痛,阑尾炎可引起右下腹疼痛。

(一)引起腹部疼痛的病因

(1)胆结石和胆囊炎。右上腹和右肩背同时疼痛,要警惕胆结石和胆囊炎。胆结石如嵌顿于胆囊管或胆总管中,常发生胆绞痛,胆绞痛多位于右上腹部,开始呈持续性钝痛,以后逐渐加剧至难以忍受的绞痛,并放射到右肩胛骨或右背部。发病时,患者常坐卧不安，甚至哭喊不止。急性胆囊炎的初发体征与胆结石相似，右腹出现绞痛，继而向右肩背放射，并伴恶心、发冷等症状。多发生于冬秋之交，女性多见。

（2）阑尾炎。阑尾炎分为急性阑尾炎和慢性阑尾炎，急性阑尾炎发病较急，主要症状为中上腹疼痛或脐周疼痛，即麦氏点（体表投影约在脐与右髂前上棘连线中外 1/3 交界处）疼痛（图 2-2）并伴有发热、恶心、呕吐等症状。数小时后，疼痛转至右下腹部，剧烈时可痛到不能直腰。急性阑尾炎如不能及时治疗，常转为慢性阑尾炎，其主要症状为右下腹经常性疼痛，在饭后和急行时尤其明显，只有通过手术方可治愈。

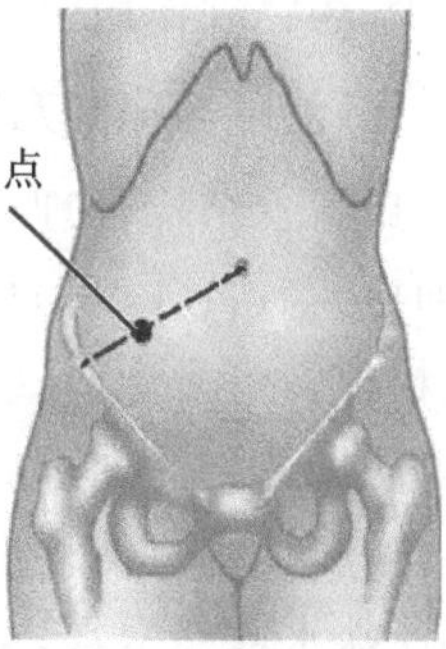

图 2-2　麦氏点（阑尾体表投影）

（3）胃溃疡。上腹饭后节律性疼痛，要警惕胃溃疡。胃溃疡是常见的消化性溃疡，主要症状为上腹饭后节律性疼痛，且疼痛部位在中上腹或偏左处，并伴有恶心、呕吐等症状。胃溃疡发病时间较短，则治愈率较高，但如转入慢性后治愈率较低，有相当的顽固性。因此，早发现早治疗很重要。

（4）十二指肠溃疡。上腹空腹节律性疼痛，要警惕十二指肠溃疡，其疼痛多发生在空腹时，故被称为“饥饿痛”或“空腹痛”，与胃溃疡的疼痛恰恰相反。十二指肠溃疡如得不到及时的诊断治疗，病程可迁延数年或数十年，并可发生并发症急性大出血、穿孔和幽门梗阻，对人体危害十分严重，所以一旦出现早期症状，一定要及时检查，治疗。

（二）治疗与保健方案

（1）两腿屈曲侧卧，可减轻腹肌紧张度、减轻疼痛。如是腹膜炎则以半坐位为好。

（2）查明病因，对症下药。注意：病因不明时不可盲目热敷或冷敷腹部。

（3）病因不明时，不可盲目服用止痛药，以免干扰疼痛的性质而误诊。

（4）保持乐观的态度，放松精神，注意休息，以减少神经官能症引起的腹痛。

（5）仰卧，用手按中脘、天枢、大横、气海、关元的顺序推揉诸穴。然后围绕肚脐，按摩，按足三里穴（图 2-3）。每次按摩约 15 min，此法适用于寒凉引起的腹痛。

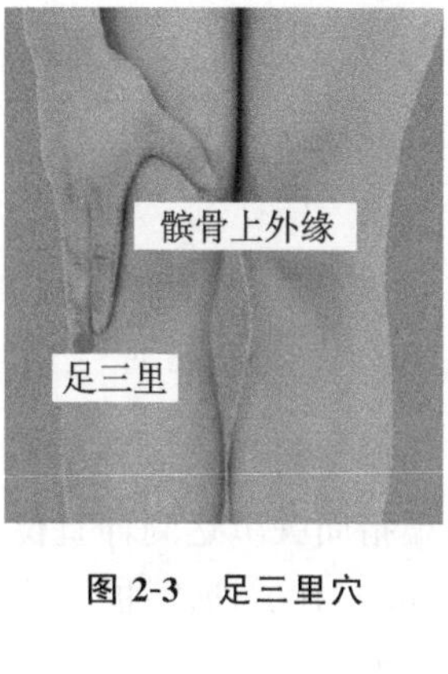

图 2-3　足三里穴

（6）注意饮食卫生，防止受寒。

三、大便排出困难

很多人都有大便量太少、太硬、排出困难的经验，大便秘结不通，排便时间长或艰涩不畅。通常来说，进食后 48 h 无排便就可以认为是便秘，不过还得结合每个人的排便习惯和排便是否通畅判断。

（一）引起排便困难的原因

便秘多属单纯性或习惯性便秘，一般由精神抑郁、不良排便习惯、体质虚弱、食物纤维过少、药物副作用引起。但如果长期便秘，则要警惕多种疾病。

（二）治疗与保健方案

（1）膳食结构合理，注意粗细搭配。饮食中要有适量的纤维素，可吃一些粗纤维食物，如枣、蒜苗、苦瓜、韭菜等。每天要吃一定量的蔬菜和水果，主食不要过于精细，要适当吃粗粮。可多食产气食品，如土豆泥、萝卜等，有利便之效。少食辛辣、煎炸、甘腻之品，以防助热伤津加重病情。

（2）多饮水。便秘患者每天应饮 2 000～3 000 mL 水，经常便秘者可在晨起时空腹饮一杯淡盐水或蜂蜜水，可刺激肠道，引起便意。

（3）生活要有规律。日常生活中要注意定时排便，养成良好的排便习惯，不管是否有便意，都要定时如厕，以便建立良好的排便条件反射。排便姿势要舒适，应尽可能排净。

（4）多动少静。生活中要多动少静，参加力所能及的体育锻炼，如仰卧屈腿，深蹲起立，散步，打太极拳，骑自行车以及加强腹式呼吸等，均可促进排便。

（5）手掌按摩。用右手掌心按于脐部，左手掌按在右手掌背上，顺时针轻轻揉动 30 次，可促进排便。

用左手掌的内侧，按照由上而下的顺序，用力推按小腹的左侧约 30 次，有利于排便。

（6）热水洗脚。每日用热水洗脚，并在洗脚时用双手揉搓按摩，可刺激足部经穴，调节脏腑功能，防治便秘。

（7）按压内庭穴。每日如厕前，用大拇指按压内庭穴即第 2、3 脚趾缝（图 2-4）2～3 min，可促进排便。

图 2-4　内庭穴

第三节　手足疾病信号

一、手指屈伸受限

以掌指关节伸直位为 0°，正常人的手指，伸开时可过伸 15°～25°，且近端指间关节与远端指间关节达到伸直位 0°；弯曲时，掌指关节的屈曲应为 80°～90°，近端指间关节屈曲为 90°～100°，远端指间关节为 60°～90°，如果手指的屈伸度与上述标准相差很多，说明手指屈伸受限。

（一）引起手指屈伸受限的原因

（1）腱鞘炎。是指由于手部固定在一定位置做重复、过度活动，导致肌腱和肌鞘长期做过度摩擦，造成腱鞘水肿，从而引发手指疼痛和运动障碍。

腱鞘炎是一种常见病，常发生于手指、手腕、肩部等位置，多由过分劳损和细菌感染引起。其主要症状为关节疼痛、晨僵、肿胀及关节活动障碍等，若不治疗，有可能发展成永久性活动不便。如图2-5。

(2)骨关节炎。是指软骨退行性变形，以及关节边缘的骨质过度生长形成骨赘，并由此引起关节疼痛、僵直畸形和功能障碍(图2-6)。

骨关节炎大多是由关节劳损引起的，也有一部分是由各种疾病如创伤、类风湿性关节炎、神经及内分泌疾病引起的。使用手和指多的人群，如铸造工人、矿工和公共汽车司机等，是患骨关节炎的高危人群。

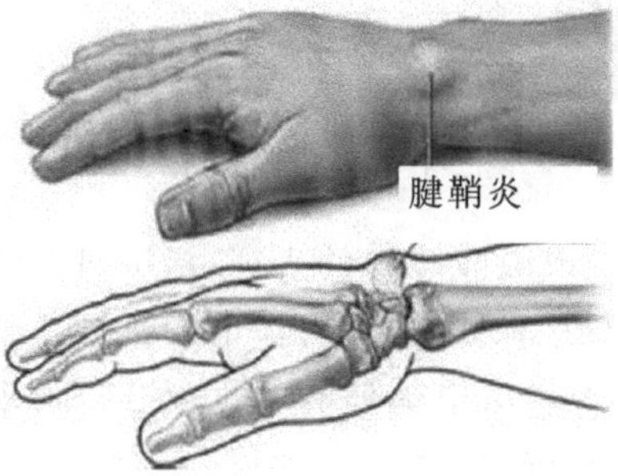

图2-5　腱鞘炎

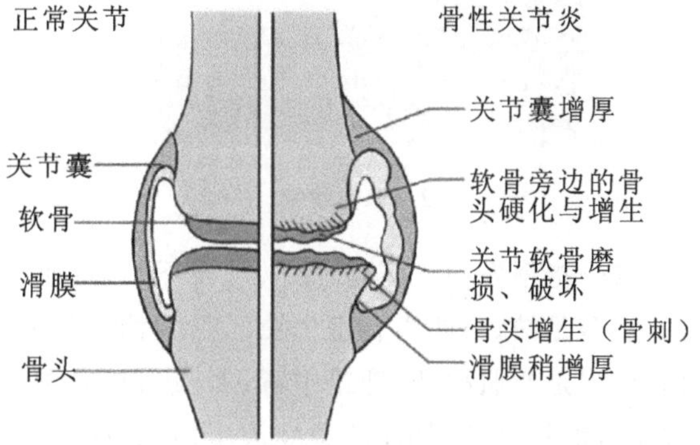

图2-6　骨关节炎

(二)治疗与保健方案

(1)注意正确的工作姿势，避免关节过度劳损，定时休息。

(2)疼痛时，可旋转手腕2 min以减轻痛感。

(3)用冰袋敷患处，可减轻疼痛，防止肿痛的部位扩大。

(4)多食牛奶、蛋类、蔬菜、水果。

(5)握拳，然后张开，将手指伸直，如此反复练习，有助于缓解刺痛。

(6)积极参加户外活动，避免长期卧床休息。

二、指甲异常

通过看指甲测定一个人的健康状况，是有一定科学道理的，正常指甲饱满红润，光滑而有光泽。如果出现异常形态或其他色泽，则说明身体内部出现了问题。

(一)引起指甲异常的原因

(1)杵状膨大。指甲明显向上拱起，且围绕手指变曲，通常是气肿、结核病、心脏血管病、溃疡结肠炎或肝硬化的表征(图2-7)。

(2)蓝新月指甲。指甲根部的半月瓣上有一层蓝晕，这可能是血液循环受阻、心脏病、手指或脚趾血管痉挛的表征，有时也是类风湿性关节炎或红斑狼疮发出的信号。

(3)匙状甲(反甲)。指甲呈平坦或匙状，通常与胃病、缺铁性贫血、维生素缺乏、梅毒、甲状腺功能障碍、风湿热等病有关(图2-8)。

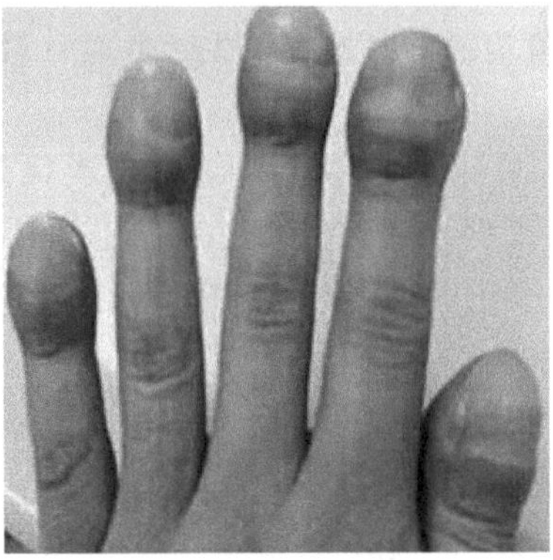

图 2-7　杵状指

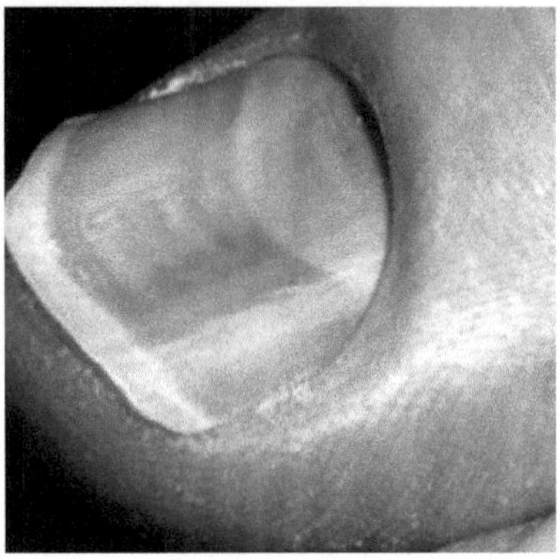

图 2-8　匙状甲

(4)指甲发白。多是血虚、气血不足、贫血、月经过多或吸收障碍的表征;指甲呈点状白色,多是缺钙、体内有寄生虫、习惯性便秘、神经质、体内透支的迹象;指甲颜色呈线状白色,多是心肌梗死、砷铅中毒、肾炎等的信号;指甲只有近指甲尖处的一小部分仍然呈现正常的粉红色,其他部分变成了白色,这是肝硬化的预警信号。

(5)指甲发红。指甲为深红紫色,且口唇青紫时,多是心脏缺血、脑血栓的前兆;指甲为鲜红色,是皮肤病的表征;指甲后端有带状红色时,则为胃炎、心脏瓣膜病变的发病信号。

(6)指甲发黑。指甲发黑多是肾上腺皮质功能减退症、黑色素斑-胃肠息肉综合征的发病信号。

(二)治疗与保健方案

(1)指甲不要留太长,应经常修剪,以免折断损伤。

(2)平时多吃些鱼虾、蛋、核桃、花生等富含蛋白质的食物,有利于指甲的生长。

(3)经常涂指甲油或去光水容易伤害指甲的硬角质,使指甲变得脆弱无光泽,因此不要过度频繁地使用。

(4)不要经常接触水和清洁剂,以免对指甲造成伤害。

三、脚底鸡眼

有时候,人的脚底会出现局部皮质增厚,按压十分疼痛的现象,这是长了鸡眼的缘故。鸡眼常存在脚趾间、脚掌边缘或脚底,因为这些部位经常受到摩擦,皮肤容易变厚角化,有利于鸡眼的形成。

(一)引起鸡眼的原因

鸡眼通常呈圆锥形,底部朝外,大小如同豌豆,略高于皮肤,表面光滑且有明显皮纹,按压时会引起疼痛。

鸡眼分“硬”“软”两种,硬鸡眼非常坚实,常生长于足部隆起处,如小趾外侧等部位;软鸡眼常生于脚趾间骨头突出处,一般为白色(图 2-9)。

有鸡眼受到外力摩擦或挤压时会引起疼痛或灼痛，且容易发炎、溃疡，因此，当发现脚上有鸡眼出现时，要及时治疗，以免给生活带来不便。

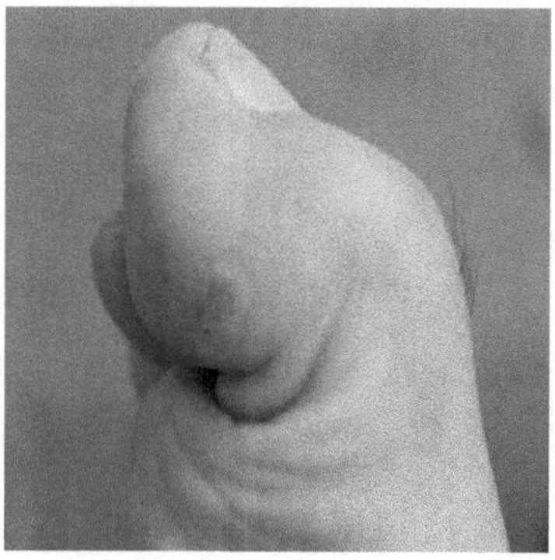

图 2-9　鸡眼

（二）治疗与保健方案

（1）为防止生鸡眼，应经常换鞋。

（2）换穿舒适的鞋子或凉鞋，使用鸡眼垫，使患处不再受到压力和摩擦。

（3）用鸡眼贴膏和水杨酸软膏或涂剂，可促使鸡眼的硬皮脱落。

（4）将脚浸在温水中，使鸡眼软化，然后用一把消过毒的刀片，将鸡眼轻轻削除。

第四节　关节、肌肉疾病信号

一、肩痛且臂不能举

肩痛，手臂不能上举是早期肩周炎的典型发病征象，如果此时疏忽治疗，则有可能发展成肩关节完全僵直，造成残疾，也称冻结肩。

（一）引起肩周炎的原因

肩周炎是肩关节囊及其周围组织的一种退行性、炎症性病变，多由肩关节周围的滑膜组织、韧带、肌肉、肌腱或神经的病变引起，也可因上肢长时间缺少锻炼所致。发病时多为单侧发病，少数双肩同时发病，以 50～60 岁年长者发病率最高，女性多于男性。

肩周炎主要症状为开始时肩部逐渐酸痛，可能在肩前、肩后和肩外侧，但肩关节本身尚能有相当范围的活动度。继而关节活动逐渐受到限制，先是向外侧举臂或用手向后摸背动作不太方便，然后关节活动完全不能自如，肩胛骨随关节摆动而出现耸肩现象。

（二）肩周炎自我防治方法

（1）双手抱头法。两足开立与肩同宽，两手绕到后脑紧抱，先将两肘打开与身体平行，再将两肘收拢。夹住头部，如此反复做。

（2）单手压肩法。以左肩为例，两脚呈弓步样打开，左脚在前，距离桌子大约 30 cm，右脚向后伸直。左手放于桌上，右手按左肩，然后利用身体向下向后摆动。

（3）扩胸分肩法。两脚开立，与肩同宽，两手平伸于胸前，两肘与肩呈水平线，手背朝上，手心朝下。然后将两手向身体两侧水平打开，做扩胸运动，吸气，回复时呼气。

（4）头压手掌法。睡觉前和起床前，仰卧于床上，伸直双腿，双手手掌放在头下面，手心朝上，手背朝下，用头紧紧压住痛的那边的手掌中心，每次 20 min。

（5）捏拿手臂法。坐于椅上，用左手捏拿右手手臂，从肩到手腕，再由手腕到肩，捏拿 5～10 遍后，换手。

(6)旋摩肩周法。坐于椅上，将左手手掌贴于右肩肩周处，旋摩肩周50～100次，至产生温热感。

二、关节疼痛、肿胀

关节疼痛、肿胀是许多中年人都有的毛病，有的为四肢同时肿胀、疼痛，有的仅见上肢或下肢，或偏于一侧。不要小看此症状，它可能是很多疾病的预警信号。

(一)引起关节疼痛、肿胀的原因

1. 风湿性关节炎 风湿性关节炎是一种全身性结缔组织变态性疾病，其发病机制与咽部链球菌感染所引起的变态反应有密切关系。由于链球菌抗原物质与体内产生的抗体形成免疫复合物，沉积于关节滑膜等处，从而激活补体系统引起炎症性损害，使关节及其周围结构产生一系列病理变化。

该病起病急，病发时四肢大关节出现红、肿、热、痛，或肿胀变形及活动功能受限。其中以膝、踝关节最为常见。

风湿性关节炎的致病因素：

(1)久居寒湿之地或经常在高寒地区野外作业、野外宿营、野餐等。

(2)出汗后游泳或水中作业，导致寒湿入体。

(3)室内外温差过大，外出时不能适应温度的变化。

(4)劳累过度、出汗时受风、身体抵抗力下降。

(5)妇女在产后、月经期间，受寒受凉，从而引起关节疼痛。

2. 类风湿性关节炎 类风湿性关节炎是一种常见的能引起关节严重畸形的慢性全身性结缔组织的疾病。本病的发生于自身免疫有关，多是由于不正常的免疫反应对机体产生损害而造成的。

该病大多发生于35～50岁，女性明显多于男性。其主要症状是晨起时手指关节僵硬，拳不能紧握。手上至少有1个关节肿胀，且在活动时有疼痛和压痛的感觉，3个月内其他关节也相继出现肿胀，同时有对称性关节受累。

3. 风湿热 风湿热是一种溶血性链球菌感染，其主要体征是有2个以上的关节呈红、肿、热变化，并有触痛或疼痛，活动受限常累及大关节，特别是膝、肘、腕及踝关节。未经治疗的早期患者，也可能只有1个以上的关节疼痛，但没有炎症性表现，无触痛，活动不受限。患者一般由发热症状，体温在39℃以内。

风湿热多发生于气候多变的冬春季节，好发年龄为5～15岁，复发多在初发后的3～5年内，复发可导致心脏损害加重。因此，需要高度警惕。

(二)治疗与保健方案

(1)居室应向阳、通风、干燥，保持室内空气新鲜，被褥轻软干燥，常常洗晒，不要在风口处睡卧。

(2)用温水洗脚。洗脚时间在15 min左右，热水以能浸至踝关节以上为宜。

(3)在能耐受疼痛的条件下，争取做关节活动，加强锻炼，避免使受累关节长期处于畸形体位。

(4)坚持体育锻炼，提高抗病能力。

(5)避免受寒受潮。

三、运动后膝盖疼

膝盖是身体中最薄弱的部位，也是人体最易受伤的部分，尤其是女性由于天生的骨盆宽造成膝关节更易于损伤。膝关节劳损是指由于膝关节长期超负荷运动或不恰当的负重，所引发的肌腱和韧带的病变，是创伤性膝关节滑膜炎的重要发病因素。

(一)引起关节疼痛、肿胀的原因

急性创伤性膝关节滑膜炎是损伤后以出血为主症的疾患，多发生于爱运动的年轻人。其主要临床症状为膝关节血肿、疼痛、活动困难、走路跛行、局部皮肤温度高等。膝关节滑膜炎不仅会影响关节功能，而且可以造成关节进行性器质性损伤，严重者滑膜发生粘连，使关节功能丧失。因此，出现类似症状时，应及时就医。

(二)治疗与保健方案

(1)避免从事引起创伤或劳损的运动，减少膝部负重及屈伸活动。

(2)经常做直腿抬高动作可促进血液循环，有利于关节积液吸收。

(3)由膝部自上而下，顺经络反复揉搓 1～2 min。

(4)关节积液时可用空拳下击髌骨周围软组织及大腿伸侧，然后大小腿屈伸各 20～30 次，然后用实拳下压与上部位相同处，重复 1～2 遍。再用手掌拍打腘窝，用腕力弹拍。

第五节　妇科常见疾病信号

一、乳头凹陷

乳房是构成女性曲线美的最重要部分，它展示着女性的性感和魅力。乳头是乳房结构的一个部分，正常乳头为圆锥状，高出乳峰平面 1.5～2 cm。婚前的女孩子乳头凹陷并不奇怪，对身体健康也无影响，当然也可以结婚、生育，建立一个幸福美满的家庭。但是，如果乳头长期凹陷，则要引起警惕，因为那可能是疾病所致。

(一)引起乳头凹陷的原因

如果以前即发生乳头凹陷的情况，则多为良性，只需定期观察凹陷情况有无明显改变即可；如果凹陷是近期发生的变化，并伴有不寻常的肿块、乳头分泌物、疼痛或是乳房皮肤颜色改变等症状，则有可能是恶性病灶，应及时到医院做进一步检查。

此外，穿衣着装过于紧束，乳罩使用不当，遗传等因素也可造成乳头凹陷。乳头凹陷虽然不是什么大病，但是危害很大。它不仅有碍健美，影响哺乳，还极易损伤、破裂，造成乳头乃至整个乳房感染，最终发生乳腺炎。因此，对于乳腺凹陷，应及时矫正，切不可轻视。

(二)治疗与保健方案

(1)衣着,尤其是贴身内衣,不能太紧,应穿棉织品,并经常换洗。

(2)乳头如有发红、裂口的迹象时,应及时去医院诊治,并对内衣进行蒸煮消毒,以防引起感染。

(3)使用乳罩不可过早,少女戴乳罩的最佳年龄阶段为16~17岁。

(4)纠正不良习惯,特别是有俯卧习惯的女孩,要及时纠正,以防止乳头因挤压而加重凹陷的程度。

(5)哺乳后要注意清洗,谨防感染。

二、月经周期紊乱

月经周期紊乱是指月经周期或先或后都在7 d以上,包括月经过频或月经稀发。正常的月经周期大多为28~30 d。月经周期少于25 d称月经周期短,少于20 d称月经过频。月经周期在36 d至6个月之间者称为月经稀发或月经过少。月经过频和月经稀发都属于不正常的生理现象。

(一)引起月经周期紊乱的原因

(1)月经过频。月经过频一般是由卵巢排卵功能不良所致,如黄体功能不足所致黄体期缩短,或无排卵型功能性子宫出血,均可导致月经过频。另外,还可由妇科器质性疾病引起,如黄体功能不全,青春期功能失调性子宫出血症等,均可引发月经过频。因此,当出现月经频发的情况时,应及时去医院检查,以免延误时机。

(2)月经稀发。月经稀发是指月经周期后延,常常伴有月经量少的症状。若发生在有排卵性月经周期中,多是因为甲状腺功能不足,卵泡发育时间延长,致使卵巢不能按时排卵,导致月经稀发;若发生在无排卵性月经周期中,则是因为大脑、卵巢轴未协调好,排卵功能受到抑制,卵泡发育不良而导致的。

另外,月经稀发往往是闭经的先兆,许多疾病如多囊卵巢综合征、闭经泌乳综合征等在闭经前都有月经稀发病史。因此,对于一贯月经按月来潮,突然有一次月经后延又有出血者,更应及时进行检查,因为有可能是疾病所致,必需及早查明原因,以免延误病情。

(二)治疗与保健方案

(1)长期处于压力下,或长期心情压抑、生闷气,会抑制脑下垂体功能,使卵巢不再分泌女性荷尔蒙及不排卵,从而导致月经周期紊乱。因此,如果是因为不良情绪或压力等原因造成月经紊乱,应及时缓解精神压力,调整心态,可从事一些全身运动,如游泳,跑步,每周进行1~2次,每次30 min。

(2)香蕉、卷心菜、土豆、虾、巧克力、火腿、玉米、西红柿等食物有减压的作用,平时可多食用一些。

(3)月经时受寒,容易使盆腔内的血管收缩,导致卵巢功能紊乱,引起月经量过少,甚至闭经。因此女性经期要防寒避湿,避免淋雨、涉水、游泳、喝冷饮等,尤其要防止下半身受凉,注意腹部保暖。

(4)家中电器和电子设备产生的电磁波，若长期作用于人体对女性的内分泌和生殖机能产生不良影响，导致内分泌紊乱，月经失调。

(5)噪声可导致女性机能紊乱，引发月经周期紊乱。因此，应尽量缩短每次光顾酒吧的时间，减少噪声的接触。

(6)戒烟。烟草中的尼古丁能降低性激素的分泌量，从而干扰与月经有关的生理过程，引起月经不调。调查显示，每天吸烟 1 盒以上的女性，月经不调者是不吸烟妇女的 3 倍。所以，月经紊乱的患者应果断地戒烟。

(7)适当的体育锻炼和体力劳动，可起到增强体质，保证气血正常运行的作用。

(8)护士由于经常接触医院里消毒用的甲醛和手术室的麻醉性气体，容易引起月经异常；自幼学习芭蕾舞的女性，由于经常要剧烈运动，因此出现月经紊乱的概率也比一般女孩子高。

(9)避免多次做人工流产。

三、月经血量过多或过少

一般情况下，女性正常的月经量为 20～60 mL，如果超过 80 mL 或明显多于其他月份，称“月经过多”。如果月经周期正常，流血时间少于 2 d，经量少于 30 mL，通常认为是月经过少。

以卫生巾的用量来算，正常的用量是每个周期不超过 2 包(每包 10 片计)。如果超过 3 包，且每片都是湿透的，就属月经过多；如果每次一包都用不到，而且每片的血量很少，就属月经过少。

(一)引起月经过多的原因

(1)子宫肌瘤。子宫肌瘤特别是子宫黏膜下肌瘤的发病率很高，达 20%～25%，其中 99.5%都是良性。不过即使是体积很小的肌瘤，也会引起月经过多。

(2)生殖器官感染。当身体的自身防御功能下降时，各种致病因素就可能乘虚而入，引发生殖器炎症，致使局部血管变得脆弱，行经时出血不易凝止，从而导致经量增多和经期延长。

(3)全身性疾病。糖尿病、高血压、肝病等全身性疾病可以影响雌激素的代谢，致使血管变脆，子宫内膜增生，从而引发月经过多。

(二)治疗与保健方案

(1)月经前和行经中不宜参加剧烈活动。

(2)忌食酒、肉桂、咖啡、胡椒、羊肉、大蒜、韭菜、生姜、辣椒等动火助热的食品。少食红糖、山楂、桃子、蟹等有活血作用的食物，多食新鲜水果和蔬菜。

(3)因为心情烦躁有碍经期调整，所以应保持豁达大度、恬静和乐观的情绪。

(三)引起月经过少的原因

月经量多容易造成慢性失血性贫血，而月经量少往往预示着受孕困难，因此也不可掉以轻心。引发月经少的原因很多，最常见的是雌激素水平较低引起的。雌激素可促进子宫内膜增生变厚，为受孕做准备。如果体内雌激素水平低，将会导致子宫内膜增生的厚度不够，从而引起月经过少。

过分节食减肥也会引起月经过少。正常月经的维持需要一定比例的脂肪和蛋白质，过分节食会造成躯体脂肪不足和营养不良，导致月经血量过少，甚至闭经。因此，爱美旅行切不可盲目节食减肥，以免造成难以挽回的损失。

（四）治疗与保健方案

（1）合理膳食。忌食有固涩作用的酸性食物，如石榴、白果、乌梅等。少食寒冷性食物，如西瓜、黄瓜、田螺、百合、土豆、绿豆等。

（2）多参加文娱体育活动，以提高机体抵抗能力。

（3）由于心情抑郁会使得气行阻滞、血流不畅、月经难下，因此要时常保持良好的心情。

四、月经时腹部疼痛

妇女月经时或行经前后，出现周期性、阵发性的小腹疼痛，称“痛经”。以未婚或已婚未孕的青年妇女多见，疼痛时间可持续数小时或 1～2 d，常伴有恶心、呕吐、尿频、便秘或腹泻，甚至可出现面色苍白、手足发冷、昏厥等。引起痛经的原因很多，少女或年轻妇女可能是子宫颈过紧、精神紧张所致。

（一）引起痛经的原因

（1）子宫发育不良。当子宫发育不良时，容易导致血液供应异常，造成子宫缺血缺氧，从而引起痛经。

（2）子宫位置异常。如果子宫位置极度前屈或后屈，会导致经血流通不畅，从而引起痛经。

（3）妇科疾病。子宫肌瘤、盆腔炎、子宫腺肌症、子宫内膜异位症等易引起痛经。

（4）子宫内放置节育器。此外，痛经还与遗传因素有关，一般母亲有痛经，女儿也容易发生痛经。女孩子的痛经一般并无大碍，但如果疼痛剧烈或痛经久治无效的人，则应到医院做妇科检查，以排除生殖器炎症及其他器质性疾病。

（二）治疗与保健方案

（1）适当增强营养，可多吃些亚麻、葵花子、芝麻、南瓜子等，因为它们含有的亚油酸和亚麻酸有放松肌肉的作用。

（2）减少肉类和乳制品，如黄油、全脂乳酪、全脂牛奶以及蛋黄的摄入。因为这些食物中含有的前列腺素可引发肌肉收缩，导致痛经。

（3）少吃寒凉、生冷及刺激性的食物，特别是经前或月经期，以免寒凉之性导致血管收缩，行经不畅而发生痛经。

（4）饮用生姜茶，生姜茶有降低炎症反应，缓解肌肉痉挛，扩张血管的作用，经常饮用可以有效地缓解痛经。方法：取 6～8 片姜或两茶匙研碎的新鲜姜末放入两杯刚烧开的热水中，焖 15～20 min，过滤后饮用。

(5)正确认识月经是女性的一种正常的生理现象，不要对月经产生恐惧、羞涩、厌恶等不正常心理，以免血液流动不畅而加重痛经的症状。

(6)沐浴时，在水中各加入5滴柠檬油、甘菊油、迷迭香的精油和10滴夜来香油，然后在浴盆中浸泡，并不时添加热水以保持温度，可以起到缓解紧张和放松肌肉的作用。

(7)注意保暖，特别是腹部。

(8)每天进行20 min左右的摇摆臀部的散步。走路时摇摆臀部，可以刺激骨盆部，从而使血流通畅，减少骨盆充血，缓解痛经。

(9)经期不宜游泳并尽量避免淋雨、涉水。

(10)将食盐250～500 g、葱白250 g、生姜200 g，共捣烂炒热，然后用布包好敷于气海穴。每日2次，可有效缓解痛经。

第六节　隐形的身体疾病信号

一、入睡困难

睡眠是每人每天都需要的，研究表明，人的一生约有1/3的时间是在睡眠中度过的，因此，睡眠直接关系到人的生存质量和生活质量。人类如果长期睡眠不足，将会导致人体生理机能紊乱。专家指出，不少的高血压患者和心脏病患者是由于睡眠不好引起的。

失眠，是人类睡眠不够的主要原因，包括入睡困难、中途觉醒、早醒等。失眠是很常见的症状，不是一种病。不过，失眠有可能是某些尚未表露出来或已经出现的疾病的一种表现形式，因此，患有失眠的人应该设法查明原因，及时地进行治疗。

（一）引起失眠的原因

(1)焦虑。因焦虑引起的失眠，以入睡困难最为突出，患者躺在床上，脑子里思考一些解决不了的问题，结果越想越兴奋，越兴奋就越睡不着，时日长了，对睡眠也就恐惧起来。因此，可以说失眠是焦虑的信号。

(2)躯体疾病。除了焦虑外，各种躯体疾病，如慢性阻塞性肺病也可引起失眠，如入睡困难，夜间多次中途觉醒，晨起出现不安、头痛等症状。由于慢性阻塞性肺病合并阻塞性呼吸暂停综合征，有引起右心衰竭的可能。因此，如果出现失眠，要及早到医院检查，以确定原因，及早医治。

（二）治疗与保健方案

(1)卧室里光线要柔和，温度不宜过高。

(2)睡前用热水洗澡，有助于睡眠。

(3)不要紧张，树立信心，寻求合理、有效的方法战胜失眠。

(4)对于因病引起的失眠，应以处理引起失眠的基本疾病为主，病因解决后，失眠就会不治而愈的。

(5)安眠药不可长期服用，否则易产生耐受性和依赖性。

(6)不要老想今天不要失眠,否则会造成紧张,反而会睡不着觉。

(7)调整睡眠习惯,恢复正常的生理规律。

(8)失眠者每晚可在睡觉前,揉百会穴 50 次(图 2-10);揉按足三里、三阴交各 50 次;涌泉 100 次;然后仰卧做深呼吸 30 次,使全身放松,不久即可入睡。

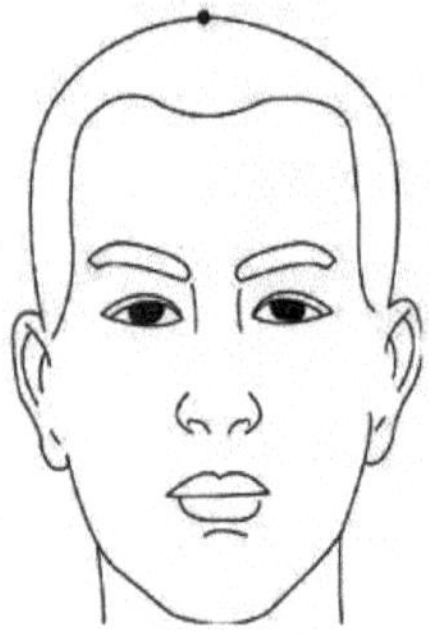

图 2-10 百会穴

二、静态时大量出汗

流汗是人体的一种生理功能,具有排泄和调节体温,以及保持皮肤表面酸性,防止各种细菌入侵人体。正常情况下,健康的人每天排出的汗平均为 500~1 000 mL。出汗的多少与劳动强度、气温和心情等因素密切相关,如果在恒温和静态情况下,大量出汗,则可作为某些疾病的一种前兆,应该引起重视。

(一)引起多汗的原因

(1)糖尿病。当人患上糖尿病后,会出现自主神经功能紊乱,交感神经兴奋,汗腺分泌增加,从而导致多汗。因此,当皮肤多汗且诊断不明时,不妨查尿糖、血糖等项目,早期发现糖尿病。

(2)甲状腺功能亢进。怕热、多汗是甲状腺功能亢进症的主要症状之一,有时会伴有不明原因的体重下降、心跳加快、食欲增加、肢体颤抖等。

成人如果出汗过多,会导致精气耗伤,出现睡眠多梦、不思饮食、脸色苍白、四肢乏力、精神倦怠等症状,对身心健康极为不利。孩子出汗过多,则会出现面色无华、夜哭、大便秘结等症状,甚至还会导致记忆力下降,智力发育迟缓,容易感冒等。因此,当孩子出汗过多时也不可掉以轻心,以免延误病情。

(二)治疗与保健方案

(1)避免精神紧张,情绪激动。

(2)积极治疗引起多汗的疾病。

(3)出汗时应及时擦掉,也可用淋浴或流动水洗去,不应任其流淌。

(4)洗澡时不要用搓澡巾用力搓,以防擦伤皮肤,引发痱子、湿疹。

(5)尽量不泡澡,因为泡澡可能加剧排汗。

(6)有节制的使用香皂,以防止破坏皮肤表面的保护性油脂膜。

(7)慎用爽身粉,以防止粉状颗粒堵塞毛孔。

三、体重下降超过正常标准 20%

正常人无论胖瘦,体重一般会稳定在一定范围内。如短期内体内脂肪与蛋白质减少,并伴有食欲不振,疲倦乏力,经休息也并不能恢复,则是病理性消瘦,是身体某些疾病的“报警信号”,应格外注意。

（一）引起体重下降的原因

（1）糖尿病。糖尿病主要由人体内胰岛素分泌不足，糖代谢紊乱，以及血液中糖的含量升高引起，消瘦并伴有口渴、尿频、尿多、疲劳等症状。

（2）胃肠道疾病。胃炎、胃溃疡、十二指肠溃疡、慢性肠炎等胃肠道疾病可影响消化、吸收功能而导致消瘦。其中，萎缩性胃炎除消瘦外，还伴有贫血、腹泻、胃酸等症状。其有可能演变成胃癌，所以应该重视。

（3）心理障碍。抑郁、悲伤、紧张、孤独等心理障碍和情绪障碍，皆可使人食不知味、夜不安眠。长久地吃不香，睡不好，容易造成体重直线下降，引起消瘦。

此外，不明原因的消瘦也可能是癌症的征象，如胃癌的早期症状为胃无规律疼痛，并伴有进行性消瘦；结肠癌的早期症状为大便性状改变，并伴有进行性消瘦。由此可见，过于消瘦并不代表健康，因为它有可能是某些疾病的症状，所以，当短期内出现明显消瘦时，应及时到医院检查。

（二）治疗与保健方案

（1）均衡饮食，并逐渐地增加食量，避免强迫性的供给。

（2）吃饭要定时定量，少食多餐，细嚼慢咽。

（3）先吃高营养的食物，再吃其他食物。

（4）进餐时要保持心情愉快，因为紧张和焦虑等不良情绪，不但影响食欲，还会影响胃肠道的消化吸收功能。

（5）进餐时要集中精神。

（6）积极治疗慢性病。

第三章　常见症状的自我诊疗与预防

自我诊疗是伴随全球科技、文化和经济的发展而兴起的一项自发性运动，其核心是个人应对自己的健康负责。世界卫生组织(WHO)在 1970 年召开的“国际初级卫生保健会议”上指出：人们有权利也有责任以个体或集体的方式参与他们卫生保健的计划和实施。

自我药疗是我国卫生保健体系的重要组成部分，是构成自我医疗的三大支柱之一。系指在没有医师或其他医务工作者的指导下，患者恰当地应用非处方药，用以缓解轻度、短期的症状及不适，或治疗轻微的疾病。因此可以说，非处方药是成功自我药疗的基础。

作为对非处方药治疗的补充或对严重病例的用药，在处方药项下所述的用药纯属建议，应凭执业医师处方并在医师或药师指导下应用。

中成药品种繁多、组方严谨、功能复杂，既考虑到病因分型，又兼顾辨证施治，与化学活性成分互为补充，相得益彰，为非处方药的重要组成部分。但限于篇幅，本章对中成药的选择和合理应用等知识只进行简单介绍。

第一节　发　　热

一、概述

正常人的体温在 37 ℃左右，但各个部位的温度不尽相同，其中以内脏温度最高，头部次之，而在皮肤和四肢末端的温度最低。如直肠温度平均值为 37.5 ℃，口腔温度比直肠低 0.3～0.5 ℃，而腋窝下的温度又比口腔低 0.3～0.5 ℃。体温在一日内也会发生一定的波动，如一般在清晨 2～6 时体温最低，7～9 时逐渐上升，下午 4～7 时最高，继而下降，昼夜温差不会超过 1 ℃。体温在性别、年龄方面也略有不同，如女性略高于男性，新生儿略高于儿童，青年人略高于老年人，而老年人由于代谢率低而体温相对较低。此外，体温也受到肌肉活动、精神紧张、进食等因素的影响。体温受人体体温调节中枢的调控，在生命活动中，不断地进行氧化代谢，并不断的产热；同时体热也通过散热途径(皮肤、血管、汗腺)散发到外界环境中，人体的产热和散热平衡使体温在一日内保持相对恒定。

发热(发烧)是指人体体温升高，超过正常范围。当直肠温度超过 37.6 ℃、口腔温度超过 37.3 ℃、腋下温度超过 37.0 ℃，昼夜间波动超过 1 ℃时即为发热，超过 39 ℃时即为高热。发热是人体对致病因子的一种全身性防御反应，是患病时表现的一种症状，其机制为感染原、细菌内毒素与其他外源性致热原进入人体后，与粒细胞、单核细胞等相互作用产生内源性致热原，导致下丘脑体温调节中枢前列腺素合成与释放，引起人体发热。

其原因是感染(结核分枝杆菌、病毒和寄生虫感染;或感冒、肺炎、伤寒、麻疹、蜂窝组织炎等传染性疾病)所伴发症状,也可以是非感染(组织损伤、炎症、过敏、血液病、结缔组织病、肿瘤、器官移植排斥反应、恶性病或其他疾病)的继发后果。有时女性在经期或排卵期也会发热;另外,服用药物也可能引起发热,一般则称为"药物热"。

二、临床表现

发热的主要表现是体温升高、脉搏加快,突发热常为 0.5～1 d,持续热为 3～6 d。

(1)伴有头痛、四肢关节痛、咽喉痛、畏寒、乏力、鼻塞或咳嗽,可能伴有感冒。

(2)血常规检查白细胞计数高于正常值,可能有细菌感染;白细胞计数低于正常值,可能有病毒感染。

(3)儿童伴有咳嗽、流涕、眼结膜充血、麻疹黏膜斑及全身斑丘疹,可能是麻疹。儿童或青少年伴有耳垂为中心的腮腺肿大,多为流行性腮腺炎。

(4)发热可有间歇期,表现有间歇发作的寒战,高热,继之大汗,可能是化脓性感染或疟疾。

(5)持续高热,如 24 h 内波动持续在 39～40 ℃,居高不下,伴随寒战、胸痛、咳嗽、吐铁锈痰,可能伴有肺炎。

(6)起病缓慢,持续稽留热,无寒战、脉缓、玫瑰疹、肝脾肿大,可能伴有伤寒;如为长期找不出原因的低热,一般为功能性发热,应积极治疗。

三、药物治疗

对发热基本上为对症治疗,服用药物将体温降至正常。《国家非处方药目录》中收录的解热镇痛药活性成分有对乙酰氨基酚、阿司匹林、布洛芬、贝诺酯等。

(一)非处方药

(1)对乙酰氨基酚对中枢神经系统前列腺素合成的抑制作用比对外周前列腺素合成的抑制作用强,解热作用强,镇痛作用较弱,但作用缓和且持久,对胃肠道刺激小,正常剂量下较为安全有效,大剂量对肝脏有损害,可作为退热药的首选,尤其适宜老年人和儿童服用。成人一次 0.3～0.6 g,每隔 4 h 1 次,或一日 4 次,一日量不宜超过 2 g;儿童按体重一次 10～15 mg/kg,或按体表面积一日 1.5 g/m^2,分 4～6 次服用。

(2)阿司匹林口服后吸收迅速而完全,解热镇痛作用较强,作用于下丘脑体温调节中枢引起外周血管扩张、皮肤血流增加、出汗,使散热增强而起到解热作用。能降低发热者的体温,对正常体温几乎无影响。成人一次 0.3～0.6 g,一日 3 次;儿童一日 30～60 mg/kg,分 4～6 次服用,或一次 5～10 mg/kg;婴幼儿发热可选用阿苯片(每片含阿司匹林 100 mg、苯巴比妥 10 mg),3 岁以下婴幼儿一次 1～2 片,3 岁以上儿童酌增剂量。

(3)布洛芬具有解热镇痛抗炎作用,其镇痛作用较强,比阿司匹林强 16～32 倍;抗炎作用较弱,退热作用与阿司匹林相似但较持久。对胃肠道的不良反应较轻,易于耐受,为此类药物中对胃肠刺激性最低的。成人及 12 岁以上儿童,一次 0.2～0.4 g,一日 3～4 次;1～12 岁儿童,一日 20 mg/kg,分 3 次服用。

(4)贝诺酯为对乙酰氨基酚与阿司匹林的酯化物,通过抑制前列腺素的合成而产生镇痛、抗炎和解热作用。对胃肠道的刺激性小于阿司匹林。疗效与阿司匹林相似,作用时间较阿司匹林及对乙酰氨基酚长。口服,一次 0.5~1 g,一日 3 次,老年人用药一日不超过 2.5 g。

(二)处方药

对 5 岁以下儿童高热时紧急退热,可应用 20%安乃近溶液滴鼻,婴儿每侧鼻孔滴 1~2 滴,2 岁以上儿童每侧鼻孔滴 2~3 滴。对短暂发热性惊厥需以温水擦浴或给予解热镇痛药。若呈持续惊厥(一次发作持续 30 min 及 30 min 以上)或周期性惊厥,或已知危险的儿童发生此两种惊厥存在脑损害可能性的,需要积极治疗,同时给予地西泮。

四、用药与健康提示

(1)解热镇痛药用于退热纯属对症治疗,并不能解除疾病的致热原因,由于用药后改变体温,可能掩盖病情,影响疾病的诊断,应引起重视。

(2)应当提示,发热是人体的一种保护性反应,当体温升高时,体内的吞噬细胞活性增强,抗体的产生增多,有利于炎症的修复。但另一方面,发热会使体力消耗,感觉不适,影响休息,甚至可发生惊厥,儿童、老年人或体弱者在高热骤然降下时,有可能引起虚脱。故在应用解热镇痛药时,应严格掌握用量,避免滥用,老年人应适当减少剂量,并注意间隔一定的时间(4~6 h),同时在解热时,多饮水和及时补充电解质。

(3)为避免药物对胃肠道的刺激,多数解热镇痛药(肠溶制剂除外)宜在餐后服药,不宜空腹服药。特别值得注意的是老年人、肝肾功能不全者、血小板减少症者、有出血倾向者、上消化道出血或穿孔病史者,应慎用或禁用。对有特异体质者,使用后可能发生皮疹、血管性水肿、哮喘等反应,应当慎用。患有胃、十二指肠溃疡者应慎用或不用。

(4)阿司匹林可透过胎盘屏障,在动物试验中对妊娠初始 3 个月内母体致畸(脊柱、头颅、面部裂,腿部畸形);在人类也有发生胎儿缺陷者的报道。对乙酰氨基酚可通过胎盘,故应考虑到孕妇用本品后可能对胎儿造成不良影响。布洛芬用于晚期妊娠可使孕期延长,妊娠及哺乳期妇女不宜用。

(5)如患者对解热药或其中成分之一有过敏史时,不宜再使用其他同类解热镇痛药,因为此类药物中大多数之间有交叉过敏反应。对乙酰氨基酚虽对阿司匹林过敏者一般不发生过敏反应,但有报道在因阿司匹林过敏发生哮喘者中,少数人服用后发生轻度支气管痉挛性反应。

(6)解热镇痛药用于解热一般不超过 3 d,如症状未缓解或消失应及时向医师咨询,不得长期服用。如发热持续 3 d 不退,或伴随有寒战、胸痛、咳嗽;儿童发热在 39 ℃以上同时神志不清;严重疼痛、频繁呕吐;长期反复发热或有不明白原因的发热时,应去医院就诊。

(7)不宜同时应用两种以上的解热镇痛药,以免引起肝、肾、胃肠道的损伤。

(8)使用本类药物时,不宜饮酒或饮用含有酒精的饮料。

(9)发热时宜注意控制饮食,多喝水、果汁,补充能量、蛋白质和电解质;对高热者应用冰袋和凉毛巾冷敷，或用50％的乙醇擦拭四肢、胸背、头颈部以帮助退热。发热期间宜多休息，在夏季注意调节室温，保证充分的睡眠。

第二节　咳　　嗽

一、概述

咳嗽是人体一种保护性呼吸道反射，同时亦是呼吸系统疾病(感冒、肺炎、肺结核、支气管炎、哮喘或鼻窦炎)所伴发的症状。当呼吸道(口腔、咽喉、气管、支气管)受到刺激(如炎症、异物、烟雾、尘埃)后，由神经末梢发出冲动传人延髓咳嗽中枢引起的一种生理反射，通过咳嗽动作以排出呼吸道分泌物或异物(如黏痰、细菌体、纤维)，来保持呼吸道的清洁和通畅，因此可以说，咳嗽是一种有益的动作，有时亦见于健康的人。在一般情况下，对轻度而不频繁的咳嗽，只要将痰液或异物排出，就可自然缓解，无须应用镇咳药。但对无痰而剧烈的干咳，或有痰而过于频繁的剧咳，不仅增加患者的痛苦，影响休息和睡眠，加大体能消耗，甚至出现其他并发症，此时弊大于利。应适当地应用镇咳药，以缓解咳嗽。

二、临床表现

咳嗽是一种动作，实质上是人体猛烈有力地吸气，紧接着声门关闭，相继肋间肌和膈肌用力收缩，可约有40 kPa的肺内压力。而后声门突然开放，膈肌迅速收缩，使肺内气体高速度冲出呼吸道，将呼吸道黏膜上黏附的物质喷出，形成咳嗽和咳痰。

咳嗽反射可持续数日甚至数月，急性呼吸道感染所伴随的咳嗽约持续数日，在炎症控制后多可消失；而由慢性支气管炎、咳嗽变异型哮喘、鼻后滴漏综合征、胃一食管反流性咳嗽、吸烟等引起的咳嗽，常可持续3周以上，可认为是慢性咳嗽。

(1)感冒所伴随咳嗽多为轻咳或干咳，有时可见有少量的薄白痰；流感后咳嗽多为干咳或有少量的薄白痰，并伴有背痛、发高热、头痛、咽喉痛。

(2)百日咳多发生于儿童，为阵发性剧烈痉挛性咳嗽，当痉挛性咳嗽终止时伴有鸡鸣样吸气吼声，病程长达2～3个月。

(3)支气管病变所伴随咳嗽支气管哮喘发作前常有鼻塞、流涕、喷嚏、咳嗽、胸闷等先兆，继之反复性喘息、呼吸困难、胸闷、连续性咳嗽、呼气性困难、哮喘并有哮鸣音，继而咯痰，痰液多为白色、黄色或淡黄色；支气管扩张常有慢性咳嗽，有大量脓痰及反复咯血。

(4)肺结核各型结核可出现低热或高热、消瘦、轻咳、胸痛、盗汗、心率加快、食欲减退等症状，少数人有呼吸音减弱，偶可闻及干性或湿性啰音，有黄绿色痰液。

(5)肺炎所伴随咳嗽起病突然，伴随有高热、寒战、胸痛、吐铁锈色痰。

(6)药品不良反应所致的咳嗽，约20％的咳嗽是由用药(血管紧张素转换酶抑制剂、抗心律失常药胺碘酮、抗凝血药肝素和华法林、利尿药氢氯噻嗪、抗菌药物呋喃妥因、抗结核药对氨基水杨酸钠和部分抗肿瘤药)所致，此时应用镇咳药无效，常常延误，宜及时停、换药。药师应格外警惕！

三、药物治疗

由于咳嗽的病因、时间、性质、并发症或表现不尽相同。应根据症状和咳嗽类型来选药。《国家非处方药目录》中收载的中枢性镇咳药有右美沙芬、喷托维林；末梢性镇咳药有苯丙哌林。

（一）非处方药

（1）以刺激性干咳或阵咳症状为主者宜选苯丙哌林，一次 20～40 mg，一日 3 次；或喷托维林，一次 25 mg，一日 3～4 次；5 岁以上儿童，口服，一次 6.25～12.5 mg，一日 2～3 次。

（2）咳嗽的频率或程度剧咳者宜首选苯丙哌林，其为非麻醉性强效镇咳药，奏效迅速，动物实验证明本品镇咳效力比可待因强 2～4 倍；次选右美沙芬，与相同剂量的可待因大体相同或稍强；咳嗽较弱者选用喷托维林，其对咳嗽中枢有直接抑制作用，其镇咳作用为可待因的 1/3。大剂量可使痉挛的支气管松弛，降低呼吸道阻力。

（3）白天咳嗽宜选用苯丙哌林；夜间咳嗽宜选用右美沙芬，其镇咳作用显著，服后 10～30 min起效，有效作用时间为 5～6 h。

（4）对感冒所伴随的咳嗽常选用右美沙芬复方制剂，可选服酚麻美敏、美酚伪麻、双酚伪麻、美息伪麻、伪麻美沙芬等制剂。

（二）处方药

（1）对频繁、剧烈无痰干咳及刺激性咳嗽，可考虑应用可待因，其能直接抑制延脑的咳嗽中枢，镇咳作用强大而迅速，其强度约为吗啡的 1/4，尤其适用于胸膜炎伴胸痛的咳嗽患者。成人，一次 10～20 mg，一日 3～4 次；儿童，一日 1～1.5 mg/kg，分 3～4 次给予。

（2）对呼吸道有大量痰液并阻塞呼吸道，引起气急、窒息者，可及时应用司坦类黏液调节剂如羧甲司坦或祛痰剂如氨溴索，以降低痰液黏度，使痰液易于排出。

（3）应用镇咳药的同时，宜注意控制感染和炎性因子，对合并气管炎、支气管炎、肺炎和支气管哮喘者，凭医师处方或遵医嘱服用抗感染药物（抗生素类、磺胺类、氟喹诺酮类），消除炎症；或对抗过敏源（抗组胺药、肾上腺糖皮质激素），才能使镇咳药收到良好的效果。

（三）咳嗽常见联合用药方案

见表 3-1。

表 3-1　咳嗽常见联合用药方案

典型症状	代表药物（通用名）	联合用药方案一	联合用药方案二
热咳：咳浓稠黄痰	复方甘草口服液、消炎片	复方甘草口服液＋阿奇霉素＋清凉喉片＋大蒜油	氨溴索糖浆（片）＋罗红霉素＋金银花含片
寒咳：咳清、稀痰	清咽喉颗粒、菊梅利咽含片	咳特灵胶囊＋罗红霉素＋地布酸钠糖浆	止咳宁嗽胶囊＋阿奇霉素＋VC
干咳：咳嗽无痰或痰少而黏	右美沙芬胶囊（糖浆）、可待因	川贝清肺糖浆＋阿奇霉素＋胖大海含片	右美沙芬糖浆＋阿奇霉素＋银黄胶囊

四、用药与健康提示

(1)咳嗽分为干咳或湿咳，对干咳可单用镇咳药；对痰液较多的咳嗽应以祛痰为主，不宜单纯使用镇咳药，应与祛痰剂合用，以利于痰液排出和加强镇咳效果。

(2)对痰液特别多的湿性咳嗽如肺脓肿，应该慎重给药，以免痰液排出受阻而滞留于呼吸道内或加重感染。

(3)对持续1周以上的咳嗽，并伴有反复或伴有发热、皮疹、哮喘及肺气肿症的持续性咳嗽，应及时去医院明确诊断或咨询医师。镇咳药连续口服1周，症状未缓解或消失应向医师咨询。

(4)对支气管哮喘时的咳嗽，因呼气阻力增加使肺膨胀，肺牵张感受器接受刺激增强，反射性引起咳嗽；同时因支气管阻塞而排痰更加困难，此时宜适当合并应用平喘药，可缓解支气管痉挛，并辅助止咳和祛痰。

(5)美国FDA于2007年8月发出警告，禁止将抗感冒与镇咳用的非处方药用于≤2岁婴幼儿，对3岁以下的幼儿尽量不用。

(6)注意药品的不良反应。如右美沙芬可引起嗜睡，对驾车、高空作业或操作机器者宜慎用；妊娠期妇女、严重高血压者、有精神病史者禁用。苯丙哌林对口腔黏膜有麻醉作用，产生麻木感觉，需整片吞服，不可嚼碎。对青光眼、肺部瘀血的咳嗽患者、心功能不全者、妊娠及哺乳期妇女均慎用喷托维林。有报道喷托维林可造成儿童呼吸抑制，故5岁以下儿童不宜应用。

(7)可待因对过敏者、多痰者、婴幼儿、未成熟新生儿禁用；分娩期妇女应用可引起新生儿呼吸抑制，且由于个体可待因代谢水平差异的影响而致胎儿发生严重不良反应；哺乳期妇女服用可自乳汁排出，使婴儿具有潜在的严重不良反应，哺乳期妇女慎用，医生应选用最低剂量，应告知哺乳期妇女如何辨别母子体内吗啡含量过高的征兆，如出现极度困倦或护理婴儿困难时，请及时与医生联系。

(8)除用药外还应注意休息，注意保暖，戒除饮酒，忌吸烟，忌食刺激性或辛辣食物。

第三节　头　　痛

一、概述

头痛是生活中最常见的症状，是人体在受到伤害性刺激后发出的一种保护性反应，同时也是很多疾病的前驱症状。引起头痛的病因很多，如感染性发热、脑膜炎、鼻窦或副鼻窦炎、感冒；同时头痛亦是某些特殊情况的信号，如高血压、基底动脉供血不足、动脉硬化、脑外伤、中风；此外，近视、散光、屈光不正、青光眼或其他原因引起的眼压升高也常会导致头痛。

头痛分为轻、中、重度，人体伴随疼痛的刺激，常引起一些生理功能的紊乱，如失眠、恐惧、紧张、焦虑、耳鸣、头晕、恶心、呕吐、肢体功能受限等反应。

头痛是许多疾病的先兆症状，包括：①急性感染性发热，常伴有头痛、发热、头晕；②高血压、动脉硬化病者突然发生剧烈头痛，提示有脑血管意外的可能；③剧烈头痛和精神症状的改变可能有内脏出血；④早晨头痛且由咳嗽和打喷嚏引起可能是脑肿瘤；⑤头痛、头晕、呕吐或口角麻木、失语可能是中风、脑肿瘤的前兆；⑥头痛伴恶心且一侧瞳孔改变可能有动脉瘤；⑦头痛伴对光敏感、恶心、呕吐会出现偏头痛；⑧头痛伴一侧瞳孔扩张、恶心、复视、眼后部剧痛、精神紧张可能有脑出血；⑨头痛伴颈僵硬、恶心、发热和全身痛，可能有脑膜炎；⑩头痛、一只眼视力突然改变不能看全视野，伴头晕，是中风、脑血管损伤的表现；一只眼突然失明，伴头痛、头晕提示在颈动脉发生病变或有损伤。

二、头痛的分类

（一）偏头痛

偏头痛不同于头痛，其发作是由于血管的舒缩功能不稳定，血管收缩与舒张功能发生障碍，及某些体内物质暂时性改变所致的暂时性的头痛。其分型较多，有的以反复发作和有家族史为特征，有的发作前在视觉、感觉、运动症状等有先兆。实际上，很少有单一类型的偏头痛存在，常常表现为几个类型甚至和其他类型头痛（如紧张性头痛）等同时存在。

偏头痛始发于儿童期，60%～70%为青少年女性，年龄多在10～30岁，在部分儿童中也有罹患。头痛的特征通常是持续性、反复性或搏动的，而且在颞部和额部最为严重，头痛是单侧的，常在睡醒时发生，同时伴有恶心、呕吐、怕光、怕声、对刺激过敏；此外，尚可出现腹泻、头晕、水肿、面色苍白或出汗等症状。

偏头痛的病因较复杂，目前尚不清楚，可能与遗传、内分泌、生化因素（5-羟色胺、去甲肾上腺素、缓激肽、前列腺素E及内源性阿片样物质）、血管功能因素有关；其他包括心理、精神、神经（焦虑、紧张、疲劳）和食物（饮酒、喝咖啡、进食含酪胺食品如香蕉）、物理因素（强光、寒冷、声音）等也是重要的促发因素。

（二）紧张性头痛

一般与焦虑、抑郁、妄想等精神因素有关，若追问病史，患者可有人际关系紧张、工作不顺心、心情受压抑、愿望难以实现等诱发因素。上述因素可致头、颈部肌纤维连续地紧张，相应部位的血管收缩或扩张，致痛物质释放等，出现轻、中度头痛，头痛可扩散至颈、肩、背部，痛时局部可有麻木、发硬、紧绷感。

（三）三叉神经痛

发作常无预兆，疼痛限于三叉神经所支配的范围。一侧面部（颞侧）有反复发作性、短暂性、阵发性剧痛，性质如闪电样、烧灼样、针刺样痛，难以忍受，可由洗脸、刷牙、咀嚼、吞咽动作而诱发。

三、头痛的治疗

（一）头痛的西医治疗

头痛主要是对症治疗。《国家非处方药目录》收载的药物活性成分有对乙酰氨基酚、布洛芬、阿司匹林等。

可首选对乙酰氨基酚，成人一次 0.3～0.6 g，6～12 岁儿童一次 300～500 mg 或 10～15 mg/kg，头痛发作时服，成人一日不宜超过 2.0 g。布洛芬镇痛作用较强，口服，成人一次 0.2～0.4 g，每 4～6 h 一次，一日最大剂量 2.4 g，儿童一次 5～10 m/kg。阿司匹林可减少炎症部位具有痛觉增敏作用的物质—前列腺素的生成，故有明显的镇痛作用，成人一次 0.3～0.6 g，一日 3 次或疼痛时服。对紧张性头痛，长期精神比较紧张者，推荐合并应用谷维素、维生素 B_1。

（二）头痛的中医治疗

1. 风寒头痛

［**症状**］头痛起病较急，其痛如破，连及项背，常有拘急收紧感，或伴恶风畏寒，遇风尤剧，口不渴。苔薄白，脉浮紧。

［**治法**］疏散风寒。

［**方药**］川芎茶调散（川芎、荆芥、薄荷、羌活、细辛、白芷、炙甘草、防风）加减。

［**中成药选用**］可酌情选用川芎茶调散、都梁丸、天麻头痛片中的一种。

2. 风热头痛

［**症状**］头痛而胀，甚则头胀如裂，发热或恶风，面红目赤。舌尖红，苔薄黄，脉浮数。

［**治法**］疏风清热。

［**方药**］芎芷石膏汤（川芎、白芷、石膏、菊花、羌活、藁本）加减。

［**中成药选用**］可酌情选用芎菊上清丸、清眩丸、牛黄上清丸中的一种。

3. 风湿头痛

［**症状**］头痛如裹，肢体困重，胸闷纳呆，小便不利，大便或溏。苔白腻，脉濡滑。

［**治法**］祛风胜湿。

［**方药**］羌活胜湿汤（羌活、独活、川芎、蔓荆子、炙甘草、防风、藁本）加减。

［**中成药选用**］可酌情选用正天丸、元胡止痛片中的一种。

4. 肝阳头痛

［**症状**］头晕胀痛，两侧为重，心烦易怒，夜寐不宁，口苦面红，或兼胁痛。舌红苔黄，脉弦数。

［**治法**］平肝潜阳熄风。

［**方药**］天麻钩藤饮（天麻、钩藤、生石决明、川牛膝、桑寄生、杜仲、山栀子、黄芩、益母草、茯神、夜交藤）加减。

［**中成药选用**］可酌情选用天麻钩藤颗粒、牛黄降压片、脑立清丸、全天麻胶囊中的一种。

5. 瘀血头痛

［**症状**］头痛经久不愈，痛处固定不移，痛如锥刺，或有头部外伤史。舌紫暗，或有瘀斑，苔薄白，脉细或细涩。

［**治法**］活血化瘀，通窍止痛。

［**方药**］通窍活血汤（赤芍、川芎、桃仁、红花、老葱、生姜、红枣、麝香、黄酒）加减。

[**中成药选用**] 可酌情选用血府逐瘀丸、通天口服液、正天丸中的一种。

(三)头痛常见联合用药方案

表 3-2。

表 3-2　头痛常见联合用药方案

常见病	典型症状	代表药物	联合用药方案一	联合用药方案二
偏头痛	多发于女性，通常具有持续性、反复性或搏动性，以在额部明显，单侧的，同时伴有恶心、呕吐、怕光、怕声、对刺激敏感；还可出现头晕、水肿、面色苍白或出汗等	天麻头痛片、安神胶囊	天麻头痛＋盐酸氟桂利嗪胶囊＋复合维生素	天麻头痛＋盐酸氟桂利嗪胶囊＋复合维生素 养血清脑颗粒＋氟桂利嗪＋多种维生素
紧张性头痛	患者可有人际关系、工作压力等诱发因素。出现轻中度头痛，可扩至颈、肩、背部，局部可出现麻木、紧绷感	养血安神片、安乐片、安神胶囊	维生素 B_1＋谷维素＋养血安神片	养血清脑颗粒＋乳清蛋白粉＋益脑胶囊

四、用药与健康提示

(1)人体内如缺乏维生素 B_1，脑组织中的丙酮和乳酸可出现堆积，刺激血管平滑肌收缩，引起头痛。游离的维生素 B_1 对神经传导有调节作用，对血管性或精神紧张性头痛均有一定的缓解作用，口服，一次 10～20 mg，一日 3 次。

(2)阿司匹林、对乙酰氨基酚、布洛芬均通过对环氧酶的抑制而减少前列腺素的合成，由此减轻组织充血、肿胀，降低神经痛觉敏感性，具有中等程度的镇痛作用，对慢性钝痛如牙痛、头痛、神经痛、肌肉痛、关节痛及痛经等有较好的镇痛效果，而对创伤性剧痛和内脏平滑肌痉挛引起的绞痛几乎无效。但由于仅对疼痛的症状有缓解作用，不能解除疼痛的致病原因，也不能防止疾病的发展和预防并发症的发生，故不宜长期服用。另有消化道溃疡病史、支气管哮喘、心功能不全、高血压、血友病或其他出血性疾病、有骨髓功能减退病史的患者慎用。

3. 引起头痛的原因很多，首先要明确诱发原因，治疗原发疾病，不宜轻易先用镇痛药，以免延误病情。

(4)解热镇痛药用于头痛一般不超过 5 d，如症状未缓解，或伴有发热、嗜睡、复视、血压或眼压升高、手脚冰凉、神志不清时应去医院诊治。

(5)为避免药物对胃肠道的刺激，解热镇痛药宜在餐后服用，或与食物同服，不宜空腹服用；同时不宜饮酒或饮用含酒精性饮料，老年人应适当减量。

(6)布洛芬对胃肠道的刺激小，不良反应的总发生率较低，在各种非甾体抗炎药中属耐受性最好的一种。常见的反应为恶心、呕吐；其次是腹泻、便秘、胃灼热、上腹部痛；偶见有头晕、头昏、头痛和斑丘疹性红斑或麻疹性皮炎及全身瘙痒的报道，并可发生尿潴留和水肿，故有心功能不全史的患者应慎用，肾功能明显障碍的患者使用本药有发生急性肾衰竭的报道，故肾功能不良者应慎用，并作严密监护。

五、头痛的预防

（1）为缓解和预防头痛，宜保证充足的睡眠，多喝水和多食水果，补充蛋白质和电解质。

（2）戒除烟酒，忌食巧克力或辛辣食品，保持乐观情绪，工作劳逸结合，注意休息，如长期伏案工作，宜常锻炼身体，放松颈部的肌肉。

第四节 消化不良

一、概述

消化不良是一个比较笼统的概念，是胃部不适的总称，可发生于任何年龄，每个患者的主诉都有不同的内涵。

导致消化不良的原因很多，主要有：①慢性持续性的消化不良，有慢性胃炎（萎缩性胃炎）、胃十二指肠溃疡、慢性十二指肠炎、慢性胆囊炎、慢性胰腺炎等；②偶然的消化不良，可能与进食过饱、进食油腻食物、饮酒过量有关；③服用药物影响食欲，如阿司匹林、红霉素等；④精神因素（感冒、疼痛、抑郁、失眠时）也可能会影响消化功能；⑤胃动力不足，老年人由于年龄增大而胃肠动力降低，食物在胃内停留时间过长，胃内容物排空的速度缓慢，也会发生功能性消化不良；⑥全身性疾病在胃肠方面的表现，如感染、月经期、儿童缺乏锌元素、发热、食物中毒、尿毒症、贫血、甲状腺功能减退、恶性肿瘤（尤其在进行化学治疗、放疗）及慢性肝炎等消耗性疾病。

二、临床表现

（1）进食或食后有腹部不适、腹胀、嗳气、上腹部或胸部钝痛或烧灼样痛、恶心，并常常伴有舌苔厚腻及上腹深压痛。

（2）进食、运动或平卧后上腹正中有烧灼感或反酸，并可延伸直至咽喉部。

（3）食欲不振，对油腻食品尤为反感。

（4）经常感觉饱胀或有胃肠肿气感，打嗝、排气增多，有时可出现轻度腹泻。

三、药物治疗

（一）非处方药

《国家非处方药目录》收载的助消化药的活性成分和制剂有干酵母（酵母片）、乳酶生（表飞鸣）、胰酶（或多酶片）、胃蛋白酶、复合消化酶胶囊、龙胆碳酸氢钠、地衣芽孢杆菌胶囊、复合乳酸菌胶囊、口服双歧杆菌胶囊、双歧三联杆菌胶囊；促胃肠动力药有多潘立酮。

（1）对食欲减退者可服用增加食欲药，如口服维生素 B_1、维生素 B_6，一次 10 mg，一日 3 次；或口服干酵母片，一次 0.5～2 g，一日 3～4 次。

(2)对胰腺外分泌功能不足或由于胃肠、肝胆疾病引起的消化酶不足者可选用胰酶片，成人一次 0.3～1 g，5 岁以上儿童一次 0.3 g，一日 3 次，餐前或进餐时服用。多酶片每片含淀粉酶 0.12 g、胃蛋白酶 0.04 g、胰酶 0.12 g，用于消化不良和增进食欲，口服成人一次 1～2 片，一日 3 次，儿童酌减。

(3)对偶然性消化不良或进食蛋白食物过多者可选乳酶生、胃蛋白酶合剂。乳酶生一次 0.3～1 g，一日 3 次；胃蛋白酶一次 0.2～0.4 g，一日 3 次，餐前服用，同服稀盐酸一次 0.5～2 mL。

(4)对中度功能性消化不良或餐后伴有上腹痛、上腹胀、嗳气、胃灼热、恶心、呕吐、早饱症状者可选用胃动力药。其增加胃肠平滑肌张力及蠕动，增加胃排空速率，消化和推进食物，促进食物残渣及胃肠道气体的排出，对暴饮暴食或老年人因胃肠功能障碍引起的恶心、呕吐有效。选服多潘立酮片，成人一次 10～20 mg，儿童一次 0.3 mg/kg，一日 3 次，于餐前 0.5～1 h 服用。

(二)处方药

(1)对消化不良首先应弄清病因，再给予药物治疗。对由于精神因素者应予以解释和安慰，必要时口服地西泮，一次 2.5～5 mg。

(2)对功能性消化不良伴胃灼热、嗳气、恶心、呕吐、早饱、上腹胀者可选用莫沙必利、依托必利，其通过兴奋胃肠道胆碱能中间神经元及肌间神经丛的 5-HT_4 受体，促进乙酰胆碱的释放，增强胃肠道运动，改善功能性消化不良症状。剂量分别为一次 5 mg 或 50 mg，一日 3 次，餐前服用。

(3)对因胆汁分泌不足或消化酶缺乏消化不良而引起的症状，可服用复方阿嗪米特肠溶片(每片含阿嗪米特 75 mg、胰酶 100 mg、纤维素酶 10 mg、二甲硅油 50 mg)，一次 1～2 片，一日 3 次，餐后服用。

(4)对由于慢性胃炎、胃溃疡、十二指肠炎等导致的消化不良，可口服抗酸药和胃黏膜保护药；对伴有腹部疼痛、发热、尿色深等症状可能意味着患有慢性胆囊炎、胃溃疡或肝炎，应及时去医院就医。

(三)消化不良常见联合用药方案

见表 3-3。

表 3-3 消化不良常见联合用药方案

常见病	典型症状	代表药物	联合用药方案一	联合用药方案二
消化不良	因胃、肠蠕动减弱，使食物在胃内停留时间过长引起，其表现为嗳气、腹部胀满、腹鸣、排气等	健胃消食片	多潘立酮＋健胃消食片＋大山楂颗粒	多潘立酮＋六味安消胶囊＋补锌口服液
胃酸过多	反复出现阵发性胃烧灼感、反酸，如因胃酸过多损害胃黏膜，则还会引起胃痛、恶心、呕吐、食欲不振	奥美拉唑/铝碳酸镁	奥美拉唑＋果胶铋	铝碳酸镁＋小建中颗粒

续表

常见病	典型症状	代表药物	联合用药方案一	联合用药方案二
慢性胃炎	以消化不良为主。浅表性胃炎:可有慢性不规则的上腹隐痛、腹胀、嗳气等,尤以饮食不当时明显	胃康灵胶囊、参苓健脾胃颗粒	胃康灵胶囊+香砂养胃丸+阿莫西林+硫糖铝	兰索拉唑+阿莫西林+六味木香胶囊+铝碳酸镁

四、用药与健康提示

(1)助消化药中多为酶或活菌制剂,性质不稳定,不耐热或易于吸湿,放置日久效价可下降,故宜应用新鲜制品,并置于冷暗处贮存,超过有效期后不得再用。另送服时不宜用热水。

(2)抗菌药可抑制或杀灭助消化药中活菌制剂的活性,使效价降低;吸附剂可吸附药物,降低疗效,如必须合用时应间隔 2～3 h。

(3)酸和碱均可降低助消化药的效价,服用时禁用酸碱性较强的药物和食物。胃蛋白酶在中性、碱性及强酸性环境中,消化力减弱,在弱酸性环境(pH 1.5～2.5)中,消化力最强。

(4)中成药的消导剂与泻下剂的功用有所不同,应予区别。泻下剂多属攻逐之剂,适用于病势急之实证;而消导剂则多属渐消缓散之剂,适用于病势较缓,病程较长者。消导剂作用虽较和缓,一般不宜久用,一旦消积即应停止用药。

(5)干酵母和乳酶生的不良反应较少,但不可过量,过量可能发生腹泻;胰酶所致的不良反应偶见腹泻、便秘、恶心及皮疹,其在酸性条件下易被破坏,故须用肠溶衣片,口服时不可嚼碎,应整片吞下。

(6)胰酶对急性胰腺炎早期患者禁用,对蛋白及制剂过敏者禁用;其在酸性环境中活力减弱,忌与稀盐酸等酸性药同服。与阿卡波糖、吡格列酮合用,可降低降糖药的药效;与等量碳酸氢钠同服,可增强疗效;与西咪替丁合用,由于后者抑制胃酸的分泌,增加胃肠的 pH,防止胰酶失活,增强疗效。

(7)多潘立酮对乳腺癌、嗜铬细胞瘤、机械性肠梗阻、胃肠出血者禁用;对心律失常、接受化疗的肿瘤者、妊娠期妇女慎用;同时在服用期间排便次数可能增加。

第五节 便秘

一、概述

排便是一种反射性动作,当人体直肠黏膜的末梢神经感受器受到粪便的刺激时,冲动传人脊髓中枢,通过腹下神经和盆神经发出冲动,使直肠肌收缩,提肛肌和腹压肌等也收缩,肛门括约肌舒张,使粪便排出,整个反射受大脑皮质控制。

人体在进食后,需 10～40 h 后排出粪便,大多数健康人在饮食摄入平衡的情况下,不会有大便功能问题，正常粪便的稠度适中，稍加用力即能排出。一般认为，一日排便不多于 3 次或每周不少于 3 次，每次大便的重量为 150～350 g，皆在正常范围，过多则为腹泻，过少则为便秘。

便秘系指肠蠕动减少，大便过于干燥、量少、排便困难、费力，量化指标为便次<3 次/周，或比以前减少，一般成人 2 日或儿童 4 日以上不排大便为便秘，长期经常便秘称为习惯性便秘。但决定便秘的程度是大便的稠度而不是大便的次数。

发生便秘常见原因有：①不良的饮食习惯，由于进食量不足或食物过于精细，没有足够的食物纤维以致食物残渣太少；②饮水不足及肠蠕动过缓，导致从粪便中持续再吸收水分和电解质；③缺乏锻炼使体内的肠蠕动不够；④排入直肠粪便重量的压力达不到刺激神经末梢感受器兴奋的正常值（25～50 g 粪便重量的压力为正常值），形成不了排便反射；⑤结肠低张力、肠运行不正常；⑥长期滥用泻药；⑦生活不规律和不规则的排便习惯。

二、临床表现与分型

便秘仅是一种症状，不一定是疾病，是由于粪便在肠内停留过久，水分太少，表现为大便干结，并感到排便费力、排出困难和排不干净。有些患者可同时出现下腹部膨胀感、腹痛、恶心、食欲减退、口臭、口苦、全身无力、头晕、头痛等感觉，有时在小腹左侧（即左下腹部乙状结肠部位）可摸到包块（即粪便）及发生痉挛的肠管。便秘根据其性质可分成 5 型。

（1）意识性便秘。大便的次数和性状根据一般标准认为正常，但患者感到便意未尽。

（2）功能性便秘。由于食物过于精细，缺乏残渣，形不成适量的粪便，或由于长期从事坐位工作，精神因素、生活规律改变或长途旅行等，未能及时排便，以及各种原因引起的饮水不足，造成粪便干结。

（3）痉挛性病变。主要为激惹综合征，肠功能紊乱或结肠痉挛。便秘常伴有腹痛、胀气及肠鸣音增加或亢进，以左腹部显著，进食后症状加重，排便或排气后缓解，便秘可与腹泻交替。

（4）低张力性便秘。常见于老年人、产妇或由身体衰弱，肠麻痹，甲状腺功能减退、糖尿病并发神经病变引起肠肌肉张力降低及腹壁和膈肌无力。通常排出的是软便，但蹲便时间较长。

（5）药物性便秘。镇痛药如吗啡能降低排便反射刺激的敏感性；抗胆碱药能减低肠道平滑肌的张力；抗酸药如铋制剂、氢氧化铝等的收敛作用均可引起便秘；此外，含铁、铝、钙的制剂也可致便秘。有的滥用泻药，引起肠道的敏感性降低或产生对泻药的依赖性。

三、药物治疗

（一）非处方药

缓泻药是一类能促进排便反射或使排便顺利的药物。按作用机制可分为：容积性、刺激性、润滑性和膨胀性泻药。《国家非处方药目录》收载的缓泻药的活性成分有：乳果糖、比沙可啶、甘油、硫酸镁、大黄、山梨醇；制剂有开塞露、车前番泻复合颗粒、聚乙二醇粉剂、羧甲基纤维素钠颗粒。

（1）慢性功能性便秘。可选乳果糖，其为一种合成的双糖，在肠道内极少吸收，可被细菌分解成乳酸及醋酸，使水和电解质保留在肠腔内，产生较高的渗透压差，导致容积性排便并产气，服后能显著降低老年人粪块嵌塞的发生率。成人口服一次 10～20 g，一日 1 次，或服 65%乳果糖糖浆剂，一次 10～40 mL，最大剂量为一日 60 mL；婴儿一次 1.5 g，1～5 岁儿童一次 3 g，6～12 岁儿童一次 5 g，均一日 1～2 次。

（2）急、慢性或习惯性便秘。可选比沙可啶，通过与肠黏膜接触，刺激肠壁的感受神经末梢，引起肠反射性蠕动增强而排出柔软而成形的粪便。一次 5～10 mg，睡前整片吞服，但在服后 6～12 h 生效。

（3）低张力性便秘。可使用甘油栓，能润滑并刺激肠壁，软化大便，使粪便易于排出，其作用温和。一次 1 枚塞入肛门，一日 1～2 次，多于给药后 30 min 见效。或与山梨醇混合制成灌肠剂（开塞露），即有润滑作用，有可刺激直肠肠壁，反射性地引起排便，尤其适用于儿童及年老体弱者。成人一次 20 mL；儿童一次 5～10 mL，由肛门注入。

（4）急性便秘。硫酸镁为容积性泻药，口服不易吸收，停留在肠腔内，使肠内容积的渗透压升高，阻止对肠腔内水分的吸收，同时将组织中的水分吸引到肠腔中来，使肠内容积增大，对肠壁产生刺激，反射性地增加肠蠕动而导泻。其作用强烈，排出大量水样便。既可单独使用，又可与山梨醇或甘油配伍。成人一次 5～20 g。同时应大量饮水。

（5）痉挛性便秘。可选聚乙二醇粉，服后易溶于水而形成黏性的胶浆，能润滑肠壁，软化大便和调节稠度，使粪便易于排出。不良反应少，刺激性小。口服，成人和 8 岁以上儿童一次 10 g，一日 1～2 次，或一日单剂量 20 g 顿服，溶于水后服用。另同类药尚有羧甲基纤维素钠，易分散于水中形成黏性的胶状液体，可润滑肠壁，并吸收大量水分膨胀后刺激肠壁，引起便意，导致排便。口服，成人一次 2 g，一日 3 次，以温开水冲服。但老年人一日服用不宜超过 2 g。

（二）处方药

欧车前亲水胶为容积性泻药，可用于功能性便秘，其在肠道内可吸附液体，使粪便软化容易排出，成人一次 6 g（1 包），一日 1～3 次；6～12 岁儿童一次 3 g，一日 1～3 次，用水 300 mL 搅匀。或选用酚酞睡前服用 0.05～0.2 g，经 8～10 h 排便。

（三）便秘常见联合用药方案

见表 3-4。

表 3-4 便秘常见联合用药方案

常见病	典型症状	代表药物	联合用药方案一	联合用药方案二
便秘	排便次数少，每 2～3 d 或更长时间一次，无规律性粪质干硬，常伴有排便团硬感。	通便茶、栀子金花丸	润肠通便茶＋果导片＋芦荟胶囊	黄连上清片＋通便胶囊＋开塞露

四、用药与健康提示

(1)由于便秘形成的原因很多,各种急慢性病均可引起,一时解决便秘并非为根治。故应找准病因进行针对性治疗,或增加运动量,改变不良的饮食习惯,多食用蔬菜和水果,尽量少用或不用缓泻药。

(2)缓泻药的作用途径不一,其适应证也不同。对长期慢性便秘者,不宜长期大量使用刺激性泻药,因为药物可损伤肠壁神经丛细胞,造成进一步便秘。对结肠低张力所致的便秘,于睡前服用刺激性泻药,以达次日清晨排便,或用开塞露。对结肠痉挛所致的便秘,可用膨胀性或润滑性泻药,并增加食物中纤维的数量。

(3)乳果糖对糖尿病患者慎用;对有乳酸血症患者禁用。比沙可啶有较强刺激性,应避免吸入或与眼睛、皮肤黏膜接触,在服药时不得嚼碎,服药前后 2 h 不要喝牛奶、口服抗酸剂或刺激性药;另对妊娠期妇女慎用;对急腹症者禁用。硫酸镁宜在清晨空腹服用,并大量饮水,以加速导泻和防止脱水。另在排便反射减弱引起腹胀时,应禁用硫酸镁导泻,以免突然增加肠内容物而不能引起排便。

(4)对年老体弱多病的慢性便秘者,需长期规律应用泻药,最好不要间断,以维持正常排便,预防粪便嵌塞。对老年人应慎用硫酸镁。对妊娠期妇女,在调整饮食和生活习惯后仍不能解除便秘时,可用中等剂量乳果糖。如有需要刺激肠道蠕动时,尚可使用刺激性泻药或促胃肠动力药。

(5)儿童如大便延迟 3 d 以上可能造成排干便时疼痛,并致肛裂、肛周痉挛,最终引起不敢排便的条件反射,因此,应在经验丰富的儿科医生指导下应用泻药,以建立规律的排便习惯,保持粪便成形,不干结,无排便不适感。发生粪便嵌塞的儿童,可服聚乙二醇以软化、清除粪便,直肠给药可能更有效。但儿童不宜应用缓泻药,因可造成缓泻药依赖性便秘。

(6)口服缓泻药是临时的措施,一旦便秘缓解,就应停用;缓泻药连续使用不宜超过 7 d。

(7)一般缓泻药可在睡前给药,外用药物甘油栓,每晚 1 枚,插入肛门内即可。使用时将容器顶端剪开成钝口,涂上少许油脂,慢慢插入肛门,再将药液挤入直肠内,引起排便,一般即时应用。

(8)缓泻药对伴有阑尾炎、肠梗阻、不明原因的腹痛、腹胀者禁用;妊娠期妇女慎用。

第六节　痛　　经

一、概述

痛经是青春期至绝经期年龄段妇女的一种症状,多见于 20～25 岁以下未婚女性。一般在初潮 1～2 年后出现,大约 50%的青年女性在经期有症状,仅有 10%者因痛经而影响正常的生活和工作。原发性痛经的发病原因尚不清楚。可能与下列因素有关。

(1)内分泌因素:痛经多发生在有排卵月经期,此时在孕激素作用下,子宫内膜能分泌前列腺素,释放出来的前列腺素使子宫肌肉收缩,导致子宫缺血和疼痛。

(2)子宫位置异常、子宫颈管狭窄等造成经血流通不畅而引起痛经。

(3)精神紧张、忧郁、恐惧等精神因素可使痛阈降低,条件反射也会造成痛经。

二、临床表现

(1)疼痛。痛经多在下腹部出现阵发性绞痛,也可放射到上腹部、会阴、肛门或大腿部。疼痛多在经前 1～2 d 或来潮后第一日开始,经期中逐渐减轻或消失,经前一日疼痛多见于未婚少女。腹痛一般持续 0.5～2 h,后转为阵发性中度疼痛,一般在 12～24 h 后消失,但也有持续 2～3 d 者。

(2)全身症状。伴有腰酸、头痛、胃痛、头晕、乳胀、尿频、稀便、便秘、腹泻、失眠、易于激动等,严重者可有面色苍白、出冷汗、四肢冰冷、恶心、呕吐、甚至会发生晕厥。

(3)精神症状。紧张或忧郁、恐惧。

三、药物治疗

(一)非处方药

《国家非处方药目录》收载的解热镇痛药活性成分有对乙酰氨基酚、布洛芬、阿司匹林、贝诺酯、萘普生;解痉药氢溴酸山莨菪碱、颠茄浸膏片。

(1)对乙酰氨基酚(扑热息痛)对中枢神经系统前列腺素合成的抑制作用比对外周组织作用强,镇痛作用较弱但作用缓和持久。口服一次 300～600 mg,一日 4 次。

(2)布洛芬镇痛作用较强,比阿司匹林强 16～32 倍,作用持久,对胃肠道的副作用较轻,易耐受。可选制剂有布洛芬片,一次 0.2～0.4 g,每隔 4～6 h 给予 1 次;缓释或控释片,一次 0.2 g,每隔 12 h 给予 1 次。

(3)抗平滑肌痉挛药氢溴酸山莨菪碱或颠茄浸膏片,可明显缓解子宫平滑肌痉挛而止痛,氢溴酸山莨菪碱口服一次 0.3～0.6 mg,一日 0.6～1.2 mg。颠茄浸膏片一次 8 mg,一日 2～3 次。

(4)对伴有精神紧张者可口服谷维素。

(二)处方药

(1)内分泌治疗方法是于月经周期第 2 日开始,一日肌内注射黄体酮 20 mg,连续 5 d。此外,口服避孕药也可抑制排卵,从而达到镇痛的目的。

(2)严重疼痛者可选用可待因片或氨酚待因片。

(3)解痉药阿托品肌内注射,一次 0.5 mg。

(三)中医治疗

1. 气滞血瘀

[**症状**] 每于经前一二日或月经期小腹胀痛,拒按,或伴胸胁乳房作胀,或经量少,或

经行不畅经色紫暗有块，血块排出后痛减，经净疼痛消失。

［**治法**］理气化瘀止痛。

［**方药**］膈下逐瘀汤(当归、川芎、赤芍、桃仁、红花、枳壳、延胡索、五灵脂、丹皮、乌药香附、甘草)加减。

［**中成药选用**］可酌情选用调经止痛片、元胡止痛片、益母颗粒、妇女痛经丸、妇康宁片中一种。

2. 阳虚内寒

［**症状**］经期或经后小腹冷痛，喜按，得热则舒，经量少，经色暗淡，腰腿酸软，小便清长。

［**治法**］温经暖宫止痛。

［**方药**］温经汤(吴茱萸、阿胶、牡丹皮、生姜、当归、川芎、人参、芍药、桂枝、甘草、半夏、麦冬)加减。

［**中成药选用**］可酌情选用痛经丸、艾附暖宫丸、调经止痛片中的一种。

(四)痛经常见联合用药方案

见表 3-5。

表 3-5　痛经常见联合用药方案

常见病	典型症状	代表药物	联合用药方案一	联合用药方案二
痛经	经前后或行经期间，出现下腹部痉挛性疼痛，并有全身不适，严重者影响日常生活和工作，分原发性和继发性	甲硝唑栓、苦柏止痒洗液	妇炎康＋甲硝唑栓＋甲硝唑氯己定洗剂	奥硝唑片＋双唑泰栓＋复方苦参洗液
更年期综合征	外阴瘙痒，白带增多并呈豆腐渣样，严重时可伴外阴灼痛，排尿时明显	克霉唑栓、盐酸特比奈芬乳膏	氟康唑胶囊＋妇宁栓＋聚维酮碘(外洗)	氟康唑胶囊＋克霉唑阴道栓＋碳酸氢钠粉(外洗)
月经不调	月经周期提前或推后 7 d 以上或先后无定期	逍遥丸、鹿胎膏	乌鸡口服液/逍遥丸＋天然维 E	乌鸡白凤丸＋黄体酮胶囊
	月经量少或点滴	益母草软胶囊、小麦胚芽油软胶囊	益母草软胶囊＋益气养血口服液	益母草软胶囊＋驴胶补血颗粒
	月经量多或行经时间超过 8 d 以上	裸花紫珠胶囊	奥硝唑片＋裸花紫珠＋洁尔阴洗液	奥硝唑片＋炔诺酮片＋洁尔阴洗液

四、用药指导

(1)对痛经伴有月经过多，或有盆腔炎、子宫肌瘤者所继发性痛经者，应在医师指导下用药。

(2)应用解痉药后可引起口干、皮肤潮红等不良反应。

(3)对月经周期不规律或希望怀孕的妇女不宜在月经来潮前口服中成药,月经期间不宜服用利尿剂,因为利尿剂可将重要的电解质和水分排出体外,对平衡不利。应少饮酒和少摄食盐,促使水分不在体内滞留,以减轻肿胀感。

(4)鉴于缓解痛经药只对疼痛症状有缓解作用,而不能解除疼痛的致病原因,也不能防止疾病的发展和预防并发症的发生;长期应用会攻击胃肠黏膜的防御系统,诱发胃或十二指肠溃疡和出血,为避免药物对胃肠道的刺激,缓解痛经药连续服用不宜超过5 d。其禁忌证或注意事项可见发热和头痛中的描述。

五、预防

(1)痛经剧烈者应卧床休息;经期忌食生冷瓜果及刺激性食品,注意饮食有节,起居有常。

(2)保持外阴清洁,每日用温水洗 1～2 次,勤换垫纸。加强锻炼,衣着要温暖,忌冷水、游泳和剧烈运动。

(3)解除心理障碍,保持精神愉快,避免过度劳累、紧张、恐惧、忧虑和烦恼。民间常采用生姜红糖水煎服;或应用暖水袋热敷。

第七节　鼻　　塞

一、概述

鼻为呼吸道的开口,与咽喉和气管相连,为上呼吸道的组成部分,对吸入的空气可有加温、湿润及净化的作用。鼻黏膜有嗅觉功能,与丰富的神经纤维相连,除人所共知的嗅觉功能外,尚可有效地引起保护性反射(打喷嚏)。耳与鼻、咽喉彼此之间关系密切,相互配合,发挥着通气、发音、听觉、味觉及嗅觉多种生理功能。

鼻腔黏膜上有丰富的血管、黏液腺的纤毛,鼻中隔前下部也有纤密的毛细胞血管网,当受到刺激、过敏、感染时,鼻黏膜血管迅速扩张和肿胀,出现鼻塞。其病因有三:①感冒;②鼻部过敏或感染;③慢性鼻炎、慢性鼻窦炎、过敏性鼻炎者所出现的继发症状。

二、临床表现

鼻塞的感觉十分难受,鼻塞得透不过气来,常借用口腔吸气,同时嗅觉明显减退,对各种气味极不敏感,发音低闷。

感冒后病毒进入鼻黏膜细胞,细胞会释放出引起发炎的物质,鼻涕增多,使黏膜肿胀,肿胀的黏膜产生较多的黏液性或脓性黏液,有一部分流出,这就是流鼻涕。鼻部感染常见的是鼻窦炎,病原菌大多为金葡菌、肺炎球菌、流感杆菌及少数肠道革兰阴性菌,感染后鼻腔黏膜的血管也会发生肿胀,导致鼻塞。

三、药物治疗

《国家非处方药目录》收录的口服药有伪麻黄碱；外用滴鼻剂有萘甲唑啉滴鼻剂、复方萘甲唑啉喷雾剂、羟甲唑啉滴鼻剂、赛洛唑啉滴鼻剂和麻黄碱滴鼻剂。

（一）非处方药

（1）口服伪麻黄碱主要兴奋肾上腺素能受体，使鼻腔黏膜血管收缩，减轻鼻充血及伴咽鼓管充血的浆液性中耳炎，常与解热镇痛药组成复方制剂用于缓解感冒后鼻黏膜充血（鼻塞）症状。如复方盐酸伪麻黄碱缓释胶囊，成人每 12 h 服 1 粒，24 h 内不超过 2 粒。小儿用法用量见说明书。

（2）鼻腔用药对急、慢性鼻炎和鼻窦炎，局部选用 1％麻黄碱、呋喃西林-麻黄碱滴鼻剂、萘甲唑啉滴鼻剂、羟甲唑啉滴鼻剂，滴鼻一次 1～2 滴，一日 3～6 次；赛洛唑啉滴鼻剂，成人应用 0.1％浓度，儿童应用 0.05％浓度，一次 2～3 滴，一日 2 次。以使鼻黏膜血管收缩，缓解鼻腔堵塞，减少鼻黏膜出血，改善鼻腔的通气性。

（3）缓解鼻腔黏膜血管充血、鼻塞、流鼻涕等症状，口服可选用含有伪麻黄碱的制剂，以保持咽鼓管和窦口通畅。如美酚伪麻片剂等。

（4）对以打喷嚏、流鼻涕为主的患者，可选用含氯苯那敏和苯海拉明等制剂。对鼻塞严重者，可滴用萘甲唑啉滴鼻剂、羟甲唑啉滴鼻剂、1％麻黄碱滴鼻剂。

（二）处方药

鼻窦炎的急性期应尽早采用足量抗菌药控制感染，应用青霉素、氨苄西林、氯唑西林、林可霉素等肌内注射或静脉注射，或应用红霉素、复方磺胺甲硝唑等口服，可根据病原菌选用。革兰阴性菌感染可选用哌拉西林或头孢唑林联合庆大霉素，或加用甲硝唑静脉滴注。

四、用药与健康提示

（1）肾上腺素 α 受体激动剂滴鼻后，偶见鼻腔有一过性轻微烧灼感或干燥感，少见有头痛、头晕、心率加快等反应，久用可致药物性鼻炎，药液过浓或滴人次数过多可致反应性充血等，因此，应采用间断给药，每次宜间隔 4～6 h。

（2）肾上腺素受体激动剂可引起血压升高，对儿童、高血压、前列腺增生、癫痫、闭角型青光眼、幽门梗阻、膀胱颈梗阻、鼻腔干燥和萎缩性鼻炎、甲状腺功能亢进患者、妊娠及哺乳期妇女禁用；对糖尿病、冠心病者慎用。

（3）驾车司机、高空作业者、精密仪器操作者在服用或滴药后 4 h 内不宜从事本职工作。

（4）α 受体激动剂不宜长时服用，口服一般连续使用不超过 7 d，滴鼻剂不宜超过 3 d。对症状未缓解者，宜及时到医院诊治。

（5）口服含伪麻黄碱制剂的老年患者和肺气肿、心脏病、前列腺增生等易引起呼吸困难者，在使用前应向医师咨询；另不宜与乙醇、中枢神经系统抑制药、抗精神病药氯丙嗪等合用。

五、预防

（1）加强体质锻炼、增强身体抵抗力；在条件许可的情况下，逐渐用冷水洗澡、洗鼻。

（2）坚持鼻部按摩，每天用示指和拇指按揉鼻翼两侧的迎香穴（图 3-1）20～30 次，然后用摩擦发热的手掌，轻轻按摩鼻尖、鼻翼，正反方向各 10 次。

（3）用淡盐水漱口，以提高上呼吸道的免疫力。

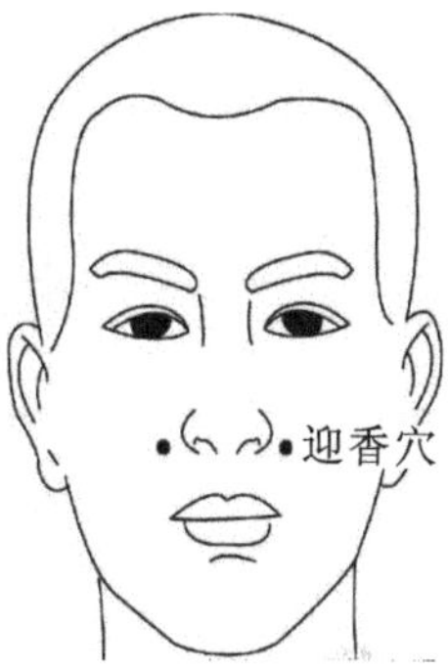

图 3-1　迎香穴

第四章　常见疾病的保健与预防

第一节　感冒与流感

一、概述

感冒和流感在一年四季均可发病，尤以冬、春季较为多见。儿童、老年人、营养不良者、体质虚弱者、妊娠期妇女、疲劳和生活规律紊乱者均为易感人群。根据病原体、传播和症状的不同分为上呼吸道感染（上感）和流行性感冒（流感）。

（一）感冒（上感）

俗称伤风或急性鼻卡他，由多种病原体（鼻病毒、腺病毒、柯萨奇病毒、冠状病毒、副流感病毒）感染而致，其中鼻病毒常引起“鼻感冒”；腺病毒常引起“夏感冒”；埃可病毒和柯萨奇病毒常引起“胃肠型感冒”。感冒的传播途径有两种：①直接接触传染；②由感冒者的呼吸道分泌物（鼻黏液、打喷嚏或咳嗽产生的气溶胶）而传染。如感冒者以其鼻黏液传播病毒，污染手或室内物品，再由此到达易感者之手，进而接种于鼻黏膜。此外，人们对感冒病毒的易感性，也受许多因素（环境、体质、情绪）的影响。

（二）流感

系由流感病毒（甲、乙、丙及变异型等）引起的急性呼吸道传染病。主要通过飞沫传播，传染性强，传播迅速，极易造成大流行，往往在短时间内使很多人患病。流感潜伏期为数小时至 4 d，并发症比较多（如肺炎、心肌炎、心肌梗死、哮喘、中耳炎），年老人和体弱者易并发肺炎。

二、临床表现

（一）感冒

感冒发病较急，初起时常有卡他症状（非感染的局部症状），后期会出现全身症状。严重时可继发细菌感染，但普通感冒不会造成大的流行，并少见并发症。

（1）全身可有畏寒、疲乏、无力、全身不适，有时有轻度发热或不发热、头痛、四肢痛、背部酸痛、食欲不振、腹胀、便秘等；小儿则可能伴有高烧、呕吐、腹泻等症状。

（2）病毒进入鼻黏膜细胞，释放出引起发炎的物质，使鼻腔及鼻甲黏膜充血、流鼻涕，或有水肿，同时嗅觉减退。

（3）鼻中的神经末梢受到黏膜肿胀的刺激，经过反射而打喷嚏。

(4)咽部可有轻、中度充血,咽喉肿痛、咽干燥感、声音嘶哑和咳嗽等症状。

(5)如血常规检测白细胞计数仍正常或偏低。当并发细菌性感染时,则血白细胞计数增多。

(二)流感

流感的发病急骤,局部和全身症状表现较重。其可分型如下。①单纯型:全身酸痛、周身不适、食欲不振、乏力、高热、头痛、畏寒等;上呼吸道症状可能有流涕、鼻塞、喷嚏、咽痛、干咳、胸背痛和声音嘶哑等,典型病程约 1 周。②肺炎型:在流行期间多见于小儿及老年体弱者,临床可见持续高热、呼吸困难、咳嗽、发绀及咯血等。肺部可听到湿性啰音。X 线摄片显示两肺可有散在絮状影。③胃肠型:除全身症状外,尚有恶心、呕吐、腹痛、腹泻等胃肠道症状,典型病程 2～4 d,可迅速康复。④神经型:高热不退、头痛、谵妄以致昏迷。儿童可见抽搐及脑膜刺激状。

三、抗感冒药的组方原则

由于感冒发病急促,症状复杂多样,迄今尚无一种药物能解决所有问题,因此,采用单一用药不可能缓解所有症状,一般多采用复方制剂。常用的组方搭配如下。

(1)解热镇痛药:感冒发热的温度虽不高,但常伴有疼痛(头痛、关节痛、肌肉痛),解热镇痛药可退热、缓解头痛和全身痛,常用阿司匹林、对乙酰氨基酚等。

(2)鼻黏膜血管收缩药:减轻鼻窦、鼻腔黏膜血管充血,解除鼻塞症状,有助于保持咽鼓管和窦口通畅,如伪麻黄碱。

(3)抗过敏药:组胺拮抗剂可使下呼吸道的分泌物干燥和变稠,减少打喷嚏和鼻溢液,同时具有轻微的镇静作用,如氯苯那敏(扑尔敏)和苯海拉明等。

(4)中枢兴奋药:有些制剂中含有咖啡因,一是为了加强解热镇痛药的疗效,二是拮抗组胺药的嗜睡作用。

(5)蛋白水解酶:改善体液局部循环,促进药物对病灶的渗透和扩散,如菠萝蛋白酶。

四、药物治疗

(一)非处方药

(1)感冒后有微热或流感后出现高热,并伴有明显头痛、关节痛、肌肉痛或全身酸痛,可选对乙酰氨基酚、阿司匹林、布洛芬等制剂。

(2)感冒初始阶段,可出现卡他症状,如鼻腔黏膜血管充血、喷嚏、流泪、流涕、咽痛、声音嘶哑等症状,可选含有盐酸伪麻黄碱或氯苯那敏的制剂,如美扑伪麻、酚麻美敏胶囊、双扑伪麻、氨酚伪麻、伪麻那敏、氨酚曲麻等制剂。

(3)对伴有咳嗽者,可选服有右美沙芬的制剂,如酚麻美敏、美酚伪麻、双酚伪麻、美息伪麻、伪麻美沙芬等制剂。

(4)为缓解鼻塞,局部选用 1%麻黄素、萘甲唑啉滴鼻剂、羟甲唑啉滴鼻剂、赛洛唑啉滴鼻剂等。使鼻黏膜血管收缩,减少鼻黏膜出血,改善鼻腔通气性。

（二）处方药

（1）金刚烷胺和金刚乙胺对亚洲 A 型流感病毒有抑制活性，抑制病毒核酸脱壳，影响细胞和溶酶体膜，干扰病毒的早期复制，使病毒增殖受到抑制。对无并发症的流感病毒 A 感染早期，成人均一次 100 mg，一日 2 次，连续 3～5 d；儿童一日 3 mg/kg 或 5 mg/kg，分 2 次服用。

（2）病毒神经氨酸酶抑制是一类全新作用机制的抗流感药。可选扎那米韦吸入给药一次 10 mg，一日 2 次，或口服奥司他韦（达菲），一次 75 mg，一日 2 次，连续 5 d，但神经氨酸酶抑制剂宜及早用药，在流感症状初始 48 h 内使用较为有效。

（三）中药治疗

1. 风寒感冒

［**症状**］恶寒，发热，无汗头痛，肢体酸痛，或鼻塞声重，或鼻痒喷嚏，流涕清稀，咽痒，咳嗽，痰吐稀白。舌苔薄白，脉浮紧。

［**治法**］辛温解表，宣肺散寒。

［**方药**］葱豉汤（葱白、豆豉）或荆防败毒散（前胡、柴胡、荆芥、防风、羌活、独活、川芎、茯苓、枳壳、桔梗、甘草）加减。

［**中成药选用**］可酌情选用感冒清热颗粒、正柴胡饮颗粒、荆防颗粒、九味羌活丸中的一种。

2. 风热感冒

［**症状**］身热较著，微恶风，头胀痛，或咳嗽少痰，或痰出不爽，咽痛咽红，口渴。舌边尖红，苔薄白或微黄，脉浮数。

［**治法**］清热宣肺解表。

［**方药**］银翘散（金银花、连翘、竹叶、荆芥、牛蒡子、薄荷、桔梗、淡豆豉、甘草）加减。

［**中成药选用**］可酌情选用银翘解毒片、感冒退热颗粒，或羚羊感冒片、桑菊感冒片中的一种。

3. 时疫感冒

［**症状**］突然恶寒，甚则寒战，高热不退，周身酸痛，无汗，咳嗽、口干、咽喉疼痛，伴明显全身症状，呈现流行性发作。

［**治法**］清热解毒解表。

［**方药**］清瘟解毒丸[大青叶、连翘、玄参、天花粉、桔梗、牛蒡子（炒）、羌活、防风、葛根、柴胡、黄芩、白芷、川芎、赤芍、甘草、淡竹叶]加减。

［**中成药选用**］可酌情选用清瘟解毒片、莲花清瘟胶囊中的一种。

4. 体虚感冒

［**症状**］发热，恶寒较甚，无汗，头痛鼻塞，身体倦怠，咳嗽，咳痰无力。舌淡苔白，脉浮无力。

［**治法**］益气解表。

［**方药**］参苏饮（人参、甘草、茯苓、苏叶、葛根、前胡、半夏、枳壳、桔梗、陈皮、木香）

加减。

［**中成药选用**］可酌情选用参苏丸、玉屏风颗粒中的一种。

（四）感冒常见联合用药方案

见表4-1。

表4-1 感冒常见联合用药方案

常见病	典型症状	代表药物	联合用药方案一	联合用药方案二
普通感冒	鼻塞、流鼻涕、打喷嚏、咽喉肿痛	消炎片、复方大青叶片	银翘片＋蒲地蓝消炎片＋维生素C	双黄连口服液＋银黄胶囊＋维生素C
风寒感冒	风寒：恶寒重、发热轻，无汗，清涕，舌苔淡白	感冒软胶囊、四季感冒胶囊	四季感冒胶囊＋桑姜感冒片＋维生素C	感冒软胶囊＋滴鼻剂＋维生素C
风热感冒	风热：有汗、发热重，恶寒轻，黄稠涕，舌红	桑菊感冒片、风热感冒颗粒	桑菊感冒片＋一清胶囊＋阿莫西林克拉维酸钾片	风热感冒颗粒＋清开灵胶囊＋维生素C
流行性感冒	由流感病毒引起，全身症状为主，突发高热、寒战、头痛、浑身酸痛。传染性强。	抗病毒口服液、复方金刚烷胺氨基比林片	抗病毒口服液＋布洛芬＋罗红霉素（阿奇）	复方氨氛烷胺胶囊＋体温计＋头孢克肟＋板蓝根含片

五、用药与健康提示

（1）首先明确抗生素对导致感冒和流感的病毒均无作用。但病毒与细菌感染密切相关，当感冒时，病毒在咽喉部繁殖引起发炎，咽喉部细胞失去抵抗力，细菌会趁机繁殖，并发机会性细菌感染（如化脓性扁桃体炎、咽炎、支气管炎和肺炎），表现为高热不退、呼吸急促、疼痛、咳嗽、咳痰等症状。此时，往往要服用抗生素（如氨苄西林、头孢氨苄、头孢呋辛、阿奇霉素）。抗生素可通过杀灭或抑制细菌成长而起到抗感染作用。但联合应用抗生素的指征（C反应蛋白阳性，白细胞计数和中性粒细胞计数升高）应严格控制，凭执业医师处方或在医、药师指导下应用。

（2）鉴于治疗感冒药的成分复杂，对服用含有抗过敏药制剂者，不宜从事驾车、高空作业或操作精密仪器等工作；含有鼻黏膜血管收缩药（盐酸伪麻黄碱）的制剂，对伴有心脏病、高血压、甲状腺功能亢进、肺气肿、青光眼、前列腺增生者需慎用；含有右美沙芬的制剂对妊娠初始期及哺乳期妇女禁用；服用含有解热镇痛药制剂时应禁酒，同时注意对老年人、肝肾功能不全者、血小板减少症、有出血倾向者、上消化道出血和（或）穿孔病史者，应慎用或禁用。

（3）对≤2岁婴幼儿尽量避免服用含有减鼻充血剂伪麻黄碱、盐酸去氧肾上腺素、盐酸麻黄碱的抗感冒药，或含有抗过敏药苯海拉明、溴苯那敏、氯苯那敏的镇咳药。

六、感冒的预防

(1)感冒一般为良性和自限性,病程多在 1 周左右,无严重症状者可不用或少用药。注意休息,多饮白开水、橘汁水或热姜糖水。并避免过度疲劳和受凉,平时应到室外活动,增加身体的御寒能力,依据气候变化增减衣服,常开窗户,注意室内通风和清洁,勤晒被褥。常做深呼吸换气。

(2)感冒药连续服用不得超过 7 d,服用剂量不能超过推荐的剂量,在连续服用 1 周后症状仍未缓解或消失者,应去医院向医师咨询。

第二节　口腔溃疡

一、概述

口腔溃疡又称复发性口疮,是慢性的口腔黏膜小溃疡,深浅不等,为圆形或椭圆形损害,可反复和周期性复发。根据溃疡和数目分为轻型、口炎型和重型复发性口腔溃疡。

胃肠功能紊乱、体内缺乏锌铁、微循环障碍、免疫功能低下、维生素缺乏、精神紧张、睡眠不足、肠道寄生虫病、局部创伤等常诱发溃疡。

二、口腔溃疡临床表现

口腔溃疡多发生于口腔非角化区如唇、颊黏膜、舌缘、齿龈等处,为圆形或椭圆形,直径为 0.2～0.5 cm,溃疡单个或由数个连成一片,溃疡表浅边缘整齐,外观呈灰黄色或灰白色,上覆盖黄白渗出膜,周围黏膜充血、水肿而有红晕,局部有烧灼样疼痛,于进餐时加重,影响进食、说话。严重溃疡直径可达 1～3 cm,深及黏膜下层甚至肌肉。但口腔溃疡有自愈性,病程 7～10 d,严重者此起彼伏,连绵不断。

三、口腔溃疡西医治疗

口腔溃疡的治疗以外用药为主,《国家非处方药目录》收载的治疗口腔溃疡药物活性成分和制剂有甲硝唑、氯己定含漱剂、西地碘含片、甲硝唑口腔粘贴片、地塞米松粘贴片、甲硝唑含漱剂、碘甘油等。

(1)口服维生素 B_2 和维生素 C;局部涂敷口腔溃疡膏,一日 2～3 次;或地塞米松甘油糊剂敷于患处。同时应用 0.5%甲硝唑含漱剂或复方甲硝唑含漱剂含漱,于早、晚刷牙后含漱,一次 15～20 mL。一日 2～3 次,连续 5～10 d 为 1 个疗程;另甲硝唑口颊片可夹于牙龈与龈颊沟间含服,于三餐后含服,临睡前加含 1 片,连续 4～12 d。

(2)西地碘含片可直接卤化细菌的体蛋白,杀菌力强,对细菌繁殖体、芽孢和真菌也有较强的杀菌作用。用于口腔溃疡,白色念珠菌感染性口炎、糜烂型扁平苔藓等。含服,一次 1.5～3 mg,一日 3～5 次。

(3)地塞米松粘贴片具有很强的抗炎作用,降低毛细血管的通透性,减少炎症的渗出，贴片用量较小而作用直接、持久，可促进溃疡愈合。外用贴敷于溃疡处，每处 1 片，一日总量不得超过 3 片，连续使用不得过 1 周。

四、中医治疗

口疮分为实证（脾胃积热、心经火热）和虚证（心血不足、肾阴亏虚、脾肾阳虚）。

（一）实证

口疮初起，溃点较多，圆形或椭圆，约如黄豆大小，边缘红晕鲜明，中央凹陷黄白色，疼痛较甚，饮食时因受刺激，疼痛更甚，或有发热，口渴。舌红，苔黄，脉数。

［**症状**］每于过食煎炒辛辣而发，口疮多发于口颊唇部，兼有口臭，或有大便秘结。

［**治法**］清热利膈。

［**方药**］凉膈散（大黄、朴硝、炙甘草、栀子、薄荷、黄芩、连翘）加减。

［**中成药选用**］可酌情选用内服清胃黄连片、利咽解毒颗粒、清咽丸中的一种；外用口腔溃疡散。

（二）虚证（脾肾阳虚）

口疮反复发作，或此愈彼发，每于劳累、失眠之后而发作或症状加重。一般溃点较少，周围色淡红，中央凹陷灰白色，饮食时疼痛。

［**症状**］口疮日久，虽不甚疼痛，但溃面终难愈合，或此起彼落，口淡不渴，口涎多，饮食无味，大便溏薄，四肢不温。舌淡白，脉迟无力。

［**治法**］温肾补脾。

［**方药**］补脾用补中益气汤（人参、黄芪、甘草、当归、陈皮、升麻、柴胡、白术）或理中汤（人参、干姜、白术、炙甘草）加减；温肾用桂附八味丸（熟地、山茱萸、怀山药、泽泻、茯苓、牡丹皮、附子、肉桂）加减。

［**中成药选用**］内服四神丸，外用珍珠粉。

五、用药与健康提示

（1）甲硝唑含漱制剂用后可有食欲不振、口腔异味、恶心、呕吐、腹泻等反应，偶见有头痛、头晕、失眠、抑郁、皮疹、荨麻疹、白细胞减少，停药后可迅速恢复。长期应用可引起念珠菌感染。

（2）氯己定偶可引起接触性皮炎，高浓度溶液有刺激性，含漱剂可使牙齿着色，味觉失调，儿童和青年口腔偶可发生无痛性浅表脱屑损害。

（3）一般牙膏中均含有阴离子表面活性剂，与氯己定可产生配伍禁忌，使用氯己定含漱剂后至少需间隔 30 min 后才可刷牙。

（4）西地碘有轻度刺激感，口含后偶见口干、胃部不适、头晕和耳鸣（发生率约 2%），对碘过敏者禁用。

（5）频繁应用地塞米松粘贴片可引起局部组织萎缩，使由皮肤、黏膜等部位侵入的病原菌不能得到控制，引起继发的真菌感染等。另对口腔内有真菌感染者禁用。

(6)对口腔溃疡的治疗首先要去除诱发因素,保持口腔清洁卫生。

第三节 咽 炎

一、概述

咽壁内有丰富的淋巴组织,是保护人体呼吸和消化系统的"门卫",对阻止细菌、病毒等病原微生物的侵入首当其冲,因此极易引起感染。人体的口腔、咽喉常潜伏着条件致病菌(溶血性链球菌、肺炎双球菌、金黄色葡萄球菌、大肠杆菌、真菌或厌氧菌)。当体内环境改变时,如感冒、失眠、疲乏或抵抗力降低时,菌群间失去平衡,潜伏的条件致病菌大量繁殖,以致咽喉受到感染,出现红肿、充血、发干和疼痛等症状,称之为咽炎,为发生在咽喉黏膜、黏膜下及淋巴组织的弥漫性炎症,常分为急、慢性咽炎两种。

急性咽炎是指咽黏膜、黏膜下组织和淋巴组织的急性炎症,多继发于急性鼻炎、鼻窦炎或咽炎。病变常波及整个咽腔,也可局限一处,致病菌以溶血性链球菌为主,肺炎双球菌、金黄色葡萄球菌、流感病毒及其他病毒皆可致病,也常是麻疹、流感、猩红热等传染病的并发症。

慢性咽炎多由急性咽炎反复发作,过度使用声带或吸烟等刺激所致;或由全身慢性病如胃食管反流病、上呼吸道炎症等所继发。

二、临床表现

急性咽炎者喉内干痒有灼热感,或有轻度喉痛,迅速出现声音粗糙或嘶哑,并常伴有发热、干咳,或咳出少量黏液,且有吸气困难,尤以夜间明显,如张开口腔检查可见咽部红肿充血,颈部淋巴结肿大。严重者甚至引起水肿,常因水肿而阻塞咽喉,导致呼吸困难。

慢性咽炎可见有咽喉部不适、干燥、发痒、疼痛或有异物感,总想不断地清理嗓子;有时清晨起床后常会吐出微量的稀痰,伴有声音嘶哑,往往说一会儿便稍加清晰,可有刺激性咳嗽、声音嘶哑,多在疲劳和使用声带后加重,但不发热。慢性咽炎的病程长,症状常反复,不易治愈。

三、药物治疗

从解剖学而言,咽喉部位几无覆盖和纤毛,易于暴露,便于直接用药。因而给药的方法可采用涂擦、喷雾、含服或含漱等。《国家非处方药目录》收载的治疗咽炎药活性成分或制剂有溶菌酶、度米芬、地喹氯铵、复方地喹氯铵、西地碘、复方草珊瑚含片、碘甘油、甲硝唑含漱剂、氯己定含漱剂。

(一)非处方药

1. 咽炎的治疗首要是抗炎,全身可服用对咽部有消炎功能的中成药,如复方青果冲剂、清咽丸、双黄连口服液、穿心莲片或金莲花片。联合服用维生素 A、B_2、C、E 等。

(2)局部可应用口含片,如溶菌酶一次 20 mg,每隔 1～2 h 给予 1 次;西地碘片含服一次 1.5～3 mg，一日 3～5 次；度米芬含片一次 0.5～1 mg，滴丸一次 0.5 mg，一日 3～4 次；地喹氯铵含片或复方地喹氯铵含片含服一次 0.25 mg，每隔 2～3 h 给予 1 次。或咽部涂抹 2%碘甘油、硼酸甘油。

(3)对发热较重者可口服解热镇痛药，如对乙酰氨基酚、布洛芬、阿司匹林，具体口服法见发热一节。对伴有感冒症状者可选用桑菊感冒片、板蓝根冲剂、双黄连口服液或双花口服液等。

(4)为及时清除口腔内潜伏的条件致病菌，可含漱 0.2%～0.5%甲硝唑含漱剂、0.1%～0.2%氯己定含漱剂，一日 2～6 次。

(二)处方药

(1)对急性炎症者为预防咽喉肿胀或喉头水肿而致的呼吸困难，可采用抗菌药和肾上腺糖皮质激素的溶液，气雾吸入或喷雾，一日 1～2 次。

(2)严重感染者可建议服用抗菌药物。

(三)咽炎常见联合用药方案

见表 4-2。

表 4-2　咽炎常见联合用药方案

常见病	典型症状	代表药物	联合用药方案一	联合用药方案二
慢性咽炎	咽部有异物感，发痒微痛，干燥灼热等。分泌物可引起刺激性咳嗽，有些人在漱口和刷牙时容易恶心	咽炎片、慢严舒柠好爽糖、金果饮咽喉片	金银花含片＋咽炎片＋大蒜软胶囊	诺氟沙星＋大蒜素肠溶胶囊＋氨基酸口服液
急性扁桃体炎	咽痛，发热时体温高达 39～40℃，全身不适。双颌下淋巴结肿大并有压痛	复方鱼腥草颗粒	复方鱼腥草颗粒＋罗红霉素＋布洛芬	蒲地蓝消炎片＋头孢克肟＋银黄胶囊

四、用药与健康提示

(1)咽喉炎用药的不良反应，常见有恶心、呕吐、胃部不适等；偶见有过敏、皮疹、瘙痒等表现，一旦发现宜及时停药。西地碘含片还有轻度刺激，偶见有口干、胃部不适、头晕和耳鸣，发生率约 2%，特别提示对碘过敏者禁用。

(2)度米芬、氯己定含漱剂等药物勿与氯化钠、阴离子表面活性剂同时使用。

(3)避免过度疲劳，定时入睡，戒除烟酒和辛辣食物，多饮水，多食清淡的食物。

(4)溶菌酶片偶见过敏反应，有皮疹等表现。

(5)应用口含片含服时宜把药片置于舌根部，尽量贴近咽喉，每隔 2 h 给予 1 次或一日 4～6 次。另应注意：①含服的时间越长，局部药物浓度保持的时间就越长，疗效越好；②含服时不宜咀嚼或吞咽药物，保持宁静；③含后 30 min 内不宜进食或饮水；④含后偶见有过敏、皮疹、瘙痒等，一旦发现应及时停药。

第四节　细菌性胃肠炎

一、概述

排便在一日内超过 3 次，或粪便中脂肪成分增多，或带有未消化的食物、脓血者称为腹泻。腹泻的病因复杂，一般按病因分为 6 种类型：

(1)感染性腹泻。多由细菌(沙门菌属、副溶血弧菌、金黄色葡萄球菌、大肠杆菌、痢疾杆菌)、真菌(肠念珠菌)、病毒(轮状病毒、柯萨奇病毒)、寄生虫(阿米巴、血吸虫、梨鞭毛虫)感染或集体食物中毒而造成。

(2)炎症性肠病。由直肠或结肠溃疡、肿瘤或炎症引起。

(3)消化性腹泻。由消化不良、吸收不良或暴饮暴食而起。

(4)激惹性或旅行者腹泻。常由外界的各种刺激所致，如受寒、水土不服，过食海鲜、油腻或辛辣食物刺激等。

(5)菌群失调性腹泻。由于肠道正常细菌的生长和数量或比例失去平衡所致，一般多因长期口服广谱抗生素、肾上腺皮质激素而诱发。

(6)功能性腹泻。由精神因素引起的，如紧张、激动、惊吓或结肠过敏等引起。

二、临床表现

腹泻分为急、慢性两种类型：急性腹泻多见于肠道感染、食物中毒、出血性坏死性肠炎、急性局限性肠炎、肠型紫癜等，可分为两大亚型——痢疾样腹泻或水泻，其亚型取决于致病因子的性质。痢疾样腹泻可有黏膜破坏，频频排出有脓血性粪便，并伴腹痛、里急后重；而水泻不含红细胞、脓细胞，不伴腹痛和里急后重。慢性腹泻起病缓慢，见于阿米巴痢疾、结核、血吸虫病、肿瘤等；集体食堂就餐人员成批发病且症状相同为食物中毒、流行性腹泻或传染病的流行。小肠炎性腹泻，腹泻后腹痛多不缓解；结肠炎性腹泻于腹泻后腹痛多可缓解。

在粪便的性状上各种腹泻也表现不尽相同：粪便呈稀薄水样且量多，为小肠性腹泻；脓血便或黏液便见于菌痢；暗红色果酱样便见于阿米巴痢疾；血水或洗肉水样便见于嗜盐菌性食物中毒和急性出血坏死性肠炎；黄水样便见于沙门菌属或金葡菌性食物中毒；米泔水样便见于霍乱或副霍乱；脂肪泻和白陶土色便，见于肠道阻塞、吸收不良综合征；黄绿色混有奶瓣便见于儿童消化不良。而激惹性腹泻时多为水便、伴有粪便的颗粒，下泻急促，同时腹部有肠鸣音、腹痛剧烈。

三、腹泻的治疗

(一)西药治疗

《国家非处方药目录》收载的止泻药其活性成分和制剂有：药用炭、鞣酸蛋白、盐酸小檗碱(黄连素)、口服补液盐、乳酸菌素、双歧三联活菌制剂、地衣芽孢杆菌活菌制剂、复方嗜酸乳杆菌片、复合乳酸菌胶囊、口服双歧杆菌活菌制剂等。

(1)感染性腹泻。对痢疾、大肠杆菌感染的轻度急性腹泻应首选小檗碱(黄连素),口服,成人一次 0.1～0.4 g,儿童,1 岁以下一次 0.05 g,1～3 岁一次 0.05～0.1 g,4～6 岁一次 0.1～0.15 g,7～9 岁一次 0.15～0.2 g,10～12 岁一次 0.2～0.25 g,12 岁以上一次 0.3 g,一日 3 次。或口服药用炭或鞣酸蛋白,前者吸附肠道内气体、细菌和毒素;后者可减轻炎症,保护肠道黏膜。药用炭,成人一次 1～3 g,儿童一次 0.3～0.6 g,一日 3 次,餐前服用;鞣酸蛋白,成人一次 1～2 g,一日 3 次;儿童,1 岁以下一次 0.125～0.2 g,2～7 岁一次 0.2～0.5 g,一日 3 次,空腹服用。

(2)消化性腹泻。因胰腺功能不全引起的消化不良性腹泻,应服用胰酶;对摄食脂肪过多者可服用胰酶和碳酸氢钠;对摄食蛋白而致消化不良者宜服胃蛋白酶;对同时伴腹胀者可选用乳酶生或二甲硅油。

(3)激惹性腹泻。因化学刺激引起的腹泻,可供选用的有双八面蒙脱石,可覆盖消化道,与黏膜蛋白结合后增强黏液屏障,防止酸、病毒、细菌、毒素对消化道黏膜的侵害,口服成人一次 1 袋(首剂加倍),一日 3 次;儿童,1 岁以下一日 1 袋,分 2 次给予,1～2 岁一次 1 袋,一日 1～2 次,2 岁以上一次 1 袋,一日 2～3 次。对激惹性腹泻,应注意腹部保暖,控制饮食(少食生冷、油腻、辛辣食物),同时口服乳酶生或微生态制剂。

(4)肠道菌群失调性腹泻。可补充微生态制剂,正常人体肠道内有 400～500 种菌群共同生长,相互依赖和制约。许多有益的细菌(益生菌)可制约致病菌的生长繁殖,减少肠内毒素的生成,维持肠道正常菌群的平衡;同时也促进人体对营养物质的吸收。例如双歧杆菌通过与肠黏膜上皮细胞作用而结合,与其他厌氧菌一起占据肠黏膜表面,形成一道生物屏障,阻止致病菌的侵入;复方嗜酸乳杆菌片(乳杆菌)含嗜酸乳杆菌,在肠内可抑制腐败菌的生长,防止肠内蛋白质的发酵,减少腹胀和止泻。双歧二三联活菌胶囊含有双歧杆菌、乳酸杆菌和肠球菌。在肠内补充正常的生理细菌,维持肠道正常菌群的平衡,达到止泻的目的。

(二)中药治疗

1. 伤食泄泻

[**症状**] 腹痛肠鸣,脘腹胀满,泻下粪便臭如败卵,泻后痛减,泻下伴有不消化食物,嗳腐吞酸,不思饮食。舌苔垢浊或厚腻,脉滑。

[**治法**] 消食导滞。

[**方药**] 保和丸(神曲、山楂、茯苓、半夏、陈皮、连翘、莱菔子)加减。

[**中成药选用**] 可酌情选用保和丸、加味保和丸、枳实导滞丸中的一种。

2. 脾胃虚弱

[**症状**] 大便时溏时泻,水谷不化,迁延反复,食少,食后脘闷不适,稍进油腻之物,则便次明显增多,面色萎黄,肢倦乏力,舌质淡,苔厚白,脉细弱。

[**治法**] 健脾益气,化湿止泻。

[**方药**] 参苓白术散(人参、茯苓、白术、桔梗、山药、炙甘草、白扁豆、莲子肉、砂仁、薏苡仁)加减。

［**中成药选用**］可酌情选用六君子丸、补脾益肠丸或人参健脾丸中的一种。

3. 肾阳虚衰

［**症状**］黎明之前，脐腹作痛，肠鸣即泻，泻后则安，腹部喜温，形寒肢冷，腰膝酸软。舌淡苔白，脉沉细。

［**治法**］温肾健脾，固涩止泻。

［**方药**］四神丸（补骨脂、五味子、肉豆蔻、吴茱萸）加减。

［**中成药选用**］可酌情选用涩肠止泻散、四神丸、固本益肠片、固肠止泻丸中的一种。

（三）腹泻常见联合用药方案

见表 4-3。

表 4-3　腹泻常见联合用药方案

常见病	典型症状	代表药物	联合用药方案一	联合用药方案二
急性腹泻	急性肠胃炎：细菌性感染，上腹部疼痛较强，排便次数较多，严重时可出现脱水现象，伴有高热	泻痢停	颠茄磺苄啶片＋止痢宁片＋口服补液盐	诺氟沙星＋大蒜素肠溶胶囊＋氨基酸口服液
急性腹泻	慢性肠胃炎：细菌性感染、非感染性、不明原因，腹泻持续时间长	肠康片	肠康宁＋固肠止泻丸＋左氧氟沙星	小檗碱片＋炎可宁

四、用药与健康提示

（1）由于腹泻是由多种不同病因所致，所以在应用止泻药治疗的同时，实施对因治疗不可忽视。腹泻消失的快慢，有赖于正确的诊断和治疗。

（2）由于胃肠液中钾离子浓度较高，腹泻常可致钾离子的过量丢失，低血钾可影响到心脏功能，故需特别注意补充钾盐。

（3）对消化和吸收不良综合征，因胰腺功能不全引起的消化不良性腹泻患者，应用胰酶替代疗法。

（4）长期或剧烈腹泻时，体内水、盐的代谢发生紊乱，常见的为脱水症和钠、钾代谢的紊乱，严重者可危及生命。因此，在针对病因治疗同时，还应及时补充水和电解质，以调整不平衡状态。可口服补液盐（ORS）粉剂或口服补液盐 2 号粉剂，每袋加 500～1 000 mL 凉开水溶解后服，以每千克体重 50 mL 于 4～6 h 内服完。

（5）腹泻时由于大量排出水分，可使全身血容量下降，血液黏稠度增加和流动缓慢，使脑血液循环恶化，诱发脑动脉闭塞、脑血流不足、脑梗死，也应给予关注。

（6）盐酸小檗碱（黄连素）不宜与鞣酸蛋白合用。鞣酸蛋白大量服用可能会引起便秘，也不宜与铁剂同服。

（7）微生态制剂主要用于肠道菌群失调引起的腹泻，或由寒冷和各种刺激所致的激惹性腹泻。但对由细菌或病毒引起的感染性腹泻早期不用,此时应用无效;在应用抗感染药和抗病毒药后期,可辅助给予,以帮助恢复菌群的平衡。微生态制剂多为活菌制剂,不宜与抗生素、药用炭、小檗碱和鞣酸蛋白同时应用,以避免效价的降低。如需合用,至少也应间隔 3 h。

(8)药用炭可影响儿童的营养吸收,3 岁以下儿童如患长期的腹泻或腹胀禁用;另外也不宜与维生素、抗生素、生物碱、乳酶生及各种消化酶同时服用,因能吸附上述药物,影响他们的疗效。严重腹泻时应禁食。

(9)洛哌丁胺不能作为有发热、便血的细菌性痢疾的治疗药。急性腹泻者在服用本品 48 h 后症状无改善,应及时停用。肝功能障碍者、妊娠期妇女慎用,哺乳期妇女尽量避免使用,2 岁以下儿童不宜使用。

第五节 痤疮(青春痘)

一、概述

痤疮俗称"粉刺"或"壮疙瘩",多自青春期发病,男女两性各在 15 或 12 岁开始出现,到 20 多岁才缓慢停止,少数人可延迟至 30 多岁。因此,常冠以"青春痘"之称。痤疮是发生在毛囊皮脂腺的一种慢性炎症,其病因一是由于青春期雄激素增高,皮脂分泌旺盛,刺激皮脂腺产生皮脂聚集在毛囊内;二是在厌氧环境下,痤疮丙酸杆菌在毛囊内大量繁殖,并产生溶脂酶,分解皮脂产生游离脂肪酸,刺激毛囊而引起炎症,或淤积的皮脂进入真皮,引起毛囊周围程度不等的炎症;三是毛囊口角化,角栓形成,皮脂潴留成为粉刺。女性在月经期加重,妊娠期则好转。痤疮按症状在国际上分为 1～4 级,类型有丘疹型、寻常型、囊肿型、结节型和聚合型等。此外,遗传、精神紧张、内分泌障碍、高脂肪饮食和多糖类及刺激性饮食(辣椒、胡椒、酒精)、高温及某些化学因素、生活不规律、口服避孕药或肾上腺皮质激素、化妆品过敏、月经期对痤疮的发生也起到一定的促进作用。

二、临床表现

(1)痤疮好发于前额、颜面、胸背上部和肩胛部等皮脂腺发达的部位。

(2)初起为多数散在与毛囊一致的黑色丘疹,用手挤压后可有黄白色的脂性栓塞排出来,随后可引起毛囊内及其周围炎症,若位置在皮肤的表浅部则形成炎性丘疹或脓疱,如位置较深或相互融合则形成结节、囊肿或脓肿。当皮质腺开口完全闭塞形成皮疹,顶端可出现小脓疱,破溃或吸收后,遗留暂时性色素沉着或小凹状瘢痕。

(3)严重的痤疮除黑头粉刺、丘疹、脓疱外,可有蚕豆至指甲大小的炎性结节或囊肿;炎症较深时,可长久存在,亦可逐渐吸收或溃脓形成窦道。

(4)痤疮的病程缓慢,一般青春期过后则可自愈,愈后可留有色素沉着斑、瘢痕疙瘩。

三、药物治疗

《国家非处方药目录》收载的抗寻常痤疮药有克林霉素磷酸酯凝胶、2.5%或 5%过氧化苯酰凝胶、5%～10%过氧化苯酰乳膏、维A酸凝胶及乳膏剂。

（一）非处方药

(1)对皮脂腺分泌过多所致的寻常型痤疮，首选2.5%～10%过氧化苯酰凝胶涂敷患部，一日1～2次。

(2)对轻、中度寻常型痤疮可选0.025%～0.03%维A酸乳膏剂或0.05%维A酸凝胶剂外搽，一日1～2次。于睡前洗净患部，连续8～12周为1个疗程，可显著减轻炎症对皮肤的损害。

(3)对炎症突出的痤疮，轻中度者可选维A酸和克林霉素磷酸酯凝胶外用治疗。

(4)对痤疮伴感染显著者，可应用红霉素、过氧苯甲酰凝胶、克林霉素磷酸酯凝胶或溶液涂敷，一日1～2次。

（二）处方药

(1)对中、重度痤疮伴感染显著者推荐涂敷0.1%阿达帕林凝胶，一日1次，或15%壬二酸乳膏，一日2次。

(2)对囊肿型痤疮推荐口服维胺酯胶囊，一次50 mg，一日3次，其可促进上皮细胞分化，有较好的疗效。或异维A酸，推荐剂量为一日0.1 mg/kg，连续4～6个月后，改为外用涂敷维持以控制复发。

(3)锌在体内合成激素的过程中起一定作用，每日补充30～40 mg有助于减轻炎症和促进痤疮愈合，可选葡萄糖酸锌一次10～20 mg，一日2次。

（三）痤疮常见联合用药方案

见表4-4。

表4-4　痤疮常见联合用药方案

常见病	典型症状	代表药物	联合用药方案一	联合用药方案二
痤疮	粉刺、丘疹、脓疱、结节、囊肿及瘢痕	甲硝唑凝胶、克林霉素磷酸酯凝胶	米诺环素（多西）＋芦荟胶囊＋维A酸乳膏	好脸面祛痘套装＋芦荟胶囊＋多种维生素

四、用药与健康提示

(1)过氧苯甲酰、红霉素、过氧苯甲酰凝胶对皮肤有急性炎症及破损者禁用；对妊娠及哺乳期妇女、儿童慎用；使用时注意避免接触眼、鼻、口腔黏膜；若与其他抗痤疮药（硫黄、水杨酸、维A酸）合用可加重对皮肤的刺激性，也可引起皮肤干燥、瘙痒、红斑、接触性皮炎，若出现刺激性加重时应立即停药。

(2)过氧苯甲酰能漂白毛发，不宜用在有毛发的部位；接触衣服后也易因氧化作用而脱色。

(3)维A酸用于治疗痤疮，初始时可出现红斑、灼痛或脱屑等反应，继续治疗后效果在2～3周后出现，一般须6周后达到最大疗效。但不宜涂敷于皮肤皱褶部如腋窝、腹股沟处；不宜接触眼或黏膜部；用药部位要避免强烈的日光照射，宜在晚间睡前应用，对有急性或亚急性皮炎者、湿疹者、妊娠期妇女禁用。

(4)维 A 酸与过氧苯甲酰联合应用时，在同一时间、同一部位应用有物理性配伍禁忌，应早晚交替使用，即夜间睡前应用维 A 酸凝胶或乳膏，晨起洗漱后应用过氧苯甲酰凝胶。如单独应用维 A 酸，初始时宜采用低浓度 0.025%～0.03%制剂；耐受后应用 0.05%～0.1%制剂。与有光敏感性合用有增加光敏感的危险。

(5)克林霉素磷酸酯凝胶对过敏者禁用；对幼儿不宜应用。

(6)为减少痤疮丙酸杆菌的耐药性，应尽可能使用非抗生素类抗菌药物，如过氧苯甲酰或壬二酸；如应用某种抗生素有效，可重复使用几个疗程，疗程的间歇期配合使用过氧苯甲酰或壬二酸外用制剂；外用抗生素的疗程为 4～8 周，一旦没有用药指征，即应停药。

(7)除用药外，患痤疮者宜注意皮肤卫生，每晚睡前宜用热水、肥皂洗除油腻，对油脂分泌多者可选用硫黄皂，忌用碱性大的肥皂。另饮食宜清淡，多吃新鲜的水果、蔬菜、高纤维素的食物，限制摄入高脂肪、糖类、酒精及辛辣食物。避免服用含有溴、碘的食品或药品，精神不宜紧张。对伴发炎症的痤疮，不要用手挤压粉刺和丘疹，对面部危险三角区尤应如此，以避免加重感染或遗留瘢痕。

第六节　荨　麻　疹

一、概述

荨麻疹俗称“风疹块”或“风团”“风疙瘩”，是一种过敏性皮肤病，常表现在皮肤或黏膜上，为一种局限性、暂时性或瘙痒性的潮红斑和风团为特征的皮肤病。

荨麻疹多与变态(过敏)反应有关，大多数属于Ⅰ型(速发型)变态反应，少数属于Ⅱ型(细胞毒性)、Ⅲ型(免疫复合物型)反应，但通常所说的荨麻疹为Ⅰ型过敏反应。荨麻疹可由接触多种物质引起，包括异种血清(如破伤风抗毒素)、动物蛋白(蛋、肉、虾、蟹等)、细菌、病毒、寄生虫、毛皮、羽毛、空气中的植物花粉及尘螨以及油漆、染料、塑料、化学纤维和用药(阿司匹林、阿托品、青霉素、吗啡、磺胺、维生素 B)等。此外，物理因素(冷、热、光)、病灶(龋齿、扁桃体炎)、胃肠功能障碍、内分泌失调以及精神紧张也可引发。依据荨麻疹发生的频率及时间，分为急性和慢性荨麻疹。凡连续 2 周以内者为急性，超过 2 周以上者为慢性，有些病例尚可超过 1 个月。

二、临床表现

急性荨麻疹多突然发作，一般在 1～5 min 内出现症状，少数可在几天内。先有皮肤瘙痒感或灼热感，迅速出现红斑，继而形成淡红色风团，略高出皮肤表面，大小和形态不一，有时可融合成大片。并可伴有发热、头痛，胃肠道可出现有恶心、呕吐、腹痛、腹泻、喉头黏膜水肿，严重者可有胸闷、呼吸困难或窒息。发生在四肢末端有肿胀感觉，发生在眼睑时则引起局部高度水肿。慢性荨麻疹的症状多持续 2～3 周，生而又消，治疗不易，多伴发失眠。除了急性、慢性荨麻疹外，尚可有以下几种类型。

(1)热性荨麻疹。多见于青年女性,好发于躯干及上肢,偶见延及面部。皮肤受热(43 ℃)或发汗后,数分钟出现局部风团,直径在 0.5 cm 以下,肿胀而发红,色泽较淡,有瘙痒、疼痛或灼热感,瞳孔略小,心率减慢。

(2)冷性荨麻疹。十分常见,多从婴儿时期起发病,可持续终生。在暴露于冷空气和接触冷水时,或以冰块置于前臂躯侧,历时 3～5 min,手部或面部出现水肿及风团,持续 30 min 至数小时可消退,并伴有发热、头痛、呼吸道症状、关节痛和白细胞计数升高。

(3)巨大荨麻疹(血管性水肿)。好发于眼睑、口唇、外生殖器,也可发生于口腔、舌、喉头黏膜等组织疏松部分,多为一侧单发,偶见有发生两处以上者。自觉轻度瘙痒及紧绷感,如发生于喉头黏膜,可引起窒息。另皮损多在夜间出现,为一种局限性、水肿斑块,无指压性凹陷,边缘不清,呈肤色、淡红色或苍白色,一般于数小时后消退,但可复发。

(4)人工荨麻疹(皮肤划痕症)。采用锐器或指甲划过皮肤后,沿着划痕发生条状淡红色隆起,伴有瘙痒,常并发荨麻疹。

三、药物治疗

《国家非处方药目录》收录的抗过敏药活性成分有盐酸异丙嗪、氯苯那敏、盐酸苯海拉明、去氯羟嗪、赛庚啶;过敏活性物质阻释剂有色甘酸钠、富马酸酮替芬。

(1)盐酸异丙嗪可对抗组胺所致的毛细血管扩张,降低血管的通透性,对治疗皮肤黏膜的变态反应效果良好,其中以对荨麻疹较好,口服,一次 6.25～12.5 mg,一日 1～3 次。氯苯那敏对抗组胺过敏作用超过异丙嗪和苯海拉明,且对中枢神经系统的抑制作用较弱,口服,一次 4～8 mg,一日 3 次;同时宜合并口服维生素 C 及乳酸钙、葡萄糖酸钙片等。

(2)对伴随血管性水肿的荨麻疹,可选用赛庚啶,成人,口服,一次 2～4 mg,6 岁以下儿童一次 1 mg,6 岁以上儿童一次 2 mg,一日 2～3 次。

(3)局部用药选择具止痒和收敛作用的洗剂,如薄荷酚洗剂(含薄荷、酚、氧化锌、乙醇)或炉甘石洗剂涂敷,一日 3 次。

(4)对病情严重者可在医师指导下使用处方药:推荐口服第 2 代抗组胺药如西替利嗪、阿司咪唑、咪唑斯汀、氯雷他定或地洛他定。对急性者或伴有胃肠道症状时,酌情口服泼尼松等肾上腺糖皮质激素。

(5)荨麻疹常见联合用药方案如表 4-5。

表 4-5　荨麻疹常见联合用药方案

常见病	典型症状	代表药物	联合用药方案一	联合用药方案二
慢性荨麻疹	以一过性风团为特征,伴有剧烈瘙痒的皮肤及黏膜的局限性水肿反应。病程常超过 2 月以上,风团时多时少,症状较轻,病因不明	氯雷他定	氯雷他定＋维生素 C＋盐酸赛庚定乳膏	盐酸西替利嗪胶囊＋维肤膏＋六和维生素＋湿毒清胶囊/消风止痒颗粒

四、用药与健康提示

(1)鉴于抗过敏药可透过血脑屏障，对中枢神经系统组胺受体产生抑制作用，引起镇静、困倦、嗜睡反应，多数人都能在数日内耐受。但对驾车、高空作业、精密机械操作者，在工作前不得服用或服用后休息 6 h 以上。

(2)多数抗过敏药具有轻重不同的抗胆碱作用，表现为口干；对闭角型青光眼者可引起眼压增高；对患有良性前列腺增生症的老年男性者可能引起尿潴留，给药时应予注意。另抗过敏药不良反应常见有食欲不振、恶心、呕吐、腹部不适、便秘、腹泻等，且上述不良反应随药物使用时间延长而减轻或消失，若进食时服药也可减轻。

(3)阿司咪唑、特非那丁、依巴斯汀可能抑制心脏钾离子通道，有引起尖端扭转型室性心动过速或 Q-T 间期延长的危险。故应严格掌握剂量，注意药物的相互作用，同时对血钾浓度过低者适当补充钾、镁。患先天性 Q-T 间期综合征者不宜应用。对肝脏功能缺陷者和心律失常者慎用；对 6 岁以下儿童慎用。

(4)妊娠期和哺乳期妇女应慎用抗过敏药。

(5)体重增加是某些抗过敏药的另一方面的不良反应，其机制可能与长期大量应用后加速胃排空、增加食欲有关。其中以阿司咪唑、赛庚啶、酮替芬为甚。

(6)抗过敏药的应用必须及时，以较快地抑制组胺和一系列反应。但 H_2 受体阻断剂可抑制皮肤对组胺的反应，对拟进行变应原皮试者，应在停止使用 48～72 h 后进行。

(7)如感觉到皮疹加剧；或喉头黏膜水肿、胸闷、呼吸困难或窒息时，或应用抗过敏药物 3 d 后仍不见疗效时请及时去医院诊治。

(8)用药期间宜进清淡饮食，禁忌辛辣食物或腥膻食物，避免搔抓皮肤或热水洗烫，并暂停使用肥皂。另服用抗过敏药期间不宜饮酒，或同时服用镇静催眠药及抗抑郁药。

第七节　手足真菌感染

一、概述

足癣又称脚癣或香港脚，是发生于脚掌、跖与趾间皮肤的浅部真菌感染，其传播方式主要有两种：一是直接接触足癣患者；二是使用足癣者的鞋袜、日常用品。另外，公共浴池是传播足癣的主要场所，如共用澡盆、澡池、浴巾和拖鞋，如不进行彻底的消毒，极易感染脚癣。诱发足癣的因素很多，但下列人群极易发生表浅性真菌感染。

(1)多汗者：足跖部多汗，由于汗液蒸发不畅，皮肤表皮而呈白色浸渍状，尤以趾间最明显，严重多汗者可起水泡，或角化过度，易继发真菌感染而致足癣。

(2)妊娠期妇女内分泌失调，使皮肤抵抗真菌的能力降低。

(3)肥胖者指(趾)间间隙变窄，十分潮湿，易诱发间擦型脚癣。

(4)足部皮肤损伤，破坏了皮肤的防御屏障，真菌易于侵入。

(5)糖尿病患者体内缺乏胰岛素使糖代谢紊乱，抵抗力下降，易诱发间擦型足癣。

(6)长期服用抗生素、肾上腺皮质激素、免疫抑制剂，使正常的菌群失去平衡，细菌被杀死而真菌大量繁殖，易诱发足癣。

手癣又称掌风，为发生在手掌、手指外的光滑皮肤的浅部真菌感染，多继发于足癣。

二、临床表现与分型

依据致病真菌种类和患者体质、表现的区别，足癣常分为如下 5 种类型。

(1)间擦型。常发生在第 3、4 趾间，也可波及全趾，趾间皮肤浸软、脱皮、部分趾间皮肤皲裂，有时有红色的糜烂面，有臭味，夏重冬轻。

(2)水泡型。常发生在足跖、足缘部，常有水泡成群或散在，局部皮肤潮红，有时继发细菌感染，水泡变为脓疱，以夏季多见。

(3)鳞屑型。常发生在足跖部，损害以鳞屑为主，伴有稀疏而干燥的小水泡，局部有红斑、丘疹，四季皆可发生，以夏季多见或加重。

(4)角化型。常发生在足跟、足跖、足旁部，皮肤干燥粗厚、角化过度，皮肤纹理增宽，易发生皲裂，四季皆可发生，以冬季多见或加重。

(5)体癣型。常发生在足背部，损害以典型的弧状或环状的体癣改变，常并发体癣，以夏季多见或加重。

手癣与脚癣相同，依致病真菌种类和患者体质、表现的区别，也分为 5 种类型，即间擦型、水泡型、鳞屑型、角化型和体癣型。

上述间擦型、水泡型、鳞屑型、角化型等脚癣，往往几型同时存在，仅以某型较为显著。自觉瘙痒、抓破后常继发感染。

三、药物治疗

(1)水泡型脚癣可外搽复方苯甲酸酊、十一烯酸软膏，或用 10%冰醋酸溶液浸泡或应用 1%特比萘芬霜剂、咪康唑霜剂，外用涂擦，一日 1～2 次，连续 2～4 周。

(2)对间擦型、糜烂型脚癣应尽量保持干燥，注意保护创面，避免水洗或使用肥皂，不要搔抓，可先用 0.1%依沙吖啶(利瓦诺)液或 30%硼酸液浸泡后涂敷含有 5%水杨酸或 5%～10%硫黄的粉剂，无明显糜烂时，可应用足癣粉、足光粉、枯矾粉，或局部涂敷复方水杨酸酊或复方土槿皮酊，一日 3～4 次，连续 15 d，在渗出不明显时，可用 10%水杨酸软膏按常规包扎，每 2 日换药 1 次，连续 3～4 次。

(3)对鳞屑型和角化型足癣可用复方苯甲酸软膏、3%克霉唑软膏、2%咪康唑霜剂、10%水杨酸软膏或应用 1%特比萘芬霜剂，外用涂擦，一日 1～2 次，连续 2～4 周，或应用包扎治疗，每 2 日换药 1 次，连续 3～4 次。

(4)手癣的用药与足癣相同，可选用复方苯甲酸搽剂、3%克霉唑乳膏、2%咪康唑霜剂、5%水杨酸酒精或复方苯甲酸软膏、复方十一烯酸软膏涂敷，一日 1～2 次。或特比萘芬霜外用涂擦，一日 1～2 次，连续 2～4 周。

治疗手癣的最佳方法是采用药物封包治疗，睡前选用10%水杨酸软膏、复方苯甲酸软膏、20%尿素乳膏(可任选其一)涂敷于手上，按摩5 min，用塑料薄膜和3层纱布包好，每隔1～2 d换药1次，连续1～2周。

四、手足癣常见联合用药方案

见表4-6。

表4-6 手足癣常见联合用药方案

常见病	典型症状	代表药物	联合用药方案一	联合用药方案二
手癣	与足癣大致相同，多呈鳞屑角化型表现，损害多限于一侧，初期于掌心或二、三指的尖端发生水泡，数目不一，疱液干涸后脱屑	20%尿素乳膏、癣宁搽剂	氟康唑口服＋苦参洗液＋20%尿素乳膏涂敷	硝酸益康唑喷剂＋联苯苄唑乳膏
足癣	角质层增厚，粗糙、脱屑、干裂、无汗。冬季发生皲裂疼痛，夏季间发水泡	癣宁搽剂、默氏足康喷雾、默氏足康	硝酸益康唑喷剂＋足光散＋曲安奈德益康唑乳膏	联苯苄唑乳膏＋癣宁搽剂＋多种维生素

五、用药与健康提示

(1)少数患者局部用克霉唑制剂可发生过敏及刺激症状，出现烧灼感、红斑、刺感、起疱、脱皮、瘙痒、荨麻疹、接触性过敏性皮炎。妇女妊娠时并不禁忌在皮肤上局部应用克霉唑。

(2)少数患者应用联苯苄唑可出现局部过敏症状，如瘙痒、灼热感、红斑；极少数人出现灼痛、脱皮等。

(3)咪康唑局部外用可引起皮疹、发红、水泡、烧灼感和其他皮肤刺激性。避免接触眼睛。摩擦部位宜用洗剂，若用乳膏涂少量后应擦匀，以免发生浸泡作用。一般治疗体、股癣需2～4周，足癣1个月，甲癣6个月。如皮肤有糜烂面，应首先应用洗剂(不用乳膏)，一日2次，连续2周。

(4)在体、股癣尚未根治前，禁止应用糖皮质激素制剂，如曲安奈德(去炎松)乳膏、氟西奈德(氟轻松)乳膏，以免加重病变。

六、预防

(1)在外用药期间，对患部皮肤尽量不洗烫，少用或不用肥皂和碱性药物，少洗澡，以使抗真菌药在体表停留的时间延长，巩固和提高疗效。

(2)若患者同时患有手、足癣，必须同时治疗，以免由瘙抓引发再次感染。体股癣合并有糖尿病患者，在应用抗真菌药的同时，宜控制血糖。

(3)保持干燥,注意个人卫生,糜烂型足癣忌用热水洗烫,鞋袜应定期洗烫,在夏季潮湿的季节,宜在适宜场合经常解开鞋带而释放湿气,保持足、体、股、大腿部的皮肤干燥。

(4)避免直接接触病兽、病猫、病犬,预防真菌的传播。

第八节　冻　　疮

一、概述

冻伤或冻疮在冬季很常见,尤其是在北方、青藏高原等寒冷地带。但两者常常混为一谈,其中前者为全身或局部组织的损伤(包括全身冻僵),后者的炎症较为局限,但有时两者可同时存在。冻疮多发生于儿童、青年妇女、室外工作者和周围血循环不良者。严冬季节,人体长时间受到寒冷的侵袭,外露的皮肤受到冷冻的刺激,散热增加,为了维持体温而增加产热,表现为寒战;同时为减少散热而皮下的小血管发生痉挛而收缩,静脉瘀血,导致血液循环发生障碍而流通不畅。同时体内产热相对不足,时间一长则造成皮肤缺血或缺氧,导致全身或局部的血液瘀滞、体温降低而造成局部冻结或皮肤、肌肉的损伤。

冻伤(疮)也可能受其他因素的影响,如衣着过少、鞋袜过紧、长时间静止不动、捆扎止血带等都可加重冻伤。人体本身的因素如过度疲劳、醉酒、饥饿、失血、体质虚弱、营养不良等使人体的抵抗力降低,也容易引起冻伤。此外,体表潮湿和手足多汗者可加速体表散热,也常易发生冻疮。

冻疮多见于人的手足、耳郭、面颊、鼻尖等暴露或衣着保护较差的部位,常常对称以双侧发生,亦可单侧发生。其中女性较男性多发,儿童较成年人多发,户外工作者较室内工作者多发。到春季可自然缓解。

二、临床表现

局部冻伤(疮)的表现主要在复温以后。按组织损伤轻重可分为3度。

(1)一度冻伤(红斑型):初始时受冻的皮肤苍白,以后受冻部位红肿,为局限性蚕豆或指甲大小的紫红色肿块,边缘鲜红,中央青紫,自觉发热、瘙痒或疼痛感,遇热而更甚,触压时皮肤褪色恢复缓慢。冻疮多在数日后消失,局部脱一层皮,不留任何瘢痕。

(2)二度冻伤(水泡型):红肿较严重而起水泡,疼痛较剧烈,感觉迟钝或麻木,1～2日后水泡吸收结痂,2～3周后结痂脱落。可能不留瘢痕。但如发生感染时可溃烂,周围组织肿胀,疼痛加剧,久治不愈则愈后结疤。

(3)三度冻伤(坏疽型):全层皮肤甚至到肌肉或骨头坏死,复温时可见血泡,皮肤变色最后呈黑色,腐烂的肌肉脱落后长出肉芽,极不易愈合,愈后可留下色素沉着或瘢痕。

三、药物治疗

《国家非处方药目录》收载的治疗冻伤（疮）药物活性成分和制剂有樟脑、氧化锌、肌醇烟酸酯软膏（烟肌酯）、冻疮膏。

（1）对未形成溃疡的冻疮，轻轻按摩或温水湿敷，以促进血液循环，切不宜以热水或热火烘烤。并可外涂敷紫云膏，一日 1 次。

（2）对一度冻疮者选用 10%樟脑软膏（5%樟脑酯）涂敷患部，一日 2 次。或以肌醇烟酸酯软膏涂敷患部，其为一温和的血管扩张剂，直接作用于血管壁，可使病变部位和受寒冷刺激敏感部位的血管扩张，可促进局部皮肤、肌肉的血液循环，增加血流和末梢血管的血流量。作用缓和而持久，适用于冻疮的防治，外用其 1%乳膏剂，一日 1～2 次。对 1～2 度冻疮者可局部涂敷 10%辣椒软膏、10%氧化锌软膏或冻疮膏等。

（3）对局部发生水泡和糜烂者，可涂敷 10%氧化锌软膏或依沙吖啶（利瓦诺）氧化锌糊剂，对发生溃烂而感染者，局部以 0.02%高锰酸钾溶液浸泡后清除溢出的黏液后涂敷溃疡膏、0.5%～1%红霉素、0.5%林可霉素乳膏或 10%鱼石脂软膏，以控制细菌的感染。

（4）烟酸可扩张血管，促进血液循环，用药后可出现局部和面部的温热感，口服一次 50～100 mg，一日 1～3 次，为减少不良反应，可选其缓释制剂；维生素 E 可促进肌肉生长，一次 50～100 mg，一日 1～3 次，连续 3 个月。对瘙痒严重者可加服抗过敏药氯苯那敏（扑尔敏）或赛庚啶，一次 2～4 mg，一日 2 次。

（5）对合并严重感染者可给予抗生素，如红霉素、克林霉素。

四、用药与健康提示

（1）樟脑有刺激性，外用时偶可引起接触性皮炎。如皮肤有破损处、溃疡、创面、皮肤渗出部位不宜涂敷；对已破溃的冻疮不宜使用，并避免接触眼睛和其他黏膜部位。如发生过敏反应，应即停药。另樟脑有挥发性，可穿过胎盘屏障，对妊娠妇女慎用。

（2）局部应用樟脑、辣椒、肌醇烟酸酯软膏后可稍加用力搓以帮助渗透，但强度仅达到皮肤发红即可，用药持续时间也不宜太长。

五、用药与健康提示

（1）除药物治疗外，严寒冬季须注意对肢体的保暖，及早穿戴棉鞋、手套和耳套，衣服鞋袜宜宽大松软，并不宜在室外久留。

（2）对脚易出汗者，每晚宜用热水清洗，每天更换袜子并及时除湿。天气干冷时多吃御寒的食品，如肉桂、老姜、辣椒或羊肉等。

（3）冻疮极易复发，如在儿童时期患病，每年到冬季后就会出现，对年年复发者可在冬季开始逐渐养成使用冷水洗脸、洗足擦身的习惯，提高耐寒能力。

六、常见皮肤病联合用药方案

见表4-7。

表4-7 常见皮肤病联合用药方案

常见病	典型症状	代表药物	联合用药方案一	联合用药方案二
湿疹	皮肤损害多样性、分布对称、急性期有渗出倾向、剧烈瘙痒、反复发作	丹皮酚软膏、湿毒清片、百湿康新肤蛇脂凝胶	丹皮酚软膏＋复合维生素B族＋葡萄糖酸钙片	儿童：肤宝＋氯雷他定颗粒＋炉甘石外用
接触性皮炎	在接触部位发病，瘙痒、灼热感皮损边界清楚，皮损较单一，有一定形态。去除接触物后，很快痊愈	复方地塞米松乳膏、益康倍松乳膏	丹皮酚＋氯雷他定＋维生素C 儿童：肤宝＋氯雷他定颗粒	复方地塞米松乳膏＋盐酸西替利嗪胶囊＋葡萄糖酸钙片
毛囊炎	葡萄球菌感染引起，初为粟粒大毛囊性丘疹，逐渐形成脓疮，自觉瘙痒或灼痛，多发头部、颈项、背部，病程一周左右，易复发	甲硝唑凝胶	甲硝唑凝胶＋左氧＋夏桑菊颗粒	氧氟沙星凝胶＋阿奇霉素＋复合维生素
腋臭	是分布在体表皮肤如腋下、会阴、背上部位的大汗腺分泌物中产生散发出的一种特殊难闻的气味，夏季更甚	金桂花除臭液、羚锐西施露	腋香液＋爽生粉	金桂花除臭液＋隆力奇/蛇胆玉米爽身粉
冻疮	好发于手足、面颊、耳郭等末梢部位。皮损为瘙痒性局限性水肿性红斑，境界不清，可出现水泡、糜烂和溃疡	冻疮膏	冻疮膏＋三七片＋维生素E	尿素乳膏＋维生素E

第九节 脓疱疮

一、概述

脓疱疮又称为传染性脓痂疹，俗称“黄水疮”，在卫生习惯较差的儿童常会发生，是由细菌感染引起的一种皮肤病，具有传染和化脓性。诱发脓疱疮的病菌主要有两种：首先为金黄色葡萄球菌；其次为溶血性链球菌，或为两者的混合感染。当表皮受损、人体抵抗力降低、湿疹或皮肤病者自行搔抓、卫生条件欠佳或长期居住于湿热气候中，均可诱发致病。

脓疱疮可通过自身接触，搔抓污染；或通过直接接触在集体生活的家庭、幼儿园、小学里相互传染，在夏季或初秋常见。

二、临床表现

脓疱疮临床表现包括三种主要类型：寻常型脓疱疮；大疱型脓疱疮和金黄色葡萄球菌烫伤样皮肤综合征。损害主要有脓疱和脓痂。好发于头、面颊、颈或四肢等暴露部位。初期为散在性红斑或水泡，水泡壁极薄，透明可见到液面，周围有红色浸润，迅速即混浊化脓成为脓疱，大疱易破损而渗出脓液，搔抓破损后露出溃烂面，其稀薄黄色分泌物流到别处皮肤上，因含有大量的细菌极易感染，而可产生新的水泡。水泡破后露出鲜红色糜烂面，分泌物干后形成蜜黄色或污黄色痂，愈后无瘢痕。偶见有较大的脓疱，疱内容物可呈半月形积脓现象，一般无明显的全身症状。如破损广泛者，附近淋巴结肿大，或伴畏寒、发热等症状，亦可能继发肾炎或菌血症。

三、药物治疗

口服抗菌药物对治疗脓疱疮的帮助不大，因为体表血循环较微弱，达不到有效药物浓度，因此，治疗上以使用外用药涂敷为主。《国家非处方药目录》收载药物活性成分和制剂有高锰酸钾、聚维酮碘（碘伏）、苯扎溴铵（新洁尔灭）、复方新霉素软膏、杆菌肽软膏、林可霉素软膏（绿药膏）、莫匹罗星软膏。

（一）非处方药

（1）脓疱期：先用75%乙醇消毒后，应用无菌针头将脓疱刺破，吸出分泌物后用0.02%。0.1%高锰酸钾液或0.1%苯扎溴铵溶液清洗。然后涂敷0.25%～0.5%聚维酮碘溶液、2.5%碘甘油。高锰酸钾液遇有机物即放出新生态氧而有杀菌作用，其杀菌力极强，在发生氧化作用的同时，还原生成二氧化锰，后者与蛋白质结合而形成蛋白盐类复合物，此复合物和高价锰离子都具有收敛作用。

（2）结痂期：应先去痂，再按上法治疗，亦可涂敷0.5%克林霉素软膏、复方新霉素软膏、莫匹罗星软膏、杆菌肽软膏等，任选其一。

（二）处方药

对皮疹广泛、淋巴结肿大或伴随有全身症状者可酌情应用磺胺药或抗生素，应依据脓液细菌培养结果而定，常可选择青霉素、头孢唑林钠、氯唑西林肌内注射，青霉素一次80万～160万IU，一日3～4次；头孢唑林钠一次250～500 mg，一日3～4次；氯唑西林钠一次500 mg，一日4次，但注射前均需进行皮肤敏感试验。

四、用药与健康提示

（1）高锰酸钾为强氧化剂，结晶不可直接与皮肤接触，其对组织有刺激性，易污染皮肤而致黑色。同时水溶液宜新鲜配制，久置变为棕色而失效，并不可与还原性物质（糖、甘油）混合，以免引起爆炸。

(2)如脓疱疮痂皮不厚,可直接涂敷克林霉素软膏、复方新霉素软膏、莫匹罗星软膏、杆菌肽软膏。

(3)对严重肾功能不全者,禁用复方新霉素软膏。避免长期大面积应用,以免吸收中毒,同时避免与氨基糖苷类抗生素协同应用,以免导致耳毒性。

(4)杆菌肽软膏外用偶见有轻度皮肤过敏、皮疹、瘙痒、红肿、刺激感觉,一般较为轻微,罕见全身严重过敏,有致肾毒性发生的可能。对妊娠及哺乳期妇女慎用,对过敏者、肾功能不全者禁用。

(5)聚维酮碘对碘过敏者禁用;并不宜与碱性药物或还原剂同用。

(6)莫匹罗星软膏对有中度或严重肾损伤者、妊娠期妇女禁用;并注意不宜涂敷于眼部、鼻内。

(7)林可霉素外用对皮肤有轻度烧灼感,瘙痒、红斑、脱屑等反应。局部应用后也能使细菌产生交叉性抗药。与红霉素之间常呈拮抗,不宜同时合用。

第十节　过敏性鼻炎

一、概述

过敏性鼻炎以突发和反复发作性鼻塞、鼻痒、喷嚏、流清涕为主要症状,常有过敏史。病因是体外环境因素作用于人体导致的鼻腔黏膜免疫反应为主的变应性炎症反应。过敏性鼻炎分为轻、中、重度,尚有间歇和持续性,因此,可分为4型,由轻至重依次为轻度间歇型、中重度间歇型、轻度持续型和中重度持续型。

间歇型过敏性鼻炎一般一周发作4次左右,病程少于4周,持续型过敏性鼻炎则几乎每日都有,且病程长。过敏性鼻炎症状可因与刺激因素接触的时间、数量及患者的反应状况不同而异。常年性过敏性鼻炎一年四季都有症状,随时可发作,时轻时重,或每晨起床时发作后而逐渐减轻,儿童由于无法表达,经常表现为推鼻子、做鬼脸、青眼窝等。一般在冬、春季容易发病,常同全身其他变应性疾病并存。季节性过敏性鼻炎呈季节性发作,多在春、秋季固定季节发病,常见于青少年,可迅速出现症状,发病时间可为数小时、数天至数周不等,发作间歇期完全正常。其症状更加严重,患者苦不堪言。

常年性过敏性鼻炎的过敏原包括:

(1)吸入性过敏原如室内外尘埃、尘螨、真菌、动物皮毛、羽毛、棉花絮等。

(2)食物性过敏原如鱼虾、鸡蛋、牛奶、面粉、花生、大豆等,某些药品如磺胺类、奎宁等均可致病。

(3)接触物如化妆品、汽油、油漆、乙醇等。

季节性过敏性鼻炎主要的诱因为花粉。近年来,由于工业化进程的加快,大气污染加剧,车辆的增加,柴油废气中的芳香烃颗粒又加速过敏性炎症反应的发生。另外,还有家庭装修的甲醛等。它们虽不是过敏原却因有强烈刺激性气味诱发季节性过敏性鼻炎发作。

二、临床表现

过敏性鼻炎四大典型症状是鼻塞、流涕、鼻痒、打喷嚏。许多患者都是在过敏性鼻炎发作的第2年才来就医，原因在于此前患者以为是顽固性的感冒，仅仅只是服用简单的抗感冒药进行治疗而延误。其主要症状如下。

(1)鼻塞为间歇性或持续性，程度轻、重不等。

(2)流涕常有大量清水样鼻涕，尤其在急性发作期明显。

(3)鼻痒多为阵发性鼻内痒，伴有嗅觉障碍、鼻塞，甚至有眼部、软腭、耳、咽喉痒感、头痛，因鼻黏膜肿胀或息肉形成而引起嗅觉障碍，嗅觉障碍可能是暂时性的，也可能是持久的。

(4)连续打喷嚏，清晨和夜间加重，每次发作少则几次，多则几十次，并有流水样或稀薄黏液样涕。

三、药物治疗

治疗过敏性鼻炎主要为口服和局部用药——《国家非处方药目录》收录的治疗过敏性鼻炎的药物活性成分有氯苯那敏，外用滴鼻剂有萘甲唑啉滴鼻剂、复方萘甲唑啉喷雾剂、羟甲唑啉滴鼻剂、赛洛唑啉滴鼻剂和麻黄素滴鼻剂。

(一)非处方药

(1)全身治疗口服抗组胺药，首选氯雷他定，一日10 mg，或氯苯那敏一次4 mg，一日3次；或赛庚啶一次2～4 mg，一日3次。

(2)局部治疗萘甲唑啉滴鼻剂、羟甲唑啉滴鼻剂，滴鼻，一次1～2滴，一日3～6次；赛洛唑啉滴鼻剂，成人应用0.1%浓度，儿童应用0.05%浓度，一次2～3滴，一日2次。或1%麻黄碱滴鼻剂与0.5%可的松滴鼻剂，一次1～2滴，一日3～4次。

(二)处方药

1. 口服抗组胺药，可选特非那定，成人与12岁以上儿童一次60 mg，6～12岁儿童一次30 mg，一日2次；或氯雷他定，一日10 mg；必要时口服肾上腺糖皮质激素，首选泼尼松一次5 mg，一日3次。

(2)局部喷鼻，可选丙酸倍氯米松鼻喷雾剂，于鼻腔喷雾吸入，成人及6岁以上儿童一次每鼻孔100 μg，一日2次；或一次每鼻孔50 μg，一日3～4次。一日用量不可超过400 μg。或布地奈德鼻喷雾剂，成人及6岁以上儿童起始剂量一日256 μg(每个鼻孔64 μg)，早晨1次喷入或分于早、晚2次喷入。在获得预期效果后，减少用量至控制症状所需的最小剂量，如每日早晨每个鼻孔喷入64 μg。

(3)脱敏治疗，小量、多次逐步增加过敏原(如花粉)注射剂量，直至患者体内产生抗体。治疗时间一般为3～5年。

(三)鼻炎常见联合用药方案

见表4-8。

表 4-8　鼻炎常见联合用药方案

常见病	典型症状	代表药物	联合用药方案一	联合用药方案二
过敏性鼻炎	反复出现鼻痒、鼻塞、打喷嚏、水样性鼻涕增多,晨起时症状最明显	氯雷他定片、鼻炎康	氯雷他定片＋鼻炎康＋葡萄籽	西替利嗪分散片＋千柏鼻炎片＋VC
慢性鼻窦炎	常继发于急性鼻窦炎,以鼻塞、流脓鼻涕、头昏、头痛、嗅觉减退为主要表现。本病病程较长,反复发作,经久难愈	通窍鼻炎片、鼻窦炎口服液	通窍鼻炎片＋罗红霉素＋滴通鼻炎水	鼻窦炎口服液＋头孢克洛＋滴鼻剂

四、用药与健康提示

(1)有关氯苯那敏、外用滴鼻剂萘甲唑啉等的提示可参见荨麻疹、鼻黏膜肿胀的叙述。

(2)泼尼松对全身性真菌感染者、肾上腺糖皮质激素过敏者禁用。有严重精神病史者、癫痫、活动性胃十二指肠溃疡者、新近胃肠吻合手术者、严重糖尿病、高血压、青光眼、骨质疏松者禁用。未能用药物控制的病毒、细菌、真菌感染者禁用。心脏病或急性心力衰竭者、高血压、高脂蛋白血症者、肾功能损害或结石、重症肌无力、甲状腺功能减退者慎用。妊娠及哺乳期妇女慎用。

(3)肾上腺糖皮质激素鼻喷雾剂对肺结核、伴有疱疹和鼻部真菌感染的患者、妊娠及哺乳期妇女慎用。对鼻腔和鼻旁窦伴有细菌感染时应给予抗菌药物治疗。对已全身应用糖皮质激素并造成肾上腺功能损伤者,改用鼻喷雾剂局部治疗时,也应注意检查垂体-肾上腺系统的功能。

同时注意鼻喷雾剂仅用于鼻腔,不得接触眼睛,若接触眼睛,立即用水清洗。

(4)应用抗过敏药和肾上腺糖皮质激素治疗可减轻对过敏原的反应并抑制炎性反应,但治疗时间一般不宜过长,长期使用会引起药物性鼻炎,使病情更为复杂。同时高剂量治疗的儿童和青少年可能引起生长发育迟缓。

(5)对季节性过敏性鼻炎应提前 2～3 周用药,季节过后,不能立即停药,应继续用药 2 周左右。

(6)如当症状主要发生在户外应尽可能限制户外活动,尤其是接触花草或者腐烂的树叶,以及柳絮和法国梧桐上飞絮,外出时可以戴口罩,或可到过敏源较少的海滨。过敏性鼻炎者不宜接触及喂养宠物,动物的皮屑、唾液及尿中的蛋白质则易引起过敏性症状。

第十一节 缺铁性贫血

一、概述

凡在单位容积的血液中，红细胞计数、血红蛋白量或红细胞比积低于正常值者称为贫血。其中缺铁性贫血又称良性贫血，由体内铁元素缺乏，影响血红蛋白的形成而引起。为常见的贫血类型，多见于老年、青壮年女性及儿童。铁参与人体内血红蛋白（血色素）的组成，是一些能量转移所需酶类的必需组分，亦见于氧的转运和利用所需化合物中。

造成铁摄入量过少的原因可能有：①慢性失血，如钩虫病、痔疮、溃疡病、多次妊娠、月经过多等；②长期营养摄入不足；③需铁量增加，如妇女妊娠或哺乳期、儿童生长发育迅速等；④铁元素吸收不良，如萎缩性胃炎、胃功能紊乱、胃大部切除术后、胃酸缺乏、慢性腹泻等；⑤偏食；⑥长期应用非铁制品的烹饪用具。

二、临床表现

（1）神经症状倦怠、乏力、头昏、眼花、耳鸣、头痛、胸痛、失眠、记忆力减退、心悸、烦躁或水肿。

（2）心脏与肝脾气促、心尖区收缩期杂音、心脏扩大，肝、脾、淋巴结肿大，月经失调等。

（3）消化系统一般可有食欲不振、消化不良、恶心、呕吐、腹胀、腹泻；严重者可有萎缩性舌炎、吞咽困难、咽部异物感、口角炎等。

（4）皮肤黏膜或甲床苍白，皮肤干燥、萎缩，毛发干燥、脱落，指甲扁平、反甲或脆裂。

三、缺铁性贫血与恶性贫血的区别

缺铁性贫血有别于恶性贫血，前者是由于缺铁，使血红蛋白合成减少，但红细胞不低；而后者是缺乏叶酸和维生素 B_{12} 等造血因子，使幼稚红细胞在发育中的脱氧核糖核酸（DNA）合成出现障碍，细胞的分裂受阻，形成畸形的巨幼红细胞，并伴有神经症状（神经炎、神经萎缩）。

恶性贫血又称为巨幼红细胞贫血，在我国较少见，病因多为妊娠、哺乳、胃吸收不良、营养不良或口服叶酸拮抗药（具有拮抗二氢叶酸合成酶，使四氢叶酸合成发生障碍的药物，如乙胺嘧啶、甲氨蝶呤）。对由营养不良、婴儿期、妊娠期所致的恶性贫血患者，可选用叶酸治疗，成人一次 5～10 mg，儿童一次 5 mg，一日 3 次，同时辅以维生素 B_{12} 肌内注射一次 0.5～1.5 mg，口服每日 1.5～4.5 mg。对药物引发的贫血，合并应用亚叶酸钙静脉滴注治疗，一次 1 mg，一日 1 次。

四、药物治疗及常用铁剂的作用特点

铁剂常与酸成盐形式存在。《国家非处方药物目录》收载的有硫酸亚铁、乳酸亚铁、葡萄糖酸亚铁、富马酸亚铁、右旋糖酐铁和琥珀酸亚铁等。

铁剂主要从十二指肠吸收，铁缺乏时也能在胃和小肠下部吸收。其吸收受许多因素影响：①以 2 价 Fe^{2+} 形式吸收；②酸性环境可促进铁的吸收，维生素 C 可促使 3 价 Fe^{3+} 还原成 Fe^{2+}，使易于被吸收。而抗酸剂则减少铁的吸收；③体内贮铁量亦影响铁的吸收，当体内铁贮存量多时，血浆铁的运转率降低，铁的吸收减少。正常人对铁剂的吸收率为 10%～20%，缺铁时可达 20%～60%。

缺铁性贫血常见联合用药方案如表 4-9。

表 4-9　缺铁性贫血常见联合用药方案

常见病	典型症状	代表药物	联合用药方案一	联合用药方案二
缺铁性贫血	患者倦怠乏力、头晕耳鸣，重则眼花气短、心悸，甚至胸痛、水肿；面色萎黄或苍白，唇甲色淡，皮肤干燥无华	维血康颗粒、芪枣颗粒、黄芪精	益气养血口服液＋维生素 C＋维生素 B_{12}	阿胶口服液＋铁质叶酸片＋维生素 C 片

五、用药与健康提示

(1)口服铁剂宜选用 Fe^{2+}，Fe^{2+} 的溶解度大，易于被人体吸收，Fe^{3+} 剂在体内的吸收仅相当于 Fe^{2+} 的 1/3，且刺激性较大，Fe^{3+} 剂只有转化为 Fe^{2+} 剂后才能被吸收。对胃酸缺乏者，宜与稀盐酸并用，有利于铁剂的解离。

(2)选择适宜的剂量，初始治疗应用小剂量，数日后再增加剂量，以铁剂的吸收率为 30%计，一日口服 180 mg 的元素铁较好，也可避免严重的不良反应。

(3)注意铁剂与药物、食物的配伍禁忌，四环素、考来烯胺等阴离子药可在肠道与铁结合或络合，影响后者的吸收；胰酶含不耐热因子，试验证实此因子可抑制铁剂的吸收；碳酸氢钠可与亚铁生成难以溶解的碳酸铁，阻碍铁剂的吸收；牛奶、蛋类、钙剂、磷酸盐、草酸盐等可抑制铁剂的吸收；茶和咖啡中的鞣质与铁形成不被吸收的盐，促使铁在体内的储存降低而发生贫血；但肉类、果糖、氨基酸、脂肪可促进铁剂的吸收；维生素 C 作为还原剂可促进铁转变为二价，或与铁形成络合物，从而促进吸收，口服铁剂应同时并用维生素 C。

(4)注意进餐的影响，习惯性主张铁剂在餐后即刻服用较好，餐后口服铁剂固然可减少胃肠刺激，但食物中的磷酸盐、草酸盐等影响使铁剂吸收减少。因此，一般患者应在餐前或两餐间服用，不良反应严重者于餐后服用。

(5)用药期间需定期做下列检查，以观察治疗反应：①血红蛋白测定；②网织红细胞计数；③血清铁蛋白及血清铁测定。在血红蛋白恢复正常后，仍需继续服 3～6 个月的贮存铁量。或在血清铁蛋白升至 30～50μg/L 后停药。

(6)铁剂对血色素病或含铁黄素沉着症及不伴缺铁的其他贫血者(地中海贫血)、肝肾功能严重损害，尤其伴有未经治疗的尿道感染者不宜应用。铁剂对酒精中毒、肝炎、急性感染、肠炎、结肠炎、溃疡性结肠炎、胰腺炎、消化性溃疡者慎用。铁制剂均有收敛性，服后常有恶心、腹痛、腹泻、便秘，多与剂量与品种有关；其中以硫酸亚铁的反应最明显，可选择其缓释制剂。

(7)预防铁负荷过重，铁剂在胃肠道的吸收有黏膜自限现象，即铁的吸收与体内储存量有关，正常人的吸收率为10%，贫血者为30%。但误服或一次摄入量过大或使用铁制品来煎煮酸性食物，会腐蚀胃黏膜和使血循环中游离铁过量，出现细胞缺氧、酸中毒、休克和心功能不全，应及时清洗胃肠和对症治疗。

(8)除补铁外，合理膳食同样重要，宜多食含铁丰富的食物如猪肝、黄豆、蔬菜、水果、大枣、蜂乳、芝麻、黑木耳等。提倡使用铁锅烹饪或煮粥，会有助于铁元素的补充。

第十二节　阴　道　炎

一、概述

女性的阴道腔长18～24 cm，极易受病原微生物的侵袭，常见发生在阴道的炎症疾病有真菌性、滴虫性、细菌性和老年性阴道炎4种，本节主要简述前两种。

(一)真菌性阴道炎

真菌(霉菌)有别于细菌，其体积大，细胞壁肥厚。在健康人体的口腔、阴道和消化道等处都可寄存和生长。一旦人体的抵抗力降低或正常的菌群失去平衡，真菌便在阴道内繁殖而引起真菌性阴道炎。常见菌株为白色念珠菌，导致感染的途径有3条：①自身感染，由于粪便的污染，使肠道寄生的念珠菌传播到外阴，继而进入阴道内，婴儿及未婚少女多由此途径传播；②使用被污染的卫生纸、浴盆、浴巾、月经带和内裤；③通过性接触或性交而直接感染。

诱发真菌性阴道炎的因素：①阴道内的酸碱度改变，失去平衡；②长期应用广谱抗生素，使体内正常的菌群失去平衡，使对药物敏感的细菌(包括阳性菌、阴性菌、厌氧菌)死亡，不敏感的真菌大量繁殖，诱发二重感染(肠道、阴道、口腔或全身)；③长期应用肾上腺糖皮质激素和免疫抑制剂，使人体对真菌的免疫力降低，导致黏膜、皮肤真菌病；④长期口服避孕药；⑤老年糖尿病患者。

(二)滴虫性阴道炎

滴虫性阴道炎发病率仅次于真菌性阴道炎，多见于青年妇女，其中女性发生率为10%～25%，男性为12%～15%。妇女自青春期后发病逐年增加，30～40岁为高峰期，到更年期后逐渐下降。滴虫性阴道炎与性传播有着密切的关系，在性伴侣双方皆有感染，往往与淋病和淋菌性尿道炎同时存在。

阴道毛滴虫的传播方式有两种：一是直接方式，通过性行为被性伴侣传染，男女可以互相传染。其次为间接方式，如共用浴盆和浴巾，用井水或河水洗阴部，或使用别人的内裤、坐便器等。

二、临床表现

(1)真菌性阴道炎。诊断依据和症状有:①有曾长期使用抗生素、肾上腺糖皮质激素或避孕药史;②外阴有瘙痒感,外阴湿疹化,阴唇肿胀而有刺痒感,有抓的痕迹;③白带量多并有臭味,黏稠呈奶酪或豆腐渣样或白色片,从阴道排出;④阴唇可能有肿胀并有烧灼感,或有排尿困难和疼痛;⑤阴道壁有白色伪膜状物,且不易脱落。

(2)滴虫性阴道炎。泡沫状白带是阴道滴虫病的特征,25%的患者常无自觉症状。判断滴虫性阴道炎的依据有:①有外阴和阴道口瘙痒、灼痛和白带增多,宫颈和阴道壁红肿,性交时有疼痛;②阴道有腥臭味;③阴道能发现泡沫样白带,阴道分泌物增多,为黏液或脓性;④阴道黏膜上有出血点或宫颈有点状红斑及触痛;⑤阴道分泌物镜检时可发现毛滴虫;⑥性伴侣可能有尿道炎症状。

三、药物治疗

治疗真菌性、滴虫性阴道炎症主要选用阴道给药,其作用直接、用药方便,不良反应少。《国家非处方药目录》收录的抗真菌性阴道炎药活性成分有制霉菌素、克霉唑、复方克霉唑软膏、益康唑霜、益康唑栓、硝酸益康唑溶液、硝酸益康唑喷剂和硝酸益康唑软膏、黄藤素栓、双唑泰软膏。收录的抗滴虫药活性成分有制霉菌素、甲硝唑复方制剂、复方甲硝唑栓、复方甲硝唑气雾剂、替硝唑栓、替硝唑阴道泡腾片。

(一)非处方药

1. 真菌性阴道炎

(1)常选用制霉菌素、克霉唑、咪康唑、益康唑栓剂,任选其一。首选硝酸咪康唑栓一次 0.1~0.2 g,连续 7 d,或一次 0.4 g,连续 3 d。次选克霉唑栓(100 mg)或片剂(500 mg)塞入阴道,每晚 1 次,连续 5~4 d;或制霉菌素栓,一次 10 万 IU,每晚睡前放入阴道 1 枚,连续 10~15 d。黄藤素栓(含克霉唑、甲硝唑、醋酸氯己定),一次 1 枚,塞入阴道,连续 7~10日,用前以 4%碳酸氢钠溶液洗净阴部。

(2)对伴老年糖尿病患者的外阴可采用 3%克霉唑霜、1%联苯苄唑乳膏或咪康唑乳膏涂敷,一日 2~3 次,症状消除后再用 3~5 d,可以治愈。

(3)阴道冲洗以 4%碳酸氢钠(小苏打)液冲洗,一次 300~500 mL 注入阴道内,停留 20 min,一日 2 次,一般连续 10 d 可痊愈。

2. 滴虫性阴道炎

(1)甲硝唑有强大的杀灭滴虫作用,可损伤滴虫的 DNA 模板功能,为治疗阴道滴虫病的首选药。局部用药适于不能耐受口服药或不适宜全身用药者,可应用栓剂或泡腾片每晚放入阴道内 200 mg,连续 7~10 d。复方甲硝唑栓含有甲硝唑 500 mg、人参茎叶皂苷 25 mg、维生素 E40 mg,每晚 1 枚,连续 7 d。

(2)替硝唑对滴虫有活性,作用强于甲硝唑 2~8 倍。栓剂或泡腾片一次 250 mg,放入阴道,隔日 1 次,分别连续 2 次或 7 次。

(3)制霉菌素对毛滴虫及真菌均有抑制作用,对混合感染者最为适宜。常用栓剂和泡腾片，一次 10 万 IU，每晚睡前放入阴道 1 枚，连续 10～15 d。

（二）处方药

1. 真菌性阴道炎

（1）伊曲康唑对念珠菌等真菌杀灭作用强，餐后即服可明显提高吸收率，推荐采用一日服用法，剂量一次 200 mg，早餐后和晚餐后各服 1 次，总量为 400 mg。

（2）氟康唑对念珠菌等真菌的杀灭作用比酮康唑强 10～20 倍，治疗念珠菌性阴道炎有两种方法：一是顿服 150 mg；二是连续法，一日 150 mg，连续 10 d，总量 1 500 mg，但后者疗效好。

2. 滴虫性阴道炎

（1）硝基咪唑类初次治疗，首选甲硝唑，口服，一次 0.4 g，一日 2 次，连续 7 d，或单剂量 2 g 顿服；次选替硝唑，一次 0.5 g，一日 2 次，连续 7 d，或单剂量 2 g 顿服。对不能耐受和不适应全身用药者，可用甲硝唑泡腾片或栓剂，一次 0.2 g，一日一次，连续 7 d。

（2）曲古霉素对滴虫、阿米巴原虫、念珠菌均有抑制作用，同时患有滴虫及念珠菌者应首选曲古霉素口服。1 次 5 万～15 万 IU，一日 3 次，连续 7～10 d。

（3）聚甲酚磺醛用于滴虫、细菌、真菌引起的阴道感染，栓剂一次 90 mg，隔日一次。

（4）硝呋太尔治疗滴虫、细菌、真菌所引起的外阴感染和白带增多，阴道片每晚放入阴道内 250 mg，连续 10 d。

（三）阴道炎常见联合用药方案

见表 4-10。

表 4-10　阴道炎常见联合用药方案

常见病	典型症状	代表药物（通用名）	联合用药方案一	联合用药方案二
滴虫性阴道炎	外阴瘙痒，白带增多，稀薄呈灰白色，常呈泡沫状伴臭味	甲硝唑栓、苦柏止痒洗液	妇炎康＋甲硝唑栓＋甲硝唑氯已定洗剂	奥硝唑片＋双唑泰栓＋复方苦参洗液
念珠菌阴道炎	外阴瘙痒，白带增多并呈豆腐渣样，严重时可伴外阴灼痛，排尿时明显	克霉唑栓、盐酸特比奈芬乳膏	氟康唑胶囊＋妇宁栓＋聚维酮碘（外洗）	氟康唑胶囊＋克霉唑阴道栓＋碳酸氢钠粉（外洗）
细菌性阴道炎	外阴轻度瘙痒，白带增多并呈黄绿色，有鱼腥臭味	妇宁栓、奥硝唑	奥硝唑片＋奥硝唑栓＋苦柏止痒洗液	奥硝唑片＋妇宁栓＋复方岗松洗剂
老年性阴道炎	雌激素分泌下降引起，可有滴虫和念珠菌感染症状，也可为混合感染	大豆异黄酮	大豆异黄酮＋保妇康凝胶（栓）＋复方苦参洗液	维生素 E＋大豆异黄酮＋聚维酮碘栓＋复方苦参洗剂

四、用药与健康提示

(1)使用制霉菌素或咪康唑的软膏、片剂或栓剂,一般在月经后开始,经期间宜停用。

(2)硝酸咪康唑乳膏对龟头黏膜或阴茎可有刺激感,或引起过敏使阴茎红肿,需立即停药,并用冷水冲洗。

(3)抗真菌药对过敏者、妊娠初始3个月内妇女禁用;18岁以下少女慎用;如正处于妊娠期间、为避免真菌或滴虫感染给新生儿,请在妊娠期间关注病情。

(4)阴道连续用药不宜超过10 d,常同服复方维生素B。真菌性阴道炎易复发,应在每个疗程后去医院检查分泌物,当确诊痊愈后方可停药。同样,滴虫性阴道炎于治疗后每次月经后去医院检查白带,如连续3次检查滴虫为阴性,方可停药。

(5)如伴有糖尿病应积极控制。如为育龄妇女需长期服避孕药,在服药前应到医院检查阴道内是否带菌。另在阴部和肛门周围不宜涂敷肾上腺皮质激素类药的软膏剂(乳膏)。

(6)甲硝唑与替硝唑对过敏者和其他硝基咪唑类药过敏者禁用;对有活动性中枢神经系统疾病和血液病者禁用。在口服给药期间不宜饮用含酒精的饮料,因可干扰酒精的氧化过程,引起体内乙醛蓄积,导致双硫仑样反应,出现腹部痉挛、恶心、呕吐、头痛、面部潮红等反应。此外,甲硝唑与替硝唑有致畸性,对妊娠期初始3个月或哺乳期妇女慎用。

(7)阴部瘙痒时切勿用力搔抓,禁用热水洗烫,真菌性阴道炎者可应用洁尔阴或4%碳酸氢钠溶液清洗;滴虫性阴道炎者可应用0.02%高锰酸钾溶液清洗,每晚一次。

(8)如为已婚妇女的真菌性阴道炎必须夫妻双方同时治疗。妊娠期要注意外阴的清洗,保持干燥。对男性包皮过长者易招致真菌寄生,故应常用清水冲洗龟头,保持干燥。滴虫性阴道炎更需夫妻双方同治。事实上女性尿道单独感染毛滴虫的比率很小(约占8%),大部分是夫妻双方共患的。在男性尿道中也可发现毛滴虫,其中绝大多数寄生在前列腺,其次为后尿道及前尿道。患有阴道毛滴虫病者,往往由于不能根治而苦恼,尤其男性滴虫性尿道炎因易被忽略则更难以治疗,对已婚妇女,在治愈前暂停性生活,否则会相互传染,难以治愈。

第十三节　蛔　虫　病

一、概述

蛔虫病是蛔虫寄生于人体小肠内的寄生虫病。成人与儿童均可感染,但多见于5～15岁儿童。发病率农村高于城市、温热带高于寒带。轻者无症状,稍重者有精神、消化道症状、营养不良,严重者可引起胆道蛔虫或蛔虫性肠梗阻。

蛔虫的成虫为乳白色或略带粉色,头尾较细,雌虫产卵,每天约产20万个。卵随粪便排出体外,在适宜的温度下,发育为感染的虫卵,儿童吃了被虫卵污染的蔬菜、水果、泥土后,一部分虫卵被胃酸杀灭,一部分在小肠孵化成幼虫。幼虫依次穿过肠壁、小血管、门静脉、心肺、气管、咽喉和食管，在小肠内发育成成虫，损伤肠黏膜。

二、临床表现

人在感染蛔虫后不仅表现为“蛔虫感染”，尚可出现下列症状。

（1）腹痛。当成虫在小肠寄生时，儿童、体弱者可出现脐周围或上腹痛，呈间歇反复发作。

（2）精神症状。儿童常有精神不安、哭闹、失眠、头痛、夜间磨牙、梦惊；严重者会导致发育障碍和智力迟钝。

（3）消化道症。状伴有食欲不振、恶心、呕吐、便秘、腹泻。

（4）过敏反应。早期当幼虫在体内移行时，可引起过敏症状，反复出现荨麻疹、哮喘、瘙痒、血管神经性水肿，面部可见白色虫斑，重者可致营养不良、面黄消瘦或面色不均匀，指甲堆花、舌上鼓点，下唇内侧有血色小颗粒，常为民间的经验。

（5）有时可呕吐虫体或便出蛔虫，或在大便中找到蛔虫，在镜检下可发现蛔虫卵，血常规检查可见嗜酸性粒细胞增多。

三、药物治疗

《国家非处方药目录》中收载的药物活性成分有阿苯达唑、甲苯达唑、枸橼酸哌嗪、噻嘧啶。

（一）非处方药

（1）阿苯达唑对蛔、蛲、鞭、钩虫的成虫及幼虫均有较好疗效，可干扰虫体摄取葡萄糖，抑制虫体生长繁殖，导致虫体内的糖原衰竭，尚可抑制延胡索酸还原酶系统，阻止三磷腺苷的生成，使虫体停止繁殖并死亡，适用于多种线虫的混合感染。成人治疗蛔虫感染，以单剂量 0.4 g 顿服，治愈率高达 100%；2～12 岁儿童用量减半，单剂量 0.2 g，12 岁以上儿童用量同成人。

（2）甲苯达唑对蛔虫、蛲虫、鞭虫、钩虫（十二指肠及美洲钩虫）的成虫及幼虫均有较好疗效，除对蛔虫及鞭毛虫的虫卵有杀灭作用，还可抑制虫体摄取葡萄糖，抑制虫体生长或繁殖，使其死亡。成人治疗蛔虫感染，一次 0.2 g 顿服；4 岁以下儿童用量减半，一次 100 mg。4 岁以上儿童用量同成人量。

（3）枸橼酸哌嗪具有麻痹虫体肌肉的作用，使之不能附着在人体的肠壁，随肠蠕动而排出。其作用可能是在虫体神经肌肉接头处发挥对抗胆碱作用，阻断了神经冲动的传递。蛔虫在麻痹前不表现兴奋作用，故使用本品较安全。成人一次 3～3.5 g；儿童一日 100～160 mg/kg，或 1～3 岁一次 1.0～1.5 g，4～6 岁 1.5～2 g，7～9 岁 2～2.5 g，9 岁以上 3 g，睡前顿服，连服 2 日，一般不必同服缓泻药。

（4）噻嘧啶对肠道寄生虫具有神经肌肉阻滞作用，使蛔虫产生痉挛性麻痹，虫体停止运动，另可使虫体单个细胞去极化，肌肉张力增加，虫体失去自主活动，其作用快，先显著收缩后麻痹不动，使虫体安全排出体外作用快而优于哌嗪。口服本品驱虫时无须缓泻药。适用于蛔虫、蛲虫及十二指肠钩虫感染。用于蛔虫病一般成人 10 mg/kg 顿服，疗程

1～2 日；儿童 10 mg/kg 睡前顿服，连续口服 2 日。

（二）处方药

（1）左旋咪唑可影响虫体的无氧代谢，使之麻痹，并制止虫体窜动，预防胆道蛔虫的发作。成人一次 1.5～2.5 mg/kg 或一次 150 mg，儿童 2～3 mg/kg，空腹或睡前顿服，1 周后可重复一次。鉴于安全性原因，目前已较少用。

（2）依维菌素可破坏神经递质-酪氨酸所介导的中枢神经系统突触传递过程，导致虫体神经系统麻痹而死亡。用于蛔虫病。成人一次 0.05～0.2 mg/kg 空腹或睡前顿服。

四、用药与健康提示

（1）空腹服用抗蠕虫药可减少人体对药物吸收，增加药物与虫体的直接接触，增强疗效。

（2）要坚持用药，在第一次疗程后应注意观察大便有无虫体。如未根治，则需进行第 2 个疗程的治疗。但两次疗程间应至少间隔 1～2 周时间。如漏服，应尽快补服，若已接近下一次服药的时间，则无须补服，也不必增加剂量。

（3）少数蛔虫感染较严重的病例在服用抗蠕虫药后可引起蛔虫游走，造成腹痛或口吐蛔虫，甚至引起窒息，此时应加用噻嘧啶、左旋咪唑等驱虫药以避免发生，或向医师咨询。

（4）抗蠕虫药对妊娠及哺乳期妇女不宜应用；大多数抗蠕虫药在肝脏分解而经肾脏排泄，但 2 岁以下的儿童肝肾脏发育不全，尤其是肝脏内缺乏有关代谢酶，容易损伤肝肾，因此对 2 岁以下儿童禁用，尤其噻嘧啶对 1 岁以下儿童禁用，对肝肾功能不全者要慎用。

（5）抗蠕虫药对癫痫、急性化脓性或弥漫性皮炎患者禁用；对活动性消化性溃疡者慎用。

（6）噻嘧啶与哌嗪有拮抗作用，不能合用。

（7）抗蠕虫药不宜长时间应用，否则对人体的糖代谢也会产生影响。

（8）对肠道蛔虫的感染，预防是至关重要的。要养成良好的卫生习惯，餐前、便后要洗手，生吃瓜果要洗净；经常剪指甲，并纠正儿童吸吮手。

第五章　常见眼病保健

第一节　近　视　眼

一、近视眼发病率

2015年北京大学中国健康发展研究中心发布了《国民健康视觉报告》，研究估计，2012年我国5岁以上总人口中，近视和远视的患病人数大约5亿，其中近视的总患病人数在4.5亿左右。保守估计，2012年各类视力缺陷导致的社会经济成本将高达5 600亿元左右，占GDP的比例高达1.1%左右。其中，患有高度近视的总人口高达3 000万。高中生和大学生的近视发病率都超过70%，并逐年增加，青少年近视发病率已经高居世界第一位。若没有有效的政策干预，到2020年，我国5岁以上人口的近视患病率将增长到51%左右，患病人口将达7亿左右。到时候，在航空航天、精密制造、军事等行业领域，符合视力要求的劳动力可能面临巨大缺口，将直接威胁我国经济社会可持续发展以及国家安全。

二、近视眼发病机制

人眼晶状体的调节能力随年龄的增长而逐渐减弱，其主要原因是晶状体弹性逐渐丧失。因此，老年人的眼只能看清远处物体而看不清近处物体，必须佩戴适当度数的凸透镜，才能使进入眼内的辐射光线成像于视网膜上，称老花眼。此外，若眼的折光能力异常或眼球的形态异常，平行光线不能聚焦于视网膜上则称为异常眼，如近视和远视等。

近视多由于眼球的前后径过长，使来自远方物体的平行光线在视网膜前聚焦，以致视力模糊(图5-1)。纠正近视眼的方法是佩戴一定度数的凹透镜，使入眼的平行光线适当辐射而在视网膜上聚焦。远视则是由于眼球的前后径过短，进入眼内的平行光线成像于视网膜之后，引起视觉模糊，这时眼进行自身调节，晶状体凸出，使平行光线形成的像前移，落在视网膜上。

三、近视眼分类

(一)根据近视的程度分类

(1)低度近视。屈光度低于3.0D的近视。

(2)中度近视。屈光度3.0～6.0D的近视。

(3)高度近视。屈光度大于6.0D的近视。

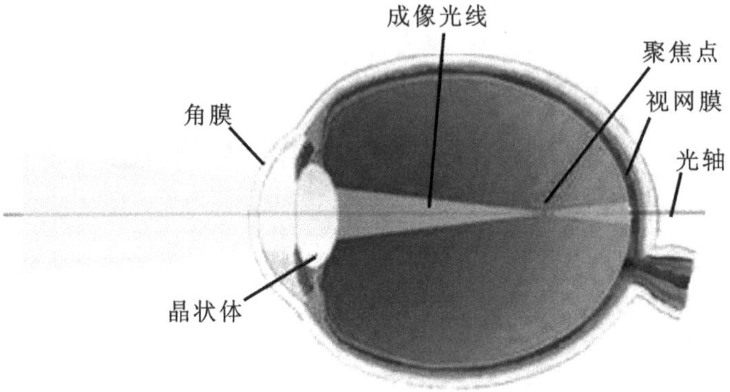

图 5-1　近视眼的成像

（二）根据屈光状态分类

（1）轴性近视。眼的各屈光成分基本正常而眼轴偏长。大多数近视可归于轴性近视。

（2）屈光性近视。眼的屈光间质的屈光力过强，而眼轴正常。

（3）曲率性近视。最常见的是角膜或晶状体曲度增大，如圆锥角膜、大角膜或小角膜、角膜移植术后、球状晶体或小晶体等。

（4）调节性近视。长时间近距离用眼，过度使用调节，出现调节紧张或调解痉挛引起的近视，经休息或使用睫状肌麻痹剂后，近视状态消失，这种现象为调节性近视，也被称为“假性近视”。

（三）按近视的性质分类

（1）单纯性近视。绝大多数发生于青少年期，进展缓慢，屈光度偏低，矫正视力佳，随着身体发育的停止，近视眼的进展趋于稳定，这类近视为单纯性近视。大多数后天性近视可归于此类。

（2）病理性近视。又称为恶性近视、变性近视、高度近视等，属基因遗传性近视或先天性近视。其特点是出生时或生后早期即发生，有遗传因素，发展快，呈持续进行性加深，青少年时期近视程度进展明显；近视度数大，一般 6D 以上；眼轴明显延长，眼底病变早期出现并呈持续进行性加重；视功能明显受损，远视力低下，常不能完全矫正，大多数患者近距离视力尚可，严重者近视力也低于正常。

四、近视眼非手术矫正方法

（一）普通框架眼镜

佩戴凹透镜矫正视力，安全性高，无年龄限制。眼镜是用来矫正视力的医疗器械，不单是一件普通的商品，它就像药物一样，用的恰当可以起到治疗的作用，用的不恰当就会起副作用。众所周知，验光是配镜的前提，从医学的角度讲，医学验光优于普通验光，医学验光包括测裸眼视力、测眼镜度数和戴眼镜的矫正视力、电脑验光、检影验光、综合验光仪验光，最后综合上述检查情况出具适合近视患者的验光处方。

医学验光配镜程序：①测裸眼视力；②电脑验光；③主导眼的检查；④眼位的检查(斜视、隐斜)；⑤调节以及融合能力的检查；⑥集合和散开能力检测；⑦扩瞳或综合验光检查；⑧试镜；⑨开处方。

医学验光配镜优点：①精确度高；②戴上舒适，视力清晰，减轻视疲劳等症状；③对散光的轴位、度数的矫正更精确；④同时为各种屈光手术提供精确的重要参数；⑤医学验光强调的是一个综合性的验光，它针对的主体是人不仅仅是眼球。

(二)软性隐形眼镜

隐形眼镜是一种精致的眼科医疗用具，由于它与角膜接触，学术界将其命名为角膜接触镜。早在 1508 年，意大利科学家达・芬奇首先描述将玻璃罐盛满水置于角膜前，以玻璃的表面替代角膜的光学功能。1971 年，博士伦公司将“软镜”推向市场，真正地把隐形眼镜推上历史舞台。1986 年，美国强生公司引进 DANA 镜片专利，提出了隐形眼镜佩戴方式的新概念抛弃式佩戴方法，降低了隐形眼镜并发症的发生率。1987 年，博士伦公司推出了隐形眼镜全功能护理液。博士伦、卫康、视康、强生等公司陆续进入中国市场。1989 年，美国 FDA 明确规定隐形眼镜长戴方式限制在 7 d 内。隐性眼镜的分类相关参数及适应证介绍如下：

1. 隐形眼镜的种类

(1)按使用周期分类：镜片自启用至抛弃的时限称为镜片的使用周期。

传统式镜片：镜片的使用时限超过 3 个月。

定期更换式镜片：镜片的使用时限为 1 周至 3 个月。仍需按常规方法使用护理产品，又称为频繁更换式镜片。

抛弃式镜片：每次取下镜片即行抛弃，通常持续佩戴不超过 7 d，不使用护理产品。由于镜片只使用一次故又称为一次性镜片。

(2)按含水量分类：镜片充分水合后含水的重量百分比率称为含水量。低含水量：30%～50%。中含水量：51%～60%。

(3)按材质分类：美国 FDA 按含水量和离子性对镜片材质进行了分类(表 5-1)。

表 5-1 美国 FDA 对镜片的分类

材质	低含水量	高含水量
非离子性	Ⅰ类	Ⅱ类
离子性	Ⅲ类	Ⅳ类

从Ⅰ类到Ⅳ类，对沉淀物的吸附能力逐渐增加。对于形成镜片沉淀物倾向较高者可选择低含水量非离子材料镜片，并注意适当缩短镜片更换周期和每日佩戴时间。对于角膜缺氧敏感的佩戴者，可选择高透氧(高含水、薄)的镜片以增加镜片的透氧性能。

2. 隐形眼镜的几个重要参数

(1)透氧性能：隐形眼镜是位于角膜和氧供之间的一道屏障。为了维护正常角膜的生理代谢,隐形眼镜材料的透氧性能成为人们所最关心的问题。因为,角膜没有血管,绝大部分氧气供应来源于外界空气,外界空气中有 21%氧气可供角膜代谢。泪液是从睁眼时的大气中获得氧气的,睡眠时泪液中氧含量是睁眼时的 1/3。

携氧的泪液由于眨眼时随隐形眼镜的运动至镜片后面,直接通过镜片弥散泪液交换不仅供给角膜氧分而且还清除代谢产物。

(2)透氧率:透氧率是指镜片材料允许氧气通过的能力,常用 DK 来表示。D 表示氧气在该材料中的扩散系数,K 表示溶解系数,二者的乘积代表了镜片材料的透氧率。DK 值越高镜片材料的透氧性能越好。

3. 隐形眼镜佩戴适应证

(1)矫正视力。近视,尤其是高度近视。远视,尤其是高度远视。散光,尤其是不规则散光。

屈光参差,即两眼屈光度相差 2.50D 以上者。

无晶体眼,即白内障手术后不适宜植入人工晶体者。

(2)美容。改变眼睛颜色,起化妆作用。用彩色镜片遮盖角膜白斑,云翳等瘢痕。

(3)职业需要。运动员,司机,出差者以及在户外工作,可避免框架眼镜的不便。

摄影师、显微镜操作者可免除工作时框架眼镜的阻隔。

医师、厨师等戴口罩工作的人可防止呼吸时水蒸气使玻璃镜片模糊。

演员及电视节目主持人可根据出场造型的需要选用隐形眼镜。

(4)治疗。角膜外伤和手术后采用特制的胶原膜隐形眼镜,可免除缝合或减少缝合,从而防止渗漏,并减轻瘢痕形成,亦可对受伤的睑裂区的角膜起到屏障保护作用。

用于干眼患者,镜片以润滑剂和黏滞剂浸泡后佩戴,可有效地维持泪液膜的完整和稳定性。

作为给药途径治疗某些眼病,镜片充分吸收药液后,可起到缓释给药的作用,提高滴眼剂的生物利用度。

用于治疗弱视,可用不透明镜片遮盖健眼、锻炼患眼。也可根据患眼的屈光度佩戴隐形眼镜,用来提高视力,其影像大小和双眼视均优于框架眼镜。

起到人工瞳孔的作用,减少入眼光线对视网膜的刺激,增加深度觉。常用于虹膜外伤、萎缩或白化病患。

(三)角膜塑形术

角膜塑形术,它是通过特别设计的角膜塑形镜主动、有步骤、渐近、科学地改变角膜整体形态,以快速提高裸眼视力,控制青少年近视发展为目标的一门技术,是随着 20 世纪 50 年代硬性接触镜(HCL)的应用与推广而诞生和发展起来的。硬性角膜接触镜是从美国开始流行,角膜塑形术的诞生与发展,自然也是以美国为中心,逐渐向全世界延伸。

角膜塑形镜是采用一种特殊几何形态设计的硬质角膜接触镜,其内表面由多个弧段组成。镜片与角膜间泪液层分布不均,由此通过瞬目活动产生的流体力学效应改变角膜几何形态。

美国食品与药品监督管理局(FDA)在 1998 年 5 月批准日戴型角膜塑形镜。美国食品与药品监督管理局(FDA)在2004年12月3日批准夜戴型角膜塑形镜的临床使用。亚洲人与欧美人在角膜塑形镜片使用上最大的不同之处是青少年为角膜塑形镜片的最大使用族群,使用的主要目的为期望能够控制使用者近视加深的速度。

五、近视眼手术治疗

(一)激光治疗近视原理

准分子激光仪由IBM首创,利用氯和氟等活性气体混合氩、氪或氙等惰性气体。混合气体受激光照射,就会产生紫外光。这种准分子激光仪发出的是冷激光,就是说它不会加热周围的空气或表面,只发射紧密聚焦的紫外线光束。紫外线接触的上层表面会将其吸收。由于紫外线的数量过大,大多数器官组织(例如眼睛角膜)无法吸收,从而导致该组织的分子键断裂。紫外线光束只能穿透角膜表面不足一纳米(十亿分之一米)的深度。激光仪释放能量所产生的热,就沿着极细微的这层角膜消散,这个过程称光切除。

(二)近视眼手术治疗方法

1. PRK(准分子激光角膜切削术)

原理:是最早的准分子激光治疗近视眼的方法,主要用来矫正中、低度屈光不正,即近视或远视小于300度,散光在300度以下。医生先去除角膜表层易再生的上皮,再用准分子激光对角膜表层进行切削。

优点:手术方法简单,并发症少。

缺点:手术破坏了角膜的前弹力层,易造成角膜雾状混浊、视力回退及类固醇性高眼压,少数患者术后一段时间视力回退,术后恢复较慢,疼痛明显,用药时间需要3个月左右,圆锥角膜、自身免疫疾病者不可做手术。

2. LASEK(激光原位角膜上皮瓣下磨镶术)

原理:是结合LASIK和PRK优点的一种手术方式。手术掀起角膜上皮后,在角膜浅层进行激光切削,然后将上皮覆盖手术面。

优点:术后疼痛反应较PRK轻,较LASIK重,适合中低度近视、散光且角膜比较薄的患者。术后视力恢复较慢,用药时间1~3个月,它是针对不能通过LASIK手术进行矫治的较薄角膜、高度、超高度近视患者的一种全新激光治疗近视手术,手术后对于超高度数的患者可以解决像差问题,安全性也提高了。

LASEK是解决高度和超高度近视、角膜厚度不足患者有效的屈光手术方法,术后屈光度波动极少、屈光回退最少。

3. LASIK(准分子激光角膜原位磨镶术)

是全世界公认的矫正近视、远视、散光的最好方法,目前已在70多个国家应用,500多万患者接受治疗,是近年来眼科领域最为引人注目的高新科技。

原理:采用准分子激光视力矫正系统治疗眼睛屈光不正,主要是通过激光光子的能量打开组织间的化合键,从而产生切削作用,改变角膜的曲率,重塑角膜弯曲度达到矫正屈光不正的目的。

优点：这种方法保持了角膜结构的完整性，术后角膜混浊发生少，而且眼睛不感觉疼，视力一般2～3 d就能恢复，容易被患者接受。手术后用药时间10 d左右，不影响工作和日常生活，适合高中低近视、远视和散光患者。

4. 飞秒激光

原理：每一发激光脉冲聚焦到角膜内部的精确位置时，会产生一微离子，用于蒸发约1 mm的角膜组织，蒸发眼角膜组织产生扩展的水泡和CO_2气泡，水泡和气泡被眼角膜组织吸收，眼角膜组织因此被分离。

优点：降低手术风险；复位准确；避免医源性感染；不受角膜曲率影响。

并发症：从30万飞秒手术结果来看，无严重并发症。

（三）手术治疗近视并发症

（1）感染。因手术或术后不洁，使伤口受到病菌感染。

（2）干眼症。激光术后泪水分泌会减少，可能产生干眼症状或使得原本干眼的人症状加重。

（3）视力差。手术不能保证视力一定达到1.0，有些病例可能需再次手术。

（4）眩光或复视。手术初期较常见，尤其夜间瞳孔变大时会产生，大部分会慢慢消失，只有少部分会持续下去。

（5）手术中的并发症。多数是角膜瓣切割不良，如切割不完全或切割不平整。

（6）表皮愈合不良。多见于PRK，可用治疗性隐形眼镜及人工泪水帮助复原。

（7）角膜混浊。仅PRK术后会发生，与个人体质及矫正度数愈高有正相关，术后1～3个月最明显。

（8）角膜瓣皱折或移位。仅见于LASIK，可能因外伤引起，会造成不规则散光影响视力。

第二节　急性结膜炎

一、概述

急性结膜炎（火眼或红眼病）是发生在结膜上一种急性感染，多在气候温暖湿润的季节发作，由于细菌和病毒易于繁殖，通过与患眼接触的毛巾、玩具或公共浴池、游泳池而相互传染，也易在家庭、学校和公共场所流行。

急性结膜炎常见有急性卡他性结膜炎又称细菌性结膜炎（肺炎双球菌、流感杆菌、葡萄球菌等）、过敏性结膜炎（过敏）、流行性结膜炎（腺病毒）及流行性出血性结膜炎（腺病毒70型），后两者感染的病毒有所不同。急性结膜炎易在春、夏或秋季流行，传染性极强，但预后良好，几日内炎症即可消退。

二、临床表现

（1）急性卡他性结膜炎发病急剧，常累及双眼（或间隔1～2 d）伴有大量的黏液性分泌物(眼屎),于夜间分泌较多,在晨起时常会被分泌物糊住双眼。轻症者在眼内有瘙痒和异物感;重者眼睑重、灼热、畏光和流泪,结膜下充血、水肿或杂有小出血点,眼睑亦常红肿,角膜受累,则有疼痛及视物模糊,症状类似于沙眼。

(2)流行性结膜炎为急性滤泡性结膜炎并发角膜炎,一般仅局限于单眼,流泪较多和伴有少量分泌物,分泌物最初为黏液性,后为黏液化而呈脓性,耳朵前淋巴结肿大。传染性强,发病急剧。

(3)流行性出血性结膜炎为暴发流行,表现除与流行性结膜炎类似外,同时可有结膜下出血。

(4)过敏性结膜炎一般较轻,结膜可充血和水肿,瘙痒且伴有流泪,一般无分泌物或少有黏液性分泌物。

(5)春季卡他性结膜炎其季节性强,多发生于春夏季节,可反复发作,以男性儿童及青年多见,双眼奇痒,睑结膜有粗大的乳头,角膜缘胶样增生,治疗以抗过敏为主。

三、药物治疗

《国家非处方药目录》收录的治疗结膜炎的制剂有磺胺醋酰钠、红霉素、庆大霉素等制剂,白日用滴眼剂,反复多次,睡前则用眼膏剂。

(一)非处方药

(1)对由细菌感染引起的急性卡他性结膜炎可选用四环素、金霉素、红霉素、利福平、杆菌肽眼膏、酞丁安、磺胺醋酰钠滴眼剂;滴眼,一次 1~2 滴,一日 3~5 次。

(2)对流行结膜炎局部给予抗病毒药,可选用 0.1%碘苷滴眼剂、0.1%酞丁安或阿昔洛韦滴眼剂,一次 1~2 滴,每间隔 2 h 给予 1 次。

(3)对流行性出血结膜炎应用抗病毒药,0.1%羟苄唑、0.1%利巴韦林滴眼剂。

(4)对过敏性结膜炎宜选用醋酸可的松、醋酸氢化可的松或色甘酸钠滴眼剂和眼膏,其不仅可抑制炎症过程的早期表现,还能降低毛细血管壁和毛细血管膜的通透性,减少炎症的渗出。滴眼,一次 1~2 滴,一日 3~4 次,用前摇匀,眼膏涂敷于眼睑内,每晚睡前 1 次,连续应用不得超过 2 周。

(5)春季卡他性结膜炎可应用 1%泼尼松、2%色甘酸钠滴眼剂。

(二)处方药

(1)对铜绿假单胞性结膜炎病情较严重,病变进展迅速,短期内可致角膜溃破、穿孔和失明,因此,必须及早治疗,常用多粘菌素 B、磺苄西林滴眼剂;对真菌性角膜炎可选用两性霉素 B、克霉唑滴眼剂。

(2)对急性卡他性结膜炎未彻底治愈而转成慢性结膜炎者,对由细菌(卡他球菌、大肠杆菌、变形杆菌)所致的结膜炎治疗以抗菌为主,应用诺氟沙星、左氧氟沙星滴眼剂、四环素眼膏;由环境(灰尘、风沙、倒睫、屈光不正)刺激所致的非细菌性结膜炎治疗以对症为主,应用 0.5%硫酸锌滴眼剂。

四、用药与健康提示

(1)庆大霉素偶致耳毒性,引起不可逆性听觉(耳蜗)和前庭功能受损,同时亦可出现肾毒性，发生率2%～10%，虽滴眼剂比注射剂发生率小，但对儿童、肾功能不全者不宜长期应用。

(2)碘苷滴眼剂长期应用可出现疼痛、瘙痒、眼睑过敏、睫毛脱落、角膜浑浊或染色小点，不宜消失。

(3)阿昔洛韦滴眼剂应用时偶有一过性烧灼感、疼痛、皮疹、荨麻疹。应用眼膏后极少数患者可即出现一过性轻度疼痛，可出现浅表斑点状角膜病变，但无须中止治疗，愈后亦无明显后遗症。

(4)应用抗菌药物制剂中加入糖皮质激素。虽具有抗菌、抗炎、加速治愈过程的优点，但有诱发真菌或病毒感染、延缓创伤愈合、升高眼压和导致晶状体混浊等风险，因此不应随意使用，除非患者是在眼科专科医师的密切监护下。特别是不能给尚未确诊的“红眼”患者开具这类药物，因为这种情况有时是由于难以诊断的单纯性疱疹病毒感染所致。如必须使用此类制剂，不应超过10 d，并在使用期间定期测量眼压。

(5)早期结膜炎，可采用热敷的方法，以热毛巾或茶壶的热气熏蒸，一次10 min，一日3次；对过敏性结膜炎用冷毛巾湿敷。

第三节　沙　　眼

一、概述

沙眼是由病原性沙眼衣原体侵入结膜和角膜引起的慢性传染性眼病，在生活中常见，严重时双眼结膜表面犹如布满沙粒状，因而得名。沙眼在男女老幼中皆可罹患，轻者可无症状，仅在体检时常由医师发现；较重者常会感觉眼内有摩擦感或有异物感，难于忍受，有时发痒、迎风流泪、畏惧强光、不时在眼边积存少量的分泌物(眼屎)。如翻开眼皮，可发现眼睑结膜呈弥漫性充血，血管模糊不清，结膜上出现乳头(内眼皮有类似舌头表面的粗糙不平的外观)或滤泡(睑结膜上长出一些隆起、浑浊和大小不一的小泡)。沙眼起病慢、病程长，不仅侵犯球结膜(白眼球表面)，进而可危害角膜(黑眼球表面)，引起视力下降，治疗时间也较长。

二、沙眼与睑缘炎的区别

睑缘炎俗称“烂眼边”，与沙眼不同，是发生在睑缘皮肤、睫毛囊及腺体的慢性炎症。其有以下3种类型：

(1)鳞屑性睑缘炎：有瘙痒及异物感，在睫毛间及根部有白色鳞屑，除去鳞屑后，下面的皮肤有轻度充血，睫毛易脱落，但可再生长。

(2)溃疡性睑缘炎：有干燥、痒及轻微疼痛，睑缘红肿、肥厚，睫毛根部有黄色结痂，去痂后可见小脓点和溃疡。睫毛囊常受累，故睫毛脱落后不再生。睑缘瘢痕收缩后，可有倒睫和下睑外翻。

(3)眦部睑缘炎：痒感明显，睑内外眦部发红而糜烂而形成“烂眼边”，常伴有眼角处球结膜充血。

睑缘炎治疗可选用 0.5％硫酸锌、15％磺胺醋酰钠滴眼剂滴眼，一日 4～6 次；睡前再用 0.5％红霉素眼膏、1％～2％黄氧化汞眼膏涂敷于眼睑，常有佳效。对睑缘溃疡严重者可用 2％～5％硝酸银液涂睑缘溃疡处，1 周 2～3 次。

三、临床表现

沙眼按病程可分为以下两期。

第一期(进行期)：上穹隆及睑结膜血管模糊、表面粗糙、肥厚、乳头增生及滤泡形成。角膜上缘可出现新生血管(血管翳)，其末梢常有灰色的浸润。

第二期(退行期)：病变部位逐渐出现灰白色条纹状、网状或小片状瘢痕。等到滤泡和乳头均为瘢痕所代替时，则结膜面变薄、表面光滑、色灰白。血管翳亦退化，其末梢浸润消失。

沙眼如不及时治疗，极易出现并发症，如角膜混浊、角膜溃疡、慢性泪囊炎、内翻倒睫、角膜结膜干燥症、眼球后粘连等，严重时会影响视力。

四、药物治疗

沙眼主要应用滴眼剂治疗，《国家非处方药目录》收录的治疗沙眼的制剂有 10％磺胺醋酰钠、0.25％硫酸锌、0.1％酞丁安滴眼剂和 0.5％红霉素眼膏。

(1)磺胺醋酰钠(乙酰磺胺)在结构上为一种类似对氨苯甲酸(PABA)的物质并与其竞争，抑制二氢叶酸合成酶，阻止细菌合成叶酸，使细菌缺乏叶酸的合成而死亡。滴眼，一次 1～2 滴，一日 3～4 次，并于睡前在结膜囊内涂敷 0.5％红霉素眼膏。

(2)硫酸锌在低浓度时呈收敛作用，锌离子能沉淀蛋白，可与眼球表面和坏死组织及分泌物中的蛋白质形成极薄的蛋白膜，起到保护作用，高浓度则有杀菌和凝固作用，有利于创面及溃疡的愈合。滴眼，一次 1～2 滴，一日 3～4 次。

(3)酞丁安滴眼剂对沙眼衣原体有强大的抑制作用，在沙眼包涵体尚未形成时，能阻止沙眼衣原体的繁殖和包涵体的形成，尤其对轻度沙眼疗效最好，采用本品 0.1％混悬液滴眼，一日 4 次或以 0.1％眼膏涂于结膜囊内，一日 3 次，连续 4 周，对沙眼基本痊愈率平均可达 53.3％，其中轻度沙眼 94％，中度沙眼 66.3％，重度沙眼仅为 9.5％。

(4)红霉素眼膏对革兰阳性菌有较强的抗菌活性，对革兰阴性菌、支原体、沙眼衣原体及军团菌也具有强大的抗菌作用。适用于沙眼、结膜炎、角膜炎。应用 0.5％眼膏剂，涂敷于眼睑内，每晚睡前 1 次。

五、用药与健康提示

(1)磺胺醋酰钠和复方磺胺甲恶唑滴眼剂毒性小，但偶见有患者过敏。对曾有磺胺过敏史者禁用磺胺醋酰钠、复方磺胺甲恶唑滴眼剂；过敏体质者也要慎用。并且不宜与其他滴眼液混合使用。另磺胺药滴眼时可通过鼻泪管吸收到循环系统，不宜过量使用。

(2)硫酸锌滴眼剂有腐蚀性，低浓度溶液局部也有刺激性，对急性结膜炎者忌用。

(3)育龄妇女慎用酞丁安，妊娠期妇女禁用酞丁安。

(4)发生沙眼时，应根据炎症的性质和发展阶段及时选择适当的抗菌药物，并采取预防措施，个人用的毛巾、浴巾、手绢和脸盆分开使用。在同一时期内，用药种类宜少，药物以一种为主。

六、其他眼病联合用药方案

见表 5-2。

表 5-2 其他眼病联合用药方案

常见病	典型症状	代表药物	联合用药方案一	联合用药方案二
白内障	各种原因引起的晶体的浑浊、统称为白内障。主要是视物模糊，可有怕光、看物体颜色较暗或呈黄色，甚至复视及物体变形等症状	沙普爱思/吡诺克辛钠眼药水	沙普爱思＋复明胶囊＋胡萝卜素软胶囊	卡他灵＋明目地黄丸＋深海鱼油
睑腺炎	又叫针眼，近睑缘部生小疖肿，形如麦粒，局部微痒红肿疼痛起硬结，易于溃脓。严重的会伴恶寒发热头痛等全身症状	盐酸洛美沙星眼药水	盐酸洛美沙星眼药水＋头孢克肟胶囊＋金霉素眼膏	氯霉素眼药水＋蒲地蓝消炎片
沙眼	由沙眼衣原体引起的一种慢性传染性结膜角膜炎，是致盲眼病之一。主要症状是迎风流泪、眼痛，在上下眼睑可见凹凸不平的隆起，形似沙砾，还有类似滤泡样的小白点	利福平眼药水、米诺环素	氯霉素眼药水＋利福平眼药水＋多西环素	利福平眼药水＋罗红霉素＋润洁眼部护理液
急性结膜炎	一种由病毒、细菌或过敏物质引起的结膜炎症。症状有流泪、眼红、畏光烧灼感等，常称"红眼病"	复方氯化钠滴眼液、妥布霉素滴眼液	妥布霉素眼水＋阿昔洛韦眼水＋眼用凝胶(晚上用)	利巴韦林眼水＋洛美沙星眼水＋金霉素眼膏(晚上用)
视疲劳	近距离工作后出现眼或眼眶周围疼痛，视线模糊，眼睛干涩、流泪，严重者头痛、恶心、眩晕	清见滴眼露、复方氯化钠滴眼液	清见滴眼露＋枸杞菊花茶	闪亮＋β胡萝卜素＋明目地黄丸

第六章　大学生旅游医学常识

旅游已然成为当前社会参与人数和规模最大的社会活动之一，而作为大学生这个社会的一个特殊种群，已成为旅游市场发展的巨大潜力客源。据相关数据调查，目前高校大学生有90%以上的人愿意出游。有的人希望通过旅游探新求异，有的人希望通过旅游逃避或避免一些紧张的问题，让自己的身心有所放松，有的人希望通过旅游去了解各地的风俗民情等。出外旅游是一桩有益身心的好事，但如果因为各种原因中途折返就医，那就得不偿失了。旅行过程中常见病症应该如何进行自我救治，如何处理旅行中的意外伤害，成为大学生外出旅行必须掌握的医学知识。

第一节　晕　动　病

一、概述

晕动病，是晕车、晕船、晕机等的总称。是指乘坐交通工具时，人体内耳前庭平衡感受器受到过度运动刺激，前庭器官产生过量生物电，影响神经中枢而出现的出冷汗、恶心、呕吐、头晕等症状群。

内耳前庭器是人体平衡感受器官，它包括三对半规管和前庭的椭圆囊和球囊。半规管内有壶腹嵴，椭圆囊球囊内有耳石器(又称囊斑)，它们都是前庭末梢感受器，可感受各种特定运动状态的刺激。半规管感受加(减)速度运动刺激，而椭圆囊、球囊的囊斑感受水平或垂直的直线加(减)速度的变化。当我们乘坐的交通工具发生旋转或转弯时(如汽车转弯，飞机作圆周运动)，角加速度作用于两侧内耳相应的半规管，当一侧半规管壶腹内毛细胞受刺激弯曲形变产生正电位同时，对侧毛细胞则弯曲形变产生相反的电位(负电)，这些神经末梢的兴奋或抑制性电信号通过神经传向前庭中枢并感知此运动状态；同样当乘坐工具发生直线加(减)速度变化，如汽车启动、加减速刹车、船舶晃动、颠簸，电梯和飞机升降时，这些刺激使前庭椭圆囊和球囊的囊斑毛细胞产生形变放电，向中枢传递并感知。

前庭电信号的产生、传递在一定限度和时间内人们不会产生不良反应，但每个人对这些刺激的强度和时间的耐受性有一个限度，这个限度就是致晕阈值，如果刺激超过了这个限度就要出现晕动病症状。每个人耐受性差别又很大，这除了与遗传因素有关外，还受视觉、个体体质、精神状态以及客观环境(如空气异味)等因素影响，所以在相同的客观条件下，只有部分人出现晕动病症状。

二、诱因

晕动病产生的影响因素包括主观和客观两个方面，主观方面主要是指患者晕动前的心理因素、身心状态、饮食状况等，而客观因素主要涉及当时患者所处的周围环境，如通气状况、拥挤程度等。状态焦虑、特质焦虑与晕动病症状呈显著正相关，焦虑是影响晕动的重要心理因素之一。高温、高湿、通风不良，情绪紧张、过度疲劳、吃得过饱、睡眠不足及汽油和油烟等特殊气味都可能促使晕车的发生和症状加重，因此要避免这些不良因素。

三、晕动病治疗

以前防治晕动病多采用药物，主要为镇静止吐药，如茶苯海明、东莨菪碱、地西泮等，抑制中枢兴奋，缓解消化道痉挛。但这些药物多有作用慢，口干、嗜睡等副作用，而且疗效不理想。其他如贴肚脐、压内关穴、开窗通风向前注视等也是常用而作用极有限的方法。

发病时患者宜闭目仰卧。坐位时头部紧靠在固定椅背或物体上，避免较大幅度的摇摆。环境要安静，通风要良好。同时可选用抗组胺和抗胆碱类药物，常用有如下一些：

(1)氢溴酸东莨菪碱，0.3～0.6 mg，每日 3 次。副作用有口干、嗜睡、视力模糊。青光眼忌服。

(2)茶苯海明(晕海宁、乘晕宁)，每次口服 25～50 mg，每日 3 次。副作用有嗜睡。

(3)盐酸倍他司汀(抗眩啶)每次口服 4～8 mg，每日 3 次。

(4)盐酸美克洛嗪(敏克静)，每次口服 25 mg，每日 3 次。副作用嗜睡、视力模糊、口干、疲乏。

(5)其他如甲氧氯普胺(胃复安)、氯丙嗪、地西泮(安定)等止吐剂和镇静剂亦可酌情使用。

晕动病常见联合用药方案见表 6-1。

表 6-1 晕动病常见联合用药方案

常见病	典型症状	代表药物	联合用药方案一	联合用药方案二
晕动病	乘坐公共汽车，火车，轮船或飞机时导致出汗，头晕，面色苍白，恶心，有时呕吐	途爽晕车贴、维生素 B_6	晕车贴＋晕动片	晕动贴＋晕动片＋蜂胶

四、预防

晕动病的最佳防治方法是避免或离开能引起该病的环境，但这很不现实。易患本病的患者，应积极寻找诱发原因，并加以避免。在旅行前 1～2 h 先服用上述药物一次剂量，可减轻症状或避免发病。

（一）加强身体锻炼提高前庭器官耐受性

患者平时可主动地选择含有摇摆和旋转方式的运动进行训练，可循序渐进地做一些低头弯腰、摇晃脑袋和反复下蹲起立的运动，如摇头操、体操、滚轮、铁饼、链球、篮球等，待逐渐适应后可做一些旋转度较大的锻炼，如借助转椅慢速左右交替旋转身躯。通过循序渐进的运动，可增强内耳前庭器官对不规则运动的适应能力。逐渐减轻乃至克服晕动病。系统地从事体操、铁饼等项目练习，可显著提高前庭机能稳定性。如体育学院学生在学习过程中前庭功能的稳定性就逐渐有所提高。

（二）特殊的前庭训练

前庭锻炼方法同飞行员训练一样，在相当一段时间内反复刺激前庭，如：旋转椅、秋千、俯虎、荡船等，使前庭产生适应，可以达到减轻晕动病症状的目的。但如果停止训练或脱离该刺激环境，晕动病症状会再次出现。可通过康复训练预防晕动病，如反复多次乘船、乘车训练，以提高前庭器官对不规则运动的适应能力。

（三）中医治疗

揉搓法：揉搓每根手指，从指根往指尖一根根一节节地捏住左右揉搓，转圈揉搓，持续揉搓 20 min 后，就会恢复正常；两手小指拉钩，稍用力左右拧动，可预防晕车。

耳穴按压法：耳穴按压亦可防治晕动。耳穴神门有调节大脑皮质兴奋与抑制作用，胃穴可镇吐止嗳气，枕穴可防治晕动，三穴合用可加强防治作用。穴位注射也可治疗晕动病。通过对 20 例晕动病患者穴位注射维生素 B_6 注射液实验证明，双侧内关穴注射维生素 B_6 注射液可使晕动病的眩晕、恶心、呕吐等症状消失，并无毒副作用。

（四）药物预防

晕车药：在乘车前半小时服用晕车药如茶苯海宁片等对于晕车都有良好的效果。

伤湿止痛膏：乘车前取伤湿止痛膏贴于肚脐眼处，防止晕车疗效显著。

（五）非药物预防

生姜：生姜能使头晕、恶心、呕吐等症状得到一定程度的减轻，据国内外实验研究结果显示，生姜在晕动病防治中有效率＞90％，药效维持＞4 h，是减轻晕动病的最为理想的天然药物之一。

橘皮：乘车前 1 h 左右，将新鲜橘皮表面朝外，向内对折，然后对准两鼻孔挤压，皮中便会喷射出带芳香味的油雾。可吸入十余次，乘车途中也照此法随时吸闻。

风油精：乘车途中，将风油精搽于太阳穴或风池穴。亦可滴两滴风油精于肚脐眼处，并用伤湿止痛膏敷盖。

食醋：乘车前喝一杯加醋的温开水，途中也不易晕车。

（六）尽量减少其他诱因

（1）乘车、乘船前保证充足的睡眠，心情放松，情绪稳定，合理搭配饮食。

（2）在坐车时应尽量限制头部运动，可将头靠在背椅上固定不动，以减少加速度的刺激，特别是旋转性刺激。有可能的话，尽量平卧，坐比较平稳且与行驶方向一致的座位；

避免不良的视觉刺激。

(3)乘车时少往窗外观看,坐车、坐船时看书更容易诱发运动病,因此闭目养神可减少病的发生。

(4)无药之时,晕车者可在上车前将腰带束紧,防止内脏在体内过分晃动,上车后双目注视远处,尽量少看近处物体,尤其在下坡时注意抓紧扶手,减缓惯性对内脏的冲击。

(5)密封较严的汽车或汽油味偏大的车厢要注意通风,这样有助于预防晕车现象发生,如稍感不适,应立即选择车前方合适位子睡觉,睡觉往往是最好最省钱有效的防晕车方法。

五、晕动病常见问题

(一)为什么晕车的人能够开车,却不能乘车

因为晕动病主要是人体前庭神经系统受到超限刺激引起,故前庭神经系统的兴奋度的高低是关键。前庭神经系统属于低级中枢,它受大脑皮质高级中枢影响,高级中枢对低级中枢有抑制作用。当晕车的人开车时,精神处于高度集中状态,大脑皮质高级中枢高度兴奋对前庭系统产生抑制作用,自然就不会晕车了。而以乘客身份乘车时,则不具有这种效应。同样,当战斗警报响时,原来晕船的海军将士即刻能够以昂扬的斗志投入战斗。

(二)为什么有些人原来晕车,但得了眩晕症后却不晕车了

内耳前庭功能良好是产生(晕船、晕车、晕机)的基本条件之一。如果前庭功能丧失,人体也就失去接受各种加(减)速度运动刺激的能力,即各种引起运动病的不良或超限刺激对人体失去作用,所以,原来晕车者在得了眩晕症后,其中部分双侧前庭功能丧失者(耳毒性药物中毒、双侧迷路切除术、反复的眩晕发作等)就不晕车了。

(三)为什么晕车的人所乘车辆越高级,越容易晕车

尽管内耳前庭功能良好,能够接受各种加(减)速度运动刺激,是产生运动病(晕船、晕车、晕机)的基本条件之一,但是适宜产生的加(减)速度运动刺激有一定的范围,那些高频率的颠簸(一般车辆产生)不是它的适宜刺激,而衡稳性能较好的车辆在运行中产生的涌动样的加速度晃动才最合前庭的口味。所以车辆越高级,越容易晕车。

(四)汽油味可以引起晕车吗

晕车是由于内耳前庭受到超限刺激引起,汽油味可能会加重某些晕车人的恶心症状,但不是引起晕车的原因。试想,待在家中闻汽油会晕车吗?至于有些人对汽油过敏,则另当别论。

第二节　中　　暑

一、概述

中暑(heatstroke)是指在高温和热辐射的长时间作用下,机体体温调节障碍,水、电

解质代谢紊乱及神经系统功能损害的症状的总称。颅脑疾患的患者、老弱人士及产妇耐热能力差者，尤易发生中暑。中暑是一种威胁生命的急诊病，若不给予迅速有力的治疗，可引起抽搐和死亡，永久性脑损害或肾脏衰竭。核心体温达41℃是预后严重的体征；体温若再略为升高一点则常可致死，老年、衰弱和酒精中毒可加重预后。户外运动者到山野，往往奔放追逐，而长时间暴晒在猛烈的阳光下，体内的热温未能充分散发，使体温升高，脑内部的体温调节中枢受破坏而停止活动，也会引起中暑。

二、中暑病因与诱因

（一）中暑的原因

中暑的原因有很多，在高温作业的车间工作，如果再加上通风差，则极易发生中暑；农业及露天作业时，受阳光直接暴晒，再加上大地受阳光的暴晒，使大气温度再度升高，使人的脑膜充血，大脑皮质缺血而引起中暑，空气中湿度的增强易诱发中暑；在公共场所、家族中，人群拥挤集中，产热集中，散热困难。

中暑的发生不仅和气温有关，还与湿度、风速、劳动强度、高温环境、暴晒时间、体质强弱、营养状况及水盐供给等情况有关。

（二）中暑的诱因

诱发中暑的因素很复杂，但其中主要因素还是气温。根据气象特点，可将发生中暑现场小气候分为两类：一类是干热环境，这是以高气温、强辐射热及低湿度为特点，环境气温一般可比室外高5～15 ℃，相对湿度常在40％以下；另一类为湿热环境，即气温高，湿度高，但辐射热并不强。由于气温在35～39 ℃时，人体2/3余热通过出汗蒸发排泄，此时如果周围环境潮湿，汗液则不易蒸发。

据研究，导致中暑发生的条件：①相对湿度85％，气温30～31 ℃；②相对湿度50％，气温38 ℃；③相对湿度30％，气温40 ℃。

（三）中暑的高危人群

（1）老年人。由于皮肤、汗腺萎缩和循环系统功能衰退，机体散热不畅。

（2）孕产妇。因为怀孕或产后体力消耗大，身体虚弱，如果逗留在通气不良、温度较高的室内，就容易中暑。

（3）婴幼儿。各系统发育不够完善，体温调节功能差，皮下脂肪又比较多，对散热不利。

（4）正在服药的人。服用抗组织胺药、抗胆碱药、安眠药等的人也会血管收缩，使体温调节中枢发生障碍，容易中暑。

（5）心血管病患者。炎热天气会使心血管病患者的交感神经兴奋，加重心血管的负荷。尤其是心脏功能不全的，他们体内的热量不能及时散发而积蓄，所以容易中暑。

（6）糖尿病患者。机体对内外环境温度变化反应迟钝，虽然热量已经积蓄在体内，但患者的自觉症状却出现得较晚，引起中暑。

（7）营养不良的人。因为营养素的缺乏使血压下降，反射性地引起血管的收缩。他们还容易反复腹泻，导致脱水和电解质紊乱，导致中暑。

三、中暑的症状

根据中暑的程度可以分为3级：先兆中暑、轻度中暑、重症中暑。

（一）先兆中暑

高温环境中，大量出汗、口渴、头昏、耳鸣、胸闷、心悸、恶心、四肢无力、注意力不集中，体温不超过37.5℃；如及时转移到阴凉通风处，补充水和盐分，短时间内即可恢复。

（二）轻度中暑

具有先兆中暑的症状，同时体温在38.5℃以上，并伴有面色潮红、胸闷、皮肤灼热等现象；或者皮肤湿冷、呕吐、血压下降、脉搏细而快的情况；如及时处理，往往可于数小时内恢复。

（三）重症中暑

除以上症状外，发生昏厥或痉挛；或不出汗，体温在40℃以上。重度中暑根据其病因和特点可分为热痉挛、热衰竭和热射病。

1. 热痉挛

在高温环境下进行剧烈运动大量出汗，活动停止后常发生肌肉痉挛，主要累及骨骼肌，持续约数分钟后缓解，无明显体温升高。肌肉痉挛可能与严重体钠缺失（大量出汗和饮用低张液体）和过度通气有关。热痉挛也可为热射病的早期表现。

2. 热衰竭

常发生于老年人、儿童和慢性疾病患者。严重热应激时，由于体液和体钠丢失过多引起循环容量不足所致。表现为多汗、疲乏、无力、头晕、头痛、恶心、呕吐和肌痉挛，可有明显脱水征，心动过速、直立性低血压或晕厥。体温轻度升高，无明显中枢神经系统损伤表现。根据病情轻重不同，检查可见血细胞比容增高、高钠血症、轻度氮质血症和肝功能异常。热衰竭可以是热痉挛和热射病的中介过程，治疗不及时，可发展为热射病。

3. 热射病

是一种致命性急症，主要表现为高热（直肠温度≥41℃）和神志障碍。早期受影响的器官依次为脑、肝、肾和心脏。根据发病时患者所处的状态和发病机制，临床上分为两种类型，劳力性和非劳力性（或典型性）热射病。劳力性主要是在高温环境下内源性产热过多；非劳力性主要是在高温环境下体温调节功能障碍引起散热减少。

（1）劳力性热射病：多在高温、湿度大和无风天气进行重体力劳动或剧烈体育运动时发病。患者多为平素健康的年轻人，在从事重体力劳动或剧烈运动数小时后发病，约50%患者大量出汗，心率可达160～180次/分，脉压增大。此种患者可发生横纹肌溶解、急性肾衰竭、肝衰竭、DIC或多器官功能衰竭，病死率较高。

（2）非劳力性热射病：在高温环境下，多见于居住拥挤和通风不良的城市老年体衰居民。其他高危人群包括精神分裂症、帕金森病、慢性酒精中毒及偏瘫或截瘫患者。表现皮肤干热和发红，84%～100%病例无汗，直肠温度常在41℃以上，最高可达46.5℃。病初表现行为异常或癫痫发作，继而出现谵妄、昏迷和瞳孔对称缩小，严重者可出现低血压、休克、心律失常及心力衰竭、肺水肿和脑水肿。约5%病例发生急性肾衰竭，可有轻、中度DIC，常在发病后24 h左右死亡。

四、中暑的现场急救

万一有中暑现象，应该赶快急救，以免虚脱而亡。救护原则：抓紧时间、迅速降温、纠正水电解质酸碱平衡失调，防治循环衰竭、休克及肾功衰。

（一）降温

首先将患者搬到阴凉通风的地方平卧（头部不要垫高），解开衣领，同时用浸湿的冷毛巾敷在头部，并快速扇风。以冷湿的毛巾覆在头上，如有水袋或冰袋更好。将海绵浸渍酒精，或毛巾浸冷水，用来擦拭身体，尽量扇凉以降低他的体温到正常温度。重者，除上述降温方法外，还可用冰块或冰棒敷其头部、腋下和大腿腹股沟处，同时用井水或凉水反复擦身、扇风进行降温。

测量其体温，或观察患者的脉搏率，若在每分钟110以下，则表示体温仍可忍受，若达到110以上，应停止使用降温的各种方法，观察约10 min后，若体温继续上升，再重新给予降温。此外，依患者之舒适程度，供应覆盖物。

（二）补充水分和无机盐

轻者一般经过上述处理会逐渐好转，再饮用含盐清凉饮料。可服人丹、十滴水、藿香正气水等，用清凉油、风油精涂擦太阳穴、合谷等。

（三）药物治疗

体温持续38.5 ℃以上可口服解热药，必要时镇静。药物降温：氯丙嗪25～50 mg+4 ℃ 5%葡萄糖生理盐水500 mL静滴。

改善周围循环预防休克：周围循环衰竭静滴5% GNS 1 500～2 000 mL，速度不宜过快。纠酸补碱用5% $NaHCO_3$ 200～250 mL。

防治急性肾衰竭：快速注射20%甘露醇250 mL，静注呋塞米20 mg，保持尿量30 mL/h以上。

早期呼吸、循环衰竭可静滴5%葡萄糖盐水500～1 000 mL，必要时使用呼吸和循环中枢兴奋剂。

五、中暑的中医治疗

中医认为中暑为因长夏之季，感受暑热之邪所致，以出汗、头晕、头痛、神疲、胸闷、心慌、少汗，甚至汗闭、高热，严重者以神昏、抽搐、肢厥等为特征。病位表里兼有，多在脾、心。

（一）阳暑

［**症状**］头晕头痛，心烦胸闷，口渴多饮，全身疲软，汗多，发热，面红。舌红，苔黄，脉浮数。

［**治法**］清凉解暑，益气生津。

［**方药**］轻则用绿豆熬汤，或地骨皮熬汤，或服用金银花露、西瓜汁；重则用清暑益气汤(西洋参、石斛、麦冬、黄连、竹叶、荷梗、知母、甘草、粳米、西瓜翠衣)加减。

［**中成药选用**］可酌情选用保济丸、清暑解毒颗粒、清暑益气丸、暑热感冒颗粒中的一种。

(二)阴暑

［**症状**］精神衰惫，肢体困倦，头昏嗜睡，胸闷不畅，多汗肢冷，微有畏寒，恶心、呕吐，渴不欲饮。舌淡，苔薄腻，脉濡细。

［**治法**］发表解暑，除湿和中。

［**方药**］藿香正气散(藿香、大腹皮、白芷、紫苏、茯苓、半夏曲、白术、陈皮、厚朴、苦桔梗、甘草)加减。

［**中成药选用**］可酌情选用藿香正气水(颗粒、片、软胶囊、胶囊、浓缩丸、滴丸)、十滴水、六合定中丸、甘露消毒丸中的一种。

(三)科学使用“两水”

入夏后，藿香正气水与十滴水几乎都成了家庭中必备的防暑应急药品，如果两种药贸然使用，必将引起不良后果。

夏季阴雨天气较多，是一年中湿气最盛的季节，当湿气侵犯人体脾胃时，则影响脾胃的功能而引发疾病。藿香正气水由藿香、陈皮、茯苓、半夏、甘草、紫苏叶、白芷等十多味中药组成。发挥解表和中、理气化湿之功效。用于治疗脘腹胀痛、胃肠型感冒、晕车晕船。

中医认为，当暑热之邪侵入人体后，上蒸清窍故有头晕或头痛症状。十滴水用于治疗中暑，属于短暂的急性疾病，故在发病时服用 2～5 mL 即可。十滴水由樟脑、干姜、大黄、小茴香、肉桂、辣椒、桉油等中药组成，味辛辣。发挥健胃、祛风之功效。用于治疗中暑所致的头晕恶心、胃肠不适等。

因此，藿香正气水主要擅长治疗夏季风寒湿邪所引起的夏季感冒、胃肠炎等疾病，亦可用于中暑而引起的胃肠不适。十滴水仅用于中暑症，即暑热引起的头晕昏迷、胃肠不适等。在日常生活中，需要科学合理地使用“两水”。

(四)中暑常见联合用药方案

见表 6-2。

表 6-2　中暑常见联合用药方案

常见病	典型症状	代表药物	联合用药方案一	联合用药方案二
中暑	大量出汗、口渴、头晕、耳鸣、胸闷、恶心进而体温升高、呕吐、面色苍白、皮肤湿冷、血压下降，最后可出现高热、休克、剧烈头疼等	藿香正气、氨基酸片	藿香正气胶囊＋风油精＋葡萄糖水	藿香正气水＋夏桑菊颗粒＋氨基酸片

六、预防

(一)出行躲避烈日

夏日最好不要在10点至16点时在烈日下行走,这个时间段的阳光最强烈,发生中暑的可能性是平时的10倍! 在高温、高湿、低气压、闷热天气旅行时,一定要缩紧行程安排。

(二)做好防护工作

一定要做好防护工作,如打遮阳伞、戴遮阳帽、戴太阳镜,有条件的最好涂抹防晒霜;穿白色衣服,准备充足的水和饮料。外出时的衣服尽量选用棉、麻、丝类的织物,应少穿化纤品类服装,以免大量出汗时不能及时散热,引起中暑。此外,在炎热的夏季,防暑降温药品,如十滴水、人丹、风油精等一定要备在身边,以防应急之用。

(三)注意饮食

夏天多食蔬菜,如生菜、黄瓜、西红柿等的含水量较高;新鲜水果,如桃子、杏、西瓜、甜瓜等水分含量为80%至90%,可以补充水分。冬瓜利尿消炎、清热解毒;丝瓜解暑祛风、化痰凉血;黄瓜中的纤维素可以排出肠道中腐败的食物,降低胆固醇;南瓜补中益气,消炎止痛。多吃苦味菜,有利于泄暑热和燥暑湿,苦瓜、苦菜、苦丁茶、苦笋都是夏季防暑的上乘食品。

(四)谨防情绪中暑

相关数据表明,约有16%的人在夏天会发生"情绪中暑"。夏天持续的高温天气,使人变得心烦气躁、食欲不振、行为异常等。上班提不起精神,容易激动;肝火也随着气温往上蹿。

(五)中医预防中暑

(1)饮食清淡。食物方面,莲藕、莲子安神,百合养肺,都适合入菜。木耳、扁豆及传统豆腐(含石膏)、芹菜有降火功效,也是夏季菜肴佳品。辛辣食物如葱、姜、蒜等不宜大量食用,以免造成肠胃负担。

(2)清晨早起,午后小睡。夏天可以晚睡一点,但不要熬夜。中医认为,晚上11点至凌晨3点主肝胆经的循行,在11点以前入睡,肝胆经才会得到保健。

(3)预防暑热及感冒。流汗吹风造成的感冒,最容易造成暑热难解,所以汗后最好赶快擦干,避免吹风及吹冷气。

(4)以静养心,去除烦闷。风暑湿热环境变化的"外火",加上情绪抑郁久后变化成的"内火"侵袭人体,就会造成生理机能失调,产生百病。

第三节　高原反应

一、概述

高原反应即急性高原病(acute high altitude disease,AHAD),是人到达一定海拔高度后，身体为适应因海拔高度而造成的气压差、含氧量少、空气干燥等的变化，而产生的自然生理反应。海拔在3 000 m以上的地区，称为高原地区。其特点为气压低，空气中氧的浓度也低，易导致人体缺氧，引起高原病包括急性高原反应、高原肺水肿、高原脑水肿等。

高山适应问题主要是由于高海拔地区气压下降，氧分压减少引起肺泡氧分压减少，低血氧。氧分压下降引起肺泡气氧分压随之下降，输送到血液中的氧量减少。因此立即引起身体几方面的反应。呼吸频率增加，将更多的空气吸入肺；心率和心输出量增加以加大动脉血流量；增加红细胞和血红蛋白的生成，改善血液输送氧的能力。即使进行了这些调整，也不能使新近达到高原的人发挥正常的生理效能。曾经测定，在海拔5 500 m的高度，一个人完成运动的能力只有海平面的53%。

二、高原反应的症状

高原反应，包括急性和慢性高原反应。由平原进入高原或由高原进入更高海拔地区后，机体在短时期发生的一系列缺氧表现称为急性高原反应。短时间内进入3 000 m以上高原均可产生头痛、头昏、心悸、气短等反应。重者还有食欲减退、恶心、呕吐、失眠、疲乏、腹胀和胸闷。慢性高原反应为有些人通过长期不断的调节过程仍不能适应，以致形成一种高原机能失调的现象，呈现一系列临床症状。慢性高原反应又称为“机体机能失调”。一般认为凡进入高原3个月后，仍有部分或全部高原反应症状，可视为慢性高原反应。

高原反应的症状一般表现为心慌、气促、食欲减退、倦怠、乏力、头晕、恶心、呕吐、腹胀、腹泻、胸闷痛、失眠、眼花、嗜睡、眩晕、手足麻木、抽搐等。体征为心率加快、呼吸加深、血压轻度异常、颜面或四肢水肿、口唇发绀等。慢性高原反应临床表现多种多样，症状可以是上述表现的部分，也可以是其大部分或全部，症状时隐时现，返回平低海拔地区后一般可消失，与急性高原反应的临床表现有较多的相似之处。

高原反应的轻重程度因人而异，一般而言，年轻人要好过中老年人和儿童、青少年。对于长期生活在低海拔地区（诸如东部沿海地区）的人员而言，初次上高原，海拔2 000 m以上就会有轻微的高原反应前兆比如易饥饿、头痛、失眠等等，此时就需要注意尽量不要让自己感冒。当海拔超过3 000 m时，很多人会出现明显的高原反应，比如喘气、嘴唇发紫等等。长期从事身体锻炼、体质较好的人可以坚持到4 400 m左右。

三、高原反应的治疗

对于高原适应力强的人，一般高原反应症状在1～2 d内可以消除，适应力弱的需3～7 d。如果能适应，可以多喝一些酥油茶，对缓解高原反应有一定的作用。亦可服用一些高原反应药和缓解高原反应的保健食品。

（1）高原康　防治急性高原病药品。

（2）高原安　保健食品，有利于缓解高原反应。

（3）红景天及其制剂　藏民传统的保健食品，有助于增强体质，缓解高原反应，进入高原前10 d服用。

(4)迪诺康胶囊　OTC中成药,缓解心肌缺血,有助于缓解高原反应。

(5)氨酚伪麻美芬片(百服宁)　有助于控制高原反应引起的头痛,芬必得酚咖片也是驴友常备药。

(6)西洋参　有助于缓解疲劳,增强体质,减轻高原反应。

(7)速效救心丸　高原反应紧急发作时服用,有助于缓解高原反应。

(8)丹参丸　治疗心血管病。有助于缓解高原反应。

当出现明显高原反应症状时,通过吸氧来缓解不适。当然,吸氧能暂时解除胸闷、气短、呼吸困难等症状,但停止吸氧后,症状又会重新出现。这样,便延缓了适应高原的时间。如果上述症状不很严重,特别是在静息时较轻微,最好不要吸氧,这样可以更快适应高原环境。

四、高原反应的预防

对于高原旅游者来说,预防高原反应是生命攸关的重要问题。预防要点和简单的急救知识,要事先做到心中有数。做好体检可预防高原反应,高原旅游前应该去的医院认真做好体检。患有慢性阻塞性肺病、间质性肺病、各种呼吸功能不全、器质性心脏病、脑血管疾病、高血压病、胃肠道疾病、神经与精神性疾病、严重慢性疾病等的患者不适合高原旅游。无法确定安全性时,应该接受低氧试验。

(1)心理准备。大部分人初到高原,都有或轻或重的高原反应,避免或减轻高原反应的最好方法是保持良好的心态面对它,许多的反应症状都是心理作用而引起的,比如对高原有恐惧心理,缺乏思想准备和战胜高原决心的人,出现高原反应的机会就多。消除恐惧心理,可从书本和向有经验的旅游者了解有关高原环境、特点和医疗保健知识,增强自信心。

(2)做好适应性锻炼。如登山、长跑、负荷行走等,以增加肺活量和增强适应能力。了解当地气候特点,带足衣物,注意防寒保暖,避免急性上呼吸道感染。初上高原,目的地在3 000 m以上的,建议事先做好一定的准备工作。如果时间充裕,建议不要太急,在3 500 m左右休息1～3 d,适应之后再进入更高海拔的地区,这样可以大大降低高原反应的强度。

(3)避免受凉。高原气候寒冷,日夜温差大,机体受凉后易患呼吸道感染,并易诱发急性高原病。

(4)生活注意事项。头两天避免剧烈活动及重体力劳动,登高需缓慢进行,有利于机体逐渐适应。饮食宜多吃高糖、优质蛋白食物,有利于克服低氧的不良作用。禁烟,不饮或少饮酒,以减轻对氧的消耗。

第四节　蛇　咬　伤

一、概述

毒蛇咬伤是一种对人危害较大的灾害性、外伤性疾病。夏、秋季节是蛇出没的高峰期，尤其是夏天，炎热的天气使蛇变得烦躁不安，这时攻击性最强，咬人时伤口最深，毒液释放也最多。从毒蛇的活动规律来看，蛇往往在傍晚和凌晨时出来活动。山里、建在山边的房屋、茂密的草丛，甚至道路的绿化带，都是蛇经常栖息的地方。

目前已知我国的蛇类有173种，其中毒蛇48种，危害较大、能导致人死亡的主要有10种。根据其毒性成分可以分为3类：①神经毒。金环蛇、银环蛇、海蛇。②血液毒。蝰蛇、尖吻蝮蛇（五步蛇）、竹叶青、烙铁头蛇。③混合毒。眼镜蛇、眼镜王蛇、蝮蛇。

二、区分有毒蛇和无毒蛇

（一）根据蛇的外形特征

毒蛇头部一般呈三角形，身体粗短、颈细，自肛门到尾部突然变细，尾短而钝，身体斑纹鲜艳，休息时常蟠团，见人后不会逃窜，行动也比较懒散，较凶猛。无毒蛇头部一般呈椭圆形，形态均匀，尾巴长而尖细，身体色泽不鲜艳，休息时不蟠团，见到人后会立即逃窜，行动比较敏捷，不主动攻击人。当然这也不能一概而论，像银环蛇的头部也呈椭圆形，但它是剧毒蛇，我们应小心谨慎为妙。

（二）牙痕

毒蛇咬伤后可见到局部有两个明显的个大而深的牙痕，也可能因咬歪或连续咬数口而出现1个或并列的2～3个牙痕，牙痕间有一定的间距，四周大多数没有浅牙痕。无毒蛇的牙痕为锯齿状，牙痕小，多而浅，常2行或4行整齐排列。当发现有被蛇咬伤时，要区分是有毒蛇还是无毒蛇咬伤，如果能知道蛇的确切种类那更好，可以在进行紧急处理后进行对症的血清治疗，如果不能区分是有毒蛇还是无毒蛇咬伤，则一律按毒蛇咬伤处理。

三、蛇咬伤中毒症状

（1）眼镜蛇咬伤的主要症状：被眼镜蛇咬伤后，伤口即感疼痛。且渐加重，范围迅速扩大、局部常见2个牙痕，牙痕间距1.1～1.9 cm，伤口流血不多，很快闭合变黑，周围皮肤迅速呈现红肿。

（2）眼镜王蛇咬伤的主要症状：一般可见较大而深的牙痕2个，牙痕间距较宽，常不小于1.9 cm。首先局部感到剧痛，并逐渐发生红肿等急性炎症，但很少发生水泡、血疱和坏死，局部常出现淋巴管炎及淋巴结肿痛。

（3）银环蛇咬伤的主要症状：一般有2个针尖大的牙痕（偶尔仅见1个），牙痕间距0.8～1.5 cm，若咬得不深亦有不出血的，咬伤后10 min左右，伤口周围有如蚊咬样疼痛、微痒、麻木感，并向心端逐渐蔓延。咬伤后早期全身未出现中毒症状前，如果患者及医务人员不注意，误认为无毒蛇或其他毒虫咬伤，以致贻误患者的救治时机，往往会造成严重的后果。

（4）蝮蛇咬伤的主要症状：一般有牙痕2个，深而清晰，伤口有刺痛及麻木感，在伤后半小时加重，局部压痛明显，患肢稍活动则疼痛加剧。伤口周围有明显的肿胀，并向整个伤肢蔓延，一般2～4 d达到最高峰，少数严重者可蔓延至同侧的胸、腹部，附近淋巴结有肿痛现象。

(5)尖吻蝮咬伤的主要症状:尖吻蝮咬伤的局部症状较蝮蛇咬伤严重。通常可看到2个比较大的牙痕,牙痕间距较宽,常在1.5～3.5 cm。伤口出血较多,被咬后数分钟即感有剧烈灼痛,并持续不止,难以忍受,但极少出现麻木感。

(6)竹叶青咬伤的主要症状:常见有针尖样牙痕2个,牙痕间距0.5～1.2 cm,被咬后数分钟出现肿胀,并迅速向外蔓延。伤口剧烈灼痛,持续不息,极难忍受。局部出血不多,但很快出现血性水泡,常伴有附近淋巴结肿痛,严重者患肢上端可见瘀斑。

(7)蝰蛇咬伤的主要症状:一般有2个较大的牙痕,被咬伤后伤口立即感到剧痛,如剜如灼,并逐渐加剧,持续不断,局部出血不止,并有皮下出血,以致形成大片的瘀斑,伤肢肿胀迅速向外蔓延,严重者可肿至躯干。

(8)海蛇咬伤的主要症状:被咬时有瞬时刺痛外,伤口只有麻木感。伤口附近没有急性炎症反应,不红不肿,无痒无痛,常因此而使患者麻痹大意,以致延误诊疗时机。

四、解救措施

如果不慎被蛇咬伤,首先应判断是否为毒蛇咬伤。若确定为无毒蛇咬伤,只需要对伤口清洗、止血、包扎。若有条件再送医院注射破伤风即可。一般而言,被毒蛇咬伤后10～20 min后,其症状才会逐渐呈现。被咬伤后,争取时间是最重要的。

(一)延缓蛇毒扩散

被咬伤后,蛇毒在3～5 min内就迅速进入体内,应尽早采取有效措施,防止毒液的扩散。不要跑动,最好是将伤肢临时制动后放于低位,保持镇定,避免血流加速致蛇毒扩散。

1. 结扎

(1)肢体结扎:这是行之有效的自救互救措施之一。方法是利用当时就地可取之材,如随身的鞋带、腰带,必要时也可将衣服撕成布条等结扎伤肢口的近心端,以延缓蛇毒吸收扩散的速度。

(2)结扎部位:视伤口而定,通常要求扎在伤口肿胀处的上端一个关节处或伤肢近心端5～10 cm处,如指、趾受伤,可以结扎基节,手和前臂受伤,应结扎上臂;脚部、小腿都受伤,应结扎大腿。

(3)结扎的松紧度:以能阻止静脉血回流为止。结扎20 min放松2～3 min,这样既能延缓蛇毒的吸收、扩散速度,又能避免肢体因血流过分受阻而造成坏死的危险。待伤口得到彻底清创处理和服用蛇药片3～4 h后,才能解除绑带。

2. 局部降温

伤肢在结扎和扩创后,将创口置于4～7 ℃的冷水中,使蛇毒素和蛇毒酶减轻对组织的损害作用,因为温度过高、过低都能使酶的活性大大降低。有条件时可选用冰棒、冰块等做局部冷敷用,在农村,用山溪泉水或冰水浸泡,都有一定的降湿作用,但局部降温的同时要注意全身的保暖。

(二)促进蛇毒排出体外

存留在伤口局部的蛇毒,应采取相应措施,促使其排出。

1. 扩创清洗

蛇伤早期，在结扎后及时清创排毒，可将停留在皮内和皮下组织中的大部分蛇毒清除出体外，伤口较深并有污染者，应彻底清创，消毒后应以牙痕为中心，对伤口做放射状或十字形切开，使残存的蛇毒便于流出，深达皮下组织即可，切口不宜过深，以免伤及血管。伤口扩大后，可用各种药物作局部的湿敷或冲洗，以达到破坏或中和蛇毒的目的。常用的外敷药有30%盐水或明矾水，用于伤口冲洗的外用药有1∶5 000的高锰酸钾溶液、过氧化氢及1∶4 000的呋喃西林溶液，绝对禁止用酒精消毒。五步蛇、蝰蛇咬伤，切忌扩创排毒，以防止伤口出血不止。

2. 针刺放血、拔火罐

一般不主张局部挤压排毒，因为挤压时仅少量蛇毒被挤出体外，而更多蛇毒被挤到周围组织及血管里加快蛇毒的吸收。可用针刺或拔火罐方法，吸出伤口内之蛇毒，但对于血循环毒蛇(眼镜蛇、五步蛇、竹叶青、蝰蛇等)，不宜采用针刺或拔火罐的方法，以免伤口血流不止。如伤口周围肿胀过甚时，可在肿胀处下端每隔1～2寸处，用消毒钝头粗针平刺直入2 cm；如手足部肿胀时，上肢者穿刺八邪穴(四个指头指缝之间)，下肢者穿刺八风穴(四个足趾趾缝之间)，以排除毒液，加速退肿，针刺排毒。

(三)降低蛇毒活性

火灼局部(火柴暴灼法)：用点燃的火柴直接烧灼伤口，使局部组织经烧灼造成水泡。同时注意：①烧灼的范围必须局限在蛇伤牙痕局部，以避免扩大烧灼面积而造成局部组织溃烂。②此法必须在蛇伤后30 min内及时进行。半小时后大部分蛇毒已经吸收扩散，此法即失去意义。

(四)解毒药的应用

被毒蛇咬伤后应尽早用药，可以外敷内服解毒药。主要有两种：一是蛇药片，如南通蛇药(季德蛇药)、上海蛇药；二是中草药，如七叶一枝花、半边莲、雄黄等。

五、蛇咬伤的预防

(1)在户外活动时，扎好裤脚(更不能穿短裤)，穿好鞋袜(尽量选择高帮鞋，避免穿凉鞋)。

(2)穿越丛林时，最好能戴顶帽子、扣紧衣领显得尤为重要。

(3)尽量避免在草丛里行走或休息，如果迫不得已，最好手持一棍棒，边走边打草，起到打草惊蛇的作用。

(4)不幸被蛇追赶时，千万不要下坡，逃跑路线尽量上坡或保持“S”形。

(5)夜行应持手电筒照明。

第五节　狂犬咬伤

一、概述

狂犬病俗称“疯犬病”，是由狂犬病病毒引起的人兽共患的中枢神经系统传染病，多见于犬、猫等动物。人多因被病兽咬伤而感染，以恐水、畏光、吞咽困难、狂躁等临床表现为主要特征，病死率高达 100%。根据《中华人民共和国传染病防治法》规定，狂犬病在我国为乙类传染病。据世界卫生组织（WHO）估计，全球每年死于狂犬病的人数超过 5.5 万人，其中 95%发生在亚洲和非洲的欠发达国家，儿童是受狂犬病危害最为严重的人群。中国是受狂犬病危害最为严重的国家之一，近年的年报告狂犬病死亡人数均在 2 400 例以上，仅次于印度，居全球第二位，位列我国法定报告传染病的前三位。

狂犬病是畜，能从动物传播给人，主要是通过咬伤传播，但也可以通过破损的皮肤或黏膜污染被感染动物的唾液而传播。一旦出现神经系统症状，狂犬病对人和动物都是致命的。

二、狂犬病易感人群

人对狂犬病病毒普遍易感，狩猎者、兽医及饲养动物者更易感染。农村青少年与病兽接触机会多，故发病者也多。热带和亚热带地区任何季节均有本病发生，我国东北地区则以春夏季为多见。

人被病犬咬伤后的平均发病率为 15%～20%，被病狼咬后为 50%～60%（均指未作预防注射者）。发病与否与下列因素有关：①咬伤部位，头、面颈、手指等处的发病机会较多；②创伤程度，创口深而大者发病率高，头面部深伤者的发病率可达 80%左右；③局部处理情况，咬伤后迅速彻底清洗者的发病机会较少；④衣着厚薄，冬季衣着厚，受染机会少；⑤注意疫苗情况，及时、全程、足量注射狂犬疫苗者的发病率低。国内报告全程注射后的发病率为 0.15%（国外为 0.016%～0.48%），未注完全程者为 13.93%。

三、狂犬病临床表现

狂犬病病毒最大的特点是对神经组织的嗜性远远大于其他组织。在神经组织内病毒复制的比率远比在其他组织内高。狂犬病毒对外界的抵抗力很弱，对温度敏感，60 ℃ 30 s，100 ℃ 2 s 即可灭活，22～24 两周，5～6 周感染性几乎完全消失。病毒对阳光、紫外线敏感，各种常见的消毒剂如肥皂水、碘酒、3%来苏水、75%酒精等均可使其灭活。

人一旦患了狂犬病，会表现为一系列的狂犬病特有的精神症状——高度恐惧、狂躁不安、四怕（怕水、怕风、怕光、怕声响），并逐渐出现咽喉肌肉痉挛、流口水、瘫痪，最终因呼吸和循环系统麻痹而痛苦地死亡。从发病到死亡一般不超过 10 d，70%的病例在 7 d 内死亡。狂犬病的临床表现可分为 4 期。

（一）潜伏期

潜伏期长短不一，最短 3 d，最长 19 年，一般平均 20～90 d。在潜伏期中感染者没有任何症状。

（二）前驱期

感染者开始出现全身不适、低热、头疼、恶心、疲倦，继而恐惧不安，烦躁失眠，对声、光、风等刺激敏感而有喉头紧缩感。在愈合的伤口及其神经支配区有痒、痛、麻及蚁走等感觉异常等症状。本期持续 2～4 d。

(三)兴奋期

表现为高度兴奋,突出为极度的恐怖表情、恐水、怕风。体温升高(38～40 ℃)、恐水为本病的特征,但是不是每一例都有。典型患者虽极渴而不敢饮,见水、闻水声、饮水或仅提及饮水时也可以引起咽喉肌严重痉挛。外界刺激如风、光、声也可引起咽肌痉挛,可有声音嘶哑,说话吐词不清,呼吸肌痉挛可出现呼吸困难和发绀。交感神经功能亢进可表现为大量流涎,大汗淋漓,心率加快,血压升高。但患者神志多清楚,可有精神失常及幻觉出现等。本期 1～3 d。

(四)麻痹期

如果患者能够渡过兴奋期而侥幸活下来,就会进入昏迷期,本期患者深度昏迷,但狂犬病的各种症状均不再明显,大多数进入此期的患者最终衰竭而死。患者常常因为咽喉部的痉挛而窒息身亡。

四、犬咬伤处理措施

(一)清理创面

人被犬、猫等宿主动物咬、抓伤后,凡不能确定伤人动物为健康动物的,应立即进行受伤部位的彻底清洗和消毒处理。被咬后立即挤压伤口排去带毒液的污血,但绝不能用嘴去吸伤口处的污血。局部伤口处理越早越好,用肥皂水或清水彻底冲洗伤口至少 15 min。彻底冲洗后用 2%～3%碘伏或 75%酒精涂擦伤口。局部伤口原则上不缝合、不包扎、不涂软膏、不用粉剂以利伤口排毒,如伤及头面部,或伤口大且深,伤及大血管需要缝合包扎时,应以不妨碍引流,保证充分冲洗和消毒为前提,做抗血清处理后即可缝合。

(二)接种疫苗

立即到当地的狂犬病暴露后预防处置门诊,由医生确定暴露分级,结合既往免疫情况进行伤口处理和免疫接种。对Ⅱ级暴露者,立即处理伤口并接种狂犬病疫苗。首次暴露后狂犬病疫苗接种程序:一般咬伤者于 0(注射当天)、3、7、14、28 天各注射狂犬病疫苗 1 个剂量。注射部位:上臂三角肌肌内注射。2 岁以下婴幼儿可在大腿前外侧肌肉内注射。禁止臀部注射。对于Ⅲ类暴露及免疫功能低下者Ⅱ类暴露者,立即处理伤口,并在接种疫苗的同时,在伤口周围浸润注射抗狂犬病血清或狂犬患者免疫球蛋白,能中和伤口局部感染的狂犬病病毒,减少狂犬病发生的可能。人被咬伤后及时规范的暴露后处置,足疗程接种疫苗,可以有效预防狂犬病的发生。

五、狂犬病的预防

预防人狂犬病关键在清除传染源,必须控制动物间狂犬病,特别是犬的狂犬病。因此,广大犬主是预防控制狂犬病的重要责任人,要依法养犬、文明养犬、科学养犬,积极依法、主动登记注册,主动给犬免疫。

所有的犬、猫应定期免疫接种狂犬病疫苗。学校和家长要教育儿童,不要随意招惹犬，让儿童知道当犬在身边时如何规范自己的行为。

第六节　骨　　折

外出旅游，稍不小心，就易跌倒、摔伤，甚至骨折。那么，现场该如何急救？有些人可能由于没有经验或一时救人心切，使用了一些错误的急救方法，比如为减轻疼痛，习惯用手揉捏受伤部位，并按摩伤部等；或骨折后随意搬运、止血等不当处理，可能会造成严重后果。如果遇到骨折等重伤患者，首先，要判断是否是骨折。在判断不清是否有骨折的情况下，应按骨折来处理。

一、骨折的急救

（一）急救及急救固定的目的

1. 骨折急救的目的

用最为简单而有效的方法抢救生命、保护患肢、迅速转运，以便尽快得到妥善处理。

2. 骨折急救固定的目的

（1）避免骨折端在搬运过程中对周围重要组织的损伤（血管、神经、内脏）。

（2）减少骨折端的活动，减轻患者疼痛。

（3）便于运送。

固定可用特制的夹板，或就地取材用木板、木棍、树枝等。若无任何可利用的材料时，上肢骨折可将患肢固定于胸部，下肢骨折可将患肢与对侧健肢捆绑固定。

（二）急救的具体流程

急救四部曲：抗休克—包扎—固定—转运。

（1）抢救休克。

（2）包扎伤口。开放性骨折，伤口出血绝大多数可用加压包扎止血。大血管出血，加压包扎不能止血时，可采用止血带止血。

注意：若骨折端已戳出伤口，并已污染，又未压迫重要血管、神经者，不应将其复位，以免将污物带到伤口深处。应送至医院经清创处理后，再行复位。

（3）妥善固定。固定是骨折急救的重要措施。凡疑有骨折者，均应按骨折处理。闭合性骨折者，急救时不必脱去患肢的衣裤和鞋袜，以免过多地搬动患肢，增加疼痛。若患肢肿胀严重，可用剪刀将患肢衣袖和裤脚剪开，减轻压迫。骨折有明显畸形，并有穿破软组织或损伤附近重要血管、神经的危险时，可适当牵引患肢，使之变直后再行固定。

（4）迅速转运。尽快转运至就近的医院进行治疗。

二、骨折的治疗

（1）复位。是将移位的骨折段恢复正常或近乎正常的解剖关系，重建骨的支架作用。它是治疗骨折的首要步骤，也是骨折固定和康复治疗的基础。早期正确的复位，是骨折愈合过程顺利进行的必要条件。

(2)固定。即将骨折维持在复位后的位置，使其在良好对位情况下达到牢固愈合，是骨折愈合的关键。常用的固定方法有2类，即外固定——用于身体外部的固定，和内固定——用于身体内部的固定。

1)外固定：主要用于手法复位后的患者，也有些经切开复位内固定术后，需加用外固定者。目前常用的外固定方法有小夹板、石膏绷带、外展架、持续牵引和外固定器等。优点：固定可靠，易于处理伤口，不限制关节活动，可行早期功能锻炼。

2)内固定：内固定主要用于切开复位后，采用金属内固定物，如接骨板、螺丝钉、可吸收螺丝钉、髓内钉或带锁髓内钉和加压钢板等，将骨折段于解剖复位的位置予以固定。

(3)康复治疗。是在不影响固定的情况下，尽快地恢复患肢肌、肌腱、韧带、关节囊等软组织的舒缩活动。早期合理的功能锻炼，可促进患肢血液循环，消除肿胀；减少肌萎缩、保持肌肉力量；防止骨质疏松、关节僵硬和促进骨折愈合，是恢复患肢功能的重要保证。

康复治疗是骨折治疗的重要阶段，是防止发生并发症和及早恢复功能的重要保证。应在医务人员指导下，充分发挥患者的积极性，遵循动静结合、主动与被动运动相结合、循序渐进的原则，鼓励患者早期进行康复治疗，促进骨折愈合和功能恢复，防止并发症发生。

第七章　常见传染病防治

传染病是指由病原微生物，如朊毒体、病毒、衣原体、立克次体、支原体、细菌、真菌、螺旋体和寄生虫，如原虫、蠕虫、医学昆虫感染人体后产生的有传染性、在一定条件下可造成流行的疾病。

《中华人民共和国传染病防治法(1989)》规定管理的传染病分为甲类、乙类和丙类共36个病。2003年后，由于传染性非典型肺炎和人高致病性禽流感的出现，规定管理的传染病增至37个病，甲类2个包括鼠疫和霍乱，乙类包括病毒性肝炎等25个病(新增传染性非典型肺炎和人高致病性禽流感)，丙类包括10个病。

第一节　肺　结　核

我国肺结核疫情呈现典型“三多”特点：①感染人数多，目前约有5.5亿人感染了结核菌，感染率高达44.5%，高于全球1/3的感染率水平。②患病人数多，现有活动性肺结核患者约500万，患病人数居世界第二位(仅次于印度)。③新发患者多，结核病年发病数100万，发病率78/10万。肺结核的报告发病率位居法定报告的甲、乙类传染病的首位。

一、肺结核病因

(一)结核菌

结核分枝杆菌是好氧、无运动能力、缓慢生长的杆菌，有分枝生长的倾向，具有抗酸性，故又称为抗酸杆菌。结核菌对外界抵抗力较强，在阴湿处能生存5个月以上；但在阳光下暴晒2 h，70%酒精接触2 min，或煮沸1 min，即可被杀灭。最简便的灭菌方法是直接焚毁带有病菌的容器。

(二)结核菌感染

1. 传染源

主要是排菌的肺结核患者(开放性肺结核)。

2. 传播途径

(1)主要途径：呼吸道飞沫传染。

(2)次要途径：消化道。

(3)其他途径：皮肤、泌尿生殖道。

3. 易感人群

生活贫困、居住拥挤、营养不良人群、老年人、糖尿病、艾滋病等患者。

4. 影响传染性的因素

(1)患者排出结核菌量的多少。

(2)结核菌的活力。

(3)空间结核菌微滴的密度。

(4)接触的密切程度及接触的时间长短。

(5)个人的免疫力。

(三)结核病的发生与发展

见图 7-1。

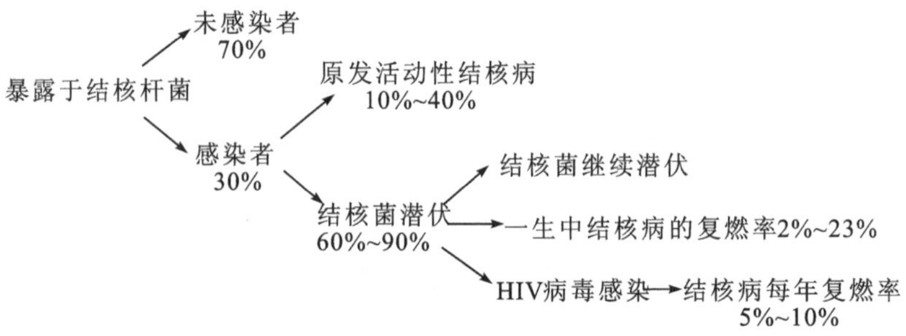

图 7-1 结核病的发生与发展

1. 原发感染

结核杆菌进入呼吸道后的命运。

2. 继发性结核

(1)原发性结核感染时期遗留下来的潜在病灶中的结核菌重新活动→内源性复发。

(2)受到再感染而发病→外源性重染。

(3)继发性肺结核的临床特点:有明显的临床症状,容易出现空洞和排菌。

3. 结核病免疫和迟发变态反应

(1)初感染:机体无免疫力,造成全身播散。

(2)再感染:机体已有免疫力,病灶局限,易于愈合。

(3)人体的免疫反应:细胞免疫、体液免疫。

二、临床表现

1. 全身症状

结核中毒症状即午后低热、乏力、食欲减退、消瘦、盗汗等。

2. 呼吸系统症状

(1)咳嗽、咳痰:是肺结核最常见的症状。

(2)咯血:1/3～1/2 患者有咯血或痰中带血。较大血管或空洞壁上动脉瘤破裂可引起大量咯血。

(3)呼吸困难:大量胸腔积液、干酪样肺炎。

三、辅助检查

(一)影像学诊断

是早期发现肺结核的重要方法,也是判断肺结核临床类型的重要依据,并有助于鉴别诊断。

1. 原发复合征

为结核菌初次感染在肺内的病变,多见于儿童。炎症病灶常由淋巴管传播至肺门淋巴结而致淋巴管炎和肺门淋巴结肿大。肺部的结核性原发病灶、淋巴管炎和肺门淋巴结肿大,统称为原发复合征。X线检查:原发复合征可见哑铃状影像。

2. 急性血行播散型肺结核

常由于大量结核杆菌突然入血所致。X线胸片检查:两肺均匀散布的大小、密度均匀的粟粒状阴影。

3. 继发性肺结核

(1)浸润型肺结核:是最常见的继发型肺结核。病灶多位于锁骨下或肺尖。X线检查:大小不等的片状、絮状、边缘模糊的阴影。

(2)干酪型肺炎:在机体免疫力极度低下,大量结核杆菌进入肺部时,肺内迅速形成大面积的渗出性病变并发生干酪坏死,称之为干酪型肺炎。X线表现:大片密度增高的浓密阴影,在短期内可以溶解,形成透亮区,称为蚕蚀空洞。

(二)痰结核杆菌检查

痰中找到结核杆菌是诊断肺结核病的最可靠的依据。可用直接涂片法、集菌法、培养法或动物接种法。

(三)纤维支气管镜检查

主要应用于支气管结核和淋巴结支气管瘘的诊断。

(四)结核菌素试验

1. 阳性结果的意义

(1)仅表示结核感染,并不一定患病。

(2)有2种情况提示体内有活动结核病灶:1 U(1∶10 000)OT强阳性;3岁以下儿童强阳性。

2. 阴性结果的意义

(1)没有结核菌感染。

(2)有结核菌感染但机体免疫力低下。

四、治疗

(一)原则

(1)早期。对所有检出和确诊患者均应立即给予化学治疗。

(2)规律。严格遵照医嘱要求规律用药,不漏服,不停药,以避免耐药性的产生。

(3)全程。保证完成规定的治疗期是提高治愈率和减少复发率的重要措施。

(4)适量。严格遵照适当的药物剂量用药。

(5)联合。以联合及规律用药最为重要,目的是减少或防止产生耐药性。

(二)药物治疗

1. 常用的化疗药物及常用化疗药物的不良反应

见表 7-1。

表 7-1　常见化疗药物及不良反应

药物	肝功能损害	周围神经炎	高尿酸血症	听力障碍和眩晕	视神经炎
异烟肼	√	√			
利福平	√				
吡嗪酰胺	√		√		
链霉素				√	
对氨基水					√
杨酸钠					

2. 常用的化疗方案　均包括强化治疗和巩固治疗两个阶段。

(1)强化治疗阶段:以 3～4 种药物联用 8～12 周,以达到尽快杀灭各种菌群保证治疗成功的目的。

(2)巩固治疗阶段:以 2～3 种或 4 种药物联用,其目的巩固强化阶段取得的疗效,继续杀灭残余菌群。

3. 多重耐药患者增多　耐多药肺结核是指结核患者体内的结核菌至少对两种主要抗结核药产生耐药性,所以耐多药肺结核必须要有痰结核菌药敏试验结果才能确诊,是一种更为严重的结核病耐药类型,治疗难度大。

广泛耐药性肺结核是世卫组织在 2006 年 10 月经广泛耐药肺结核全球专题小组的同意确定的。对至少两种最强有力的抗结核药物异烟肼和利福平具有耐药性的,同时对任何氟喹诺酮类药物以及三种二线注射药物(硫酸卷曲霉素、卡那霉素和阿米卡星)中至少一种具耐药性的肺结核。目前广泛耐多药肺结核患者逐渐增多,发病率逐年升高,治疗难度大,治愈率低。

在医学发展的今天被确诊的结核病,除了感染结核分枝杆菌的耐药菌而成为原发耐药肺结核以外,只要及时就诊接受正规治疗一般是可以治愈的。但现实情况是部分患者在经历了好转、恶化反复交替,长期不愈的诊疗过程后,最终成为耐药或耐多药肺结核。

耐药、耐多药或严重耐多药肺结核的根本原因是抗结核治疗不规范。患者在确诊为肺结核后未到结核病专业机构或正规医院接受治疗,而是到尚未经过结核病健康教育的医疗单位。耐药肺结核产生的根本原因是抗结核治疗不规范。

4. 全程督导化疗(DOTS)　全程督导化学治疗是指肺结核患者在治疗过程中,每次用药都必须在医务人员的直接监督下进行,即发药到手,看服到口,记录以后再走。全程督导化疗的实质是由医务人员承担规律用药的责任，这是解决结核患者不能坚持规律用药所导致的治疗失败、耐药等严重后果的最佳途径。

五、预防

(1)嘱患者不随便吐痰，不对着别人咳嗽和打喷嚏；咳嗽和打喷嚏时要用双层纸巾遮住口鼻，有痰者将痰吐在纸上集中焚烧；外出时戴口罩。

(2)房间每日开窗通风换气；餐具单独使用并定期煮沸消毒；衣服被褥经常日光暴晒等。

(3)病菌阳性者应进行呼吸隔离，并彻底治愈。

(4)卡介苗接种。卡介苗(BCG)是活的、无毒力牛型TB菌疫苗，可使人体产生对TB菌的获得性免疫力。接种对象：未受感染的人，主要是新生儿、儿童和青少年。卡介苗接种并不能预防感染，但能减轻感染后的发病和病情，保护力可维持5～10年。1995年WHO发表声明指出，BCG复种没有科学依据，不提倡复种。我国卫生部也已于1997年决定停止BCG复种工作。

第二节　乙型肝炎

2010年3月取消教育部印发的《普通高等学校招生体检工作指导意见》中有关乙型肝炎表面抗原携带者不能录取学前教育、航海技术、飞行技术、面点工艺、西餐工艺、烹饪与营养、烹饪工艺、食品科学与工程专业的限制。

病毒性肝炎是由多种肝炎病毒引起的一组以肝脏损害为主的传染病，按病原学分类，目前有甲型、乙型、丙型、丁型和戊型肝炎。

一、病原学

(一)甲型肝炎病毒(HAV)

属微小核糖核酸病毒科中的嗜肝RNA病毒，直径27～32 nm大小的20面对称体颗粒。HAV无包膜，电镜下可见实心和空心两种颗粒。实心颗粒有传染性，空心颗粒具有抗原性但无传染性。

HAV主要在肝细胞浆中复制，经胆汁从粪便中排出。只有1个抗原抗体系统。感染后产生的IgG抗体，可存在多年，有保护力。IgM抗体仅存在3～6个月，有现症感染意义，故可用作诊断方法。

(二)乙型肝炎病毒(HBV)

属嗜肝DNA病毒科，有8个基因型。

1. 形态　HBV呈典型的大球形颗粒，亦称Dane颗粒。分包膜和核心两部分，包膜即表面抗原(HBsAg)，核心部分有核心抗原(HBcAg)、e抗原(HBeAg)、HBV-DNA以及DNA多聚酶。

2. 基因组结构及编码蛋白 双股环状 DNA，由 3.2 kb 核苷酸组成，HBV 有 3 个抗原抗体系统。

(1)HBsAg 和抗 HBs 抗体(HBsAb)：HBsAg 是感染乙肝病毒的标志。急性患者 HBsAg 可持续存在数周，慢性患者则可持续阳性多年抗 HBs 抗体出现于 HBsAg 阴转后数周到数月，持续阳性可 10 年左右，为有保护性的抗体。

(2)HBeAg 和抗 HBe 抗体：HBeAg 阳性说明 HBV 在复制。抗 HBe 抗体出现于 HBeAg 阴转后。如果 HBeAg 阴转、抗 HBe 抗体出现，同时 HBV-DNA 也阴转，则说明 HBV 复制减少或停止；但如 HBV-DNA 仍持续阳性，则说明 HBV 发生了变异，病毒仍在复制，仍有传染性。

(3)HBcAg 和抗 HBc 抗体：核心抗原存在于受染肝细胞核中，血液中无游离的 HBcAg，故临床上一般不做 HBcAg 检测，而检测其抗体。IgM 型核心抗体只出现于急性乙肝和慢性乙肝急性发作时，持续时间不长，代表有现症感染存在。IgG 型核心抗体则可长期存在。这 2 种核心抗体均无保护力，不影响 HBV 的复制。如果只有低滴度的抗 HBc IgG 存在，说明既往感染过 HBV。

HBV-DNA 存在于病毒的核心部分，血清中检出 HBV-DNA 和 HBeAg，说明病毒在复制，其中 HBV-DNA 为最敏感最直接的 HBV 感染指标。

不同的乙肝抗原抗体检测结果的临床意义见表 7-2。

表 7-2 不同的乙肝抗原抗体检测结果的临床意义

HBsAg	HBsAb	HBeAg	HBeAb	HBcAb	意义
+	−	+	−	+	大三阳。乙肝病毒不断复制，传染性强
+	−	−	+	+	小三阳。病毒复制基本停止，传染性小
+	−	−	−	−	急性感染早期、慢性乙肝携带者
−	+	−	−	−	注射乙肝疫苗、乙肝恢复

(三)丙型肝炎病毒(HCV)

属黄病毒科、丙型肝炎病毒属。病毒直径 50 nm 左右，核心部分为 33 nm。基因组为单股正链 RNA，9.4 kb 长，有 6 个基因型及多种亚型。

(四)丁型肝炎病毒(HDV)

是一种缺陷病毒，其复制需 HBV 辅佐，必须借助 HbsAg 的包裹才能成为感染性病毒颗粒，直径 35～37 nm，基因组为单股负链 RNA，病毒定位于肝细胞核中。HDVAg 是 HDV 唯一的抗原成分，因此 HDV 仅有一个血清型。

(五)戊型肝炎病毒(HEV)

属萼状病毒科，直径 32～34 nm，无包膜，基因组为单股正链 RNA，有 2 个基因型。病毒主要在肝细胞内复制，经胆汁随粪便排出。

二、流行病学

(一)传染源

甲型肝炎:甲型肝炎无病毒携带状态,传染源为急性甲型肝炎患者和亚临床感染者。粪便排毒期在起病前 2 周到血清 ALT 高峰后 1 周,少数患者可延长至起病后 30 日仍具有传染性。

乙型肝炎:急、慢性乙型肝炎患者及病毒携带者。后者由于病毒长期存在血液中,为更重要的传染源。急性乙肝患者的传染期从起病前数周开始,持续整个急性期。HBsAg 阳性的慢性患者和无症状携带者的传染性大小与 e 抗原、HBV-DNA 及 DNAP 是否阳性有关。

丙型肝炎:急、慢性丙肝患者及无症状病毒携带者,只要血中有 HCV-RNA 存在,均可为传染源。

戊型肝炎:急性戊型肝炎患者起病前 9 日到病后 8 日均有传染性。

(二)传播途径

甲型肝炎和戊型肝炎主要通过粪—口途径传播。食物和水源被污染可引起暴发流行,生活密切接触可引起散发病例。

乙肝:含 HBV 体液或血液经破损的皮肤和黏膜进入机体而感染。主要通过:①母婴传播;②血液、体液传播。

丙肝:病毒血中含量较乙肝病毒少,故输血传播最为主要,其他途径较乙肝为少。

(三)人群易感性

甲肝:人类对 HAV 普遍易感,我国大多在幼儿、儿童及青少年时期获得感染,以隐性感染为主。感染后可获持久的免疫力。

乙肝:抗 HBs 阴性者。婴幼儿是获得 HBV 感染最危险的人群,高危人群有 HBsAg 阳性母亲的新生儿,HBsAg 阳性者的家属,反复输血、血液透析、多个性伴侣、静脉药瘾者,接触血液的医务工作者等。感染或疫苗接种后出现抗 HBs 者有免疫力。

丙肝:类似乙肝,主要通过胃肠道外途径传播。但体液中 HCV 含量较少,且为 RNA 病毒,外界抵抗力较低,其传播较乙肝局限。

戊型肝炎:亦普遍易感,但儿童多表现为隐性感染,成年人特别是老年人多表现为显性感染。

三、临床表现

临床分为急性黄疸型肝炎和急性无黄疸型肝炎、慢性肝炎、重型肝炎、瘀胆型肝炎。

潜伏期:甲肝平均 30 d,乙肝 70 d,丙肝 50 d,戊肝 40 d。

(一)急性黄疸型肝炎

(1)黄疸前期。甲肝、戊肝起病较急,乙、丙、丁肝起病多较缓。出现发热、全身不适、乏力等症状,类似感冒。急性乙肝患者早期可有皮疹、关节痛,伴有食欲减退、恶心、厌油、腹胀、肝区痛、尿色加深等。肝功能主要是 ALT 升高，此期可持续 5～7 d。

(2)黄疸期。自觉症状好转，发热消退，尿黄加深，巩膜及皮肤出现黄染，逐渐加重，2 周左右达高峰。同时各项肝功能出现明显的异常，肝、脾可轻度肿大及触叩痛，本期可持续 2～6 周。

(3)恢复期。黄疸逐渐消退，各项肝功能逐渐恢复正常，症状和体征也随之消失。本期持续 1～2 个月。

(二)急性无黄疸型肝炎

无黄疸，其他临床表现与黄疸型相似，但起病较缓，症状较轻，病程多在 3 个月内，临床症状不明显者易被忽视。

急性丙型肝炎无黄疸型占 2/3 以上。

(三)慢性肝炎

急性肝炎病程超过半年不愈者称为慢性肝炎。病原只限乙肝、丙肝和丁肝病毒。临床表现时好时坏、时轻时重，数年、十数年迁延不愈，亦有表现为多次急性发作者。

轻度：乏力、头晕、食欲减退、厌油、肝区不适、肝脾可有轻度肿大，肝功能 1 或 2 项指标轻度异常。

中度：症状及体征、实验室检查居于轻度和重度之间。

重度：明显或持久的症状，乏力、食欲缺乏、腹胀、尿黄、便溏等，ALT 和/或 AST 反复或持续升高，病程久者人血白蛋白减少，脾可肿大，面色发暗，尚可出现肝掌和蜘蛛痣。B 超可发现门静脉和脾静脉的宽度增加，有向门脉高压发展的可能。如不能尽早清除病毒，则可发展成肝硬化。

四、诊断

1. 流行病学史

(1)秋冬季节或夏秋季节出现肝炎流行高峰。食物和水源暴发流行资料均有利于甲型和戊型肝炎的诊断。

(2)有与乙型肝炎患者密切接触史，特别是 HBV 感染的母亲所生婴儿及有注射、输血、使用血制品等历史，对乙型肝炎的诊断有重要价值。与丙型肝炎患者密切接触史和有注射、输血、使用血制品等历史有助于丙型肝炎的诊断。

2. 各型肝炎的临床诊断标准

(1)急性肝炎：①有与确诊病毒性肝炎患者密切接触史；②近期内出现如乏力、食欲减退、恶心等症状；体征有肝大并有压痛和叩痛，轻度脾大；③化验血清 ALT 升高。血清胆红素＞17.1μmol/L，诊为急性黄疸型肝炎；否则为急性无黄疸型肝炎。

(2)慢性肝炎：诊断标准同前临床表现所述，病程超过半年未愈者。

3. 病原学诊断

(1)甲型肝炎：凡有以下情况任何一项可确诊为 HAV 近期感染。①血清抗-HAV IgM 阳性；②病程中抗-HAV 滴度(或抗-HAV IgG)有 4 倍以上增长；③粪便经免疫电镜找到 HAV 颗粒或用 ELISA 法检出 HAV-Ag；④血清或粪便中检出 HAV-RNA。

(2)乙型肝炎：有以下 HBV 感染指标任何一项阳性可诊断为 HBV 感染：①血清

HBsAg 阳性；②血清 HBV-DNA 阳性；③血清抗-HBc-IgM 阳性；④肝内 HBcAg 阳性或 HBsAg 阳性，或 HBV-DNA 阳性。血清 HBsAg 从阳性转为阴性，并出现抗-HBs 者可诊为急性乙型肝炎；临床符合慢性肝炎，并有一种现症感染标志阳性者可诊为慢性乙型肝炎；慢性 HBsAg 携带者指无任何症状和体征，肝功能正常，HBsAg 持续阳性 6 个月以上。

4. 肝炎病毒的基因型检测　HBV 及 HCV 基因分型有助于判断治疗的难易程度及制定抗病毒治疗的个体化方案。目前多认为 A 型对干扰素治疗的应答率更高，但尚需要深入的研究加以证实。

(5)肝穿刺活体组织学检测　对经血清病毒学检测尚不能明确诊断者进行肝组织的肝炎病毒基因分析常有助于明确病原学诊断，而且还可对炎症活动度以及纤维化程度进行评价。

五、治疗

(一)慢性肝炎

1. 适当休息、合理饮食

2. 药物治疗　应包括抗病毒、免疫调节、保肝抗炎及抗纤维化治疗，其中最重要的是抗病毒治疗，可阻断病情发展，减少肝硬化、肝癌的发生，延长生存期，提高生活质量。

(1)抗病毒治疗：①干扰素(IFN)。用于治疗慢性乙型肝炎及丙型肝炎，如 α-干扰素 5 MU/次，皮下或肌注，每周 3 次；或长效干扰素(IFNα-2a)180μg，皮下注射，每周 1 次，疗程 6 个月～1 年。丙型肝炎还需加用利巴韦林。合并有失代偿性肝硬化的患者不适用干扰素治疗。②核苷(酸)类似物：用于治疗慢性乙型肝炎及乙型肝炎肝硬化患者，如拉米夫丁 100 mg/d、阿德福韦 10 mg/d、替米夫定 600 mg/d 或恩替卡韦 0.5 mg/d 等。核苷类药物疗程至少 1 年，但长期应用核苷类药物治疗，可使 HBV 发生变异而产生耐药性，尤其是拉米夫定，故应定期检测 HBV-DNA 和肝功能，及早发现病毒突变及耐药的出现，以制订新的抗病毒治疗方案。

(2)按病情需要应用免疫调节药如胸腺素、保肝抗炎药。

(二)重型肝炎的治疗

采取支持、对症治疗为基础的综合治疗。

(1)一般支持疗法：包括卧床休息、饮食调节、静脉营养和维持水、电解质和酸碱平衡。

(2)抗肝细胞坏死、促进肝细胞再生疗法：可用肝细胞生长因子促进肝细胞 DNA 合成，用法：160～200 mg/d，加入 10%葡萄糖中静脉滴注，疗程一般为 1 个月。

(3)对症治疗：包括肝性脑病、出血、继发感染和肾功能不全的防治。

(4)人工肝支持治疗：对急性、亚急性重型肝炎效果较好，对慢性重型肝炎可以起到延缓病情进展的作用。

六、预防

1. 控制传染源　包括对患者和病毒携带者的隔离、治疗和管理，以及观察接触者和管理献血员。患者从起病后可隔离 3 周,以控制传染源。

2. 切断传播途径 ①推行健康教育制度;②加强血源管理,提倡使用一次性注射器,对医疗器械实行"一人一用一消毒制"等;③搞好饮食、饮水及个人卫生,搞好粪便管理、食具消毒等。

3. 保护易感人群

(1)主动免疫:①甲型肝炎。甲型肝炎疫苗有减毒活疫苗和灭活疫苗两种苗。②乙型肝炎。应用基因工程重组酵母乙肝疫苗,高危人群可每次 10～20 μg,0、1、6 个月注射;新生儿在首次接种(必须在出生后 24 h 内完成)后 1 个月和 6 个月再分别接种 1 次疫苗,健康母亲的新生儿和儿童用 10 μg/mL;20 μg/mL 用于阻断乙型肝炎的病毒围生期母婴的传播。

(2)被动免疫:①在暴露于病毒之前或在潜伏期的最初两周内,肌肉注射正常人免疫球蛋白,可防止甲型肝炎早期发病,或减轻临床症状,但对戊型肝炎无效。②对各种原因已暴露于 HBV 的易感者,包括 HBsAg 阳性母亲所分娩的新生儿,可用高效价乙型肝炎免疫球蛋白(HBIG),使用剂量为新生儿 100 IU,成人 500 IU,一次肌肉注射,免疫力可维持 3 周。

4. 保护肝脏 保肝除了预防病毒感染,还应从饮食开始。均衡饮食,以主食为主,多吃蔬菜和水果,少吃动物油和肥肉,少吃生姜、辣椒。不吃不洁净的食物,尤其是霉变的花生以及没有腌制好的酸菜。吃烧烤时不要吃直接与炭火接触的食物。

第三节　艾　滋　病

"红丝带"象征着对艾滋病病毒感染者和患者的关心和帮助,象征着对生命的热爱和对平等的渴望。每年的 12 月 1 日,世界防艾日。

艾滋病是获得性免疫缺陷综合征(AIDS)的简称,由人类免疫缺陷病毒(HIV)所引起的致命性慢性传染病。本病主要通过性接触、体液和母婴传播,病毒主要侵犯和破坏辅助性 T 淋巴细胞($CD4^+$ T 淋巴细胞),使机体细胞免疫功能受损,最终并发各种严重的机会性感染和肿瘤。本病特点:发病缓慢、传播迅速、病死率高。

一、病原学

人免疫缺陷病毒有两型,即 HIV-1 和 HIV-2,两者均能引起艾滋病。HIV 为单链 RNA 病毒,属于反转录病毒科,慢病毒亚科。

HIV 既有嗜淋巴细胞性又有嗜神经性,主要感染 $CD4^+$ T 淋巴细胞,也能感染单核巨噬细胞、B 细胞和小神经胶质细胞、骨髓干细胞等。HIV 侵入人体后虽然能刺激机体产生抗体,但中和抗体很少,且作用极弱。在血清中同时有抗体和病毒存在的情况下,仍有传染性。

二、流行病学

(一)传染源

患者、HIV 携带者,病毒主要存在于血液、体液中。病毒阳性而 HIV 抗体阴性的窗口期感染者是重要的传染源，窗口期通常为 2～6 周。无症状而血清 HIV 抗体阳性的 HIV 感染者更具有传染学意义。

（二）传播途径

（1）性接触传播。是本病主要传播途径。

（2）注射传播。共用针头、血友病患者应用或输入被 HIV 污染的血或血制品。

（3）母婴传播。感染 HIV 孕妇可经胎盘，亦可经产道及产后血性分泌物或喂奶等传给婴儿。

（4）其他途径。用 HIV 携带者的器官移植、人工授精，用污染的器械或针头刺伤皮肤等。

（三）高危人群

男性同性恋者、性乱者、静脉药瘾者、血友病和多次输血者为高危人群。50 岁以下的青壮年发病率较高。

三、发病机制

见图 7-2。

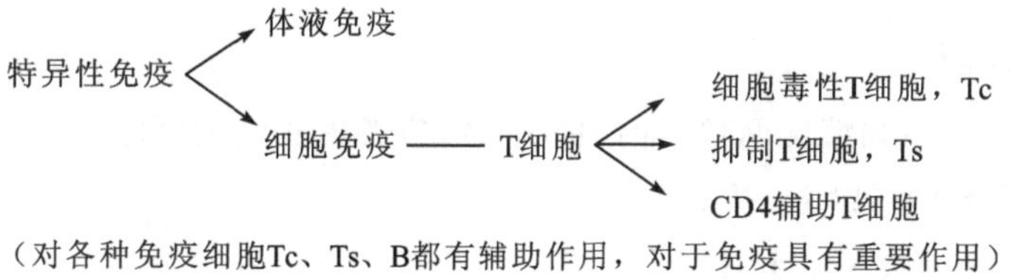

图 7-2　HIV 发病机制

在 HIV 直接和间接作用下，$CD4^{+}$ T 淋巴细胞功能受损和大量破坏，导致细胞免疫缺陷。由于其他免疫细胞亦不同程度受损，因而促使并发各种严重的机会性感染和肿瘤的发生。经 2～10 年的潜伏性感染阶段后，病毒可被某种因素所激活，通过转录和翻译形成新的病毒 RNA 和蛋白，然后在细胞膜上装配成新病毒，再感染其他细胞。

四、临床表现

本病潜伏期较长，一般 2～10 年可以发展为艾滋病。临床表现可分为 4 期。

（一）急性感染（Ⅰ期）

原发 HIV 感染 4～6 周后小部分患者可以出现发热、全身不适、头痛、厌食、肌痛、关节痛和淋巴结肿大，类似血清病的症状。此时血液中可检出 HIV-RNA 及 p24 抗原。一般症状可持续 3～14 d 后自然消失。

（二）无症状感染（Ⅱ期）

临床上没有任何症状，但血清中能检出 HIV-RNA 以及 HIV 核心和包膜蛋白的抗体，具有传染性。此阶段实际是 AIDS 的潜伏期，可持续 2～10 年或更长。

（三）持续性全身淋巴结肿大综合征（Ⅲ期）

主要表现为除腹股沟淋巴结以外，全身其他部位两处或两处以上淋巴结肿大。其特点是淋巴结肿大直径在1 cm以上，质地柔韧，无压痛，无粘连有一定活动度。活检为淋巴结反应性增生，一般持续肿大3个月以上。

（四）艾滋病（Ⅳ期）

本期可有5种表现。

（1）全身性症状。如发热、盗汗、厌食、体重下降、慢性腹泻及易感冒等。全身淋巴结肿大、肝脾肿大又称为艾滋病相关综合征。

（2）神经系统症状。除以上症状外，出现头痛、癫痫、进行性痴呆、下肢瘫痪等。

（3）严重机会性感染。如卡氏肺孢子虫（菌）病、弓形虫、隐孢子虫、新型隐球菌、念珠菌、结核等。

（4）继发肿瘤。如卡氏肉瘤，非霍奇金淋巴瘤等。

（5）并发其他疾病。如慢性淋巴性间质性肺炎等。

五、诊断和实验室检查

（一）临床诊断

高危人群存在下列情况两项或两项以上者，应考虑艾滋病可能：

（1）体重下降10％以上。

（2）慢性咳嗽或腹泻1个月以上。

（3）间歇或持续发热1个月以上。

（4）全身淋巴结肿大。

（5）反复出现疱疹或慢性播散性单纯疱疹感染。

（6）口咽念珠菌感染。

对可疑者应进一步作实验室确诊检查。

（二）实验室诊断

（1）常规。白细胞、红细胞、血色素及血小板均有不同程度减少；尿蛋白阳性。

（2）T淋巴细胞亚群检查。可发现T细胞绝对计数下降，$CD4^+$ T淋巴细胞计数也下降[正常$(0.8\sim1.2)\times10^9/L$]。$CD4/CD8<1.0$。

（3）特异性抗体检测。ELISA法检测血清、尿液、唾液，主要检查p24抗体和gp120抗体。

（4）抗原检查。用抗HIV p24抗原的单克隆抗体制备的试剂，用ELISA法检测血清中的p24抗原。

六、治疗

直至目前为止艾滋病尚无特别有效疗法。

（一）抗病毒治疗

1. 核苷类反转录酶抑制剂

（1）叠氮脱氧胸苷（AZT）。又称齐多夫定，为首选药物。其作用是抑制 HIV 的反转录酶，减少病毒复制，它能延长艾滋病患者的存活时间，推迟 HIV 感染者进展为艾滋病。HIV 感染者无论是否有症状，只要外周血 $CD4^+$ T 淋巴细胞计数少于 $0.5\times10^9/L$，就需要接受 AZT 治疗。

（2）双脱氧胞苷和双脱氧肌苷。能使 $CD4^+$ T 细胞升高，对骨髓抑制较 AZT 轻。目前主要用于对 AZT 不能耐受或治疗无效的病例。

（3）拉米夫定：与 AZT 合用有协同作用。

2. 非核苷类反转录酶抑制剂　主要是奈非雷平，可降低 HIV-1-RNA 水平。

3. 蛋白酶抑制剂　沙奎那韦等，能抑制 90％的 HIV 复制，降低血浆 HIV 的浓度强于 AZT，与核苷类酶抑制剂合用有良好的协同作用。

鸡尾酒＝2 种（核苷类反转录酶抑制剂）＋1 种（非核苷类反转录酶抑制剂）或（蛋白酶抑制剂）。

（二）免疫治疗

用免疫增强药物提高 HIV 感染者的免疫功能，但 T 细胞激活有可能触发细胞内 HIV 的复制。因此可用免疫调节药物的治疗，仍在研究中。

七、预 防

（一）控制传染源

隔离、消毒，加强国境检疫。本病是乙类传染病，发现 HIV 感染者应尽快向 CDC 报告。

（二）切断传播途径

禁毒、打黄、严格筛查血液制品、推广一次性注射器等。

（三）保护易感人群

经性接触传播是目前全球主要的艾滋病传播途径，全球 70％～80％感染者是通过性接触感染。预防艾滋病，大学生要做到自尊、自爱，增强自我保护意识；不输用任何未经检测的血液和血制品；坚决拒绝吸毒，尤其不共用注射器静脉吸毒；不到未经许可的医疗单位进行注射、拔牙、针灸，不用未经消毒的器具穿耳朵眼、文身、美容，不与他人共用牙刷、剃须刀等。

第四节　疟　　疾

疟疾是由疟原虫经按蚊叮咬传播的一种寄生虫病。临床特点为间歇性寒战、高热、继之出大汗而缓解，常有脾大与贫血。

疟原虫有 4 种，即间日疟、恶性疟、三日疟和卵形疟。

一、病原学

疟原虫在人体内发育增殖分为两个时期，即寄生于肝细胞内的红细胞外期和寄生于红细胞内的红细胞内期。

1. 在人体内的发育 红外期（肝内期）、红内期。

2. 在蚊体内的发育

（1）小滋养体：是疟原虫侵入红细胞的初级阶段，细胞质呈环状、中央为一空泡、细胞核为点状位于细胞质的一边，形似指环，故又称环状体。被侵入的红细胞大小无明显变化。

（2）大滋养体：又称阿米巴样体。虫体细胞质增多，有时伸出伪足，形态不规则，有疟色素，细胞核变大，被寄生的红细胞胀大，并出现染成红色的薛氏小点。

（3）裂殖体：虫体继续增大，细胞质逐渐变小，细胞核分裂，疟色素增多且不均，再分裂形成裂殖子，此时疟色素聚集成团。

（4）配子体：虫体呈圆或卵圆形，有一个细胞核，疟色素分布均匀。

二、流行病学

（一）传染源

疟疾患者和带疟原虫者。

（二）传播途径

疟疾的自然传播媒介为按蚊。少数可经血液传播、母婴传播。

（三）人群易感性

人群对疟疾普遍易感。

（四）流行特征

疟疾主要流行于热带和亚热带，其次为温带。流行区以间日疟为最广，恶性疟主要流行于热带。三日疟和卵形疟相对较少见。

三、临床表现

间日疟短潜伏期者 13～15 d，长潜伏期者在 6 个月以上；恶性疟 7～12 d；三日疟 24～30 d；卵形疟 13～15 d。

疟疾的典型症状为突发寒战、高热和大量出汗。寒战常持续 20～60 min。随后体温迅速上升，通常可达 40 ℃以上，伴头痛、全身酸痛、乏力，但神志清楚。发热常持续 2～6 h。随后开始大量出汗，体温骤降，持续时间为 30～60 min。此时，患者自觉明显好转，但常感乏力、口干。

输血后疟疾的潜伏期多为 7～10 d，国内主要为间日疟，临床表现与蚊传疟疾相同，但因无肝细胞内繁殖阶段，缺乏迟发型子孢子，故不会复发。经母婴传播的疟疾较常于出生后1周左右发病，亦不会复发。

再燃是由血液中残存的疟原虫引起的，因此，四种疟疾都有发生再燃的可能性。再燃多见于病愈后的1～4周，可多次出现。

复发是由寄生于肝细胞内的迟发型子孢子引起的，只见于间日疟和卵形疟。复发多见于病愈后的3～6个月。

四、诊断及确诊依据

（一）流行病学资料

有在疟疾流行地区、流行季节居住或旅游史，近年来有疟疾发作或近期接受过输血。

（二）临床表现

典型的间歇性定时寒战、高热发作，间日发作，发作时有明显寒战、高热和大汗，继以症状明显缓解的间歇，但也可有不规则发热、脾肿大与贫血。凶险型疟疾除有上述表现外，还有意识的障碍。

（三）实验室检查

（1）血常规检查。白细胞正常或减少、血色素降低、血小板减少。

（2）病原学检查。血涂片查找疟原虫。如临床上高度疑似而多次血片检查阴性时，可作骨髓穿刺涂片染色检查疟原虫。

五、治疗

（一）主要控制发作的药物

（1）奎宁。对红细胞内裂殖体有较强的杀灭作用，现已很少应用。

（2）氯喹。对红细胞内裂殖体有迅速的杀灭作用。

（3）甲氟喹。对血中的裂殖体有持久作用。早期使用对耐氯喹的恶性疟疾疗效很好，近年来发现抗药性甚广泛。

（4）青蒿素及衍生物。对间日疟和恶性疟原虫包括耐氯喹的红细胞内的裂殖体有强大的杀灭作用。可用于耐氯喹疟原虫的治疗。青蒿琥酯的抗疟疗效显著，不良反应轻而少，已广泛应用。

（5）磺胺类与甲氧苄啶。对各种疟原虫红细胞内裂殖体有一定的作用。

（二）防止复发和传播的药物

伯氨喹能杀灭肝细胞内的疟原虫裂殖体和“休眠子”，有病因预防和防止复发的作用，能杀灭各种疟原虫的配子体以防止其传播。副作用是有血红蛋白尿。

（三）主要用于预防的药物

乙胺嘧啶能杀灭各种疟原虫的裂殖体，为较好的预防药。它对红细胞内期未成熟的裂殖体有抑制作用，但对成熟的裂殖体无效，故控制发作的效果较慢。其副作用有头晕、恶心、呕吐等。

六、预防(保护易感人群)

(一)管理传染源

健全疫情报告,根治现症患者和带疟原虫者。

(二)切断传播途径

主要是灭蚊,防止蚊虫叮咬。

(三)保护易感人群

药物预防是目前较常应用的措施。成人常用氯喹 0.5 g,每周 1 次。而耐氯喹疟疾流行区,可用甲氟喹 0.25 g,每周 1 次。亦可选用乙胺嘧啶 25 mg 或多西环素 0.2 g。孕妇、儿童忌服用氯喹作预防。

第五节　日本血吸虫病

日本血吸虫病是由日本血吸虫寄生在人体及哺乳动物静脉血管内(门静脉系统)引起的疾病,是我国重点防治的寄生虫病之一。

一、病原学

(1)成虫:略呈圆柱形、雌雄异体、体表光滑、乳白色、多呈合抱状态,有口、腹吸盘。

(2)虫卵:椭圆形、淡黄色、卵壳厚薄均匀,无卵盖,卵壳一侧有小棘是鉴别日本血吸虫卵的重要标志。

二、生活史

成虫寄生在患者、病畜门静脉系统内,大部分虫卵滞留于宿主肝脏及肠壁内,虫卵随患者(畜)粪便排出,虫卵入水孵出毛蚴。毛蚴钻入钉螺体内发育成尾蚴,尾蚴逸出到水中,人、畜下水,尾蚴经皮肤侵入。

三、流行病学

(1)传染源:患者和保虫宿主。

(2)传播途径:造成传播必须具备下述 3 个条件:带虫卵的粪便入水、钉螺的存在、人体接触疫水。

(3)人群易感性:人群普遍易感。随接触疫水的机会而异,以男性青壮年农民和渔民感染率最高。

四、临床表现

1. 急性血吸虫病

有明确的疫水接触史,发病多在夏秋季节,患者接触疫水后有尾蚴性皮炎表现。潜伏期以1个月左右多见。常为初次大量感染或慢性患者再次严重感染。起病较急，临床有以下表现。

(1)发热：热型以间歇热为主，体温多于午后、傍晚骤升，发热程度、期限与感染轻重有关，午夜或次晨大汗热退，也可表现为弛张热和不规则热。热程短者2 d，长者数月，多数4周左右。多无显著毒血症症状。重型患者发热可长达数月，可有重听、意识淡漠、腹胀、相对缓脉等，伴有消瘦、水肿、贫血及恶病质状态。

(2)消化道症状：可有食欲减退，腹痛、腹泻，部分患者可有脓血性大便，腹泻3～5次/日，可伴有恶心、呕吐，有时腹泻与便秘交替。重型患者腹部可有压痛及柔韧感，可有腹水形成。

(3)过敏反应：约有1/3患者出现荨麻疹、血管神经性水肿、全身淋巴结肿大等，多见于发热期，以荨麻疹较多见，血中嗜酸性粒细胞显著增多。

(4)肝脾大：急性血吸虫病患者常有肝大，以左叶显著，质软、表面光滑，伴有压痛。患者常无黄疸，肝功能损害不明显。部分患者可有脾大。

(5)其他：半数以上患者有咳嗽、气喘、胸痛。危重患者咳嗽较重、咳血痰，并有胸闷、气促等。呼吸系统症状多在感染后两周内出现。另外重症患者可出现神志淡漠、心肌受损、重度贫血、消瘦及恶病质等，亦可迅速发展为肝硬化。

急性血吸虫病病程不超过6个月，经杀虫治疗后，患者常迅速痊愈。如不治疗，则可发展为慢性甚或晚期血吸虫病。

2. 慢性血吸虫病

(1)急性期感染较重迁延而来；病变隐匿至少半年未接受治疗；少量反复多次感染。

(2)可无症状，仅在普查时发现。

(3)部分患者出现腹痛腹泻、黏脓血便，也可有肝脾肿大。

五、诊断及确诊依据

1. 流行病学资料 疫水接触史对诊断有重要的参考意义，注意患者籍贯、职业及疫区旅行史对诊断有帮助。

2. 临床表现 急性血吸虫病可有畏寒、发热、肝脾大和荨麻疹等表现。慢性血吸虫病有腹泻及脓血便表现，伴肝脾大。巨脾、腹水及水肿、侏儒症等对晚期血吸虫病的诊断有意义。

3. 实验室检查

(1)病原学检查：①粪便检查。检出虫卵和孵出毛蚴是确诊血吸虫病的直接依据。②直肠黏膜活组织检查。距肛门8～10 cm背侧黏膜处取材阳性率最高。

(2)免疫学检查：皮试、血清学。

六、病原学治疗

(1)吡喹酮。对血吸虫有很强的杀灭作用，是目前治疗血吸虫病较为理想的药品。

(2)青蒿素。屠呦呦，中国中医研究院终身研究员兼首席研究员，青蒿素研究开发中心主任。因发现青蒿素可以治疗疟疾获得诺贝尔生理医学奖。她是第一位获得诺贝尔科学奖项的中国本土科学家、第一位获得诺贝尔生理医学奖华人科学家。

相传起源于神农氏，在东汉时期集结整理成书的《神农本草经》中，最早明确记载了植物常山有治疗疟疾的功效。屠呦呦从黄花蒿中发现抗疟有效提取物，则是受到《肘后备急方》“青蒿一握，以水二升渍，绞取汁，尽服之”的启发。

青蒿素是从植物黄花蒿茎叶中提取的有过氧基团的倍半萜内酯药物。其对鼠疟原虫红内期超微结构的影响，主要是疟原虫膜系结构的改变，该药首先作用于泡膜、表膜、线粒体，内质网，此外对核内染色质也有一定的影响。

七、预防措施

(1)管理传染源。在流行区每年对人畜进行普查普治，在重流行区采用吡喹酮对人畜进行同步治疗。

(2)切断传播途径。灭螺是切断传播途径的关键。粪便管理及无害化处理，不使粪便入水。保护好水源。

(3)保护易感人群。加强卫生宣教，普及血防知识。增强保护意识，尽可能不接触疫水，注意个人防护。

第八章　大学生中医养生保健

“健康中国 2030”规划纲要中提到要充分发挥中医药独特优势，大力发展中医非药物疗法，使其在常见病、多发病和慢性病防治中发挥独特作用。发展中医特色康复服务，健全覆盖城乡的中医医疗保健服务体系。在乡镇卫生院和社区卫生服务中心建立中医馆、国医堂等中医综合服务区，推广适宜技术，所有基层医疗卫生机构都能够提供中医药服务。促进民族医药发展。到 2030 年，中医药在治未病中的主导作用、在重大疾病治疗中的协同作用、在疾病康复中的核心作用得到充分发挥。

实施中医治未病健康工程，将中医药优势与健康管理结合，探索健康文化、健康管理、健康保险为一体的中医健康保障模式。鼓励社会力量举办规范的中医养生保健机构，加快养生保健服务发展。拓展中医医院服务领域，为群众提供中医健康咨询评估、干预调理、随访管理等治未病服务。鼓励中医医疗机构、中医医师为中医养生保健机构提供保健咨询和调理等技术支持。开展中医中药中国行活动，大力传播中医药知识和易于掌握的养生保健技术方法，加强中医药非物质文化遗产的保护和传承运用，实现中医药健康养生文化创造性转化、创新性发展。

第一节　大学生的特点和养生要点

一、大学生的特点

(1)年纪轻，有朝气。大学生血气方刚，有激情，有正义感，充满朝气，抗病力强，也容易忽视不良生活方式的隐形伤害。

(2)常熬夜，有闲暇。

(3)动脑多，运动少。

二、大学生中医养生要点

(1)睡眠养精。睡眠是修复劳损、恢复精力、补充气血、养精蓄锐的主要方式；睡眠是修复身心疲劳的最佳方式，任何补药都不能替代睡眠的作用；诸多意外、事故、亚健康、慢性病、过劳死都与睡眠不足有关。睡眠最佳状况：日出而作，日落而息。良好状况：10 点半以前睡觉；早睡早起。一般状况：每周保证 2～3 d 正常睡眠时间。最低要求：每月保证 5～7 d 充足良好的睡眠。

(2)幽默开心。幽默能调节情绪、愉悦身心、缓解紧张气氛。心在志为喜，在声为笑，喜则气缓。幽默养生不需要投资，没有时间和场地限制；幽默形式多种多样，随处可见。

幽默感是可以培养的;幽默养生,从欣赏幽默开始。

(3)冥想益智。冥想,原意是瑜伽中诱导入定的一项技法,目的在于把人引导到解脱的境界。这里所说的冥想,指安静地、深入地、自由地思考和想象,如白日梦。冥想能够静心养神,开发智力,提高工作学习效率。

怎样进行冥想?安静地平躺在床上,双手自然地摆放在身体两侧,让整个身体踏实地接触床面,双目微闭,进行深长呼吸,默默关注自己的呼吸,时期深长达到肚脐以下的位置;思想可以专注于一件事情,也可以什么也不想,处于空白状态!如此冥想5 min左右。如果在冥想中睡着,则随其自然。冥想的关键在于排除杂念,专心于一件事情。可以是空想,想空,达到白日梦的境界;优美的音乐;令人愉快的往事;曾经经历的、想象中的美好环境,海滩、森林、乡村、麦田、柔和的月光、阳光。

(4)雅趣怡神。利用业余时间,培养一项高雅的、有利于身心健康的业余爱好。不要把时间浪费在玩游戏上。如舞蹈、唱歌、器乐、烹饪、剪纸、素描、速写、书法、摄影、魔术、动画、微电影等各种才艺。注意细化你的特长,使你与众不同。

(5)药食补脑。增智:核桃、桂圆、黑芝麻、黑木耳、黄花菜、荞麦、大枣、葡萄、菠萝、荔枝、百合、山药、枸杞子、乌贼鱼。安神:酸枣、莲子、百合、梅子、荔枝、桂圆、山药、鹌鹑、牡蛎、黄花鱼。

(6)运动健身。大学生运动量普遍不足,容易导致气血郁滞。运动是畅通气血、增强体质的主要方法。可以根据喜好和体质强弱选择适当的运动方式。既包括现代的体育活动,也包括传统的运动养生功法。

(7)按摩通经。梳头、干洗脸、撞背、点按足三里、点按血海穴、按揉涌泉穴等,可以迅速缓解痛苦和疲劳,需要牢记并加强实践。

第二节　中医体质养生

一、体质的概念及养生意义

体质是指人群中的个体,在生长发育过程中所形成的生理差异。这种差异可表现在形态、结构、机能、代谢以及对外界刺激的反应性等方面。不同体质的人易患不同的病证,患病会对体质造成影响;调理体质,可辅助治疗疾病,调理体质,可以预防疾病。

国外有30多种体质类型学说。古罗马医生盖伦在希波克拉底的体液学说的基础上,把气质分为4种类型,即性情急躁、动作迅猛的胆汁质;性情活跃,动作灵敏的多血质;性情沉静、动作迟缓的黏液质;性情脆弱、动作迟钝的抑郁质。近代著名科学家巴甫洛夫认为气质是高级神经活动类型特点在行为中的表现,把人分为兴奋型、活泼型、安静型、弱型等4种类型,分别相当于胆汁质、多血质、黏液质、抑郁质,在西方医学界颇有影响。但是迄今为止,国外医学对体质的各种分类学说,都无法直接指导临床治疗与养生康复实践,唯有中医体质学说与医疗实践、养生康复是密切相合着的。

体质不是固定不变的,外界环境和发育条件、生活条件的影响,都有可能使体质发生改变。因此，对于不良体质，可以通过有计划地改变周围环境，改善劳动，生活条件和饮食营养，以及加强体格锻炼等积极的养生措施，提高其对疾病的抵抗力，纠正其体质上的偏颇，从而达到防病延年之目的。

二、体质差异形成的原因

(1)先天因素。先天因素即“禀赋”。包括遗传和胎儿在母体里的发育营养状况。父母的体质特征通过遗传，使后代具有类似父母的个体特点，是先天因素的一个方面，而胎儿的发育营养状况，对体质特点的形成也起着重要的作用。

(2)年龄因素。俗话说：“一岁年纪，一岁人”，说明人体的结构、功能与代谢的变化同年龄有关，从而形成体质的差异。《灵枢・营卫生会》指出：“老壮不同气”，是说年龄不同对体质有一定影响。

(3)性别因素。人类由于先天遗传的作用，男女性别不仅形成各自不同的解剖结构和体质类型，而且在生理特性方面，也会显示出各自不同的特点。一般说，男子性多刚悍，女子性多柔弱，男子以气为重，女子以血为先。《灵枢・五音五味》提出“妇人之生，有余于气，不足于血”的论点，正是对妇女的体质特点作了概括说明。

(4)地理气候因素。人的形态结构、气化功能在适应客观环境的过程中会逐渐发生变异。《素问・五常政大论》早就指出“必明天道地理”，对于了解“人之寿夭，生化之期”以及“人之形气”有着极其重要的意义。地理环境不同，则气候、物产、饮食、生活习惯等亦多有不同，所以《素问・异法方宜论》在论证不同区域有不同的体质，不同的多发病和不同的治疗方法的时候，特别强调了不同地区的水土、气候及饮食、居住等生活习惯，对体质形成的重大影响，说明地理环境对体质的变异，既是一个十分重要的因素，又是极其复杂的因素。

三、体质的分类

(1)阴阳五行分类。《灵枢・阴阳二十五人》根据人的体形、肤色、认识能力、情感反应、意志强弱、性格静躁，以及对季节气候的适应能力等方面的差异，将体质分为木、火、土、金、水五大类型。然后又将每一类型再分为 5 类，共为五五二十五型，统称“阴阳二十五人”。本法强调对季节的适应能力为体质的分类依据，具有实际意义。

(2)阴阳太少分类。《灵枢・通天》把人分为太阴之人、少阴之人、太阳之人、少阳之人及阴阳和平之人。

(3)禀性勇怯分类。《灵枢・论勇》把人分为勇敢之人，心胆肝功能旺盛，形体健壮；怯弱之人，心肝胆功能衰减，体质孱弱。

(4)体型肥瘦分类。《灵枢・逆顺肥瘦》把人分为肥人、瘦人、肥瘦适中人。《灵枢・卫气失常》又将肥人分为膏型、脂型、肉型 3 种。

(5)基于药证和方证的分类。由南京中医药大学黄煌教授提出。包括适合长期服用某药的“药人”，桂枝体质、麻黄体质、柴胡体质、黄芪体质、大黄体质、半夏体质、人参体质、当归体质、芍药体质。适合长期服用某方的“方人”，温经汤体质、三黄泻心汤体质、炙甘草汤体质、黄芪桂枝五物汤体质、桂枝茯苓丸体质、桂枝加龙骨牡蛎汤体质、大柴胡汤体质、四逆散体质、当归芍药散体质等。对于中医临床选方用药具有一定的指导意义，对普通人养生意义不大。

(6)实用体质分类。现代中医常用的体质分类法着眼于阴阳气血津液的虚实盛衰，把人体分为九大体质，可称为实用体质分类法。九大体质分别是平和质、气虚质、阳虚质、阴虚质、血瘀质、痰湿质、湿热质、气郁质和特禀质。

四、气虚质的特点和养生要点

1. 气虚质的体质特点 肌肉松软，声音低，易出汗，易累，易感冒。面色偏白，气短乏力，舌淡苔白，脉虚弱。

2. 气虚质的养生要点

(1)体育运动：重在练气。

(2)适宜中成药：补中益气丸、香砂六君丸、黄芪精口服液、益气复脉胶囊。

(3)药膳调摄：多食补气之品。

3. 适应气虚质的中药和食物

(1)中药：黄芪、各种参(西洋参、太子参、人参、党参)及其制品。

(2)食物：粳米、糯米、小米、大麦、莜麦、马铃薯、山药、大枣、胡萝卜、香菇、豆腐、鸡肉、鹅肉、兔肉、牛肉、鹌鹑、青鱼、鲢鱼等。

五、血虚质的特点和养生要点

1. 血虚质的体质特点 面色白或萎黄，唇色爪甲淡白，易失眠，不耐脑力劳动，月经量少色淡，舌淡，脉细无力。

2. 血虚质的养生要点

(1)起居调摄：谨防久视伤血，不可劳心过度。

(2)精神调养：调整情绪，振奋精神。

(3)中成药：归脾丸、复方阿胶浆、四物合剂、养血饮口服液、驴胶补血颗粒、乌鸡白凤丸等。

(4)药膳调摄：常食补血养血药膳。

3. 适应血虚质的中药和食物

(1)中药：当归、阿胶、熟地、丹参等。

(2)食物：大枣、花生、桑葚、荔枝、松子、黑木耳、银耳、菠菜、胡萝卜、猪肉、羊肉、猪手、牛肝、羊肝、甲鱼、海参等。

六、阴虚质的特点和养生要点

1. 阴虚质的体质特点 体形多瘦长，不耐暑热，常感到眼睛干涩，口干咽燥，总想喝水，皮肤干燥，经常大便干结，容易失眠。舌红少苔脉细数。

2. 阴虚质的养生要点

(1)精神调养：自觉养成冷静沉着的习惯。

(2)环境调摄:注意秋冬养阴,夏季避暑。

(3)体育锻炼:不宜过激活动,着重咽津功法。

(4)中成药:六味地黄丸、杞菊地黄口服液、大补阴丸、知柏地黄丸、麻仁软胶囊等。药膳调摄:服食滋阴清热、滋养肝肾之品。

3. 适应阴虚质的中药和食物

(1)中药:枸杞子、生地、麦冬、天冬、南沙参、北沙参、黄精、熟地、玉竹、石斛、百合等。

(2)食物:黑芝麻、糯米、蜂蜜、牛奶、梨、甘蔗、鱼类等清淡食物。少吃葱、姜、蒜、韭、椒等辛辣食物。

七、阳虚质的特点和养生要点

1. 阳虚质的体质特点　肌肉不健壮,常常感到手脚发凉,衣服比别人穿得多,夏天不喜欢吹空调,喜欢安静,性格多沉静、内向。有的形体白胖,面色淡白,容易便溏,不喜饮水,舌淡胖,脉沉无力。

2. 阳虚质的养生要点

(1)精神调养:调节感情,消除悲、恐等不良情绪的影响。

(2)环境调摄:避寒就温。

(3)体育锻炼:加强体育锻炼,使动则生阳。

3. 适应阴虚质的中药和食物

(1)中药:附子、干姜、桂枝、肉桂、巴戟天、鹿茸、鹿角胶、仙灵脾、肉苁蓉、海马等。

(2)食物:羊肉、鹿肉、鸡肉、蚕蛹、韭菜、核桃、猪肾、麻雀、鹌鹑等。

(3)中成药:金匮肾气丸、桂附地黄丸、附子理中丸、桂附理中丸、还少丹、苁蓉通便口服液等。

(4)药膳调摄:选用补阳祛寒、温养肝肾之品。

八、气郁质的特点和养生要点

1. 气郁质的体质特点　体形偏瘦,常感到闷闷不乐、情绪低沉,常胸闷,无缘无故地叹气,易失眠。时欲太息,舌淡红,苔白,脉弦。

2. 气郁质的养生要点

(1)精神调摄:多参加集体活动、文娱活动,培养开朗豁达的性格。

(2)体育锻炼:多参加体育锻炼及旅游活动。

(3)中成药:逍遥丸、丹栀逍遥丸、四磨汤口服液、气滞胃痛颗粒、乳癖消等。

(4)药膳调摄:少量饮酒以活动血脉,多食行气、疏肝、解郁之中药和食物。

3. 适应气郁质的中药和食物

(1)中药:柴胡、月季花、玫瑰花、合欢花、郁金、香附、佛手等。

(2)食物:黄花菜、海带、山楂、红酒、橙子、柑、木瓜、荞麦、韭菜、茴香菜、大蒜、高粱、刀豆、薤白等。

九、血瘀质的特点和养生要点

1. 血瘀质的体质特点 皮肤较粗糙,眼睛里的红丝很多,牙龈易出血。有的面色晦滞,口唇色暗,眼眶暗黑,肌肤干燥,舌紫暗或有瘀点,脉细涩。

2. 血瘀质的养生要点

(1)体育锻炼:多做有利心脏血脉的活动。如各种舞蹈、步行健身法、徒手健身操等。

(2)精神调养:培养乐观情绪。

3. 适应血瘀质的中药和食物

(1)中药:三七、桃仁、红花、丹参、当归、全虫等。

(2)食物:桃子、山楂、银杏、油菜、慈姑、黑大豆、木耳、洋葱、醋等。少食肥肉等滋腻之品。

(3)中成药:复方丹参滴丸、心可舒、诺迪康、银杏叶片、步长脑心通、血滞通、脉络宁等。

(4)药膳调摄:可食活血、化瘀、养血之品。

十、痰湿质的特点和养生要点

1. 痰湿质的体质特点 体形肥胖,腹部肥满而松软。易出汗,且多黏腻。经常感觉脸上有一层油。一般嗜食肥甘,体倦身重,嗜睡懒动,口中粘腻,舌胖,苔滑。

2. 痰湿质的养生要点

(1)环境调摄:避潮湿。

(2)体育锻炼:长期坚持体育锻炼。因体形肥胖,易于困倦,故应根据自己的具体情况循序渐进,长期坚持运动锻炼。

3. 适应血瘀质的中药和食物

(1)中成药:橘红丸、香砂六君丸、祛痰灵口服液、藿香正气胶囊等。

(2)药膳调摄:食宜清淡,调补肺脾肾,驱除痰湿,不宜肥甘。

(3)中药:茯苓、半夏、桔梗、前胡、陈皮、贝母、竹茹、藿香叶、紫苏叶等。

(4)食物:多种蔬菜、水果,尤其是具有健脾利湿、化痰祛痰的食物,如冬瓜、白萝卜、荸荠、紫菜、海蜇、洋葱、枇杷、银杏、大枣、薏苡仁、红小豆、包菜、白扁豆等。

十一、湿热质的特点和养生要点

1. 湿热质的体质特点 面部和鼻尖总是油光发亮,脸上易生粉刺,皮肤易瘙痒。常感到口苦、口臭,脾气较急躁。一般形体壮实,声高气粗,喜凉怕热,喜冷饮,大便黏臭,舌红,苔黄厚腻。

2. 湿热质的养生要点

(1)精神调养:加强修养,防止发怒冲动。

(2)体育锻炼:积极锻炼,散发余热。适合中长跑、游泳、爬山、各种球类、武术等运动。

3. 适应湿热质的中药和食物

（1）中药：绿茶、薄荷、白茅根、连翘、栀子、竹茹、黄芩、大黄、黄檗、板蓝根、草珊瑚、冬凌草等。

（2）食物：饮食以清淡为主，可多食赤小豆、绿豆、芹菜、黄瓜、香蕉、西瓜、柿子、苦瓜、番茄、莲藕等甘寒食物。少食辛辣燥烈与肥甘厚味。

（3）中成药：一清胶囊、清开灵口服液、鲜竹沥口服液、牛黄消炎片、黄连上清丸、湿毒清等。

（4）药膳调摄：宜清热化湿，疏肝平肝之品。

十二、特禀质与平和质的养生要点

（1）特禀质的体质特点与养生要点：这是一类体质特殊的人群。其中过敏体质的人易对药物、食物、气味、花粉、季节过敏。应多食益气固表的食物，少食荞麦（含致敏物质荞麦荧光素）、蚕豆等辛辣之品。避免进食发物，居室宜通风良好。保持室内清洁，被褥、床单要经常洗晒，可防止对尘螨过敏。

（2）平和质的体质特点与养生要点：平和质是正常的体质。形体胖瘦适中，面色微黄而红润，舌正脉和。饮食有节制，不要常吃过冷过热或不干净的食物，粗细粮食要合理搭配；养成良好的作息习惯。

第三节　中医四季养生

一年四季，其气候特点是春温、夏热、秋凉、冬寒。相应地，万物随之有春生、夏长、秋收、冬藏的规律。人体在四时中遵循这种生、长、收、藏的规律，总是不断地进行自我调节，去适应大自然的变化，以维持正常的生理状态。

中医养生学认为，人生在天地之间，宇宙之中，一切生命活动与大自然息息相关，这就是“天人相应”的整体观。因此特别强调因时养生，即按照时令节气的阴阳变化规律，运用相应的养生手段保证健康长寿的方法。这种“天人相应，顺应自然”的养生方法，是中医养生学的一大特点。

一、四季对人体的影响

从中医五行学说“事物属性的五行归类表”中可以看到，人与自然具有相通、相应的关系，不论四时气候，昼夜晨昏，还是日月运行，地理环境，各种变化都会对人体产生影响。那么，自然界的气候变化对人体的影响主要有哪些呢？

（一）四时对人体精神活动的影响

人体的情志活动是一种正常的反应，喜、怒、忧、思、悲、恐、惊人人皆会有。但是，若长时间的情志过度刺激，超过人体耐受限度时，即成为致病因素，对人体五脏六腑造成诸多危害，严重时会伤及生命。因此，应随四时春、夏、秋、冬气候变化而调节情志，以防过怒伤肝、过喜伤心、过思伤脾、过悲伤肺、过恐伤肾。

(二)四时对人体气血活动的影响

人体气血随气候变化而变化:夏季气温高,则人体血管易于扩张,血液畅通易行;冬天寒冷时,则血管易收缩或痉挛,气血凝滞沉涩,故冬季易诱发或加重心脑血管疾病。

(三)四时对五脏的影响

四季变化与人体五脏在生理和病理上有密切的关系。在夏季,是人体新陈代谢最活跃的时候,夏天昼长夜短,人们的活动量相对增大,睡眠也相应减少,天气炎热,出汗易多,这就使体内的消耗增多,血液循环加快,导致心脏负担加重,即"逆夏气可伤心"。此时,如不注意加强对心脏的调护,则易受到伤害。同理,在冬季,草木凋零,大地封冻,万物蛰藏,从"事物属性的五行归类表"中可知,"逆冬气可伤肾"。所以要根据四时的变化和五行生克制化的规律,对五脏进行调护和保养。

(四)四时对人体疾病的影响

中医认为大多数疾病的发生,都由于风、寒、暑、湿、燥、火等六气的变幻和转化所致。"六气"是自然界四时气候变化的正常现象,如果四时气候不按一定规律发展,即时令已到而相应的气候未到,或时令未到而相应的气候先到,古人称这种太过或不及的风、寒、暑、湿、燥、火为"六淫"。六淫对人体健康极为不利,如不注意日常自我保护和调摄,即可发生季节性的多发病,或诱发某些慢性宿疾的复发和发展。所以中医养生学特别强调"顺时养生"的养生之道,是极为重要的养生原则之一,是健康长寿的法宝。

二、春季养生

春季从立春开始,经历雨水、惊蛰、春分、清明、谷雨共6个节气,止于立夏前一天。春季阳气生发,大地回春,万象更新,生机盎然,是一年中最好的季节。同时春季由于万物更新,在冬季伏蛰之病菌也开始繁殖,因此春季不但是流感、流脑等各种传染病的高发季节,而且冠心病、结石症、肝炎也常易在春天复发。

内经早有记载:"春者,天气以生,地道初萌,当夜卧早起,踏青徐步,松形深纳,缓气徐行,养乎阳道,以资志意也。"就是说,春天多风,懒惰,不运动则为抑郁,阳不能生发,所以人应该早起、散步、深吸浅呼、松散衣发、漫步以养阳气。

从中医"天人相应"理论,春季为人体五脏之一的肝脏当令之时,所以春季养生要抓紧养肝的主线。春季养肝是调,用中医养生法,抓住春季养肝,维护和加强肌体阴阳平衡,从而真正达到阴平阳秘、精神乃治的健壮目的。

肝为刚脏,肝体宜柔,肝用宜疏。因此,肝是不能随便补的,补多了会伤肝火,在春季肝气旺盛,如补肝易适得其反,造成血压上升、眼睛发红、易头晕、上火,这些都是肝气太旺的症状,因此要养肝。按照肝体宜柔,肝用宜疏的特点,不能把肝气郁积于内,而是要疏通,可通过调节情绪,饮食宜甘减酸,清淡饮食,养阴润燥,适量运动,恢复元气,起居调摄,预防春困及疾病预防。

(一)调摄心情

春季养肝,重在疏泄,也就是重在保持心情舒畅,人们常说"火大伤肝""怒伤肝""肝火太旺”，这些都是说情绪过激会引起五脏之气失去平衡。中医将肝比作刚强急躁的“将军之官”，喜条达、舒畅，忌压抑。肝舒畅条达则可抒发心中的郁气，使气血运行舒畅，不然则瘀滞成疾，轻者神经衰弱、内分泌紊乱，重则可致精神失常、高血压、心血管疾病。常见精神患者春季诱发，因此要想肝脏强健，要注意情志养生。

(1)培养开朗的性格。百岁老人的共性与“三乐”有关，即知足常乐、自得其乐、助人为乐，据统计96%的寿星都是性格开朗的。

(2)不过分奢求生活。生活中要知足常乐，追求金钱与名利享受应该有个“度”，过了这个度，带来不是幸福而是身心的悲剧。一个人首先是要严格要求自己，看到自己身上存在优点和缺点，对自己的评价越客观，人际关系就越易协调。其次多体谅别人，设身处地为他人着想，可以避免很多矛盾。

(3)丰富日常生活。特别是老年人，尤其是过去当过领导干部的，一旦失去权力，就有失落感、孤独感，使人心情抑郁。因此更应丰富日常生活，可习字学画、下棋、种花、多找朋友谈心。

(4)培养幽默感。幽默的直接效果是快乐，而快乐是人健康长寿的灵丹妙药，欢笑又能回春，这是全世界公认的事实，特别对身心疾病更有效。

(5)学会制怒。怒是人生之大忌，是情志致病的元凶，特别是郁怒更伤人之精气神。因此，要学会制怒，因怒从心头起，一旦发生争吵，就要把心静下来，吵架只会引起双方更多的烦恼，不能解决任何问题，用理智的力量控制自己的怒气。

(二)饮食宜增甘少酸、清淡少油、养阴润燥

春季饮食应按不同体质进行选择，普通健康人群不主张大量进补，身体特别虚弱的人，进行辨证施补。

春季养肝脾宜选性温味甘谷类，糯米、黑米、高粱、米、燕麦；蔬果类，刀豆、南瓜、扁豆、红枣、桂圆、核桃、栗子；肉鱼类，牛肉、鲫鱼、花鲤、鲈鱼、草鱼等，人体从这些食物中，可取得丰富的营养。

要顺应春生之气时，对阳虚者可多吃温补阳气的食物，尤其是早春还有冬日余寒，可选吃韭菜、大蒜、洋葱、荠菜、香菜、生姜、葱等，这类蔬菜均性温味辛，既可疏散风寒又可抑杀病菌。

春日时暖风或晚春暴热袭人，已引起体内郁热而生肝火，或致体内津液外泄，特别是阴虚内热体质者可吃些清解里念、滋养肝脏的食物，如燕麦、薏米仁、荠菜、菠菜、芹菜、菊花、莴笋、茄子、荸荠、黄瓜、蘑菇等，这类食物性凉味甘，可清解里热、润肝明目。如有胃阴不足者，可用山药、大枣、百合煮粥。

(三)适量运动，恢复元气

一年之间在于春，春回大地，万物丛生，对人而言春季运动养生保健是恢复元气的最佳时节。由于冬季严寒，而限制人们的室外运动，使机体体温中枢调节和内脏器官的功能都有不同程度的减弱，特别是肌肉和韧带，更需要及时的锻炼来增强其运动功能。运动项目可按不同年龄、不同体质、不同兴趣爱好选择不同项目，对中老年来说，要选择自

己喜欢的、柔和的、缓慢的、连续的有氧运动，时间在30 min左右。运动停止后脉搏不超过120次/分，项目有散步、慢跑、体操、气功、太极拳、游泳等以保持体内的生机、提高免疫功能、增强抗病能力。

（四）起居调摄

1. 早睡早起 晚上不要睡得太晚，切忌超过晚11时，要养成早睡早起的习惯，以适应自然界的生发之气，中老年人应增加午睡。

2. 莫忘“春捂” 严寒冬季，各种保暖措施完备，使人耐寒能力下降，春暖花开过早地顿减衣物，一旦寒气袭来，会使血管痉挛，血流阻力增大，影响肌体功能，造成各种疾病，所以“春捂”习惯要保持，衣服宜渐减，衣着宜下厚上薄，体质虚弱者要注意背部保暖。

3. 衣着要宽松 年轻妇女，为显示自己身材苗条，在脱去厚重冬衣后，入春后就穿起紧身衣裤，特别是紧身内裤，女性阴道常分泌一种酸性液体，使外阴保持湿润，有防细菌侵入和杀灭细菌的作用，如内裤过紧不利于阴部湿气蒸发。长期过湿环境，为细菌繁殖创造条件，易于引起炎症；对男性而言穿紧身裤不利于阴部汗腺的分泌发散而浸润于潮湿温热的环境，其次如果长期处于温度过高的环境，也影响精子的生存，对精索静脉曲张不育症者更要重视内裤宽松。

4. 谨防春困 春困不是病，是一种正常季节性变化出现的生理现象。由于冬季皮肤收缩，春季变暖，血管、毛孔扩张，相对稳定的血流量增加，供应脑的血液相对减少，造成相对脑贫血，引起春困，这可能影响工作与学习，必须设法调节，以下提出预防办法：

（1）注意睡眠，睡眠是人生最大的补药，一夜睡到大天亮，白天工作学习倍增。

（2）晨起最好用冷水洗脸，以刺激皮肤和大脑，使之尽快适应春季的血液循环的变化。

（3）重视晨练，它可活络肢体、兴奋大脑、加强血液循环，晨起伸懒腰配合深呼吸，有吐故纳新、行气补血之功。

（4）经常按摩太阳穴，晒晒太阳有益健康，解除春困。

总之春季养生法则是养阳、养阴、养脑、养脾、养肾。《内经》里说的四季养生中有一静一动，也就是阴阳法则，静是指心神要保持平静，不管是什么季节，心神要安静，神不能乱，志不能移，暴怒、过喜、过忧都是不对的；动绝不是现在的快跑，而是慢跑及散步，绝不是强体力运动，特别是中老年人则会适得其反。

三、夏季养生

夏季是指立夏到立秋之间，其间包括立夏、小满、芒种、夏至、小暑、大暑等6个节气。在一年四季中，夏季是一年里阳气最盛的季节，气候炎热而生气旺盛，对于人来说，此时是新陈代谢最旺盛的时期。

暑为夏季主气，为水热之气所化。中医认为暑为阳邪，其性升散，容易耗气伤津。暑邪侵入人体，常见腠理开而多汗，如汗出过多，可导致体液减少，即为伤津，临床表现为口渴引饮、唇干口燥、大便干结、尿黄心烦、胸闷不舒等症。如不及时治疗，出汗过多，则津液大伤，如超过生理代偿机能，必将耗伤元气，进一步出现身倦乏力、短气懒言等阳气外越，甚至昏迷而导致不幸。

古人养生讲究顺应四季变化，春夏养阳、秋冬养阴。《内经》"素问六节藏象论"提及"心者，生之本，神之变也，其华在面，其充在血脉，为阳中之太阳，通于夏气"。中医认为，夏季属火，通于心气，因此夏季养生重在养心。

天气炎热，易使人烦躁，生气发怒，引起内火上升。夏季养心，一忌肝火，生气焦虑、抑郁；二忌心火，心烦懊恼、躁动不安。炎热之天，重在养心，保持心情平和，稳定情绪，保持淡泊宁静心态，避免心烦上火，心静自然凉。

进入长夏即夏秋交替之前，大致在农历 6 月份时，湿为长夏之主气。在南方炎热而多雨，在北方炎热似火，雨水充足，天地间万物生长最旺盛的时候，湿病多见于这个季节。中医认为湿为阴邪，好伤人之阳气，因其性重浊黏滞，故易阻遏气机，病多缠绵难愈。同时湿邪亦好伤脾阳，因脾喜燥而恶湿，一旦脾阳被湿邪所困，则可使脾阳不振气机失调，临床上常见脘腹胀满、食欲不振、大便稀溏、四肢不温、水液滞留而水肿。

中医又认为，湿邪重浊，故外感湿邪，身重倦困、头重如裹，湿邪黏滞，侵及肌肤筋骨，固定一处称之为著痹，侵及关节，形成风湿痹症，常反复发作而难愈。从现代科学用湿度来表示，对人体来说适宜湿度是 40%～60%，如湿度过高，人体汗液不易排出，出汗后不易被蒸发掉，因此使人烦躁、疲倦、食欲不振，从而引发脾胃疾病。因此夏季养生分夏季及长夏，夏季属火通于心气，长夏属土通于脾经，从而防治方法也有不同。

（一）调摄心神

忌肝火，尽量避免生气，也就是郁怒及大怒。忌心火，减少心烦、懊恼、躁动不安，宜静心养神、保持平和、稳定情绪、保持淡泊宁静的心态，心静自然凉。

（二）起居摄生

夏季昼长夜短，人们应顺应自然，晚睡早起，因天气炎热，阳气消耗过大，午睡补充更为重要，时间不宜过长，在半小时到一小时之间，让身体和心理得到充分休息，如有失眠者则不宜午睡。

（1）睡眠时，不可让空调风直吹，且在空调房睡觉宜穿长袖长裤。

（2）睡前不宜乘凉太晚，更不宜长时间在树荫下、过道上、凉台上乘凉或睡觉。

（3）晚上睡觉除空调不能直吹外，同时控制室温不低于 26 ℃；白天在空调室工作，温度在 22～26 ℃，且最好穿长裤，如有条件每隔 2 h，开窗调节室内空气，室内外温度以不超过 5 ℃为好。其原因为夏季暑热外蒸，毛孔开放，机体最易受风寒湿邪侵袭，严重的能引起手足麻木、面瘫等，特别在长夏时，湿邪入内黏滞不走，沉积于肌肤关节及内脏内，机体免疫力低下，至秋凉后，即可发病。

（4）有冠心病、高血压、动脉硬化、关节炎的等慢性疾病者，不要长时期待在冷气环境中。

（三）饮食有节

夏季饮食，按夏季养心、长夏养脾的原则进行食补。心是人体生命活动的主宰，为五脏六腑之大主，心主夏，故夏季饮食，宜养心食物，饮食上宜选用降血脂食物，如生姜、花生、大豆、蘑菇、海藻、酸牛奶、山楂、茶叶等，其他养心的食物还有小麦、绿豆、冬瓜、苦瓜、西瓜、洋白菜、龙眼、猪心、海蜇、田螺、茶叶等。同时应补充适量蛋白质，蛋白质以鱼、虾、蛋为主，辅以豆类植物蛋白。清热的食物宜在盛夏食用，如西瓜、苦瓜、西红柿、草莓、绿豆等；利湿的食物宜在长夏食用，西瓜、冬瓜、薏米仁、黄豆、芦笋、黄瓜等。多吃杀菌食物，如大蒜、洋葱、韭菜、大葱、香葱、蒜苗，这些食物含有丰富的植物广谱抗生素，从而提高免疫功能，预防感染。

饮水：盛夏之日，机体由于汗液大量蒸发及呼吸之水气大量损失，如不及时补水，则可引起脱水。洪绍光教授提到的“三八”喝法，其中“一八”即是每天要喝 8 杯水，这是很有道理的。所谓 8 杯水，每杯 250 mL×8＝2 000 mL，儿童老年要少些，盛夏暑热要略为多些，喝的应该是温热白开水(健康水)。

饮茶：饮茶是一种高雅实惠，纯天然饮品，具有独特的风味和口感。千百年来饮茶一直深受中国人民和世界人民的喜爱，尤其在炎热的夏天更为重要，民间常喜饮的有以下几种：

陈皮茶：橘皮 10 g＋少量白糖，茶可热饮也可冷饮，有止咳化痰健脾之功效；桑菊茶：桑叶、白菊花各 10 g，甘草 3 g，加水稍煮去渣，加入少量白糖，热饮可散热清肺润喉；当然喝茶也要分不同体质，体质差者或寒体型者不宜喝寒凉的凉茶，而热体型的人则反之。

(四)适宜运动

生命在于运动，经常运动可以祛病健身。一到夏季，因天气炎热动则汗出，因此有些人一到夏天就懒得活动。夏季是阳气最旺的时节，运动养生要顺应夏季阳盛于外的特点，注意保护阳气，适宜运动，动静相宜，动以养形，静以养神，动静相济，形神共养。

健身气功、太极拳及回春功为首选，因为三者均符合缓慢、柔和、动静相济的有氧运动，能动以养形，静以养心，既能活络四肢百骸，又能定神泻心火。晨起或饭后散步，原则上以不气急、出微汗、脉搏不超过 120 次/分为度，如能配合行步功更好，既能活络肢体，又能调节心情。游泳是夏季最适宜的运动方式，既能锻炼身体，又能祛暑养生，特别能改善呼吸系统功能、增大肺活量、防治肺部疾病，同时也有醒脑的作用。钓鱼，重在培养性情、增益身心，夏季垂钓面对碧波荡漾、清风徐吹，心境自然清凉，心烦之火立即驱散，是调心的最有效手段，同时在垂钓过程中，身眼手法意高度集中，对提高机体整体协调平衡，提高反应能力，均有良好的作用。忌锻炼后立即洗凉水澡、忌大量喝水、忌大量吃冷饮、忌在强阳光下锻炼、忌大运动量、忌雨天雾天外出锻炼。

四、秋季养生

秋季是指农历 7、8、9 共 3 个月，包括立秋、处暑、白露、秋分、寒露、霜降 6 个节气。随着暑夏高温的下降，人们因炎热的烦躁情绪也渐趋平静，秋高气爽带来怡人的景色，此时切勿因眼前的美景忽视了秋季的养生。要知道夏日炎炎，机体既要消除夏季心火上炎的症状，长夏又要防治湿邪的侵入，在这个季节里，机体需要付出更多的能量，来达到内外环境的平衡，稍有不慎，则暑热内伏、湿邪黏滞，至立秋后即可发病。常见辛苦地度过了暑热，但到 9、10 月份常见发病的自然规律，也是人体阴阳代谢出现阳消阴长的过渡时期，俗话说："一夏无病三分虚"就是这个道理。立秋一到，气候虽然早晚凉爽，但仍有秋老虎肆虐，故人极易倦怠、纳呆、精神不振等症状。

立秋后，阳气转衰、阴气日长，自然界生发开始向收藏转变，秋季又是肺经行令之时，稍有疏忽，易被秋燥耗伤津液，引起口干舌燥、咽喉疼痛、肺热咳嗽等症状，肺在志为悲，悲忧易伤肺，肺气虚则机体对不良刺激的耐受性下降，易生悲忧情绪，古人云："使志安宁，以缓秋刑。"由于以上原因，我们应该特别重视秋季养生。

（一）调摄情志

一般来说，秋天的情绪不太稳定，易悲愁伤感或烦躁不安，应要调达情志，培养乐观情绪，以乐观而温顺的心志看待一切事物，抛开一切烦恼，避免悲伤的情绪，要以守为要，做到"心境宁静"。这样才能减轻肃杀之气对人体的影响，要保持心境清净，就要清心寡欲，少点争名夺利、多做善事、多做奉献，以一个平常心看待自然界的变化，做到天人相应，利用秋高气爽，外出秋游或爬山登高，心旷神怡或练静功，特别是四线吐纳炼丹功，使人松静自然、恬淡虚无、出元神、去识神、调摄心情、天人合一、五脏安和。

（二）健康饮食

养肺为要，秋季饮食要以滋阴润肺为基本原则，重在养胃，特别有慢性胃炎患者更要注意胃部保暖，及时添加衣服，不能贪凉，夜间睡觉应盖好被褥，以防腹部受凉，引起旧病复发。秋日宜吃清热生津、养阴润肺的食物，如牛奶、花生、山药、白木耳、红枣、鸭肉、芝麻、核桃、百合、蜂蜜、糯米、泥鳅、各种鱼、红薯、芦笋、黄瓜、绿豆、莲子、甘蔗等清补柔润之品，可起到滋阴润肺、补血的作用。

(1)少辛增酸。秋季肺气偏旺，如辛味食物吃得过多，可促使肺气更旺，进而会伤及肝气，因此秋季要少食辛味之品，如葱、姜、蒜、韭菜、辣椒等，在此基础上多食酸味食物及水果、山楂、石榴、葡萄、柚子、苹果、柠檬、番茄等。

(2)宜多吃粥。秋季晨起多吃些粥，即可健脾养胃，又可带来一日清爽，可常吃山楂粳米粥、白萝卜粳米粥、杏仁粳米粥、梨子粳米粥、胡萝卜粳米粥等。

(3)宜补充健身汤。每日中晚间喝些健身汤，既可渗湿健脾、滋阴防燥，又可增加营养，秋季常食的汤有百合冬瓜汤、山楂排骨汤、冬瓜紫菜汤、香菇豆腐汤、赤豆鲫鱼汤等。

(4)宜多吃鱼。秋季是进补时节，最好的动物蛋白以鱼肉为佳，鱼肉脂肪含量低，其中脂肪酸被证实有降糖护心和防癌作用。多数鱼肉内含有维生素 D、钙、磷，能有效地防治骨质疏松症。

(5)饮食搭配。五谷杂粮是人体补充能量必需的基础饮食，是维持生理活动最重要的营养来源，但目前有很多人有一错误的想法，特别是正在减肥的人们，不吃主食只吃水果及蔬菜，如长期下去，必定造成体内营养失衡危及健康。

科学证明，一个人每天应摄取 300～500 g 的谷类食物才能维持正常生理功能，特别在秋季干燥渐冷的气候，对人体造成的影响更大，更需要五谷杂粮来抵御干燥，达到抗秋燥和营养保健的目的。

（三）运动锻炼

秋季养生不能离开"收、养"这个原则，要把保养体内的阴气作为首要任务。运动也应顺应这一原则，运动量不宜过大，宜选择轻松、平缓的项目。

(1)学练太极拳及回春功　两者皆有动功及静功，能做到动静相间，外练筋骨皮，内练精气神，能使元神及识神协调相处，既发挥识神的聪明才智，又保养了元神，发挥机体内外的协调平衡，从心理影响到生理，做到少生病，又健康。

(2)登山　立秋以后，户外登山运动是一个不错的选择，登山能增强人体的呼吸和血液循环功能，使人肺活量及心肌收缩力增强，并提高人体对环境变化的适应能力，但对老年人爬山不能劳累，要慢速、多休息、不与人争。对患有神经衰弱、慢性胃炎、高血压、冠心病、气管炎等慢性疾病的患者，在进行药物治疗的同时，配合适当的登高锻炼，可提高治疗效果，此外山林地带，空气清新、负氧离子含量高，对心肺功能均有好处，大好壮丽而优美的山河，又可陶冶性情，又可消除秋季带来的肃杀之气、悲伤之志。

(3)冷水浴　对体质较好的中青年人(体弱者、老年者除外)，可洗冷水浴。秋高气爽，气温、水温、提问比较接近，冷水对人的刺激较小。冷水浴可以提高机体对冷的刺激、耐受性，从而就不易着凉而引起疾病，同时又可促进皮肤及内脏血液循环，预防动脉硬化及血栓形成。洗冷水浴前，在脱去衣服后先要热身，做准备动作，先用干毛巾或手快速摩擦全身，感到发热时，才能进行冷水浴，不宜在临餐前、饥饿时、刚进食后进行冷水浴。高血压、冠心病患有各种痛症患者，不宜洗冷水浴。

(4)起居调摄　秋天的气候变化较大，早秋热湿，中秋前后燥，晚秋又以凉、寒为主，所以人们在起居上应提高警惕，注意养生。

(1)睡眠：金秋时节，天高气爽，是处于“阳消阴长”的过渡时段，秋季主张“早卧早起”，早卧以顺应阳气之收敛，早起为使肺气得以舒展，且防收敛之太过。此外，秋季昼长夜短，天气又凉爽，年轻人常喜贪睡，睡多了会使精神萎靡，早睡早起会让人情绪饱满地去工作、去学习，完全符合秋季养生收养之道。

(2)服饰：民间有句谚语“春捂秋冻”。秋季穿衣也要顺应“阴津内蓄，阳气内收”的需要，适当地冻一冻，因为微寒的刺激，可提高大脑的兴奋性，增加皮肤血流量，提高机体耐寒的能力。如捂得太严，常引起出汗过多，使阴精耗伤，阳气外泄，对机体不利。但也不能秋装夏着，受冻太过，反而冻出病来，在秋季着装上，款式以宽松为好，衣料以棉布料透气性好的衣料为佳。

(3)房事：在秋季应自然界收藏的规律，节制房事蓄养阴精，这点对于中老年人特别重要，人过40岁后，健康水平均走下坡路，阴气由旺盛逐渐减弱，到了老年精力更加衰退，这是自然界规律。对中老年人来说，顺应自然界秋季收藏的规律，注意养肾保精，健康长寿，不过分透支，适当节制房事。

(5)养阴　秋季养生特别要注意养阴，多喝水以补充夏季失去的水分，多接地气多走进大自然的怀抱，原野、田地、山林、湖边，按天人合一原则，天阳、地阴、人中间多接触地气就是补阴，秋季锻炼避免汗出过多，不能过度，避免伤阴。

总之秋季是一个收藏养阴的季节，养生也应符合大自然的规律，要滋阴润肺防秋燥。要调达情志、起居有常、滋阴润肺，预防秋燥，正气存内，邪不可干。

五、冬季养生

冬季是从立冬日开始，经过小雪、大雪、冬至、小寒、大寒6个节气直到立春的前一天为止。冬三月草木凋零，冷冻虫伏，是自然界万物闭藏的季节，人体的阳气也要潜藏于内。冬季养生原则要顺应体内阳气的潜藏，以敛阴护阳为根本，人体新陈代谢水平相应较低，因此依靠生命的原动力"肾"来发挥作用，以保证机体生命活动适应自然界的变化。肾的火力旺与衰，对生命的强弱至关重要。因此冬季养生护肾是第一要素，寒为冬季主气，寒为阴邪，常伤人的阳气，常见老年人或体弱者到了冬季就感手足不温、畏寒喜暖、四肢常蜷缩、脘腹冷痛、脉象异常，如脉紧、脉迟、脉沉，这就是阳气虚。

因此冬季养生的重点乃在于养肾，正是由于肾的封藏固摄作用，使体内精微物质得以保留，元阴元阳得以封藏，人的生命才能旺盛，身体才能健康，但由于冬季寒冷，而寒邪也易于侵害肾，使之病变，几千年来，劳动人民智慧地知道冬令进补，作为除病强身的传统方法。

（一）精神调养

冬季养生，重在于"藏"。《内经》指出："冬三月，此为闭藏。使志若伏若匿，若有私意，若已有得。"意思是说，人们在冬季要保持精神安静，要控制自己的精神活动，做到含而不露，如把人隐私，秘而不宣，又如渴望珍品那样满足。祖国医学强调"神藏于内"，由于冬季寒冷，机体需要在完成正常生理代谢的基础上，还要消耗一定的能量去抵御寒邪，因此用冬藏的自然规律尽量减少不必要的能量输出，故提出"神藏于内"。它提出的神，应该是元神，内经中提及"怡淡虚无，真气从之，精神内守，病安从来"，这16个字的经典养生法，很明显就是要使精神内守（要保养元神）。前提就是"恬淡虚无"，也就是少私寡欲，或清静无为，其核心是"心静"，只有在心静的前提下才能出元神，通过真气运行来协调五脏六腑的平衡，达到阴平阳秘，精神乃治，病安从来。要使神藏于内，需要做到以下几点。

加强道德修养，少私寡欲。孔子早就提出"仁者寿""大德必得其寿"。从生理上讲，道德高尚、光明磊落、心理宁静，有利于去识神、出元神，使机体气血调和、五脏安宁，使人体生理功能正常而有规律地进行，使之精足、神旺、气顺。

调摄不良情绪，也就是要"利导思维"，要以乐观的心志去调不良情绪。人生在世，总不免遇到不顺心事，如悲欢、愤怒、兴高采烈或工作学习上的难题、难事等，常会产生悲观、看不到光明等不良情绪。面对现实，我们一定要克服那些黑暗而要看到光明，看到前途，对困难要迎刃而上、荣辱不惊，因为乐观的情绪，大脑皮质产生快乐激素，产生一个快乐的人生使机体加强血液循环，提高免疫功能，达到冬令养神的目的。

（二）饮食调养

中医认为，冬季应是人体阳气潜藏之时。人体生理活动也因冬季寒气逼人的气候特点影响而要收敛，并将一定能量储存于体内，以为来年春生夏长做好准备，同时又要付出更多的能量来维持足够的热量来应付寒冷冬季热量更多的支出，以提高机体的抗病能力。有人曾调查，北方居民比中部和南方居民热能需要量分别高出5%～7%。专家认为，冬季膳食的营养特点应该增加热量，以保证充足的与其劳动强度相适应的热能。它的适宜比例：蛋白质占13%～15%，脂肪25%～35%，碳水化合物60%～70%，蛋白质供应量限定在常温下的需要水平，存下热量增加部分应以提高碳水化合物和脂肪的供应来保证，无机盐类供应，应要超过常温量略高一些，特别要增加维生素C的供应。

冬季饮食，中医认为应少食咸多吃点苦味的食物，冬季为肾经旺盛之时，主咸，心主苦，若咸味吃多了就会使本来偏亢的肾水更亢，从而使心阳之火更弱，故用苦味之品，以助心火。《四时调摄笺》里说："冬月肾水味咸，恐水克火，故宜养心。"

冬季饮食忌粘硬、生冷食物，因此类食物属阴，易损脾阳，食物最好是滋阴潜阳，热量较高的膳食为宜，如木耳、藕、新鲜蔬菜、水果等补充维生素。

（三）起居有常

《黄帝内经》指出，"早卧晚起，以待日光"，早睡可保养人的阳气，待日出再起床，就能躲避严寒，求其温暖，同时还要保持合宜的温度及湿度，室温过低，易损阳气，室温过高，由于室内外温差太大易于外感，具体分述于下。

(1)冬季穿衣：随气候而变化，特别是老年人更要注意。一般如衣服表面是0 ℃，而与皮肤接触的内衣为32～33 ℃较为合适，如超过则容易出汗影响健康。

(2)冬季戴帽：冬季戴帽这个问题有争论，北方冬季戴帽人很多，而温带如上海等地，老年人戴帽较多，而青年人及妇女就相对较少，这与南北方冬季的寒冷温度差异较大有关。从传统观念来看，人类应保持足暖头寒，保持头脑清新，但其寒有一个度，一般来说温度低于0 ℃，则宜主张戴帽，因其在冬季，头部散热是很多的。俗话说"冬季戴棉帽，如同穿棉袄"。如寒夹雪或夹风戴帽时，必须要护住耳朵，以免引起冻伤。

(3)脚的保暖：俗话说"寒从足起"，脚离心脏最远，血液供应较差，再加上足表皮下的脂肪层较薄，保暖性能较差，因此全身皮温最低，趾尖温度25 ℃左右。

足受寒邪入侵，势必影响内脏，如小腹冷痛、胃痛、腹泻、行经腹痛、月经不调、腰腿痛等症、上呼吸道感染等，由此可见到冬季保持两足温暖的重要性。

（四）适度运动

天寒地冻、许多人因寒而退，不愿参加体育运动，俗语说："冬天动一动，少闹一场病；冬天懒一懒，多喝一碗药。"又云："夏练三伏，冬练三九。"这都是说明冬季坚持体育运动非常有益身体健康，参加冬季锻炼与不参加冬季锻炼，其抗寒能力相差10倍以上。还可提高免疫功能，有助于预防感冒、气管炎及肺炎等呼吸道疾病。生活在寒带的挪威人及我国北方边疆的鄂伦春人、处于温带的日本人，小孩冬季就穿得很少，有助锻炼对寒冷的适应能力。我国东北地区的冬季游泳也可达到此种目的。当然冬季锻炼好处很多，但要注意以下问题。

(1)不要在汽车频繁往来的路上活动，因为汽车尾部排出的废气含有一氧化碳、氮氧化物、烃类、铅化合物等。

(2)要注意在进行长跑等运动时，容易将冷空气吞入胃肠道，从而引起肠痉挛或腹胀。运动时不宜张口呼吸、说话、谈笑，一旦发生可服红糖生姜茶，或脐周涂松节油等。

(3)要避免着凉，冬季户外运动，要适当穿得暖和些，如过冷则要戴上帽子和手套，如遇大风沙、大雪天，千万不要户外活动，这样就会对机体造成不利的影响。

(4)不要在冒烟的庭院或路边锻炼，因灰尘中的二氧化硫是窒息性气体，有腐蚀作用，对眼结合膜、鼻咽部黏膜有强烈的刺激作用，能诱发急性支气管炎、肺炎、哮喘等疾病，同时也不宜在大气污染严重的发电厂、钢铁厂、化工厂、水泥厂等附近进行冬季锻炼。河溪旁、树林草地等空气新鲜的地方是健身的最好场所。

(5)冬季锻炼，应充分做好准备活动。由于冬季室内外温差大，一旦到了室外温度骤然降低，会使皮肤肌肉收缩，关节韧带僵硬，如突然运动可引起肌肉韧带拉伤、关节损伤，必须要做运动前的准备动作，一直要做到全身发热、四肢有力，精神饱满，寒气也不足惧了。

(6)慎洗冷水浴，冷水洗面、冷水洗浴均可提高耐寒力，对健康有利，但要按个人体质、耐寒能力循序渐进。可先洗冷水面开始，逐渐进入到冷水浴，并且要在秋季开始，对寒冷有适应过程，到了冬季就能适应水温在10%～15%之间。

(7)冬季也可在室内练习放松功，站、坐、卧三式均可，因为冬季由于寒冷，肌肉、韧带、皮肤、腠理都处于收缩状态，供血差而感到寒冷，阳气不足，可用意念放松肌肉与韧带，增加局部血液循环。特别是站功，不仅能增强下肢肌力，防治冻疮，而且对血管系统及呼吸系统疾病均有很好的防治作用。

(8)提到冬令补肾，可联系六字诀中的吹字诀，练吹字功以补肾气。明代《遵生八笺》有云“治肾脏吐纳用吹法，鼻吸口呼大吹30次，细吹10次，能治肾家一切冷气，腰痛，膝冷沉重，久立不得，阳道衰弱，耳内虫鸣，及口内生疮，更有烦热，悉能去之”。

(五)冬令进补

中医或民间素有“冬令进补”之说，同时还提倡冬至前后开始进补，最常用的是膏方。目前人民生活水平已普遍提高，有了钱就要考虑补，因此出现很多补法。有一部分商业单位，因为商机利益，不分男女老幼，全民皆补。当然大多是补之有益，但也有小部分由于滥补、乱补危害甚多，如为了小孩长高过早进补，引起早熟，使之更矮；有患阴虚火旺之人，误用鹿茸苁蓉狗肾牛鞭，则犹如火上加油，使热更甚；有患阳虚者应补阳，如服用龟板、必甲、生地、西洋参类等药物，则好比雪上加霜，因此冬令进补是好事，但为补而盲目乱补则适得其反，补之不当，危害大矣。为此要注意3个进补原则。

1. 进补目的 一般有两个，即通过冬藏进补，用补法、补药来调节人体内部诸虚劳损；其次是有“预防为主”的思想，即按自身情况，如有的亚健康状态，冬季免疫力低下，易感冒、易咳嗽，虽无疾病也可以进补，因为适当补养，可调节和改善人体各器官的生理功能，增强抵抗力，达到防病的目的。

2. 辨证进补 中医治病讲究辨证论治，如为虚证则要辨别气虚、血虚或气阴两虚或气血两虚，并要辨别哪几个脏腑的虚症，才能进行针对性进补。其次，进补必须根据“虚则补之，实则泻之”的原则，对具有虚症的患者，可采用补益的方法，对患有实症的患者，则要采用攻邪的方法，对虚实相兼的患者，则采用攻补兼施的方法，如背道而驰，用攻邪的方法治虚症，就会耗气损血，使气血更虚，如用补益的方法治疗实症，会使邪实更甚，也就是老百姓所说的把病补牢，越补症越重。

3. 冬季进补注意事项

（1）如患者在进补前已有腹胀纳差，湿阻中焦，舌苔发黄等胃内湿热症状，必定要服开路药，先宜清理肠胃，化去湿热，然后再进补，不然在未清之前，直接进补常会出现胸闷、恶心、口干、口苦、腰痛、腹泻等症。再强调一次，服膏方要注意辨病与辨证相结合的原则。

（2）要注意补药的量控制，不是补药越贵，量越多越好，如过度服用人参、黄芪等补气药，会导致腹胀等症；如温阳药用之过多，剂量过大，如红参、鹿茸、附子、王桂等药会出现大便秘结、烦躁、口干、血压升高、鼻出血等反应；如过量应用阿胶、熟地、龟板、必甲、首乌、生地等滋腻药物，会使纳差、恶心、腹泻、舌苔腻浊等。

（3）小儿为纯阳之体，不能过早进补，更不能乱服补药，小儿冬令进补不是不可补，而是要慎补，且要在专科医师指导下，在辨病辨证的基础上进行冬令进补，不应补而补之则壅，不对症而补之则滞，乱补、滥补则伤身。

总之，冬季养生要着眼于藏，特别要藏神，如冬季能敛阴藏阳，对人体疗病防疾，增强免疫力将十分有益，从这个角度说，冬季是一年之中最适宜人体养生进补的季节。

第九章　中医经穴养生

经络是运行气血、联系脏腑和体表及全身各部的通道，是人体功能的调控系统。包括十二经脉、奇经八脉、十五络脉等。《灵枢·经别篇》有云“十二经脉者，人之所以生，病之所以成；人之所以治，病之所以起”。人的生长与健康，病的酿成与痊愈，都与经络有密切关系。

针、灸、按摩是中医学的重要组成部分。它不仅是中医治疗的重要手段，也是中医养生的重要措施。利用针、灸、按摩进行保健强身，是中医养生法的特色之一。其养生原理都是基于经络和腧穴。因此，通过针刺、艾灸、按摩、点穴等措施，以刺激腧穴，激发经络，进行保健强身的养生方法，统称为经穴养生法。

针法是用不同的针具刺激人体的经络腧穴，通过实施提、插、捻、转、迎、随、补、泻等不同手法，以达到激发经气、调整人体机能的目的。其所用工具为针，使用方法为刺，以手法变化来达到不同的效果。灸法则采用艾绒或其他药物，借助于药物烧灼，熏熨等温热刺激，以温通气血。其所用物品为艾绒等药物，使用方法为灸，以局部温度的刺激来达到调整机体的作用。按摩则是用手指、手掌或辅助器械，对人体的经络、腧穴、肢体、关节等处，施以按、点、揉、搓、推、拿、抓、打、压等手法，以舒筋活血，和调表里。3 种方法各有特长：针刺有补有泻；灸法长于温补、温通；按摩则侧重于筋骨关节。属于中医外治法中 3 种不同类型的方法。

第一节　针刺保健法

一、针刺保健的概念

针刺保健，就是用毫针刺激一定的穴位，运用迎、随、补、泻的手法以激发经气，使人体新陈代谢机能旺盛起来，从而达到强壮身体，益寿延年的目的，这种养生方法，称之为针刺保健。

针刺保健与针刺疗疾的异同：方法相同，各有侧重。保健而施针刺，着眼于强壮身体，增进机体代谢能力，旨在养生延寿；治病而用针法，则着眼于纠正机体阴阳、气血的偏盛偏衰，扶正祛邪，意在祛病除疾。因而，用于保健者，多选择具有强壮功效的穴位为主，选穴不宜过多；施针的手法，刺激强度宜适中。

二、针刺保健的作用

针刺之所以能够养生，是由于刺激某些具有强壮效用的穴位，可以激发体内的气血运行，使正气充盛，阴阳协调。概括起来，针刺保健的作用如下。

1. 通经络 针刺的作用主要在于疏通经络，使气血流畅。《灵枢·九针十二原》中指出“欲以微针，通其经脉，调其血气”，针刺前的“催气”“侯气”，刺后的“得气”，都是在调整经络气血。如果机体某一局部的气血运行不利，针刺即可激发经气，促其畅达。所以，针刺的作用首先在于“通”。经络通畅无阻，机体各部分才能密切联系，共同完成新陈代谢活动，人才能健康无病。

2. 调虚实 人体的生理机能活动随时都在进行着。“阴平阳秘”是一种动态平衡，在正常情况下，也容易出现一些虚实盛衰的偏向。如体质的好坏、体力的强弱、机体耐力、适应能力，以及智力、反应灵敏度等，对于不同的个体，不同的时期，都会出现一定的偏差。针刺保健则可根据具体情况，纠正这种偏差，虚则补之，实则泻之，补、泻得宜，可使弱者变强，盛者平和，以确保健康。

3. 和阴阳 阴阳和谐乃是人体健康的关键。针刺则可以通经络、调虚实，使机体内外交通，营卫周流，阴阳和谐。如此新陈代谢自然会健旺，以达到养生保健的目的。“阴平阳秘，精神乃治”，就是这个道理。

三、针刺保健的刺法原则

1. 配穴 针刺保健，可选用单穴，也可选用几个穴位为一组进行。欲增强某一方面机能者，可用单穴，以突出其效应；欲调理整体机能者，可选一组穴位，以增强其效果。在实践中，可酌情而定。

2. 施针 养生益寿，施针宜和缓，刺激强度适中，不宜过大；一般说来，留针不宜过久，得气后即可出针；针刺深度也应异；年老体弱或及小儿，进针不宜过深；形盛体胖之人，则可酌情适当深刺。

3. 禁忌 遇过饥、过饱、酒醉、大怒、大惊、劳累过度等情况时，不宜针刺；孕妇及身体虚弱者，不宜针刺。

四、针刺保健的穴位选介

1. 足三里 位于膝下 3 寸，胫骨外大筋内。为全身性强壮要穴，可健脾胃、助消化，益气增力，提高人体免疫机能和抗病能力。刺法：用毫针直刺 1～1.5 寸，可单侧取穴，亦可双侧同时取穴。一般人针刺得气后，即可出针。但对年老体弱者，则可适当留针 5～10 min。隔日一次，或每日一次。

2. 曲池 位于肘外辅骨。曲肘，肘横纹尽头便是此穴。此穴具有调整血压、防止老人视力衰退的功效。刺法：用毫针直刺 0.5～1 寸，针刺得气后，即出针。体弱者可留针 5～10 min，每日一次，或隔日一次（图 9-1）。

3. 三阴交 位于足内踝高点上 3 寸，胫骨内侧面后缘。此穴对增强腹腔诸脏器，特别是生殖系统的健康，有重要作用。刺法：用毫针直刺 1～1.5 寸，针刺得气后，即出针，体弱者，可留针 5～10 min。每日一次，或隔日一次（图 9-2）。

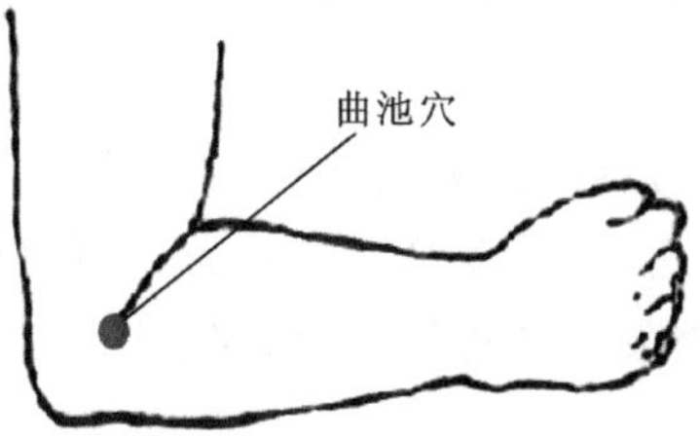

图 9-1　曲池穴

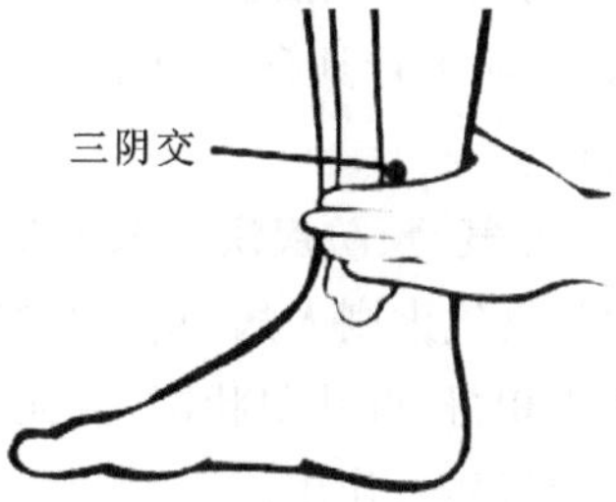

图 9-2　三阴交

4. 关元　位于脐下 3 寸。本穴为保健要穴，有强壮作用。刺法：斜刺 0.5 寸，得气后出针。每周针 1～2 次，可起到强壮身体的作用(图 9-3)。

5. 气海　位于脐下 1.5 寸。此穴为保健要穴，常针此穴，有强壮作用。刺法：斜刺 0.5 寸，得气后，即出针。可与足三里穴配合施针，每周 1～2 次，具有强壮作用(图 9-4)。

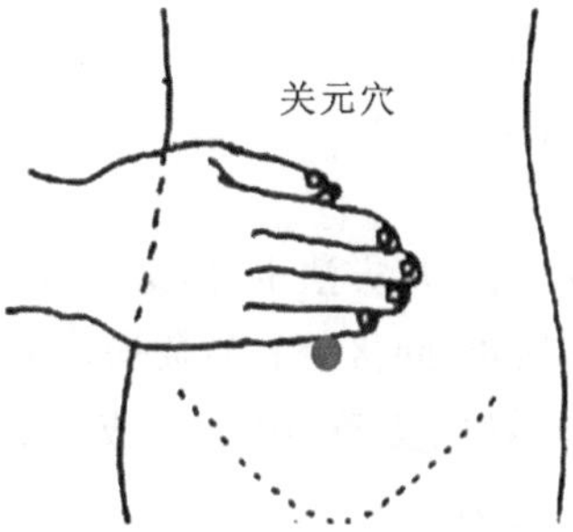

图 9-3　关元穴

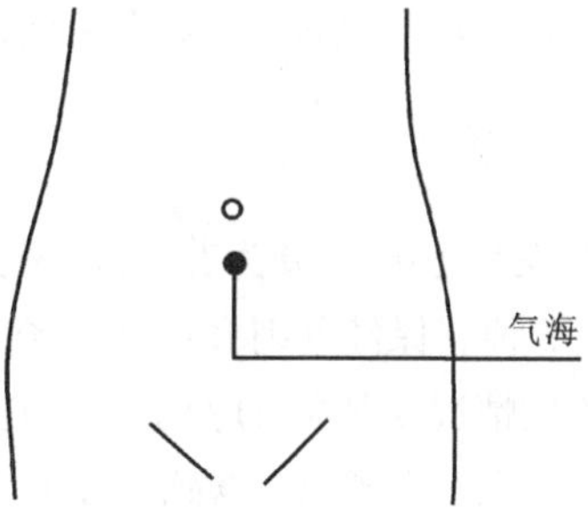

图 9-4　气海穴

第二节　保健灸法

在身体某些特定穴位上施灸，以达到和气血、调经络、养脏腑、益寿延年的目的，这种养生方法称之为保健灸法。保健灸不仅用于强身保健，亦可用于久病体虚之人的健康，是我国独特的养生方法之一。保健灸法，流传已久。“人于无病时，常灸关元、气海、命门、中脘，虽未得长生，亦可得百余岁矣”(宋代窦材·《扁鹊心书》)。古代养生家在运用灸法进行养生方面，已有丰富的实践经验。时至今日，保健灸仍是广大群众所喜爱的行之有效的养生方法。

灸法一般多用艾灸。艾是多年生菊科草本植物，为温辛、阳热之药。其味苦、微温、无毒，主灸百病。灸用以陈旧者为佳。点燃后，热持久而深入，温热感直透肌肉深层，一经停止施灸，便无遗留感觉，这是其他物质所不及的。因而，艾是灸法理想的原料。

一、保健灸的作用

保健灸的主要作用是温通经脉，行气活血，培补先天、后天，和调阴阳。从而达到强身、防病、抗衰老的目的。

1. 温通经脉,行气活血 《素问·刺节真邪论》说:“脉中之血,凝而留止,弗之火调,弗能取之。”气血运行具有遇温则散,遇寒则凝的特点。灸法其性温热,可以温通经络,促进气血运行。

2. 培补元气,预防疾病 宋·窦材《扁鹊心书》有云“夫人之真元,乃一身之主宰,真气壮则人强,真气虚则人病,真气脱则人死,保命之法,艾灸第一。”艾为辛温阳热之药,以火助之,两阳相得,可补阳壮阳,真元充足,则人体健壮,“正气存内,邪不可干”,艾灸有培补元气,预防疾病之作用。

3. 健脾益胃,培补后天 灸法对脾胃有着明显的强壮作用,《针灸资生经》指出:“凡饮食不思,心腹膨胀,面色萎黄,世谓之脾胃病者,宜灸中脘。”在中脘穴施灸,可以温运脾阳,补中益气,常灸足三里,不但能使消化系统功能旺盛,增加人体对营养物质的吸收,以濡养全身,亦可收到防病治病,抗衰防老的效果。

4. 升举阳气,密固肤表 《素问·经脉篇》云:“陷下则灸之。”气虚下陷,则皮毛不任风寒,清阳不得上举,因而卫阳不固,腠理疏松。常施灸法,可以升举阳气,密固肌表,抵御外邪,调和营卫,起到健身、防病治病的作用。

二、保健灸的方法

艾灸从形式上分,可分为艾炷灸、艾条灸、温针灸 3 种;从方法上分,又可分为直接灸、间接灸和悬灸 3 种。保健灸则多以艾条灸为常见,而直接灸、间接灸和悬灸均可采用。

根据体质情况及所需的养生要求选好穴位,将点燃的艾条(图 9-5)或艾炷对准穴位,使局部感到有温和的热力,以感觉温热舒适,并能耐受为度。

艾灸时间可在 3～5 min,最长到 10～15 min 为宜。一般说来,健身灸时间可略短;病后康复,施灸时间可略长。春、夏二季,施灸时间宜短,秋、冬宜长;四肢、胸部施灸时间宜短,腹、背部位宜长。老人、妇女、儿童施灸时间宜短,青壮年则时间可略长。

施灸的时间,传统方法多以艾炷的大小和施灸壮数的多少来计算。艾炷(图 9-6)是用艾绒捏成的圆锥形的用量单位,分大、中、小 3 种。如蚕豆大者为大炷,如黄豆大者为中炷,如麦粒大者为小炷。每燃烧一个艾炷为一壮。实际应用时,可据体质强弱而选择。体质强者,宜用大炷;体质弱者,宜用小炷。

图 9-5 艾条

图 9-6 艾柱

三、保健灸常用穴位

一般说来，针刺保健的常用穴位，大都可以用于保健灸法。同时，也包括一些不宜针刺的穴位。

1. 足三里　常灸足三里，可健脾益胃，促进消化吸收，强壮身体，中老年人常灸足三里还可预防中风(卒中)。

灸法：用艾条、艾炷灸均可，时间可掌握在5～10 min。

古代养生家主张常在此穴施瘢痕灸，使灸疮延久不愈，可以强身益寿。"若要身体安，三里常不干"，即指这种灸法。现代研究证明，灸足三里穴确可改善人的免疫功能，并对肠胃、心血管系统等有一定影响。

2. 神阙　位于脐正中处(图9-7)。神阙为任脉之要穴，具有补阳益气，温肾健脾的作用。《扁鹊心书》指出："依法熏蒸，则荣卫调和，安魂定魄，寒暑不侵，身体开健，其中有神妙也……凡用此灸，百病顿除，益气延年。"灸法，灸7～15壮，灸时用间接灸法，如将盐填脐心上，置艾炷灸之，有益寿延年之功。

3. 膏肓　位于第四胸椎棘突下旁开3寸处。常灸膏肓穴(图9-8)，有强壮作用。灸法：艾条灸，15～30 min。艾炷灸7～15壮。

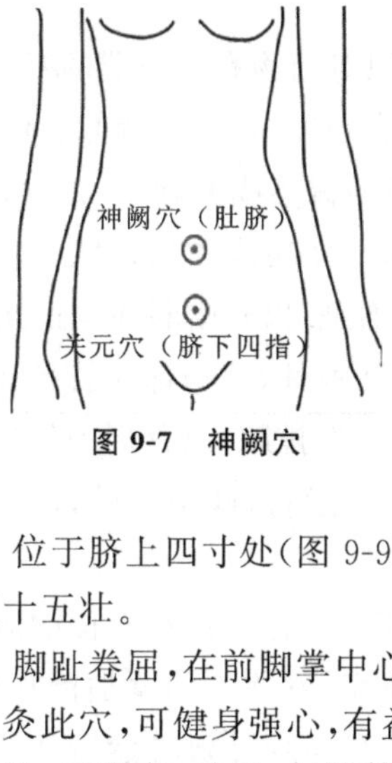

图9-7　神阙穴

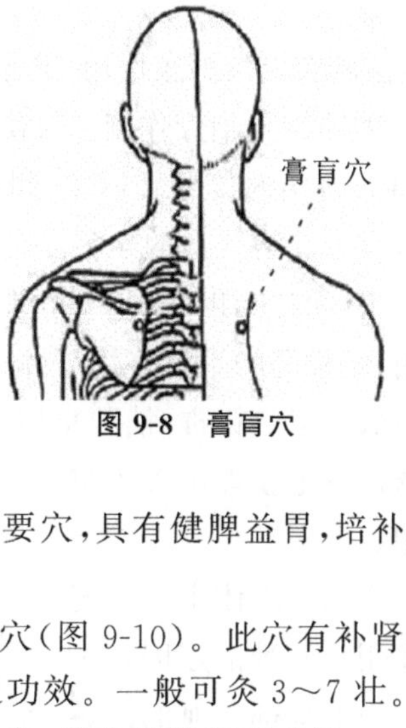

图9-8　膏肓穴

4. 中脘　位于脐上四寸处(图9-9)。为强壮要穴，具有健脾益胃，培补后天的作用。一般可灸七至十五壮。

5. 涌泉　脚趾卷屈，在前脚掌中心凹陷处取穴(图9-10)。此穴有补肾壮阳，养心安神的作用。常灸此穴，可健身强心，有益寿延年之功效。一般可灸3～7壮。其他如针刺保健中所列曲池、三阴交、关元、气海等穴，均可施灸，具有强身保健功效。

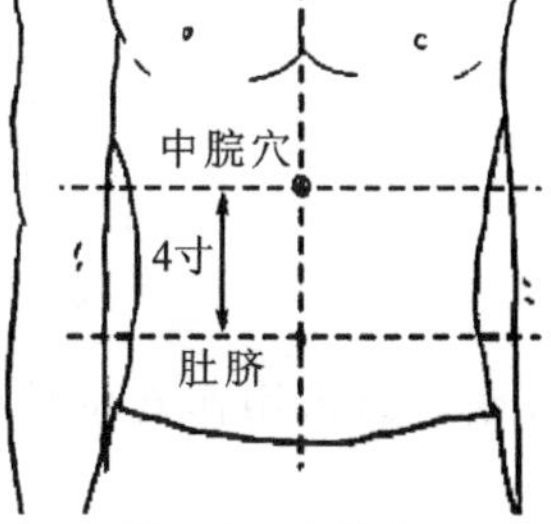

图9-9　中脘穴

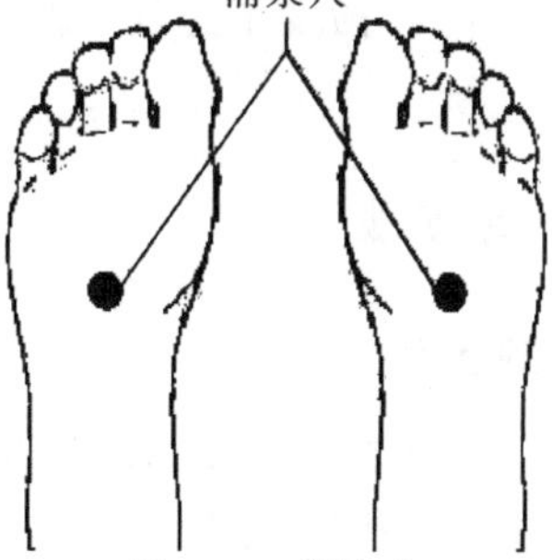

图9-10　涌泉穴

第三节 穴位敷贴法

穴位敷贴法又称外敷法，是将药物研为细末，并与各种不同的液体调制成糊状制剂，敷贴于一定的穴位或患部，以治疗疾病的方法。穴位敷贴法历史悠久，远在春秋战国时期，穴位敷贴法就已经出现。如我国目前发现最早的医学文献《五十二病方》中就载有用地胆等药外敷"牡痔"。《内经》也有用"白酒和桂，以涂风中血脉"的记载。晋、唐以后，随着针灸学的迅速发展，一些医家把外敷法和经络孔穴的特殊功能结合起来应用，创造了穴位敷药法，大大提高了临床疗效。

到了明、清，穴位敷药法有了进一步发展，应用范围不断扩大，如明代李时珍的《本草纲目》附方中，就有不少穴位敷贴药疗法，其中如吴萸贴足心治疗口舌生疮至今仍沿用；清代吴尚先广泛搜集、整理前人外治法经验，记载外敷方药近 200 首，涉及内、外、妇、儿、五官等科病症几十个。

一、敷贴的作用

穴位贴敷法既有穴位刺激作用，又通过皮肤组织对药物有效成分的吸收，发挥明显的药理效应，因而具有双重治疗作用。穴位作用：运用穴位贴敷疗法，刺激和作用于体表腧穴相应的皮部，通过经络的传导和调整，纠正脏腑阴阳的偏盛或偏衰，"以通郁闭之气……以散瘀结之肿"，改善经络气血的运行，对五脏六腑的生理功能和病理状态，产生良好的治疗和调整作用，从而达到以肤固表，以表托毒，以经通脏，以穴驱邪和扶正强身的目的。

药效作用：贴敷药物直接作用于体表穴位或表面病灶，使局部血管扩张，血液循环加速，起到活血化瘀、清热拔毒，消肿止痛，止血生肌，消炎排脓，改善周围组织营养的作用。还可使药物透过皮毛腠理由表入里，通过经络的贯通运行，联络脏腑，沟通表里，发挥较强的药效作用。

穴位贴敷作用于人体主要表现是一种综合作用，既有药物对穴位的刺激作用，又有药物本身的作用。几种治疗因素相互影响、相互补充，发挥整体叠加治疗作用。首先是药物的温热刺激对局部气血的调整，而温热刺激配合药物外敷必然增加了药物的功效，多具辛味的中药在温热环境中特别易于吸收，由此增强了药物的作用、药物外敷于穴位上则刺激了穴位本身，激发了经气，调动了经脉的功能，使之更好地发挥了行气血、营阴阳的整体作用。

二、敷贴的方法

（一）方药的选择

凡是临床上有效的汤剂、方剂，一般都可以熬膏或为研末用作穴位贴敷来治疗相应疾病。但与内服药物相比，贴敷用药多有以下特点：

(1)应有通经走窜、开窍活络之品。现在常用的这类药物有冰片、麝香、丁香、花椒、白芥子、姜、葱、蒜、肉桂、细辛、白芷、皂角等。

(2)多选气味俱厚之品,有时甚至选用力猛有毒的药物。如生南星、生半夏、川乌、草乌、巴豆、斑蝥、附子、大戟等。

(3)补法可用血肉有情之品。如羊肉、动物内脏、鳖甲等。

(4)选择适当溶剂调和贴敷药物或熬膏,以达药力专、吸收快、收效速的目的。

醋调贴敷药,而起解毒、化瘀、敛疮等作用,虽用药猛,可缓其性;酒调贴敷药,则起行气、通络、消肿、止痛等作用,虽用缓药,可激其性;水调贴敷药,专取药物性能;油调贴敷药,可润肤生肌。常用溶剂有水、白酒或黄酒、醋、姜汁、蜂蜜、蛋清、凡士林等。此外,还可针对病情应用药物的浸剂作溶剂。

(二)穴位的选择

穴位贴敷疗法的穴位选择与针灸疗法是一致的,也是以脏腑经络学说为基础,通过辨证选取贴敷的穴位,并力求少而精。此外,还应结合以下选穴特点:

(1)选择离病变器官、组织最近和最直接的穴位贴敷药物。

(2)选用阿是穴贴敷药物。

(3)选用经验穴贴敷药物,如吴茱萸贴敷涌泉穴治疗小儿流涎;威灵仙贴敷身柱穴治疗百日咳等。

(三)贴敷的方法

根据所选穴位,采取适当体位,使药物能敷贴稳妥。贴药前,定准穴位,用温水将局部洗净,或用乙醇棉球擦净,然后敷药。也有使用助渗剂者,在敷药前,先在穴位上涂以助渗剂或助渗剂与药物调和后再用。

对于所敷之药,无论是糊剂、膏剂或捣烂的鲜品,均应将其很好地固定,以免移动或脱落,可直接用胶布固定,也可先将纱布或油纸覆盖其上,再用胶布固定。目前有专供贴敷穴位的特制敷料,使用固定都非常方便。如需换药,可用消毒干棉球蘸温水或各种植物油,或液状石蜡轻轻揩去粘在皮肤上的药物,擦干后再敷药。

一般情况下,刺激性小的药物,每隔 1～3 d 换药 1 次,不需溶剂调和的药物,还可适当延长至 5～7 d 换药 1 次;刺激性大的药物,应视患者的反应和发泡程度确定贴敷时间,数分钟至数小时不等,如需再贴敷,应待局部皮肤基本正常后再敷药。对于寒性病证,可在敷药后,在药上热敷或艾灸。

第四节　保健按摩法

按摩古称“按蹻”,是我国传统的养生保健方法之一。运用手和手指的技巧,按摩人体一定部位或穴位,从而达到预防、保健目的的养生方法,称保健按摩。由于保健按摩法简便易行,平稳可靠,所以受到养生家的重视,并将其作为益寿延年的方法,积累、整理、流传下来，成为深受广大群众喜爱的养生健身措施。

一、保健按摩的作用

保健按摩主要是通过对身体局部刺激，促进整体新陈代谢，从而调整人体各部分功能的协调统一，保持机体阴阳相对平衡，以增强机体的自然抗病能力，达到舒筋活血，健身、防病之效果。

1. 疏通经络，行气活血 《素问·血气形志篇》说"……经络不通，病生于不仁，治之以按摩"，《素问·调经论》也指出"神不足者，视其虚络，按而致之"。说明按摩有疏通经络之作用。由于按摩大多是循经取穴，按摩刺激相应穴位。因而，可使气血循经络运行，防止气血滞留，达到疏通经络，畅达气血之目的。从现代医学角度来看，按摩主要是通过刺激末梢神经，促进血液、淋巴循环及组织间的代谢过程，以协调各组织、器官间的功能，使机体的新陈代谢水平有所提高。

2. 调和营卫，平衡阴阳 营卫气血周流，则可贯通表里内外，脏腑肌腠，使全身成为一个协调统一的整体。营卫相通，气血调和，机体皆得其养，则内外调和，阴平阳秘。明代养生家罗洪在《万寿仙书》中说"按摩法能疏通毛窍，能运旋荣卫"。按摩就是依据中医理论原则，结合具体情况而分别运用不同手法，以柔软、轻和之力，循经络、按穴位，施术于人体，通过经络的传导来调节全身，借以调和营卫气血，增强机体健康。

由于保健按摩可行气活血，通调营卫阴阳。所以，按摩后血液循环加快，皮肤浅层的毛细血管扩张，肌肉放松，关节灵活，除感到被按摩部分具有温暖舒适的感觉外，也给全身带来一种轻松、愉快、舒适与灵活感，使人精神振奋，消除疲劳，久久行之，对保证身体健康具有重要作用。

二、保健按摩方法举例

保健按摩法多以自我按摩为主，简便易行，行之有效。现介绍一些简便有效的保健按摩法：

1. 熨目 操作方法：两手摩擦，搓热后，将手掌放于两眼之上，这就是熨目。如此反复熨眼 3 次。然后，用示指、中指、无名指轻轻按压眼球，稍停片刻。做熨目，宜在黎明时分。

功效主治：养睛明目。常做此法，可使眼睛明亮有神。"鸡鸣以两手相摩令热，以熨目，三行，以指抑目。左右有神光，令目明，不病痛。"

2. 摩耳 操作方法：两手掌按压耳孔，再骤然放开，连续做十几次。然后，用双手拇指、示指循耳郭自上而下至耳垂，揉搓按摩 20 次，以耳部感觉发热为度。

功效主治：常做此法，可增强听力，清脑醒神。

3. 摩腰 操作方法：身体微微前倾，双手置于背后，用手掌自上而下推按腰背部，直至臀部。每日数次，每次 5 min。

功效主治：活血强肾，缓解腰部肌肉紧张。对腰酸、腰痛、便秘、痛经有很好效果。对于骨质增生、椎间盘突出症、坐骨神经痛也有一定疗效。

4. 摩腹　操作方法：用手掌面按在腹部，先以顺时针方向摩腹30次，再以逆时针方向摩腹30次。立、卧均可。饭后，临睡前均可进行。

功效主治：饭后摩腹，有助消化吸收；临睡前摩腹，可健脾胃、助消化，并有安眠作用。

5. 捶背　操作方法：两腿开立，与肩同宽；全身放松，双手半握拳，自然下垂。转腰，两拳随腰部的转动，交替叩击腰背部及腹部。左右转腰一次，前后叩击2次，可连续做30～50转。叩击顺序，先下后上，再自上而下。

功效主治：腰背部为督脉和足太阳膀胱经循行之处，按摩、捶打背部，可促进气血运行，和调五脏六腑，舒筋通络，益肾强腰。

6. 摩涌泉　操作方法：涌泉穴在足底，位于足前部凹陷处，第2、3趾趾缝纹头端与足跟连线的前三分之一处。取坐位，蜷腿，身体稍向前倾，用左手握住左脚前端，右手拇指按摩左足涌泉穴30～50次；再用右手握住右脚前端，左手拇指按摩右足涌泉穴30～50次；按摩时，也可以用手掌反复摩搓，以足心感觉发热为度。此法适宜在临睡前或醒后进行。

功效主治：常摩涌泉穴，具有强肾、调肝、健脾、安眠等作用。适应于腰酸、失眠、遗尿等症。

三、常见疾病的按摩保健

（一）运动疲劳

运动疲劳多发于运动后几小时至1～2 d。表现为全身肌肉酸痛，僵硬无力，工作能力下降，个别人还会出现肌肉痉挛，俗称"抽筋"。运动疲劳的按摩可在休息或浴后进行，以全身按摩为主，结合局部重点施术，以四肢、项背为主，头部、胸腹为辅。

施术手法：

1. 分推印堂　受术者仰卧位，术者立于头前，双手拇指从印堂穴向左右分推至太阳穴，反复数次。再从印堂经神庭直推至风府穴，反复数次。

2. 按揉胸腹　体位同前，术者单手从上而下依次按揉璇玑、华盖、膻中、气海、俞府穴至腹股沟的中点，反复多次。

3. 推拿腿前侧　体位同前，术者双手在大腿的前内侧，前外侧，由上至下反复推拿，使僵硬的肌肉得以松解。

4. 揉搓背腰　受术者俯卧位，术者用双手提拿两侧肩井4～5次，然后用双手掌在背腰施揉搓法，由上至下，力量适中，力达肌肉，反复数次，注意勿搓伤皮肤。再用双手掌在大椎至八髎穴之间的棘骶中及两侧，依次稳力下按2遍。

5. 推拿腿后侧　体位同前，术者双手推拿大腿后侧，从上到下反复推拿。

6. 拍打背腰部及下肢　术者用手或拍打棒，由背部经腰部至双下肢，从上至下，以轻快柔和的手法反复拍打。背部宜轻，下肢宜重。

7. 抖双腿　术者用双手握住受术者的足踝部抖动。

此套手法在施术中，要根据被施术者的体质、年龄而有所不同，采用"虚则补之，实则泻之"的原则，轻缓为补，重快为泻，辨证施治，才能达到较佳的效果。

（二）精神疲劳

精神疲劳多因工作繁忙、精神紧张、用脑过度及睡眠不足等所致。其表现为头昏脑涨、头痛、精神不能集中、全身酸软等。精神疲劳的按摩施术以头部及相关穴位为主，手法宜轻、缓、稳，不宜经常变换体位，环境要安静，以能使受术者入睡为佳。

施术方法：

（1）受术者仰卧位，全身放松。

（2）术者用双手大鱼际轻轻缓推印堂至发际再向两侧分开推摩至太阳穴 8～10 次，每次之间停顿 5～10s，然后术者五指分开，由发际推擦至百会 5～6 次，每次间隔同样为 5～10s，反复操作数次。

（3）点按神门、内关、上脘、中脘、下脘、三阴交等穴，用力由轻到重，以受术者不感觉到疼痛为宜，停顿片刻后再慢慢抬手松开，每穴之间停顿 5～10s，如此时受术者已入睡即可停止操作，如仍未入睡，可采用俯卧位，轻摩背部或小腿后部肌肉，力度逐渐减轻，间隔时间逐渐延长，至入睡为止。

（三）肢节疲劳

肢节疲劳是指四肢的关节及其周围的软组织的疲劳。本症多由运动量过大，工作时间过长或长时间固定一个姿势所造成，如跑步、登山、提举物品、打球等。其症状是局部关节的酸、胀、痛、软、无力等。施术部位以其症状明显的关节部位为主，施术手法以开导放松关节软组织为主，结合关节的被动活动。

施术方法（以膝关节为例）：

（1）受术者取仰卧位，在腘窝处可置一枕头。先施推拿，按摩髌骨周围及大腿部肌肉处，反复操作数次，力量逐渐加大。

（2）术者手掌半握空拳，从大腿内、外侧，稳力挤压肌肉，以疏通髌骨及周围的气血，此法约 15 min。

（3）点按双侧膝眼、血海、阳陵泉、足三里，力量宜大。

（4）受术者被动屈伸膝关节，使股四头肌被动拉长，以利于膝部疲劳的恢复。

（5）最后施叩击法、大腿抖动法而结束治疗。

（四）周身乏力

周身乏力是指浑身疲困，行动无力，四肢酸懒。导致周身乏力的原因很多，这里所介绍的周身乏力，是指由于超负荷运动量所导致的过度疲劳及由于各种疾病如泻泄、高热等发病过程中所出现的症状。

施术手法：

（1）受术者取俯卧位，术者施抚摩法，从背部脊柱两侧，由上向下推摩至足跟部，反复操作 5～10 次。

（2）受术者取仰卧位，术者双掌心相搓至热，在腹部脐周围，沿顺时针方向，推摩 5 min。

（3）四肢施用循经按摩，用推、捏、滚手法。

(4)术者用双手拇指点按大椎、中脘、足三里、三阴交、内关、神门等穴。最后以双手掌重拍足三里而结束治疗。

(五)头昏背痛

头昏多指头晕眼花,轻者闭目即可减轻,重者可有站立不稳,恶心、呕吐等症状。背痛是指背部板滞疼痛,牵连后项,肩胛不舒,兼有恶寒者为冷风乘袭足太阳膀胱经,经脉涩滞,常见于伏案工作者的慢性劳损。头昏、背痛二者从表面上看互不相干,但在临床上二者常同时出现,如颈椎病等。

施术手法:

(1)受术者取俯卧位,术者以双手掌自太阳穴至风池穴(图 9-11),反复推揉 3～5 次。

(2)术者以双手五指交替抓拿头顶及侧头 3～5 次。

(3)术者以双手置背部脊柱两侧足太阳膀胱经自上而下,反复推揉 5～10 次。

(4)术者以双手握拳叩击背部疼痛部位数次,再以拇指拨弹背部痛点数次。

(5)点按太阳、百会、风池、肩井、大椎(图 9-12)、曲池、内关、足三里、太冲穴,每穴点按 1 min。

(6)术者以滚搓法,反复滚搓背部足太阳膀胱经而结束本手法治疗。

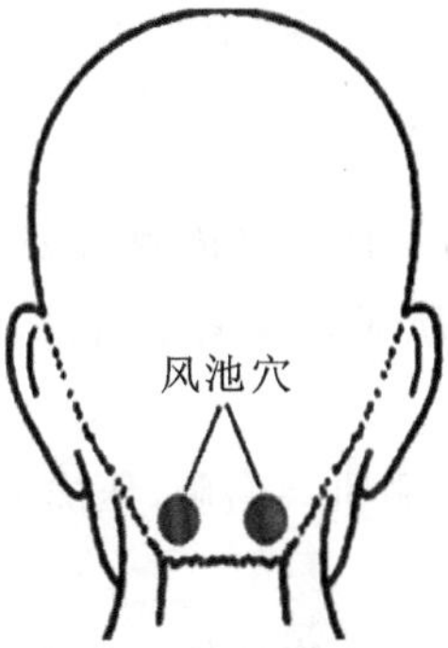

图 9-11 风池穴

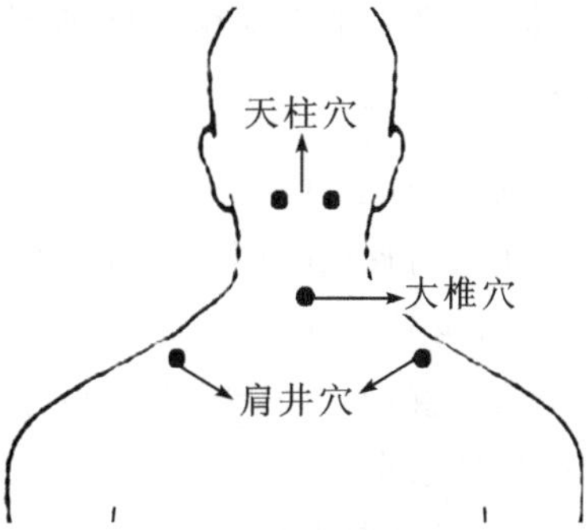

图 9-12 大椎穴

(六)肩周炎(五十肩)

中医认为本病多因年老体弱,气血不足,筋脉失于濡养,或汗出受风,睡卧露肩,外感风寒及上肢外伤后固定时间太长,造成肩关节功能障碍。肩周炎一般发生于 50 岁左右的中年人,又称"五十肩"。

肩周炎早期局部常感酸痛,关节有僵硬感,活动范围逐渐受限。穿衣、梳头疼痛加重,夜间常常疼痛而影响睡眠,此时如不及时治疗,肩部肌肉可逐渐萎缩,弹性减弱,关节周围组织发生粘连,好像冻凝在一起,所以又称"冻结肩"。

施术方法:

(1)受术者取坐位,年老体弱者可取仰卧位。术者立于患侧,一手握患肢腕部,另一手轻搓轻揉肩峰及上肢,待有温热感后,小加大力量约 10 min。

(2)点掐揉肩、肩髃(图 9-13)、养老穴(图 9-14),风寒者加条口穴。

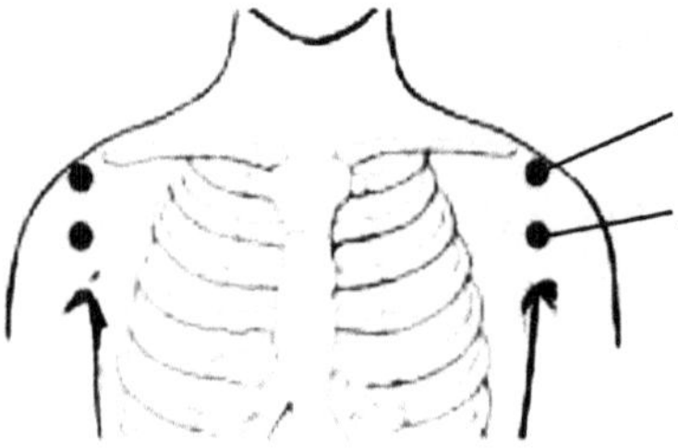

图 9-13　肩髃穴

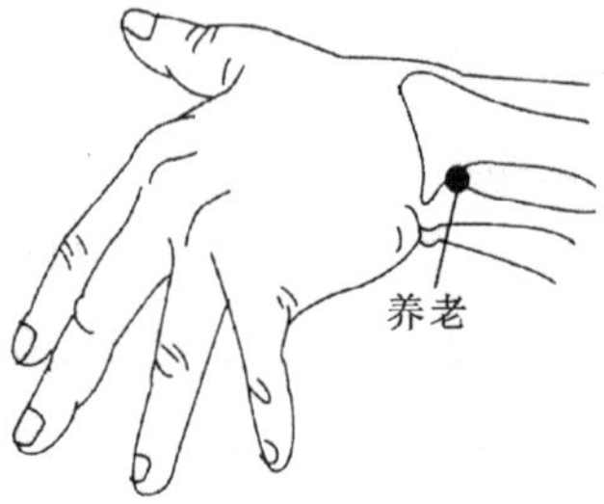

图 9-14　养老穴

（3）术者一手握腕部，一手固定于肩部行拔晃法，幅度逐渐加大，以缓解肩部的粘连，同时配合一些拍、叩手法，击打患处 5～7 min。

（4）令患肢搭对侧肩，术者推其肘部，以解除肩前部的粘连导疼痛，往往能收到立竿见影之效，同时配合患肢的被动活动，反复数次。最后用双手抱揉肩部及推搓手法，使肩部有发热感。

施术要点：

（1）施术手法宜先轻后重，避免暴力。

（2）循序渐进，嘱受术者配合治疗，坚持活动。

（七）落枕

落枕为常见病，多于晨起后发现颈部一侧疼痛，转动不便。多因睡眠姿势不良或枕头过高、过低，使肌肉较长时间维持在过度伸展位，造成颈部肌肉痉挛所致。轻者 2～4 日即可自愈，重者可延续数周。

表现为颈项强直，不可转头，常需和躯干一同旋转，一侧肌肉僵硬，压痛明显，有时可触及一高起的痛性条索。

施术方法：受术者取坐位，术者立于其后。先用揉捏法自枕骨处向大椎方向进行揉捏，以松懈痉挛的肌肉，5～10 min。随即点压合谷、肩井及落枕穴（图 9-15），前后受限者加大椎穴，左右活动受限者同时点揉天柱穴（图 9-16）。再以一手托下颌部，另一手固定枕骨处，稳力向上牵引颈部。同时停顿 5～10 s。最后用拍、击、叩三种手法叩击双侧肌肉，风寒重的以拍击为主，力量要作用在浅层，使肩部发热。

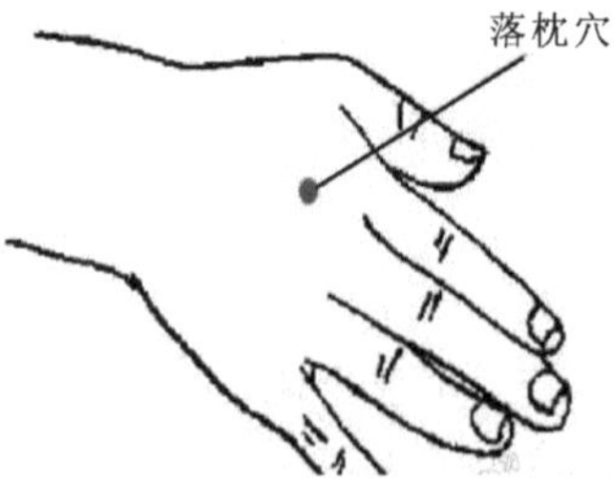

图 9-15　落枕穴

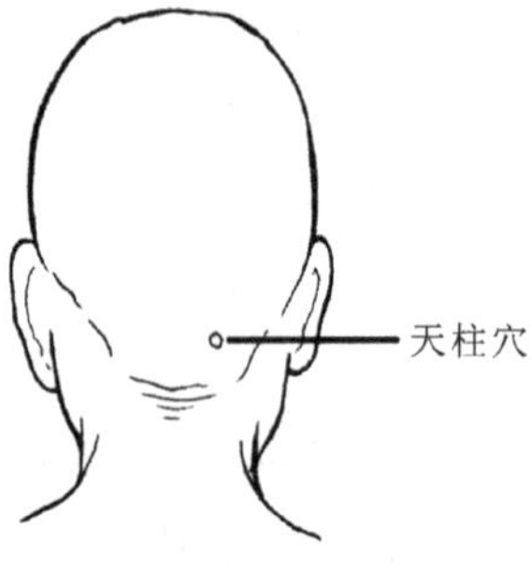

图 9-16　天柱穴

（八）腰腿痛

腰腿痛为多发病，病因复杂，如泌尿系统肿瘤与炎症、妇科中的附件炎等。还有骨伤科的第三腰椎横突症、腰椎间盘突出症、坐骨神经痛、腰椎骨质增生、慢性腰肌劳损、梨状肌损伤及风湿病等，所以对腰腿痛的患者，一定要仔细地询问病史、发病原因及治疗经过，同时进行一般的体格检查，查看有无棘突的凹陷及突出，腰的功能情况，有无侧弯畸形及腰部的压窜痛，如有下列情况，应建议患者做进一步检查。

（1）棘突凹陷及后突或不明肿物。

（2）双侧下肢放射痛。

（3）大小便功能减弱者。

（4）有结核病病史者。

施术手法：

（1）侧扳法。患者侧卧位。术者一手扶住髋部，另一手扶住肩部，令其放松腰部，双手同时向相反方向用力，使腰椎小关节发生扭转，常可听到清脆的响声。

（2）屈晃法。令患者仰卧位，屈髋屈膝，术者一手扶于膝部，用力晃动腰部数次。

（3）压按法。患者俯卧位，术者双手重叠，按于患处，逐渐向下用力，待患者产生抵抗力后，再猛烈上提松手，利用前纵韧带及周围肌肉的反作用力，使错动的小关节复位。

（4）拨、弹法。如梨状肌损伤引起腰腿疼，局部施用此手法，使之复位。

（5）点按法。点按环跳、委中、承筋、承山、跗阳、昆仑、申脉等穴，整个治疗时间不宜过长，以 15～30 min 为好。

（九）足跟痛

足跟痛以中老年人多见，体型肥胖的女性易患此症，多逐渐发病，一般无明显受伤史，其症状为局限性足跟痛，尤以晨起床后行走时疼痛剧烈，行走一段路后疼痛反而减轻，休息后疼如前。

中医认为，此病为肝肾亏损。肝主筋、肾主骨，肝虚无以养筋肾虚无以生骨，肾之经脉绕行足跟。现代医学认为足跟痛多为趾骨骨刺刺激了周围的软组织而产生无菌性的炎症，以及跟骨结节处的滑囊和跖腱膜的反复牵拉而形成的慢性劳损。推拿治疗主要是刺激骨刺周围的软组织，使其对疼痛逐渐适应，而不能使骨刺消失。

施术方法：

（1）受术者俯卧位。用推法在足跟及足底反复推揉使其发热同时松解足底部的肌肉。

（2）点按法体位同前，术者用双手拇指在痛点处用力点按。反复数次。

（3）搓法反复在足底部搓揉，同时牵拉各足趾关节及足底部肌肉。

注意：术后宜穿软底鞋。

（十）踝关节扭伤

踝关节扭伤在体育运动及日常生活中非常多见，如从高处落地，站立不稳，或行走时踏在高低不平的路上而造成损伤。轻者可造成韧带的部分撕裂，重者造成韧带的全部断裂或踝部的撕脱骨折。对于新发生的急性损伤,一定要在排除韧带的全部断裂及骨折后方可施术。早期按摩手法宜轻,时间宜短,以免加重损伤,加重局部的瘀血肿胀。

1. 急性损伤的施术方法

(1)拔伸复位法　受术者侧卧位,损伤侧在上。术者两手从前后握住踝关节,沿小腿纵轴方向稳力牵引约 1 min,起到纠正错位,分筋、理筋的作用。

(2)点按法　术者用双手拇指从内外侧踝部点按肿胀的踝关节,使瘀血向四周扩散,起到止痛、防肿胀的目的,再被动屈伸踝关节 4～5 次。

(3)对合挤压法　术者以双手掌置踝关节内外侧,两手同时用力挤压受伤部位。用力程度以患者能耐受为度。术后可用棉花、绷带加压包扎固定。

2. 陈旧性损伤的施术方法　可用推摩揉等手法,以肿胀为中心,向四周反复推揉,以利于气血的运行,同时点揉解溪、绝骨、金门等穴,并配合热疗及功能锻炼。

第十章　中医食疗养生

中医食物疗法，简称食疗，它是在中医基础理论指导下，应用食物及药物来防治疾病、保健强身、延年益寿以及促进机体康复的一种方法。食疗是中华民族历经数千年不断摸索、积累而逐渐形成的独具特色的文化遗产。近代医家认为食物本身就有“养”和“治”两方面的作用，且具相对安全性。张锡纯在《医学衷中参西录》中曾指出，“食物患者服之，不但疗病，并可充饥；不但充饥，更可适口。用之对症，病自渐愈；即不对症，亦无他患”。随着社会经济的发展和人们物质生活水平的提高，人们越来越意识到健康的饮食结构不仅能维持人体正常的生理功能，合理的使用更能祛病强身、延年益寿。中医食疗的形式是多种多样的，其中使用最多的是汤、粥、茶、酒等。

第一节　概　　述

一、药食同源

中药与食物的根源是相通的，药食同源指的是许多食物即药物，它们之间并无绝对的分界线，食物和药物一样能够防治疾病。“药食同源”思想最早来源于《淮南子·修务训》记载：“神农尝百草之滋味，水泉之甘苦，令民知所避就。当此之时，一日而遇七十毒。”可见神农时代药与食不分，无毒者可就，有毒者当避。我国自古就有“寓医于食”“医食同源”之说。“食疗”，即食物疗法或饮食疗法，根据各人不同的体质或不同的病情，选取具有一定保健作用或治疗作用的食物，通过合理的烹调加工，成为具有色、香、味、形的美味食品。“食疗”既是美味佳肴，又具有养身保健、防病治病的功效，能吃出健康、益寿延年。我们的祖先把“美食养身”和“防病治病”两者相互结合，能补能治，创造了“中国食疗学”。

二、食物的四性五味

我国古代就有“药食同源”之说，许多食物即药物，它们之间并无绝对的分界线，古代医学家将中药的“四性”“五味”理论运用到食物之中，认为每种食物也具有“四性”“五味”。

“四性”又称为“四气”，即寒、热、温、凉。寒和凉的食物能起清热、泻火、解毒的作用，如在炎热的夏季选用菊花茶、绿豆汤、西瓜汤、荷叶粥等，可清热解暑、生津止渴等。热和温的食物能起温中除寒的作用，如严冬季节选用姜、葱、蒜之类的食物，以及狗肉、羊肉等，能除寒助阳、健脾和胃、补虚。温性食物可以使身体产生热能、增加活力，改善其已衰退、萎缩、贫血之身体机能，若热性体质者食用则会产生兴奋过度或机能亢进，而造成失眠、红肿、充血、便秘之情形；而凉性食物则可对精神有镇静效果，对身体有清凉及消炎之作用，可以改善已呈亢进之机能，消除不眠，肿胀，炎症等症状，若寒性体质者过度食用则会使冷症及贫血之症状更严重。

温性食物：葱、大蒜、辣椒、姜、胡椒等辛辣调味料，南瓜、韭菜、大头菜、荔枝、番石榴、木瓜等。凉性食物：芹菜、菠菜、白菜、空心菜、番茄、萝卜、丝瓜、苦瓜、黄瓜、海带、西瓜等。食物除“四性”外，尚有性质平和的“平性”食物，如谷类的米、麦及豆类等。

“五味”即辛、甘、酸、苦、咸。食物的性味不同，对人体的作用有明显区别。辛味食物：祛风散寒，舒筋活血，行气止痛，生姜，发汗解表，健胃进食；胡椒，暖肠胃、除寒湿；韭菜，行瘀散滞，温中利气；大葱，发表散寒。甘味食物：补养身体，缓和痉挛，调和性味。

淮山药，味甘，性平，归脾，肺，肾经。补脾养胃，生津益肺，补肾涩精。能增强抵御疾病的能力，加速受损组织的修复，并能预防和减缓恶性肿瘤、糖尿病、动脉硬化、心脏病、肥胖、老年痴呆症等。

三七，散瘀止血，消肿定痛。用于咯血，吐血，衄血，便血，崩漏，外伤出血，胸腹刺痛，跌扑肿痛。有益气养血、治疗崩漏、产后虚弱、自汗、盗汗、有滋阳强壮作用。也治疗老年人的头风痛、腰肌酸软无力等症。

枸杞，滋补肝肾，益精明目。用于虚劳精亏，腰膝酸痛，眩晕耳鸣，内热消渴，血虚萎黄，目昏不明。

黄芪，补气固表，排脓，敛疮生肌。用于气虚乏力，食少便溏，中气下陷，久泻脱肛，便血崩漏，表虚自汗，气虚水肿，痈疽难溃，久溃不敛，血虚萎黄，内热消渴。

山楂，消食健胃，行气散瘀。用于肉食积滞，胃脘胀满，泻痢腹痛，瘀血经闭，产后瘀阻，心腹刺痛，疝气疼痛。

当归，补血活血，调经止痛、润肠通便。用于血虚萎黄，眩晕心悸，月经不调，经闭痛经，虚寒腹痛，肠燥便秘，风湿痹痛，跌扑损伤，痈疽疮疡。酒当归活血通经，用于经闭痛经，风湿痹痛，跌扑损伤。

天麻，润而不燥，主入肝经，能养血息风，可治疗血虚肝风内动的头痛、眩晕，亦可用于小儿惊风、癫痫、破伤风。还用于风痰引起的眩晕、偏正头痛、肢体麻木、半身不遂。

龙眼，补益心脾，养血安神。用于气血不足、心悸怔忡、健忘失眠、血虚萎黄。

百合养阴润肺，清心安神。用于阴虚久咳，痰中带血，虚烦惊悸，失眠多梦，精神恍惚。

玉米须，须味甘、淡，性平，归肾、肝、胆经。质轻渗降；具有利尿消肿，平肝利胆的功效；主治水肿，小便淋沥，黄疸，胆囊炎，胆结石，高血压病，糖尿病，乳汁不通。有利尿降压功能。

红豆，味甘，性平。能健脾利湿，散血，解毒。用于水肿、脚气；产后缺乳，腹泻、黄疸或小便不利；痔疮，肠痈。

罗汉果，性甘凉，清热润肺止咳通便。

紫苏，味辛，性温，归脾、肺经。紫苏叶、紫苏梗均有辛温发散、理气宽胸的作用，但紫苏叶偏于解表散寒、行气和胃；紫苏梗则长于理气宽胸、止痛安胎。

甘草，补脾益气，清热解毒，祛痰止咳，缓急止痛，调和诸药。用于脾胃虚弱，倦怠乏力，心悸气短，咳嗽痰多，脘腹、四肢挛急疼痛，痈肿疮毒，缓解药物毒性、烈性。

三、药食兼用中药目录

《神农本草经》将药品分为上、中、下三品，其中上中品多是补养的药物。《伤寒杂病论》113 方中广泛使用的既是食品又作药用的有大枣、甘草、茯苓、粳米、葱白、生姜、干姜、五味子、阿胶、土瓜根、蜂蜜。《金匮要略》262 首方剂中除应用上述药物外，更有当归、羊肉、猪油等。

药食同源是指具有传统食用习惯，且被列入国家中药材标准（包括《中华人民共和国药典》及相关中药材标准）中的动物和植物可使用部分（包括食品原料、香辛料和调味品）。

国家卫计委 2017 年发布《按照传统既是食品又是药材物质目录管理办法》征求意见稿，在之前被列入《既是食品又是药品的物品名单》的 86 种药食同源目录基础上，新增加 15 种药食同源品种。

86 种药食同源品种：丁香、八角茴香、刀豆、小茴香、小蓟、山药（薯蓣）、山楂（山里红）、马齿苋、乌梅、木瓜（贴梗海棠）、火麻仁（大麻）、代代花、玉竹、甘草、白芷、白果（银杏）、白扁豆、白扁豆花、龙眼肉（桂圆）、决明子、百合（卷丹）、肉豆蔻、肉桂、余甘子、佛手、杏仁（苦、甜）、沙棘、芡实、花椒（青椒）、赤小豆、麦芽（大麦）、昆布（海带）、枣（大枣、黑枣）、罗汉果、郁李仁、金银花（忍冬）、青果（橄榄）、鱼腥草（蕺菜）、姜（生姜、干姜）、枳椇、枸杞子、栀子、砂仁、胖大海、茯苓、枸橼、香薷、桃仁、桑叶、桑葚、橘红、桔梗、益智仁、荷叶、莱菔子（萝卜）、莲子、高良姜、淡竹叶、大豆、菊花、菊苣、黄芥子、黄精、紫苏、葛根、黑芝麻、黑胡椒（胡椒）、槐花、蒲公英、榧子、酸枣、鲜白茅根、鲜芦根（芦苇）、橘皮（或陈皮）、薄荷、薏苡仁、薤白、覆盆子、藿香、乌梢蛇、牡蛎、阿胶、鸡内金（家鸡）、蜂蜜、蝮蛇（蕲蛇、五步蛇）。

新增加的 15 种药食同源品种：人参、山银花、芫荽、玫瑰花、松花粉、粉葛、布渣叶、夏枯草、当归、山柰、西红花、草果、姜黄、荜茇。

明确不是普通食品原料的中药：西洋参、鱼肝油、灵芝（赤芝）、紫芝、冬虫夏草、莲子心。

第二节　养　生　汤

养生汤是中医饮食保健的一大特色，以食疗汤疗强身，从营养学角度讲比普通食品更优越。中医历来提倡药补不如食补，食补取材方便，作用平和，副作用小，便于长期食用，运用得当，往往还能起到药物起不到的作用。药汤药性较强，味重，甚至还有些副作用，而养生汤大多以药食两用药材与食物同煮，既有食物之鲜美可口，又无药物之苦，因此受到广大人民群众的欢迎。

一、养生汤制作注意事项

（一）注意水和原料的比例

通常用水量是熬汤主要食品重量的3倍。煲汤时应让汤料与冷水共同受热，不宜用沸水煲汤，中途也不宜添加冷水，应使汤料中的营养物质缓慢地溢出，最终达到汤色清澈、汤味醇厚的效果。

（二）注意时间

质地清轻、气味芳香的药食不宜久煎，以免降低药效；而一些营养滋补类药食及质地坚硬厚实的药食，煎煮时间宜长，需旺火煎沸后用文火慢慢烹制，以使营养成分充分析出。大多数汤品以1～2 h为宜，肉类则以2～3 h为最，能熬出鲜醇风味。

（三）注意药物的配伍禁忌

养生汤中所用的中药，应按中医的传统要求，进行合理的加工炮制，同时还要注意药物与药物之间的配伍禁忌，不至于出现差错或影响效果。要注意掌握所用药物的配伍禁忌，一般参照“十八反”“十九畏”。注意有些剧毒药物不宜供内服使用。

（四）关于调味用料投放顺序的问题

注意熬汤时不宜先放盐，因为盐会使原料中水分排出，蛋白质凝固，鲜味不足。汤中适量放入味精、香油、胡椒、姜、葱、蒜等调味品，使其味道更加鲜美，但注意不宜用量太多，以免影响汤的原味。

最后还应注意，无论煲汤的时间有多长，肉类的营养也不能完全溶解在汤里，所以喝汤后还要适量吃肉。

二、常用养生汤

（一）补气类

1. 羊肉山药汤（《饮膳正要》）

组成：羊肉500 g，山药150 g，黄酒20 g，葱15 g，姜10 g。

制作方法：羊肉洗净，入开水锅中焯去血水，洗净，切片。将羊肉片、山药片放入砂锅，加水适量，放入姜、葱、黄酒及胡椒粉等佐料，同煮至羊肉熟透。

功效：补益脾肾。适用于治疗脾肾虚弱所致的少食、倦怠、便溏、肺虚久咳、妇女白带过多、小儿营养不良。

用法：食用时，可分餐食肉，喝汤。

2. 人参汤（《饮膳正要》）

组成：新罗参10 g，橘皮3 g，紫苏叶6 g，砂糖30 g。

制作方法：以水适量，煎15～30 min，去渣澄清。

功效：顺气开胸、止渴生津。适用于气虚所致的胸、胃、腰虚胀，口渴又不欲多饮之证。尤其适用于年老体弱者饮用。

用法:频频饮汤,每日1剂。

3. 十全大补汤(《民间方》)

组成:党参、炙黄芪、炒白术、酒白芍、茯苓各10 g,肉桂3 g,熟地、当归各15 g,炒川芎、炙甘草各6 g,墨鱼、猪肚各50 g,猪肉500 g,生姜30 g,猪杂骨、葱、料酒、花椒、食盐各适量。

制作方法:以上中药装入纱布袋内,扎口备用。将猪肉、墨鱼、猪肚洗净;猪杂骨洗净、捶破;生姜拍破备用。将猪肉、墨鱼、猪肚、猪杂骨、药袋放入砂锅内,加水适量,放入葱、生姜、花椒、料酒、食盐。置武火上烧沸后,用文火煨炖,待猪肉、猪肚熟烂时捞起切条,再放入汤中,捞出药袋不用。

功效:气血双补。适用于气血俱虚或久病体虚、面色萎黄、精神倦怠、腰膝乏力等症。

用法:服用时将汤和肉装入碗内后,加少许味精,食肉喝汤。早晚各一碗,每日两次。全部服完后,隔5日再服。

注意:风寒感冒者忌服。

4. 八珍汤(《太平惠民和剂局方》)

组成:人参(去芦)6 g,肉桂(去皮)3 g,川芎6 g,干熟地黄12 g,茯苓9 g,白术9 g,甘草(炒)3 g,黄芪12 g,当归(去芦)12 g,白芍药9 g。

制作方法:取一副八珍汤药材用清水洗干净,向洗好的药材中加3碗清冷水,先浸泡20～30 min(3碗水浸泡后不能倒掉),煎出来的药效更好。先大火烧沸,再用小火慢煎(小火可以保持里面的药汤继续沸腾即可),小火慢煮大约30 min,煎剩一碗,倒出药汤。这时,第一遍药汤熬煮完成。药渣加水2碗,大火烧沸,再用小火慢煎25 min,煎剩一碗,倒出药汤。这时,第二遍药汤熬煮完成。药渣加水2碗,大火烧沸,再用小火慢煎20 min,煎剩一碗,倒出药汤,这时第三遍药汤熬煮完成,也意味着一副八珍汤的三遍熬煮已经完成。

功效:气血双补八珍汤,四君四物合成方,煎加姜枣调营卫,气血亏虚服之康。适用于气血两虚证:面色萎黄,倦怠食少,头晕目眩,神疲气短,心悸怔忡,自汗盗汗,四肢不温,舌淡,脉细弱,以及妇女崩漏,月经不调,疮疡不敛等。

用法:将上面三遍熬好的药汤混合均匀,每次一碗,早中晚各一次。

(二)补血类

1. 归参炖母鸡(《乾坤生意》)

组成:当归15 g,党参15 g,母鸡1只(乌骨鸡尤佳),葱、生姜、料酒、食盐各适量。

制作方法:母鸡宰杀后,去毛和内脏,洗净。将当归、党参放入鸡腹内,再把鸡放入砂锅,加入葱、生姜、料酒、食盐、清水各适量。将砂锅置武火上烧沸,改用文火煨炖,直到鸡肉烂熟即成。

功效:益气养血,健脾温中。适用于肝脾血虚之慢性肝炎和各种贫血。

用法:食用时,可分餐食肉喝汤。

2. 花生衣红枣汁(《民间方》)

组成:花生米100 g,干红枣50 g,红糖适量。

制作方法：花生米洗净，用温水泡半小时，取皮。干红枣洗净后温水泡发，与花生衣同放砂锅内，并倒入泡花生米的水。然后加清水适量，烧开后，再小火煎半小时。捞出花生衣，在汤内加适量红糖即成。

功效：养血补血。适用于身体虚弱，产后、病后血虚，营养不良性贫血。

用法：每日3次，饮汤、食枣。

3. 天麻炖鸡汤(《民间药膳方》)

组成：天麻片10 g，老母鸡1只，生姜3片。

制作方法：将天麻洗净，生姜洗净切丝，老母鸡杀后去毛及内脏，填入天麻片和姜丝于鸡腹中。把鸡放入炖锅内，加清水适量。武火煮沸，再改用文火炖至熟烂即可。

功效：补血和血、熄风。用于病后虚弱、眩晕反复发作。

用法：分数次饮汤食鸡肉。可每周1汤，连用3周。

4. 四物汤(《太平惠民和剂局方》)

组成：熟地12 g，当归10 g，白芍12 g，川芎8 g。

制作方法：将四种中药按剂量配好，放到盆里面用温水浸泡过夜，锅里面放上大概600 mL的水，冷水下锅，不要舍弃浸泡中药的水，小火煮30 min，滤出来之后向药渣中加入400 mL水，小火煮20 min，混合到一起即可。

功效：补血配活血，动静相伍，补调结合，补血而不滞血，行血而不伤血。适用于营血虚滞证：心悸失眠，头晕目眩，面色无华，妇人月经不调，经量少或闭经，表现为舌淡、脉细弦或细涩。

用法：不拘时候温服。

(三)补阳类

1. 泥鳅虾汤(《补药和补品》)

组成：泥鳅200 g，虾50 g，料酒、姜、盐、味精各适量。

制作方法：将泥鳅放清水中，滴几滴植物油，每日换清水，让泥鳅吃油及清水后，排去其肠内粪物。泥鳅和虾煮汤，加料酒、姜片，煮至泥鳅熟，加盐和味精调味即可。

功效：补肾阳。适用于肾虚所致的阳痿。

用法：每日1料。喝汤，食泥鳅和虾。

2. 冬虫夏草炖黄雀(《民间验方》)

组成：冬虫夏草6 g，黄雀2只，生姜2片。

制作方法：将黄雀去毛和内脏，洗净，切块。将冬虫夏草、生姜片和黄雀块放入瓦锅内，加水适量，文火炖2～3 h，以黄雀肉烂为度。

功效：补脑振阳，填精益髓。适用于中老年人阳气衰败、肾经亏损所致的身体虚弱、阳痿、早泄、性功能低下等。

用法：将汤和肉一起服食。

3. 复原汤(《民间验方》)

组成：瘦羊肉500 g，羊脊骨一具，淮山药50 g，肉苁蓉20 g，菟丝子10 g，核桃仁2个，葱白3根，生姜、花椒、料酒、胡椒粉、八角、食盐各适量。

制作方法：将羊脊骨剁成数节，用清水洗净；洗净羊肉，焯去血水，再洗净，切成 5 cm 厚的条块；将淮山药、肉苁蓉、菟丝子、核桃仁用纱布袋装好扎紧；生姜拍破；葱切断。然后将中药及食物同时放入砂锅内，注清水适量，武火烧沸，弃去浮末；再放入花椒、八角、料酒，文火继续煮，炖至肉烂，出锅装碗，加胡椒粉、食盐调味，即可食用。

功效：温补肾阳，适用于肾阳不足、肾精亏损之耳鸣眼花、腰膝无力等症。

用法：每日 1 料。佐餐食。

（四）补阴类

1. 黄酒核桃泥汤（《本草纲目》）

组成：核桃仁 5 个，白糖 50 克，黄酒 250 mL。

制作方法：核桃仁和白糖放在蒜罐或瓷碗中，用擀面杖碎成泥，再放入锅中。在锅内加黄酒 250 mL，用小火煮 10 min。

功效：滋阴补肾，安神。可治疗神经衰弱、头痛、失眠、健忘、久喘、腰痛，以及习惯性、老年性便秘。

用法：每日食用 2 次。

2. 冰糖黄精汤（《闽东本草》）

组成：黄精 30 g，冰糖 50 g。

制作方法：先将黄精洗净，用冷水泡发 3～4 h，然后将黄精捞起放入锅内，再放冰糖屑和清水适量，武火煮沸后，转用文火煨熬，直至黄精熟烂即成。

功效：滋阴，润心肺。适用于身体虚弱、肺虚咳嗽、肺结核或支气管扩张、低热、咯血及妇女低热、白带等症。

用法：食黄精，喝汤，每日 2 次。

3. 牛骨枸杞胡萝卜汤（《民间药膳方》）

组成：牛骨头 250 g，枸杞子 50 g，胡萝卜 150 g。

制作方法：将牛骨头砸碎，胡萝卜洗净切块，枸杞子洗净。同置锅中，加水适量。武火煮沸，再改用文火熬制，使骨髓充分溶解于汤中，调味即可。

功效：填精益髓，养血荣发。用于精血亏虚所致的头发易裂、易断、易脱。

用法：饮汤，食枸杞子，胡萝卜。此方可作为家庭便菜。

4. 乌鸡汤（《民间汤》）

组成：雄乌骨鸡 500 g，陈皮 3 g，良姜 3 g，胡椒 6 g，草果 2 枚，葱、醋适量。

制作方法：将鸡切块，与上述各味同煮，文火炖烂。

功效：温中健胃，补益气血。适用于气血双亏的妇女痛经。

用法：食肉，喝汤。每日 2 次。

（五）调理脾胃

1. 大麦汤（《饮膳正要》）

组成：草果 5 个，羊肉 1 500 g，大麦仁 500 g，食盐适量。

制作方法：将大麦仁用开水淘洗净，放入砂锅内，加水适量，先用武火烧沸，再用文火煮熟。把羊肉洗净，与草果一同放入铝锅内，加水适量熬煮，然后把羊肉、草果捞起，将汤与大麦仁粥合并，再用文火炖熬熟透。将羊肉切成小块，放入大麦汤内，加盐少许，调匀，即可食用。

功效：温中下气，暖脾胃，消腹胀。适用于脾胃虚寒之腹胀、腹痛等症。

用法：可随时应用。

2. 四和汤(《饮膳正要》)

组成：白面 500 g，芝麻 500 g，茴香 50 g，盐 20 g。

制作方法：将以上原料分别炒熟，研为细末，调匀备用。

功效：祛寒止痛，调和脾胃。适用于腹内冷痛、痛经、疝痛。

用法：每日空腹时，以白开水冲适量，调匀食用。

3. 鲫鱼羹(《饮膳正要》)

组成：荜茇 10 g，缩砂仁 10 g，陈皮 10 g，大鲫鱼 1 000 g，大蒜头 2 头，胡椒 10 g，葱、食盐、酱油、泡辣椒、菜油各适量。

制作方法：将鲫鱼去鱼鳞、鳃和内脏，洗净；在鲫鱼腹内，装入陈皮、缩砂仁、荜茇、大蒜、胡椒、泡辣椒、葱、食盐、酱油备用。在锅内放入油菜烧开，将鲫鱼放入锅内煎熟，再加入水适量，炖煮成羹即成。

功效：醒脾暖胃。适用于脾胃虚寒之慢性腹泻、慢性痢疾等症。

用法：空腹食之。

(六)止咳化痰

1. 鸡蛋豆浆(《本草纲目拾遗》)

组成：生鸡蛋 1 个，浓豆浆(滚沸)300 mL。

制作方法：将生鸡蛋 1 个打入大碗中并搅开，以滚沸的浓豆浆冲入碗中，调蜂蜜或白糖食用。

功效：益肺养胃，宁咳补虚。适用于体虚久咳的老人日常食用，或作慢性肺部疾病的康复治疗。

用法：每日 1 料。

2. 川贝雪梨猪肺汤(《民间方》)

组成：川贝 10 g，雪梨 3 个，猪肺 100 g。

制作方法：将猪肺洗净、切块，雪梨洗净，去核，每个连皮切 4 块，川贝打碎。将全部用料放入砂锅内，加水适量，武火煮沸后，文火煲 2 h，调味即可食用。

功效：润肺化痰，止咳。适用于燥热伤肺，肺津不足，症见咳嗽痰稠、咳痰不爽、咽干口渴。

用法：饮汤，食猪肺、雪梨。

3. 蜜枣甘草汤(《民间方》)

组成：蜜枣 8 枚，生甘草 6 g。

制作方法：将蜜枣、生甘草加清水 2 碗煎至 1 碗，去渣。

功效：补中益气，解毒润肺，止咳化痰。适用于慢性支气管炎咳嗽、咽干喉痛、肺结核咳嗽等症。

用法：每日 2 次，饮服。

(七)祛风湿类

1. 木瓜汤(《饮膳正要》)

组成：木瓜 1 000 g，草果 5 g，羊肉 1 000 g，豌豆 300 g，粳米 500 g，白糖 200 g，食盐、胡椒粉各适量。

制作方法：将草果、羊肉、豌豆、粳米淘洗干净，木瓜取汁待用；将羊肉切成 2 cm 的小块，放入砂锅中，再加入木瓜汁、草果、豌豆、粳米，加水适量，放置武火烧开，移文火炖熬至豌豆熟烂，肉熟。放入白糖、食盐、味精、胡椒粉即成。

功效：健脾除湿。适用于脾湿下注之腿、足肿痛、麻木不仁、膝冷疼痛。

用法：可佐餐，也可单食。

2. 千斤拔红枣鸡脚汤(《民间药膳方》)

组成：鸡脚 6 只，千斤拔 1 000 g，花生仁 100 g，红枣 10 枚，椿根藤 60 g。

制作方法：千斤拔、椿根藤洗净切碎，鸡脚用开水烫过，去膜及爪甲，洗净。将全部用料一齐放入锅内，加清水适量，武火煮沸后，文火煲 3 h，调味即可。

功效：强筋健骨。适用于风湿痹症日久、肝肾俱虚之下肢酸软；或产后气血两亏之下肢痿软无力；或中风后遗之步履困难、双膝酸软乏力者。

用法：饮汤，食鸡脚肉、红枣与花生仁。每日 1 料。

(八)清热类

1. 白梅汤(《和剂局方》)

组成：白梅肉 500 g，白檀 130 g，甘草 130 g。

制作方法：将以上研为细末。

功效：清热止呕。适用于胃热、五心烦躁、呕吐、干渴、津液不通，及酒后干呕、恶心、舌涩。

用法：每次服 3 g，服时加生姜汁少许，白开水调下。每日一次。

2. 素白菜汤(《食疗本草学》)

组成：白菜 250 g，调料适量。

制作方法：白菜洗净，切碎，投入沸水中，煮沸去生味，再调以香油、食盐、即可。

功效：清热除烦，利尿。适用于烦热口渴、小便不利等症。

用法：饮汤食菜，每日 1 料。

(九)美容类

1. 熟地归芪羊肉汤(《民间药膳方》)

组成：熟地黄 30 g，黄芪 25 g，当归头 15 g，白芍 15 g，生姜 3 片，红枣 5 枚，羊肉 500 g，陈皮 10 g。

制作方法：将全部用料洗净，羊肉切块，用油锅以热油稍炒去膻味，放入炒锅内，加清水适量，武火煮沸后，文火煲 3 h，调味即可。

功效:补血益气、固本养颜。适用于贫血面色苍白、头晕目眩、心悸怔忡、腰酸乏力、面部色斑等。

用法:饮汤,食羊肉。

2. 荔枝鸡爪汤(《**民间药膳方**》)

组成:荔枝干肉10枚,鸡爪6只。

制作方法:将以上2味放入锅内,加水适量,煮至鸡爪烂熟,调味即成。

功效:养颜润肤。适用于面部有干纹、面色不华者。

用法:每日1料,可常食用。

3. 冰糖银耳汤(《**民间方**》)

组成:银耳30 g,红樱桃脯20 g,冰糖适量。

制作方法:将银耳用温水浸泡,待银耳发开后取出,去掉耳根,洗净放入碗中,上蒸笼约10 min后取出。将汤锅洗净,置微火上,加清水放入冰糖,溶化后,放入红樱桃脯,再移至旺火上烧沸,起锅倒入银耳碗内即成。

功效:滋阴润肺,养颜。对中老年和高血压、动脉硬化以及肺结核患者,有良好的保健作用。也常用于面部皮肤的养护。

用法:每日1料。

4. 冰糖燕窝炖乳鸽(《**民间药膳方**》)

组成:燕窝25 g,乳鸽2只,冰糖30 g。

制作方法:乳鸽杀后去毛及内脏,去骨,肉切丝;燕窝浸发去杂毛,将鸽和燕窝、冰糖放入炖锅内,文火炖3 h即可食用。

功效:补气润肺、滋养容颜。适用于气血不足之面色无华、肌肤不润、形容憔悴者。

用法:佐餐食,或单用。

5. 红枣鸡蛋冰糖汤(《**民间药膳方**》)

组成:红枣去核30 g,鸡蛋2个,银耳10 g,冰糖20 g。

制作方法:将银耳水泡,分开并洗净,和红枣一起放入锅内,加适量清水,煮沸半小时,将鸡蛋打入,片刻加入冰糖,再煮沸即可食用。

功效:补血润肤,易容驻颜。适用于面色枯黄、容颜憔悴者。

用法:可于入夜或清晨食用。

6. 莲子龙眼汤(《**民间方**》)

组成:莲子30 g,芡实30 g,薏苡仁50 g,龙眼肉8 g,水500 mL,蜂蜜少许。

制作方法:将上述5种原料加水大火煮开,再用小火煮1 h,加入蜂蜜炼成。

功效:健脾养颜。可促进新陈代谢,改善粗糙病态的皮肤。适用于皮肤粗糙、面色无光泽者。

用法:汤渣一起服食。

第三节　养　生　粥

粥是我们日常最普通的饮食之一,如果在粥中加入一些物料,如大枣、枸杞、当归、山药等，其营养和滋补的作用强，药借食力，食借药威，不但能保健强身，还有防病治病的功效，这就是药粥。普通粥和药粥都可以养生，统称养生粥。

养生粥的制作历来是很有讲究的，清代文人袁枚在《随园食单》中自拟了煮粥的标准："见水不见米，非粥也；见米不见水，非粥也。必使米水融合，柔腻如一，而后谓之粥。"养生粥煮制方法是否科学，不但直接影响到防治疾病、延年益寿的效果，还关系到人们是否乐于服食的问题。

一、养生粥的煮粥方法

(1)中药直接与米谷同煮。凡既是食物，又是药物的中药，如红枣、山药、绿豆、百合、莲子、胡桃肉、扁豆、羊肉、鲤鱼、猪肾、鸭肉胆囊管，大都采用这种方式。

(2)先将中药研为细粉，再与米谷同煮。如菱粉粥、莲子粉粥、芡实粥、白茯苓粥、贝母粥等。

(3)原汁同米煮粥。如牛乳粥、甜浆粥、鸡汁粥。

(4)中药制取药汁，待米粥煮成后兑入服用。如竹沥粥、蔗浆粥等。

(5)中药煎取药汁后去渣，再与米谷同煮粥食。这种方法较为常用，例如黄芪粥、麦门冬粥、酸枣仁粥等。

(6)取新鲜中药，趁其湿润未干之时，切碎水磨澄清细粉，晒干备用。需要时，酌量同米煮粥。如葛根粉粥。

二、常用养生粥

(一)补气类

1. 人参百合粥(《**圣济总录**》)

组成：人参 3 g，百合 15 g，粳米 30 g。

制作方法：先煎人参和百合，后下粳米同煮为粥。

功效：补气养阴。适用于气阴两虚，症见咳嗽次数和咳嗽时间逐渐变短、咳声无力、瘀稀而少、气短声低、唇色淡白、舌质淡、无苔。

用法：连服 3 日，每日 1～2 次。

注意事项：实证者忌服，服药粥期间勿与萝卜和茶同服。

2. 黄芪南瓜粥(《**千家食疗妙方**》)

组成：黄芪粉 6 g，南瓜、粳米各 30 g，饴糖 2 匙。

制作方法：将南瓜切成丁，与粳米共煮粥，粥将熟时，拌入黄芪粉，加饴糖，稍煮即可。

功效：补气安胎。适用于先兆流产。

用法：每日 1～2 次，温热食。

3. 山药乌鸡膏粥(《**养老奉亲**》)

组成：山药、乌鸡膏各 30 g，粳米 100 g，葱、姜、盐适量。

制作方法：将山药与粳米加水煮粥，粥熟后加入乌鸡膏、葱、姜、盐，待沸，即可食用。

功效：补肾养阴，退热，止带。适用于脾肾虚弱、赤白带下、遗精白浊。

用法：空腹温热服。

4. 羊肉山药粥（《**饮膳正要**》）

组成：瘦羊肉 100 g，生山药 50 g，粳米 100 g。

制作方法：先将羊肉与山药分别煮至熟烂，剁如泥状，然后在羊肉汤里相混合，再与米一起煮粥。

功效：益气补虚，温中暖下，适用于虚劳羸瘦、产后虚冷、寒凝腹痛等。

用法：空腹温热服用。

（二）补血类

1. 猪肝绿豆粥（《**本草纲目**》）

组成：绿豆 50 g，鲜猪肝 200 g，陈大米 100 g。

制作方法：绿豆陈大米淘净，加水适量，煮粥，快熟烂时，加入洗净、切碎的鲜猪肝，猪肝煮透即可食用，不宜加盐。

功效：补肝血，利水。适用于营养性弱视和水肿等症。

用法：经常食用。

2. 糯米阿胶粥（《**食医心鉴**》）

组成：阿胶 30 g，糯米 100 g，红糖适量。

制作方法：先将黑糯米煮粥，待粥将熟时，放入捣碎的阿胶，边煮边搅匀，稍煮 2～3 沸，加入红糖即可。

功效：滋阴补虚、养血止血、安胎、益肺。适用于血虚、虚劳咳嗽、久咳、吐血、大便出血及妇女月经过少、崩漏、孕妇胎动不安、胎漏等症。

用法：每日分 2 次服，3 日为 1 疗程，间断服用。

注意事项：连续服用可有胸满气闷之感觉，故宜间断服用，脾胃虚弱者不宜多食。

3. 大枣粥（《**圣济总录**》）

组成：大枣 10 枚，粳米 100 g，冰糖汁适量。

制作方法：大枣、粳米入锅加水适量，先用武火烧开，后移文火上熬烂成粥，再加入冰糖汁，搅拌均匀。

功效：健脾益气，生血补血。适用于体虚怕冷、胃寒贫血、胃虚少食等症。

用法：经常食用。

4. 小黄米母鸡粥（《**续名医类案**》）

组成：老母鸡 1 只，红壳小黄米适量。

制作方法：将鸡杀宰，去毛及内脏，洗净，切成小块入锅。加适量水炖煮，先以武火煮沸，除去表面浮物，改文火慢炖至鸡软，将淘洗净的小黄米加入鸡汤煮粥，煮至鸡烂米稠即可。

功效：补虚安胎。适用于预防习惯性流产。

用法：可常服食。

（三）补阴类

1. 黑芝麻粥（《**本草纲目**》）

组成：黑芝麻 25 g，粳米 100 g。

制作方法：黑芝麻捣碎淘净，大米加水适量煮成粥。

功效：补肝肾，润五脏。适用于老年体衰眩晕、消瘦、便燥、须发早白，以及产后奶水不足等症。

用法：经常佐餐食用。

2. 枸杞子粥《太平圣惠方》

组成：枸杞子 15～20 g，糯米 50 g，白糖适量。

制作方法：枸杞子与糯米加水，用文火烧开至微沸，待米开花汤稠后，停火焖 5 min 即可。

功效：滋补肝肾、益精明目。适用于肝肾阳虚、头晕目眩、视力减退、腰膝酸软、阳痿、遗精等，以及男女不育不孕症的食疗。

用法：每日早晚温服，可长期服用。

3. 甘蔗粥(《养老奉亲书》)

组成：新鲜甘蔗，榨取汁 100～150 mL。

制作方法：用新鲜甘蔗，榨取汁兑水适量，同粳米煮粥。

功效：清热生津，养阴润燥。适用于热病恢复期，津液不足所致的心烦口渴、肺燥咳嗽、大便燥结等。

用法：分顿食用，经常食用。

4. 玉竹粥(《粥谱》)

组成：玉竹 50 g(干玉竹 20 g)，冰糖适量。

制作方法：先将新鲜肥玉竹洗净，去掉根须，切碎煎取浓汁后去渣，或用干玉竹煎汤去渣，入粳米，再加水适量煮为稀粥，粥成后放入冰箱，食用时稍煮沸即可。

功效：滋阴润肺，生津止渴。适用于肺阴受伤、肺燥咳嗽、干咳少痰或高热病后、烦渴、口干舌燥、阴虚低热不退，并可用于各种类型心脏病患者心功能不全时的辅助食疗方法。

用法：经常食用。

(四)补阳类

1. 附子粥(《太平圣惠方》)

组成：炮附子 3～10 g，干姜 3 g，粳米 100 g。

制作方法：先将两药捣细，过萝为末，与粳米同煮为粥。粥熟后加入葱红糖调味。

功效：补阳温中、散寒止痛。适用于肾阳不足、命门火衰所致的畏寒肢冷、阳痿尿频，以及脾阳不振、脘腹冷痛、大便溏泄、冷痢，或因大汗出及大吐大泻引起的四肢厥冷、冷汗自出、口淡不渴、舌苔白、脉微细无力。

用法：每日分 2 次，温热服食。

注意事项：附子有小毒，煮粥时应选用制附子，且从小剂量开始为妥。热证、实证之人禁服。

2. 羊肾粥(《本草纲目》)

组成：羊腰子一对(去油脂块)，草果 6 g，陈皮 6 g，砂仁 6 g，粳米 100 g，盐、姜、葱、调料各适量。

制作方法:先用水煮羊腰及草果、陈皮、砂仁(用纱布包好),汤成后取出纱布包,放入米及调料煮成粥。

功效:补肾益精,壮阳益胃。适用于脾肾阳虚所致的腰膝冷痛等症,特别适宜于脾肾两虚的老年五劳七伤等症。

用法:晨起当早餐食。

3. 锁阳粥(《**粥谱**》)

组成:锁阳 15～30 g,大米适量。

制作方法:洗净大米,入锅加适量的水,与锁阳共煮粥,调味食用(锁阳去掉不吃)。

功效:壮阳固精,养血强精。适用于遗精、大便燥结等症。

用法:每日 1 次,温热服食。

4. 雄鸡粥(《**寿亲养老新书**》)

组成:黄雄鸡 1 只,肉苁蓉、生薯蓣各少许,粳米 60 g,姜末、椒末少许,盐适量。

制作方法:先将鸡宰杀,去毛剖肚,去内脏,洗净,切小块,与淘洗净的粳米、生薯蓣、苁蓉同煮粥,粥汁黏稠时,加入调料即成。

用法:可佐餐食用。

注意事项:大便溏泄,性欲亢进者忌用。

(五)安神类

1. 甘麦大枣粥(《**金匮要略**》)

组成:小麦 50 g,大枣 10 g,甘草 15 g。

制作方法:先煎甘草去渣取汁,后入小麦及大枣煮为粥。

功效:益气、宁心,安神。适用于妇女脏燥,症见精神恍惚、时常悲伤欲哭、不能自持或失眠盗汗、舌红少苔、脉细而数。

用法:每日 2 次,空腹食。

2. 枣仁粥(《**本草纲目**》)

组成:酸枣仁 60 g,大米 400 g。

制作方法:将酸枣仁炒熟,放入锅内,加水适量煎熬,取其药液备用。将大米淘洗干净,放入锅内,再把药液倒入煎煮,待米熟烂时即成。

功效:养阴,补心、安神。适用于心脾两虚的心烦不眠等症。

用法:早晚空腹食用,每次 1 小碗。

(六)止咳化痰类

1. 枇杷叶粥(《**老老恒言**》)

组成:枇杷叶 10～15 g(鲜者 30～60 g),粳米 30～60 g,冰糖少许。

制作方法:先将枇杷叶用布包入煎,取浓汁后去滓,或将新鲜枇杷叶背面的绒毛刷尽,切细后,煎汁去渣,入粳米煮粥,粥成后入冰糖少许。煮成稀薄粥,不宜稠厚。

功效:清肺化痰,止咳降气。适用于肺热咳嗽、咳吐黄色脓性痰或咯血,以及胃热呕吐、呃逆。

用法:每日分 2 次服,以 3～5 d 为 1 个疗程。

注意事项:感受寒凉引起的咳嗽、呕吐患者,不宜选用。

2. 杏仁粥(《**食医心鉴**》)

组成:甜杏仁(去皮尖)10 g,大米 50 g。

制作方法:将杏仁研成泥状,与淘洗干净的大米同放入砂锅内,加水适量,同煮成粥。

功效:止咳平喘,防病强身。适用于治疗咳嗽、哮喘等症。也可作为常人食疗,防病强身。

用法:每日 2 次,可作早晚佐餐食,温热随量服。

(七)清热类

1. 绿豆粥(《**普济方**》)

组成:绿豆 50 g,粳米 100 g。

制作方法:将绿豆、粳米洗净,绿豆先浸泡半日,与粳米同煮为粥。

功效:解热毒,止烦渴,防水肿。适用于毒热烦渴、疮毒疖肿、老年浮肿,以及预防中暑、高热口渴等。

用法:作早晚餐服食,也可作夏季清凉解暑饮料。

注意事项:脾胃虚寒泄泻者忌服。

2. 芹菜粥(《**本草纲目**》)

组成:新鲜芹菜 60 g,粳米 50～100 g。

制作方法:将芹菜洗净切碎,与洗净的粳米同入砂锅内,加水 600 g 左右,同煮为菜粥。

功效:清热平肝,固肾利尿。适用于高血压、糖尿病。

用法:每天早晚餐食,温热服。

注意事项:此粥作用较慢,需要频服久食,方可有效,应现煮现吃,不宜久放。

3. 天花粉粥(《**千金方**》)

组成:栝蒌根 15～25 g(鲜者 30～60 g),或用栝蒌根粉 10～15 g,粳米 50～100 g。

制作方法:将栝蒌根煎汁去渣,或将鲜者洗净后切片,煎取浓汁,同粳米煮粥。

功效:清热,生津,止渴。适用于热病伤津、口渴多饮、肺热干咳、消渴。

用法:每日 1 次,空腹食用。

第四节　养　生　茶

养生茶又称药茶、茶剂,即将中草药或食物与茶叶配用或代茶冲泡、煎煮饮用,以治疗疾病或保健养生。早在唐代《本草拾遗》中提出“诸药为各病之药,茶为万病之药”,表明茶的主治和应用范围是非常广泛的。现代对茶叶的研究表明,茶叶功效较多,临床应用广泛,若是配伍药物,则应用面更广,因此大多数疾病都可以选择适当的药茶方,对疾病进行预防、治疗和辅助治疗。

中医学认为，茶味苦、甘，性凉，入心、肝、脾、肺、肾五经。苦能泻下、燥湿、降逆，甘能补益缓和、凉能清热、泻火、解毒。李时珍在《本草纲目》中认为，“茶体轻浮，采摘之时，正得春生之气。味虽苦而气则薄，乃阴中之阳，可升可降”。这些特性说明了茶既能攻能补，又能入五脏发挥较全面的作用。

一、养生茶的家庭制作方法

1. 直接冲泡 根据处方要求将所需的中草药饮片放置茶杯、茶壶或保温瓶中，将煮沸的开水沏入，搅匀，盖好茶杯或瓶盖，焖泡15～30 min即可，如茶法饮用，以味淡为度。

2. 煎煮 需要煎煮的药物，用砂锅煎药汁，加水煎2～3次。合并煎液过滤，装入保温瓶中，代茶频频饮用。

3. 制成茶饼 药茶还可以制成茶饼成粗末，再行冲泡或煎煮。

将药物粉碎或粗末，加入黏合剂，混合均匀，揉成团块，再分方块，置通风阴凉处，晾至微干，再晒干，置密闭容器内。

将药物粉碎成粗末，按配方要求，用纸或布袋分装，将分装的茶剂置于干燥处保存，需用时再冲泡或煎煮。

二、常用养生茶

（一）感冒类

1. 姜糖苏叶饮

组成：生姜15 g，苏叶、红糖各10 g。

制作方法：生姜洗净，切细丝；苏叶切细丝，合并装入茶杯中。以开水冲泡10 min，调入红糖，趁热顿服。

功效：解表散寒，和胃宽中。适用于风寒感冒、脾胃不和所致的头痛、恶寒发热、胸闷不舒、恶心呕吐等症。

用法：每日2次，2～3 d为1个疗程。

注意事项：外感风热者忌服。

2. 五神茶（《偏方大全》）

组成：荆芥、苏叶、生姜各10 g，红糖30 g，茶叶6 g。

制作方法：先以文火煎煮荆芥、苏叶、生姜、红茶，15～20 min后，加入红糖待溶化即成。

功效：发散风寒，祛风止痛。适用于风寒感冒、畏寒、身痛、无汗等症。

用法：每日2次，可随量服用。

3. 三花茶（《民间验方》）

组成：金银花15 g，菊花10 g，茉莉花3 g。

制作方法：将金银花、菊花、茉莉花放入茶杯中，用沸水冲泡，焖泡10～15 min即可。

功效：清热解毒。适用于防治热毒所致的风热感冒、咽喉肿痛、痈疮等。此茶除用于治疗外，平素“火气”盛者，常服有降火的作用。

用法：代茶饮用。

4. 清热止咳茶《慈禧光绪医方选议》

组成：甘菊花、炙枇杷叶、霜桑叶各 6 g，广皮、酒黄芩各 3 g，生地、焦枳壳各 4.5 g，鲜芦根 2 只。

制作方法：将芦根切碎，与余药共为粗末，水煎、取汁。

功效：清热解表，宣肺止咳。适用于外感风热、肺热咳嗽、恶心痰多、口渴咽干、大便干结等症。

用法：温饮，每日 1 剂。

5. 预防感冒茶(《民间验方》)

组成：板蓝根、大青叶各 50 g，野菊花、金银花各 30 g。

制作方法：将上述 4 味药放入大茶缸中，沸水冲泡，片刻后饮用。

功效：清热解毒。适用于预防流行性感冒。此方除用于防治流感外，对于流行性脑炎、流行性肝炎及流行性呼吸道感染都有较好的预防作用。在疫情流行时，是不可缺少的保健防病药茶。

用法：代茶频服。

6. 八味茶(《和剂局方》)

组成：川芎、荆芥各 120 g，白芷、羌活、甘草各 60 g，细辛 30 g，防风 30 g，薄荷 240 g。

制作方法：以上八味共碾成末，每次服 6 g，用清茶服下。

功效：治外感风邪头痛。

用法：每日数次。

(二)清热解暑类

1. 翠衣凉茶(《药茶与药露》)

组成：鲜西瓜皮 9 g，赤芍 6 g，炒栀子 3.6 g，黄甘草各 1 g、白糖 10 g。

制作方法：将各药放入砂锅内，加适量清水，武火至沸，改文火微沸 20 min，加入白糖，稍冷饮用。

功效：清热解暑，适用于中暑轻症。

用法：日服 1～2 剂，代茶服用。

2. 乌梅清暑茶(《民间验方》)

组成：乌梅 3 g，石斛 2 g，莲心 2 g，竹叶卷心 5 g，西瓜翠衣 5 g，冰糖 3 g，绿茶 2 g。

制作方法：将以上药物用沸水冲泡片刻，稍冷饮用。

功效：清热祛暑，生津止渴。适用于夏天口渴、心烦、汗多。

用法：日服 1～2 剂，代茶服用。

3. 三鲜茶(《民间验方》)

组成：鲜荷叶、鲜藿香、鲜佩兰叶各 10 g。

制作方法：将上三物洗净、切碎，用滚开水冲泡或稍煮代茶饮用。

功效：和中化湿，生清降浊。适用于中暑轻症、恶心、吐泻、脘腹胀满、食欲不佳、心烦。

用法：日服 1～2 剂，代茶服用。

4. 罗汉茶(《**民间验方**》)

组成:罗汉果 20 g,绿茶 2 g。

制作方法:先将罗汉果加水 300～500 mL,煮沸5～10 min后,加入绿茶再煮 1～2 min即可。

功效:清热化痰,止咳。适用于风寒感冒所致咳嗽痰黄,小儿百日咳。

(三)降脂类

1. 八仙茶(《**韩氏医通川**》)

组成:细茶 500 g,净芝麻 375 g,净花椒 75 g,净小茴香 150 g,泡干白姜、炒白盐各 30 g,粳米、黄粟米、黄豆、赤小豆、绿豆各 750 g。

制作方法:上药研成细末,和匀。麦面炒黄熟,与前 11 味等分,拌匀,瓷罐收贮。胡桃仁、南枣、松子仁、白砂糖之类,任意加入。

功效:清热、化瘀,益血脉。可增强血管弹性,降低血中胆固醇含量,防治动脉硬化。

用法:每日 3 匙,白开水冲服。

2. 减肥茶(《**民间验方**》)

组成:干荷叶 60 g,生山楂 10 g,生薏米 10 g,橘皮 5 g。

制作方法:上药共制研末,混合,放入保温瓶中,用沸水冲泡即可。

功效:理气行水,降脂化浊。适用于肥胖、高血脂。

用法:每日 1 剂,不拘时代茶饮。

3. 三花橘皮茶(《**中华临床药膳食疗学**》)

组成:玫瑰花、茉莉花、玳玳花、荷叶各 60 g,橘皮 10 g。

制作方法:将上诸品研为粗末,每次取 10 g,用沸水冲泡 15 min 即成。

功效:理气开郁,化痰利湿,消脂减肥。适用于肥胖、腹部胀满、胁胀。

用法:日服 1 小袋,代茶服用。

4. 山楂茶(《**民间验方**》)

组成:鲜嫩山楂果 1～2 枚。

制作方法:泡茶饮用。

功效:助消化、扩血管、降血糖。适用于动脉硬化、消化不良、糖尿病。

用法:每日数次,代茶饮。

5. 首乌茶(《**民间验方**》)

组成:制首乌 20～30 g。

制作方法:加水煎煮 30 min,待温凉后饮用。

功效:具有降血脂,减少血栓形成之功效。

用法:每日 1 剂。

(四)便秘类

1. 番泻叶茶(《**百病饮食自疗**》)

组成:番泻叶 3～10 g。

制作方法：番泻叶用沸水冲泡。

功效：泻热导滞。适用于大便干结、口臭、口渴、面赤身热、小便短赤、腹部胀痛。

用法：代茶频饮。

2. 决明子润肠茶（《河南秘验单方集锦》）

组成：决明子 30 g。

制作方法：决明子炒后，碾碎，用沸水冲泡 5～10 min。

功效：润肠通便、降脂明目，适用于各种便秘及高血压、高血脂。

用法：代茶频饮。

3. 三子导滞茶（《民间验方》）

组成：莱菔子 15 g，苏子 10 g，牵牛子 5 g。

制作方法：将上三味药分别炒焦后，捣碎，用沸水冲泡。

功效：行气通便。适用于气滞型便秘，表现为大便滞涩不畅或大便干结、胸膈满闷、嗳气、食欲不振、腹部胀痛。

用法：代茶频饮，每日 1 剂。

（五）解酒类

1. 橘皮解酒茶（《民间验方》）

组成：陈皮（去白，浸炒）30 g，甘草 30 g，石膏（打碎）30 g。

制作方法：上各药共研粗末，用时取药 10 g，以水一碗，煎至七分，去渣，备用。

功效：和胃，解酒。适用于饮酒过度，酒毒积于肠胃，呕吐，不食汤水。

用法：温服，不拘时服之。

2. 石膏解酒茶（《民间验方》）

组成：石膏 15 g，葛根 100 g，生姜 100 g（切细）。

制作方法：将上药碾碎如麻豆大，每服 15 g，以水两小碗，煎至 1 碗，去渣、备用。

功效：清热生津，和胃解酒。适用于饮酒过多，大醉不醒。

用法：温服，不拘时候。

3. 甘草葛花茶（《民间验方》）

组成：甘草 30 g，干葛花 30 g，葛根 30 g，砂仁 30 g，贯众 30 g。

制作方法：将以上药物加工成细末，和匀备用。每次取药末 15 g，置于砂锅内，加水适量，煎数十沸，滤去药渣即可。

功效：解酒毒。适用于饮酒过度，胸膈痞闷者。

用法：不拘时，顿服。

（六）月经不调类

1. 黑木耳红枣茶（《民间验方》）

组成：黑木耳 30 g，红枣 20 枚，茶叶 10 g。

制作方法：共煎 20 min。

功效：补中益气，养血调经。适用于月经过多。

用法：每日 1 次，连服 7 日。

2. 白糖茶（《**本草纲目**》）

组成：绿茶 25 g，白糖 100 g。

制作方法：沸水 900 mL 冲泡，露一夜，备用。

功效：理气调经。适用于月经骤停，伴有腰痛、腹胀等症。

用法：次日 1 次服完。

3. 月季花茶（《**民间验方**》）

组成：绿茶 3 g，月季花 6 g，红糖 30 g。

制作方法：加水 300 mL，煮沸 5 min。

功效：和血调经。适用于血瘀痛经。

用法：分 3 次饭后服，每日 1 剂。

第十一章　常见体检指标解读

健康体检是一种新的自我保健方式，它可以变被动看病为主动检查，变消极治病为积极防病。随着生活、工作节奏的加快和心理压力的增加，很多疾病的发作呈现出年轻化趋势。而对于很多疾病来说，能否早期发现，及时治疗，是决定预后的关键。通过体检早期发现亚健康状态和潜在的疾病，早期进行调整和治疗，对提高疗效、缩短治疗时间、减少医疗费用、提高生命质量有着十分重要的意义。

“早发现、早预防、早诊断、早治疗”自然是最经济实惠的办法，使潜伏在身体里的“定时炸弹”及早暴露，并及时治疗，这对逆转病情，恢复健康，提高生活质量至关重要。许多人在参加健康体检后对体检结果非常关心，但对体检报告单上的各项指标及结果却摸不着头脑，为了方便大家更好地解读体检报告，做到心中有数，本章针对报告中常见的项目、常见的一些异常结果进行简明解读，希望能够帮助大家正确地了解自己的健康状况。

第一节　血常规检查

血液是在中枢神经的调节下由循环系统流经全身各器官的红色黏稠液体，其在血管内流动，具有输送营养、氧气、抗体、激素和排泄废物及调节水分、体温、渗透压、酸碱度等功能。一般成人的血液占体重的8%～9%，总量为5 000～6 000 mL，血液的pH为7.35～7.45，密度为1.05～1.06。血液中的成分可分为血浆(无形成分)和细胞(有形成分)两大部分。血浆为去细胞后的液体部分，占血液总量的55%～60%。血浆中除去91%～92%的水分外，还包括有蛋白质、葡萄糖、无机盐、酶、激素等；而血细胞在正常情况下主要包括红细胞、白细胞、血小板等。血液检查的内容通常包括红细胞、白细胞、血红蛋白及血小板等参数的检查。

一、白细胞计数

(一)简述

白细胞是无色有核细胞，正常的外周血液中常见有中性粒细胞、嗜酸性粒细胞、嗜碱性粒细胞、淋巴细胞和单核细胞。

参考范围：成人末梢血$(4.0\sim10.0)\times10^9$/L，成人静脉血$(3.5\sim10.0)\times10^9$/L，新生儿$(15.0\sim20.0)\times10^9$/L，6个月～2岁婴幼儿$(5.0\sim12.0)\times10^9$/L。

（二）临床意义

1. 白细胞减少

（1）主要见于流行性感冒、麻疹、脾功能亢进、粒细胞缺乏症、再生障碍性贫血、白血病等疾病。

（2）应用磺胺药、解热镇痛药、部分抗生素、抗甲状腺药、抗肿瘤药等。

（3）特殊感染如革兰阴性菌感染（伤寒、副伤寒）、结核分枝杆菌感染、病毒感染（风疹、肝炎）、寄生虫感染（疟疾）。

（4）其他放射线、化学品（苯及其衍生物）等的影响。

2. 白细胞增多

（1）生理性主要见于月经前、妊娠、分娩、哺乳期妇女，剧烈运动、兴奋激动、严重酷热、饮酒、餐后等。新生儿及婴儿明显高于成人。

（2）病理性主要见于各种细菌感染（尤其是金黄色葡萄球菌、肺炎链球菌等化脓菌感染）、慢性白血病、恶性肿瘤、尿毒症、糖尿病酮症酸中毒以及有机磷农药、催眠药等的急性中毒。

影响白细胞计数的因素较多，其总数高于或低于正常值均为异常现象，必要时应结合白细胞分类计数和白细胞形态等指标综合判断。

二、白细胞分类计数

白细胞是一个“大家族”，正常血液中白细胞以细胞质内有无颗粒而分为有粒和无粒两大类，前者根据颗粒的嗜好性分为中性、嗜酸性、嗜碱性 3 种；后者包括单核细胞、淋巴细胞。每类细胞的形态、功能、性质各异。

参考范围：

中性分叶核粒细胞（中性粒细胞）0.50～0.70（50%～70%）

中性杆状核粒细胞 0.01～0.06（1%～6%）

嗜酸性粒细胞 0.01～0.05（1%～5%）

嗜碱性粒细胞 0～0.01（0%～1%）

淋巴细胞 0.20～0.40（20%～40%）

单核细胞 0.03～0.08（3%～8%）

（一）中性分叶核粒细胞（中性粒细胞）

中性粒细胞为血液中的主要吞噬细胞，在白细胞中占的比例最高，在急性感染中起重要作用，具有吞噬和杀灭病毒、疟原虫、隐球菌、结核分枝杆菌等的作用。中性粒细胞计数增减的临床意义如下。

1. 中性分叶核粒细胞（中性粒细胞）增多

（1）急性、化脓性感染包括局部感染（脓肿、疖肿、扁桃体炎、阑尾炎、中耳炎等）；全身感染（肺炎、丹毒、败血症、猩红热、白喉、急性风湿热）。轻度感染白细胞和中性粒细胞百分率可增多；中度感染可$>10.0\times10^9/L$；重度感染可$>20.0\times10^9/L$，并伴明显的核左移。

（2）中毒　尿毒症、糖尿病酮症酸中毒、代谢性酸中毒、早期汞中毒、铅中毒；或催眠药、有机磷中毒。

（3）出血和其他疾病　急性出血、急性溶血、手术后、恶性肿瘤、粒细胞白血病、严重组织损伤、心肌梗死和血管栓塞等。

2. 中性分叶核粒细胞（中性粒细胞）减少

（1）疾病　伤寒、副伤寒、疟疾、布氏杆菌病、某些病毒感染（如乙肝、麻疹、流感）、血液病、过敏性休克、再生障碍性贫血、高度恶病质、粒细胞减少症或缺乏症、脾功能亢进、自身免疫性疾病。

（2）中毒　重金属或有机物中毒、放射线损伤。

（3）用药　抗肿瘤药、苯二氮䓬类镇静药、磺酰脲类促胰岛素分泌剂、抗癫痫药、抗真菌药、抗病毒药、抗精神病药、部分非甾体抗炎药等有可能引起中性粒细胞减少。

（二）嗜酸性粒细胞

嗜酸性粒细胞具有变形运动和吞噬功能，可吞噬抗原抗体复合物或细菌。嗜酸性粒细胞可释放组胺酶，抑制嗜酸性粒细胞及肥大细胞中活性物质的合成与释放，或灭活上述物质。其临床意义如下。

1. 嗜酸性粒细胞增多

（1）过敏性疾病：支气管哮喘、荨麻疹、药物性皮疹、血管神经性水肿、食物过敏、热带嗜酸性粒细胞增多症、血清病、过敏性肺炎等。

（2）皮肤病与寄生虫病：牛皮癣、湿疹、天疱疮、疱疹样皮炎、真菌性皮肤病、肺吸虫病、钩虫病、包囊虫病、血吸虫病、丝虫病、绦虫病等。

（3）血液病：慢性粒细胞性白血病、嗜酸性粒细胞性白血病等。

（4）用药：应用罗沙替丁、咪达普利，或头孢拉定、头孢氨苄、头孢呋辛钠、头孢哌酮等抗生素等。

2. 嗜酸性粒细胞减少

（1）疾病或创伤：见于伤寒、副伤寒、大手术后、严重烧伤等。

（2）用药：长期应用肾上腺皮质激素或促皮质素、坎地沙坦、甲基多巴等。

（三）嗜碱性粒细胞

嗜碱性粒细胞无吞噬功能，颗粒中有许多生物活性物质，其中主要为肝素、组胺、慢反应物质、血小板激活因子等。在免疫反应中与 IgG 具有较强的结合力，结合了 IgG 的嗜碱性粒细胞再次接触相应的过敏原时，发生抗原抗体反应，细胞发生脱颗粒现象。继而引起毛细血管扩张、通透性增加，平滑肌收缩，腺体分泌增加等变态反应。其临床意义如下。

1. 嗜碱性粒细胞增多

（1）疾病：慢性粒细胞白血病，常伴嗜碱性粒细胞增多，可达 10%以上；或淋巴网细胞瘤、红细胞增多症，罕见嗜酸性粒细胞白血病、骨髓纤维化或转移癌。

（2）创伤及中毒：脾切除术后，铅中毒、铋中毒以及注射疫苗后也可见增多。

2. 嗜碱性粒细胞减少

(1)疾病:速发型过敏反应如荨麻疹、过敏性休克等。

(2)用药:见于促皮质素、肾上腺皮质激素应用过量及应激反应。

(四)淋巴细胞

淋巴细胞在免疫过程中具有重要作用,B淋巴细胞在抗原刺激下转化为浆细胞,分泌特异性抗体,参与体液免疫。其临床意义如下。

1. 淋巴细胞增多

(1)传染病:百日咳、传染性单核细胞增多症、传染性淋巴细胞增多症、结核病、水痘、麻疹、风疹、流行性腮腺炎、传染性肝炎、结核及许多传染病的恢复期。

(2)血液病:急、慢性淋巴细胞白血病,白血病性淋巴肉瘤等,可引起淋巴细胞计数绝对性增多;再生障碍性贫血、粒细胞缺乏症也可引起淋巴细胞百分率相对性增多。

(3)其他:肾移植术后发生排斥反应时。

2. 淋巴细胞减少 多见于传染病的急性期、放射病、细胞免疫缺陷病、长期应用肾上腺皮质激素后或接触放射线等。此外,发生各种中性粒细胞增多症时,淋巴细胞相对减少。

(五)单核细胞

单核细胞具有活跃的变形运动和强大的吞噬功能,其进入组织后转化为巨噬细胞,除了能吞噬一般细菌、组织碎片、衰老的红细胞、细胞内细菌(结核分枝杆菌)外,尚可通过吞噬抗原,传递免疫信息,活化T、B淋巴细胞,在特异性免疫中起重要的作用。单核细胞增多可见于:

(1)传染病或寄生虫病:如结核、伤寒、急性传染病的恢复期、疟疾、黑热病。

(2)血液病:单核细胞性白血病、粒细胞缺乏症恢复期。

(3)其他疾病:亚急性细菌性心内膜炎。

三、红细胞计数

(一)简述

红细胞是血液中数量最多的有形成分,其作为呼吸载体,能在携带和释放氧气至全身各个组织的同时运输二氧化碳,协同调节维持酸碱平衡和免疫黏附作用。免疫黏附作用可增强吞噬性白细胞对微生物的吞噬作用,消除抗原抗体复合物的作用,防止复合物在易感区域形成可能有害的沉淀物。

参考范围:

男性$(4.09\sim5.74)\times10^{12}/L$

女性$(3.68\sim5.74)\times10^{12}/L$

新生儿$(6.0\sim7.0)\times10^{12}/L$

儿童$(4.0\sim4.5)\times10^{12}/L$

（二）临床意义

1. 红细胞增多

（1）相对性增多：连续性呕吐、反复腹泻、排汗过多、休克、多汗、大面积烧伤，由于大量失水，血浆量减少，血液浓缩，使血液中的各种成分浓度相应增多，仅为一种暂时的现象。

（2）绝对性增多：①生理性增多，如机体缺氧和高原生活、胎儿、新生儿、剧烈运动或体力劳动、骨髓释放红细胞速度加快等；②病理代偿性和继发性增多，常继发于慢性肺心病、肺气肿、高山病和肿瘤（肾癌、肾上腺肿瘤）；③真性红细胞增多，为原因不明的慢性骨髓功能亢进，红细胞计数可达（7.0～12.0）$\times 10^{12}$/L。

2. 红细胞减少

（1）由于营养不良或吸收不良引起造血物质缺乏，如慢性胃肠道疾病、酗酒、偏食等引起铁、叶酸等造血物质不足，或蛋白质、铜、维生素 C 不足均可致贫血。

（2）骨髓造血功能低下或由药物、放射等多种理化因素所致的再生障碍性贫血、白血病、癌症骨转移等，可抑制正常造血功能。

（3）红细胞破坏或丢失过多如先天失血或后天获得性溶血性贫血、急慢性失血性贫血、出血等。

（4）继发性贫血如各种炎症、结缔组织病、内分泌病。

四、血红蛋白

（一）简述

血红蛋白常被称为“血色素”，是组成红细胞的主要成分，承担着机体向器官、组织运输氧气和运出二氧化碳的功能。其增减的临床意义基本上与红细胞增减的意义相同，但血红蛋白能更好地反映贫血的程度。

血红蛋白是由珠蛋白和亚血红素组成的结合蛋白质，血红蛋白除能与氧结合形成氧合血红蛋白外，尚可与某些物质作用形成多种血红蛋白衍生物，在临床上可用以诊断某些变性血红蛋白症和血液系统疾病。如缺铁性贫血时，血红蛋白量减少程度较之红细胞减少程度明显；巨幼细胞性贫血时，则红细胞计数减少程度较之血红蛋白量减少程度明显。

参考范围：

男性 131～172 g/L

女性 113～151 g/L

儿童 120～140 g/L

新生儿 180～190 g/L

（二）临床意义

血红蛋白量减少是诊断贫血的重要指标，但不能确定贫血的类型，需结合其他检测指标综合分析。

1. 血红蛋白量增多

(1)疾病:慢性肺源性心脏病、发绀型先天性心脏病、真性红细胞增多症、高原病和大细胞高色素性贫血等。

(2)创伤:大量失水、严重烧伤。

(3)用药:应用对氨基水杨酸钠、伯氨喹、维生素 K、硝酸甘油等。

2. 血红蛋白量减少

(1)出血:血红蛋白量减少的程度与红细胞相同,见于大出血,再生障碍性贫血、类风湿性关节炎及急、慢性肾炎所致的出血。

(2)其他疾病:血红蛋白量减少的程度比红细胞严重,见于缺铁性贫血,由慢性和反复性出血引起,如胃溃疡、胃肠肿瘤、妇女月经过多、痔疮出血等;红细胞减少的程度比血红蛋白量严重,见于巨幼细胞贫血,如缺乏维生素 B_{12}、叶酸及慢性肝病所致的贫血。

五、血小板计数

(一)简述

血小板是由骨髓中成熟巨核细胞的胞质脱落而来,每天产生的量相当于每升血液中增加 35×10^9 个,其寿命仅有 7～14 d。血小板的主要作用有:①对毛细血管的营养和支持作用;②通过黏附、聚集与释放反应,在伤口处形成白色血栓而止血;③产生多种血小板因子,参与血液凝固,形成血栓而进一步止血;④释放血小板收缩蛋白使纤维蛋白网发生退缩,促进血液凝固。血小板计数在一日内的不同时间可相差 6%～10%。

参考范围:

儿童、新生儿、男性(100～300)$\times10^9$/L

女性(101～320)$\times10^9$/L

(二)临床意义

1. 血小板减少

(1)血小板生成减少:骨髓造血功能障碍、再生障碍性贫血、各种急性白血病、骨髓转移瘤、骨髓纤维化、多发性骨髓瘤、巨大血管瘤、全身性红斑狼疮、恶性贫血、巨幼细胞性贫血。

(2)血小板破坏过多:特发性血小板减少性紫癜、肝硬化、脾功能亢进、体外循环等。

(3)血小板分布异常:脾肿大、各种原因引起的血液稀释。

(4)其他疾病:弥散性血管内凝血(DIC)、阵发性睡眠血红蛋白尿症、某些感染(如伤寒、黑热病、麻疹、出血热多尿期前、传染性单核细胞增多症、粟粒性结核和败血症)、出血性疾病(如血友病、坏血病、阻塞性黄疸、过敏性紫癜)。

(5)用药:药物中毒或过敏引起。如氯霉素、甲砜霉素有骨髓抑制作用,可引起血小板减少;抗血小板药噻氯匹定、阿司匹林、阿加曲班,抗凝血药肝素钠、依诺肝素、磺达肝癸钠也可引起血小板减少;应用某些抗肿瘤药、抗生素、磺胺药、细胞毒性药亦可引起血小板减少。

2. 血小板增多

(1)疾病：见于原发性血小板增多症、慢性粒细胞性白血病、真性红细胞增多症、多发性骨髓瘤、骨髓增生病、类白血病反应、霍奇金病、恶性肿瘤早期、溃疡性结肠炎等。

(2)创伤：急性失血性贫血，脾摘除术后、骨折、出血后，可见一过性血小板增多。

六、红细胞沉降率

(一)简述

红细胞沉降率也称血沉，是指红细胞在一定的条件下在单位时间内的沉降距离。红细胞的密度大于血浆密度，在地心引力的作用下产生自然向下的沉力。一般说来，除一些生理性因素外，凡体内有感染或坏死组织的情况，血沉就可加快，提示有病变的存在。

参考范围：男性 0～15 mm/h，女性 0～20 mm/h。

(二)临床意义

1. 红细胞沉降率增快　生理性增快见于女性月经期、妊娠 3 个月以上(至分娩后 3 周内)。而病理性增快见于：

(1)炎症风湿病(变态反应性结缔组织炎症)、结核病、急性细菌性感染所致的炎症。

(2)组织损伤及坏死、心肌梗死发病后 1 周可见血沉增快，并持续 2～3 周，而心绞痛时血沉多正常。较大的手术或创伤可致血沉加速，多于 2～3 周恢复正常。

(3)恶性肿瘤、迅速增长的恶性肿瘤血沉增快，而良性肿瘤血沉多正常。

(4)各种原因造成的高球蛋白血症如多发性骨髓瘤、慢性肾炎、肝硬化、系统性红斑狼疮、巨球蛋白血症、亚急性细菌性心内膜炎、贫血、高胆固醇血症。

2. 病理性减慢　主要见于红细胞数量明显增多及纤维蛋白原含量明显降低，如相对性及真性红细胞增多症及弥散性血管内凝血晚期。

第二节　尿常规检查

尿液是人体泌尿系统排出的代谢废物，正常人每日排出尿液 1 000～3 000 mL；儿童每小时 3～4 mL/kg。其中 97%为水分，而在 3%的固体物质中，主要含有有机物(尿素、尿酸、肌酐等蛋白质代谢产物)和无机物(氯化钠、磷酸盐、硫酸盐、铵盐等)。尿量的多少主要取决于肾小球滤过率和肾小管的重吸收，正常人的尿量变化幅度较大，可能与饮水量和排汗量有关。正常尿液常为黄色或淡黄色，清澈透明，新鲜尿液呈弱酸性。

尿液检查的目的包括：

(1)泌尿系统疾病的诊断，如泌尿系统感染、结石、结核、肿瘤、血管及淋巴管病变、肾移植等，由于上述病变物可直接进入尿液，因此，可作为泌尿系统疾病诊治的首选。

(2)血液及代谢系统疾病的诊断，如糖尿病、胰腺炎、肝炎、溶血性疾病等，在尿液中的代谢物也有所改变。

(3)职业病，急性汞、四氯化碳中毒；慢性铅、镉、铋、钨中毒，均可引起肾功能损害，尿液中出现异常改变。

(4)药物安全性监测，某些具有肾毒性或安全窗口窄的药物，如庆大霉素、卡那霉素、多粘菌素 B、磺胺药等，可引起肾功能损害，尿液检查可指导药品不良反应的防范和治疗。

一、尿液酸碱度

(一)简述

正常的尿液呈中性或弱酸性，尿液 pH 值改变可受疾病、用药和饮食的影响。尿液酸碱度反映了肾脏维持血浆和细胞外液正常氢离子浓度的能力，人体代谢活动所产生的非挥发性酸，如硫酸、磷酸、盐酸及少量丙酮酸、乳酸、枸橼酸和酮体等，主要以钠盐形式由肾小管排出；而碳酸氢盐则重吸收。肾小管分泌氢离子与肾小球滤过的钠离子交换，因此，肾小球滤过率及肾血流量可影响尿酸碱度。

参考范围：干化学试带法，晨尿 pH 5.5～6.5，随机尿 pH 4.5～8.0。

(二)临床意义

1. 尿酸碱度增高

(1)疾病：代谢性或呼吸性碱中毒、高钾血症、感染性膀胱炎、长期呕吐、草酸盐和磷酸盐结石症、肾小管性酸中毒。

(2)用药：应用碱性药物，如碳酸氢钠、乳酸钠、氨丁三醇等，使尿液 pH 值增高。

2. 尿酸碱度降低

(1)疾病：代谢性或呼吸性酸中毒、糖尿病酮症酸中毒、痛风、尿酸盐和胱氨酸结石、尿路结核、肾炎、失钾性的代谢性碱中毒、严重腹泻及饥饿状态。

(2)用药：应用酸性药物，如维生素 C、氯化铵等，使尿液 pH 值降低。

二、尿比重

(一)简述

尿比重系指在 4 ℃时尿液与同体积纯水的重量之比。在正常情况下，人体为维持体液和电解质的平衡，通过肾脏排出水分和多种固体物质进行调节。尿比重数值的大小取决于尿液中溶解物质(尿素、氯化钠)的浓度，其中尿素主要反映食物中蛋白质的含量；氯化钠反映盐的含量。

参考范围：干化学试带法，成人晨尿 1.015～1.025，成人随机尿 1.003～1.030(一般为 1.010～1.025)，新生儿 1.002～1.004。

(二)临床意义

1. 尿比重增高　急性肾小球肾炎、心力衰竭、糖尿病、蛋白尿、高热、休克、腹水、周围循环衰竭、泌尿系统梗阻、妊娠中毒症或脱水等。

2. 尿比重降低　慢性肾炎、慢性肾功能不全、慢性肾盂肾炎、肾小球损害性疾病、急性肾衰竭多尿期、尿毒症多尿期、结缔组织病、尿崩症、蛋白质营养不良、恶性高血压、低钙血症，以及肾性或原发性、先天性或获得性肾小管功能异常等。

三、尿蛋白

(一)简述

正常人 24 h 尿液中的尿蛋白含量极微，应用一般定性方法常检测不出。但当人体肾脏的肾小球通透能力亢进(肾炎)或血浆中低分子蛋白质过多时，蛋白质进入尿液中，超过肾小管的重吸收能力，便会出现蛋白尿。此外，当近曲小管上皮细胞受损，重吸收能力降低或丧失，也会产生蛋白尿。

参考范围：干化学试带法，定性阴性或弱阳性，定量＜100 mg/L，＜150 mg/24 h。

(二)临床意义

1. 生理性蛋白尿　由剧烈运动、发热、低温刺激、精神紧张导致，或妊娠期妇女也会有轻微蛋白尿。

2. 病理性蛋白尿

(1)肾小球性蛋白尿：见于急性和慢性肾小球肾炎、肾盂肾炎、肾病综合征、肾肿瘤、糖尿病肾小球硬化症、狼疮性肾炎、过敏性紫癜性肾炎、肾动脉硬化、肾静脉血栓形成、心功能不全等。尿蛋白通常＜3 g/24 h，但也可达到＜20 g/24 h(肾病综合征)。

(2)肾小管性蛋白尿：通常以低分子量蛋白质为主(β-微球蛋白)，常见于活动性肾盂肾炎、间质性肾炎、肾小管性酸中毒、肾小管重金属(汞、铅、镉)损伤。

(3)混合性蛋白尿：肾小球、肾小管同时受损。见于慢性肾炎、慢性肾盂肾炎、肾病综合征、糖尿病肾病、狼疮性肾炎等。

(4)溢出性蛋白尿：肾脏正常，而血液中有多量异常蛋白质。见于多发性骨髓瘤、原发性巨球蛋白血症、骨骼肌严重损伤及大面积心肌梗死时的肌红蛋白尿。

(5)药物肾毒性蛋白尿：应用氨基糖苷类抗生素(庆大霉素)、多肽类抗生素(多粘菌素)、抗肿瘤药(甲氨蝶呤)、抗真菌药(灰黄霉素)、抗精神病药(氯丙嗪)等。

其他如泌尿系统感染(膀胱炎、尿道炎)所出现的蛋白尿为假性蛋白尿。

四、尿葡萄糖

(一)简述

尿液中糖类主要为葡萄糖，在正常情况下含量极微，用一般检测方法呈阴性反应。尿液中出现葡萄糖取决于血糖水平、肾小球滤过葡萄糖速度、近端肾小管重吸收葡萄糖速度和尿流量。通常人尿糖值为 0.1～0.3 g/24 h 或 50～150 mg/L。当血糖阈值超过肾阈值或肾阈值降低时，肾小球滤过葡萄糖量超过肾小管重吸收的最大能力时，则出现糖尿。

参考范围：干化学试带法，定性阴性。

(二)临床意义

尿葡萄糖(阳性)多见于：

(1)疾病：内分泌疾病、糖尿病可出现高血糖和糖尿；垂体和肾上腺疾病如肢端肥大症，肾上腺皮质功能亢进，功能性 α、β 细胞胰腺肿瘤，甲状腺功能亢进；心肌梗死、肥胖、肝脏疾病、糖原累积症、胰腺炎、肿瘤、膀胱囊性纤维化等也可见。

(2)饮食性糖尿：健康人短时间内过量进食糖类，妊娠末期或哺乳期妇女可有一过性生理性糖尿。

(3)暂时性和持续性糖尿：暂时性糖尿见于剧烈运动后、头部外伤、脑出血、癫痫发作、各种中毒、肾上腺皮质激素用量过大等；而持续性糖尿多见于原发性糖尿病、甲状腺功能亢进、内分泌疾病、嗜铬细胞瘤等。

(4)其他：烧伤、感染、骨折、应用药物(肾上腺糖皮质激素、口服避孕药、蛋白同化激素)也可引起尿糖阳性。

五、尿胆红素

(一)简述

胆红素是血红蛋白的降解产物，在正常尿液中不含有胆红素，尿胆红素的检出是显示肝细胞损伤和鉴别黄疸的重要指标，在诊断和预后上有重要意义。

参考范围：干化学试带法，定性阴性。

(二)临床意义

尿胆红素阳性多见于：

(1)肝细胞性黄疸：病毒性肝炎、肝硬化、酒精性肝炎、药物性肝损伤。

(2)阻塞性黄疸：如化脓性胆管炎、胆囊结石、胆道肿瘤、胰腺肿瘤、原发性肝癌、手术创伤所致的胆管狭窄等。

尿液中出现胆红素，通常提示肝胆阻塞：观察尿色和震荡后尿泡沫均可呈深黄色；急性病毒性肝炎或药物性诱导的胆汁淤积，尿胆红素阳性常出现于黄疸之前。尿胆红素有助于肝炎的诊断，在临床上，尿胆红素检测仅作为黄疸实验室鉴别的一个项目，实际应用时，尚需与血清胆红素、尿胆原、粪胆原等检测结果一起综合分析。

六、尿隐血

(一)简述

尿液中如混合有 0.1% 以上血液时，肉眼可观察到血尿，血液量在 0.1% 以下时，仅能通过潜血反应发现。尿液隐血即反映尿液中的血红蛋白和肌红蛋白，正常人尿液中不能测出。

参考范围：尿血红蛋白试管法，阴性；尿肌红蛋白试管法，阴性。

(二)临床意义

1. 尿血红蛋白阳性　红细胞被大量破坏，产生过多的游离血红蛋白，经肾由尿液排出。

(1)创伤：心瓣膜手术、严重烧伤、剧烈运动、肌肉和血管组织严重损伤、经尿道前列腺切除术等。

(2)疾病：阵发性血红蛋白尿及引起血尿的疾病如肾炎、肾结石、肿瘤、感染、疟疾、微血管性溶血性贫血、溶血性尿毒症、肾皮质坏死。

(3)用药：应用阿司匹林、磺胺药、伯氨喹、硝基呋喃类、万古霉素、卡那霉素、吲哚美辛、他汀类调节血脂药、秋水仙碱、吡罗昔康等。

2. 尿肌红蛋白阳性

(1)创伤：挤压综合征、电击伤、烧伤、手术创伤及痉挛。

(2)原发性肌肉疾病：肌肉萎缩、皮肌炎及多发性肌炎、肌营养不良。

(3)局部缺血性肌红蛋白尿：心肌梗死、动脉阻塞。

(4)代谢性疾病：肌糖原累积病、糖尿病酸中毒。

(5)中毒：酒精、药物(两性霉素 B、海洛因、巴比妥类)中毒。

七、尿沉渣白细胞

(一)简述

正常成人的尿液中可有少数白细胞，超过一定数量时则为异常，白细胞尿中多为炎症感染时出现的中性粒细胞，已发生退行性改变，又称为脓细胞。尿沉渣白细胞是检测离心尿沉淀物中白细胞的数量。

参考范围：干化学试带法，阴性；镜检法，正常人混匀一滴尿 WBC 0～3/HPF，离心尿 WBC 0～5/HPF；混匀尿全自动尿有形成分分析仪法，男性 WBC 0～12/μL，女性 WBC 0～26/μL。

(二)临床意义

尿中白细胞增多见于泌尿系统感染、慢性肾盂肾炎、膀胱炎、前列腺炎，女性白带混入尿液时，也可发现较多的白细胞。另由药品所致的过敏反应，尿中会出现大量嗜酸性粒细胞。

八、尿管型

(一)简述

尿管型是尿液中的蛋白在肾小管内聚集而成，尿液中出现管型是肾实质性病变的证据。

常见的管型种类有：透明管型、细胞管型(白细胞、红细胞、上皮细胞)、颗粒管型、蜡样管型、脂肪管型和细菌管型。

参考范围：镜检法，0 或偶见(透明管型 0～1/HPF)。

(二)临床意义

尿沉渣管型异常见于：

(1)急性肾小球肾炎：可见较多透明管型及颗粒管型，还可见红细胞管型。

(2)慢性肾小球肾炎：可见较多细、粗颗粒管型，也可见透明管型，偶见脂肪管型、蜡样管型和宽大管型。

(3)肾病综合征：常见有脂肪管型，容易见细、粗颗粒管型，也可见有透明管型。

(4)急性肾盂肾炎:少见有白细胞管型,偶见有颗粒管型。

(5)慢性肾盂肾炎:可见较多白细胞管型、粗颗粒管型。

此外,尿沉渣管型异常可由应用多粘菌素、磺胺嘧啶、磺胺甲恶唑、顺铂等药物所致。

九、尿沉渣结晶

(一)简述

尿沉渣中的无机沉渣物主要为结晶体,多来自食物和盐类代谢的结果。正常人尿沉渣中磷酸盐、尿酸盐、草酸盐最为常见,一般临床意义不大。而有些结晶具有重要的临床意义。

参考范围:正常的尿液中有少量磷酸盐、草酸盐和尿酸盐等结晶。

(二)临床意义

尿沉渣结晶异常见于:

(1)磷酸盐结晶常见于pH碱性的感染尿液。

(2)大量的尿酸和尿酸盐结晶提示核蛋白更新增加,特别是在白血病和淋巴瘤的化疗期间,如发现有X线可透性结石并伴血清尿酸水平增高,则为有力的证据。

(3)尿酸盐结晶常见于痛风。

(4)大量的草酸盐结晶提示严重的慢性肾病,或乙二醇、甲氧氟烷中毒。草酸盐尿增加提示有小肠疾病及小肠切除后食物中草酸盐吸收增加。

(5)胱氨酸结晶可见于胱氨酸尿的患者,某些遗传病、肝豆状核变性可伴有胱氨酸结石。

(6)酪氨酸和亮氨酸结晶常见于有严重肝病的患者尿液中。

(7)胆红素结晶见于黄疸、急性肝萎缩、肝癌、肝硬化、磷中毒等患者的尿液中;脂肪醇结晶见于膀胱尿潴留、下肢麻痹、慢性膀胱炎、前列腺增生、慢性肾盂肾炎患者的尿液中。

(8)服用磺胺药、氨苄西林、巯嘌呤、扑米酮等药,可出现结晶尿。

十、尿酮体

(一)简述

酮体包括乙酰乙酸、β-羟丁酸、丙酮,是体内脂肪酸氧化的中间产物,酮体在肝脏产生,在血液中循环,在其他组织中氧化生成CO_2和H_2O,但在正常人体中极少有酮体。当糖供应不足和组织中葡萄糖氧化分解降低时,脂肪氧化加强。如酮体产生的速度大于组织利用的速度,则血液中酮体增加出现酮血症。

参考范围:定性阴性。

(二)临床意义

尿酮体增高多见于:

(1)非糖尿病酮尿:婴儿、儿童急性发热,伴随呕吐、腹泻等,常出现酮尿;新生儿如有严重酮症酸中毒应疑为遗传性代谢性疾病;酮尿也可见于寒冷、剧烈运动后紧张状态、妊娠期、低糖性食物、禁食、呕吐、甲状腺功能亢进、恶病质、麻醉后、糖原累积病、活动性肢端肥大症及生长激素、肾上腺皮质激素、胰岛素分泌过度等。另外，伤寒、麻疹、猩红热、肺炎等疾病及三氯甲烷、乙醚、磷中毒也可见尿酮体阳性反应。

(2)糖尿病酮尿：糖尿病尚未控制或未曾治疗，持续出现酮尿提示有酮症酸中毒，尿液中排出大量酮体，常早于血液中酮体的升高。严重糖尿病酮症时，尿液中酮体可达6 g/24 h。

十一、尿肌酐

(一)简述

尿肌酐是体内肌酸代谢的最终产物，是脱水缩合物。由于肌酸经非酶促反应脱水生成肌酐后可绝大部分由肾小球滤出，肾小管不重吸收，排泌至尿液中，人体每日的肌酐排出量较为恒定。

参考范围：碱性苦味酸法，男性 8.8～17.6 mmol/24 h，女性 7.0～15.8 mmol/24 h，儿童 8.8～13.2 mmol/24 h。

(二)临床意义

1. 尿肌酐病理性增加

(1)内分泌与代谢系统疾病：肢端肥大症、糖尿病、甲状腺功能减退等。

(2)消耗性疾病：伤寒、斑疹伤寒、破伤风等。

2. 尿肌酐病理性减少

(1)疾病：严重进行性肌萎缩、进行性肌营养不良、贫血、瘫痪、进行性肾病、硬皮病、甲状腺功能亢进等。

(2)其他：碱中毒、肾衰竭等。

十二、尿酸

(一)简述

尿酸为体内嘌呤类代谢分解产物，人体尿酸来自体内细胞核蛋白分解代谢(内源性，占 80%)和食物的分解代谢(外源性，占 20%)过程，尿酸具有酸性，以钾、钠盐的形式从尿液中排出。

参考范围：磷钨酸还原法，2.4～5.4 mmoL/24 h。

(二)临床意义

1. 尿酸增高

(1)疾病：痛风，或组织大量破坏、核蛋白分解过度，如肺炎、子痫等。

(2)核蛋白代谢增强：如粒细胞性白血病、骨髓细胞增生不良、溶血性贫血、恶性贫血、红细胞增多症、甲状腺功能亢进、一氧化碳中毒、牛皮癣等。

(3)生理性：食用高嘌呤食物、木糖醇摄入过多、剧烈运动、禁食。

(4)用药：肾小管重吸收障碍，如肝豆状核变性，或使用促皮质素(ACTH)与肾上腺皮质激素，此类疾病血尿酸减少，尿尿酸增多。

2. 尿酸减少

(1)疾病：肾功能不全、痛风发作前期。

(2)饮食：高糖、高脂肪饮食。

十三、尿淀粉酶

(一)简述

尿淀粉酶催化淀粉分子中葡萄糖苷水解，产生糊精、麦芽糖或葡萄糖，故又称为α淀粉酶，主要由胰腺分泌，称为淀粉酶；另一种由唾液腺分泌，称为唾液淀粉酶。

参考范围：碘-淀粉比色法，100～1 200 U。

(二)临床意义

1. 尿淀粉酶增高

(1)急性胰腺炎发作期：尿淀粉酶活性上升稍晚于血清淀粉酶，且维持时间稍长。

(2)其他疾病：胰头癌、流行性腮腺炎、胃溃疡穿孔也可见尿淀粉酶上升。

2. 尿淀粉酶减少 见于重症肝病、严重烧伤、糖尿病等。

第三节 粪常规检查

人每日有500～1 000 mL食糜残渣进入结肠，其中含水分3/4，剩余的1/4为固体成分，水分和电解质大部分在结肠上半段吸收。

一、粪外观

(一)简述

正常人的粪便色泽为黄褐色，婴儿为黄色，均为柱状软便。粪便的颜色主要受粪胆素影响，当摄入混合性食物时，则呈黄褐色；婴儿的粪便为黄色，主要缘于婴儿的胆色素代谢功能尚未完全。粪便有臭味，有少量黏液但肉眼不可见。影响粪便色泽的主要因素如下。

(1)饮食：肉食者粪便为黑褐色，绿叶菜食者粪便为暗绿色，食用巧克力、咖啡者粪便为酱色，食用西红柿、西瓜者粪便为红色，食用黑芝麻者粪便为无光泽的黑色。

(2)药物：口服药用炭、铋制剂、铁制剂、中草药者粪便可呈无光泽的灰黑色，服用大黄、番泻叶等中药者大便呈黄色。另服用：①解热镇痛药、保泰松、羟基保泰松可使大便变红或黑色；水杨酸钠可使大便呈红至黑色；②抗生素，利福平可使大便变成橘红至红色；③抗凝血药，华法林、双香豆素、双香豆素乙酯、醋硝香豆素可使大便变红。

(二)临床意义

(1)稀糊状或水样粪便：常由肠蠕动亢进、水分吸收不充分所致，见于各种肠道感染性或非感染性腹泻，或急性胃肠炎；若出现大量的黄绿色稀便并含有膜状物则应考虑伪膜性肠炎；大量稀水便也可见于艾滋病患者肠道孢子虫感染。

（2）米泔水样便由肠道受刺激大量分泌水分所致，见于霍乱、副霍乱等。

（3）黏液便由肠道受刺激分泌黏液过多所致，见于小肠炎症（黏液混于粪便中）、大肠炎症（黏液附着于粪便表面）。

（4）胨状便主要见于过敏性肠炎、慢性菌痢等。

（5）脓血便为下段肠道疾病的表现，主要见于细菌性痢疾、溃疡性结肠炎、直肠或结肠癌、阿米巴痢疾（以血为主，呈暗红果酱色）。

（6）乳凝块便为脂肪或酪蛋白消化不良的表现，常见于儿童消化不良。

（7）鲜血便主要见于痔疮、肛裂、息肉等下消化道出血等。

（8）柏油便黑色有光泽，为上消化道出血（$>$50 mL）后，红细胞被消化液消化所致，如粪便隐血强阳性，可确定为上消化道出血等。

（9）白陶土便由胆汁减少或缺乏，使粪胆素减少或缺乏所致，见于各种病因的阻塞性黄疸。

（10）细条便为直肠狭窄的表现，主要见于直肠癌。

二、粪隐血

（一）简述

一般情况下，粪便中无可见红细胞，结果通常为阴性。

（二）临床意义

在病理情况下，粪隐血可见于：

（1）消化道溃疡：胃、十二指肠溃疡患者的隐血阳性率可达55%～77%，可呈间歇性阳性，虽出血量大但非持续性。

（2）消化道肿瘤：胃癌、结肠癌患者的隐血阳性率可达87%～95%，出血量小但呈持续性。

（3）其他疾病：肠结核、克罗恩病、溃疡性结肠炎；全身性疾病如紫癜、急性白血病、伤寒、回归热、钩虫病等；对老年人则有助于早期发现消化道恶性肿瘤。

三、粪胆原

（一）简述

粪胆原大部分在结肠被氧化为尿胆素而被排出体外，正常粪便中检查呈阳性反应。但在测定中应结合粪胆素、尿胆原、尿胆红素定性实验及血胆红素等，以有效鉴别、诊断黄疸的性质。

参考范围：阳性。

(二)临床意义

(1)粪胆原增加　在溶血性黄疸时明显增加;也可见于阵发性睡眠性血红蛋白尿症。

(2)粪胆原减少　在阻塞性黄疸时明显减少;在肝细胞性黄疸时可增加或减少。

四、粪便细胞显微镜检查

(一)简述

粪便的显微镜检查主要对有形细胞、原虫、真菌、寄生虫卵进行观察,以便了解整个消化道及器官的功能或病理状态。

参考范围:红细胞无,白细胞无或偶见,上皮细胞偶见,细菌正常菌群,真菌少量,寄生虫卵,无致病性虫卵。

(二)临床意义

1. 白细胞增多　见于肠道炎症(常伴有脓细胞),如细菌性痢疾(以中性粒细胞增多为主)、溃疡性结肠炎、阿米巴痢疾、出血性肠炎和肠道反应性疾病(还可伴有嗜酸性粒细胞和浆细胞增多)。

2. 红细胞增多　见于痢疾、溃疡性结肠炎、结肠癌等。细菌性痢疾时常有红细胞散在,形态较完整;阿米巴痢疾时红细胞则成堆且被破坏。

3. 吞噬细胞增多　主要见于急性肠炎和痢疾(可与脓细胞同时出现)。在急性出血性肠炎时,有时可见多核巨细胞。

4. 上皮细胞增多　为肠壁炎症的特征,如结肠炎、伪膜性肠炎。

5. 真菌增多　大量或长期应用广谱抗生素,引起真菌的二重感染,如白色念珠菌致病常见于菌群失调,普通酵母菌大量繁殖可致轻度腹泻。

第四节　肝功能检查

肝脏是人体内最大的实质性腺体,具有十分重要和复杂的生理功能。首先是人体内各种物质代谢和加工的中枢,把门静脉从肠道吸收来的营养物质进行加工,变成人体内自己的成分供应全身,并将多余的物质加以贮存,如糖、蛋白质、脂肪;又把动脉血带来的代谢产物进行加工利用,或把不能利用的加以处理,再由肾脏或胆道排泄,以此维持和调节人体内环境的稳定、水电解质平衡和血容量的稳定。其次,肝脏还有生物转化和解毒功能,所有进入人体的药物或毒物等,都会在肝脏发生氧化、还原、水解、结合等化学反应,不同程度地被代谢,最后以原形药或代谢物的形式排出体外。

由于肝细胞不断地从血液中吸取原料,难以避免遭受有毒物质或病毒、毒素和寄生虫的感染或损害,轻者丧失一定的功能,重者造成肝细胞坏死,最后发展为肝硬化、肝癌及肝衰竭,甚至发生肝性脑病。肝功能检查指标在临床上具有十分重要的意义。

一、丙氨酸氨基转移酶(ALT,GPT)

(一)简述

丙氨酸氨基转移酶是一组催化氨基酸与α-酮酸间氨基转移反应的酶类,旧称谷丙转氨酶(GPT),主要存在于肝、肾、心肌、骨骼肌、胰腺、脾、肺、红细胞等组织细胞中,同时也存在于正常体液如血浆、胆汁、脑脊液、唾液中。当富含ALT的组织细胞受损时,ALT从细胞释放增加,进入血液后导致ALT活力上升,其增高的程度与肝细胞被破坏的程度呈正比。

参考范围:速率法,成人<40 U/L。

(二)临床意义

ALT的测定可反映肝细胞损伤程度。ALT升高常见于以下疾病。

(1)肝胆疾病:传染性肝炎、中毒性肝炎、肝癌、肝硬化活动期、脂肪肝、梗阻性黄疸、胆汁淤积或淤滞、胆管炎、胆囊炎。其中慢性肝炎、脂肪肝、肝硬化、肝癌可见ALT轻度上升或正常。

(2)其他疾病:急性心肌梗死、心肌炎、心力衰竭所致肝脏瘀血,以及骨骼肌病、传染性单核细胞增多症、胰腺炎、外伤、严重烧伤、休克等。

(3)用药与接触化学品:服用有肝毒性的药物或接触某些化学物质,如氯丙嗪、异烟肼、奎宁、水杨酸、氨苄西林、利福平、四氯化碳、乙醇、汞、铅、有机磷等亦可使ALT活力上升。常见可致ALT活力上升的其他药物主要有:

1)抗生素:四环素、利福平、林可霉素、克林霉素、羧苄西林、苯唑西林、氯唑西林、多粘菌素、头孢呋辛、亚胺培南/西司他丁钠等均偶可引起血清AST或ALT升高。尤其红霉素类的酯化物致肝毒性,常在用药后10~12 d出现肝大、黄疸、AST或ALT升高等胆汁淤积表现。其中依托红霉素对肝脏的损害比红霉素大,主要表现为AST或ALT升高。

2)抗真菌药:氟康唑、伊曲康唑等可致血清AST一过性升高。灰黄霉素大剂量时有肝毒性,可见AST或ALT升高。酮康唑偶可发生肝毒性,表现为乏力、黄疸、深色尿、粪色白、疲乏、AST及ALT一过性升高,另有引起急性肝萎缩而致死的报道。

3)抗病毒药:阿昔洛韦、泛昔洛韦可致ALT及AST升高。

4)血脂调节药:应用羟甲戊二酰辅酶A还原酶抑制剂(他汀类血脂调节药)连续1年以上者有2%~5%可观察到无症状的AST及ALT异常。

二、天门冬氨酸氨基转移酶(AST,GOP)

(一)简述

天门冬氨酸氨基转移酶(AST)同样是体内最重要的氨基转移酶之一,催化L-天门冬氨酸与α-酮戊二酸间氨基转移反应,旧称谷草转氨酶(GST)。AST主要存在于心肌、肝、肾、骨骼肌、胰腺、肺、红细胞等组织细胞中;同时也存在于正常人血浆、胆汁、脑脊液及唾液中。当富含 AST 的组织细胞受损时，细胞通透性增加，AST 从细胞释放增加，进入血液后导致 AST 活力上升。

参考范围：速率法，成人＜40 U/L。

（二）临床意义

AST 的测定可反映肝细胞损伤程度。AST 升高常见于以下疾病。

（1）心肌梗死：AST 活力最高，在发病后 6～8 h 后 AST 开始上升，18～24 h 后达高峰。但单纯心绞痛时，AST 正常。

（2）肝脏疾病：传染性肝炎、中毒性肝炎、肝癌、肝硬化活动期、脂肪肝、梗阻性黄疸、肝内胆汁淤积或淤滞、胆管炎、胆囊炎等。在急性或轻型肝炎时，血清 AST 升高，但升高幅度不如 ALT，AST/ALT 比值＜1；如在急性病程中该比值明显升高。在慢性肝炎尤其是肝硬化时，AST 上升的幅度高于 ALT，故 AST/ALT 比值测定有助于肝病的鉴别诊断。

（3）其他疾病：进行性肌营养不良、皮肌炎、肺栓塞、肾炎、胸膜炎、急性胰腺炎、钩端螺旋体病、肌肉挫伤、坏疽、溶血性疾病。

（4）用药：服用有肝毒性的药物时，具体与 ALT 类同。

三、γ-谷氨酰转移酶（γ-GT）

（一）简述

γ-谷氨酰转移酶（γ-GT）又称 γ-谷氨酰转肽酶，是将肽或其他化合物的 γ-谷氨酰基转移至某些 γ-谷氨酰受体上的酶。γ-GT 主要存在于血清及除肌肉外的所有组织中，如肾、胰、肝、大肠、心肌组织中，其中以肾脏最高。

参考范围：速率法，男性≤50 U/L，女性≤30 U/L。

（二）临床意义

γ-GT 升高见于以下情况。

（1）肝胆疾病：肝内或肝后胆管梗阻者血清 γ-GT 上升最高，可达正常水平的 5～30 倍，γ-GT 对阻塞性黄疸性胆管炎、胆囊炎的敏感性高于碱性磷酸酶，原发性或继发性肝炎患者的 γ-GT 水平也高，且较其他肝脏酶类上升显著；传染性肝炎、脂肪肝、药物中毒者的 γ- GT 中度升高，一般为正常参考值的 2～5 倍；酒精性肝硬化、大多数嗜酒者 γ-GT 值可升高。慢性肝炎、肝硬化 γ-GT 持续升高，提示病情不稳定或有恶化趋势；而逐渐下降，则提示肝内病变向非活动区域移行。原发性肝癌时，血清 γ-GT 活性显著升高，特别在诊断恶性肿瘤者有无肝转移和肝癌术后有无复发时，阳性率可达 90%。

（2）胰腺疾病：急、慢性胰腺炎，胰腺肿瘤可达参考上限的 5～15 倍。囊纤维化（胰纤维性囊肿瘤）伴有肝并发症时 γ-GT 值可升高。

（3）其他疾病：脂肪肝、心肌梗死、前列腺肿瘤。

（4）用药：抗惊厥药苯妥英钠、镇静药苯巴比妥或乙醇常致 γ-GT 升高。

四、碱性磷酸酶(ALP)

(一)简述

碱性磷酸酶为一组单酯酶,广泛存在于人体组织和体液中,其中以骨、肝、乳腺、小肠、肾脏的浓度较高。碱性磷酸酶可催化磷酸酯的水解反应,并有转移磷酸基的作用。当上述器官病变时,此酶的活性增强。

参考范围:速率法,女性1～12岁＜500 U/L,大于15岁40～150 U/L,男性1～12岁＜500 U/L,12～15岁＜750 U/L,大于25岁40～150 U/L。

(二)临床意义

碱性磷酸酶增高可见于以下情况。

(1)肝胆疾病　阻塞性黄疸、胆道梗阻、结石、胰腺头癌、急性或慢性黄疸性肝炎、肝癌、肝外阻塞。

(2)骨骼疾病　骨损伤、骨疾病、变形性骨炎症,使成骨细胞内有高度的ALP释放入血,如纤维骨炎、骨折恢复期、佝偻病、骨软化症、成骨不全等,因为ALP生成亢进,血清AIP或活性升高。

(3)用药　羟甲戊二酰辅酶A还原酶抑制剂(他汀类血脂调节药)的不良反应,可导致ALP升高。

五、总蛋白、白蛋白和球蛋白

(一)简述

血清白蛋白、γ-球蛋白、β-球蛋白均由肝脏细胞合成,总蛋白为白蛋白和球蛋白之和。血浆蛋白具有维持正常的血浆胶体渗透压、运输、机体免疫、凝血和抗凝血及营养等生理功能。当肝脏受损时,血浆蛋白减少,在炎症性肝细胞破坏和抗原性改变时,可刺激免疫系统致γ-球蛋白比例增高,此刻总蛋白量变化不大,但白蛋白和球蛋白比值(A/G)会变小,甚至发生倒置。为了反映肝脏功能的实际情况,在做血清总蛋白测定的同时,尚需要测定A/G比值,其结果以g/L表示。

参考范围:

(1)总蛋白(TP):双缩脲法,新生儿46～70 g/L,成人60～80 g/L。

(2)白蛋白:溴甲酚氯法,新生儿28～44 g/L,成人35～55 g/L。

(3)球蛋白:20～30 g/L。

(4)A/G比值:范围为1.5∶1～2.5∶1。

(二)临床意义

1. 总蛋白

(1)总蛋白增高:①各种原因脱水所致的血液浓缩,如呕吐、腹泻、休克、高热、肾上腺皮质功能减退等;②血清蛋白合成增加,如多发性骨髓瘤、巨球蛋白血症等。

(2)总蛋白降低:①各种原因引起的血清蛋白质丢失和摄入不足,营养不良、消化吸收不良;②血清水分增加可导致总蛋白浓度相对减少,如水钠潴留或静脉应用过多的低渗溶液;③患有多种慢性消耗性疾病,如结核、肿瘤、急性大出血、严重烧伤、甲状腺功能亢进、慢性肾脏病变、肾病综合征、胸腹腔积液、肝功能障碍、蛋白质合成障碍。

血清总蛋白的参数常与白蛋白、球蛋白及血清蛋白电泳等指标综合分析。

2. 白蛋白　白蛋白在肝脏合成,属于非急性时相蛋白,在维持血浆胶体渗透压、体内运输、营养方面均起着非常重要的作用。

(1)白蛋白浓度降低:①营养不良。摄入不足、消化吸收不良。②消耗增加。多种慢性疾病,如结核、恶性肿瘤、甲状腺功能亢进;或蛋白丢失过多,如急性大出血、严重烧伤、慢性肾脏病变。③合成障碍。主要是肝功能障碍,若持续低于 30 g/L,则提示有慢性肝炎或肝硬化。

(2)白蛋白浓度增高:见于严重失水而致的血浆浓缩。

3. 球蛋白　球蛋白是多种蛋白质的混合物,增高主要以 γ-球蛋白增高为主。

(1)球蛋白增高:①炎症或慢性感染性疾病:如结核、疟疾、黑热病、麻风病、血吸虫病、肝炎、亚急性心内膜炎。②自身免疫性疾病:风湿热、红斑狼疮、类风湿性关节炎、肝硬化。③骨髓瘤和淋巴瘤、原发性巨球蛋白血症。

(2)球蛋白减少:①生理性减少,见于出生后至 3 岁。②免疫功能抑制,如应用肾上腺皮质激素和免疫抑制剂。③低 γ-球蛋白血症。

4. A/G 比值减少

(1)A/G 比值小于 1,提示有慢性肝炎、肝硬化、肝实质性损害、肾病综合征。

(2)急性肝炎早期,白蛋白量可不变或稍低,γ-球蛋白量轻度增多,所以血清总蛋白量可以不变。此时白蛋白量仍高于球蛋白,因此 A/G 比值仍可正常。A/G 比值的动态变化,有助于观察病情的发展与预后,如病情恶化时,白蛋白逐渐减少,A/G 比值下降;A/G 比值持续倒置提示预后较差。肝硬化和慢性肝炎时,血清白蛋白量减少,总蛋白量则视球蛋白量的改变而异。若球蛋白量正常,则总蛋白量减少,A/G 比值正常或减少;若球蛋白量增多,则总蛋白量可正常或增加,A/G 比值减少或低于 1。

第五节　肾功能检查

肾脏是人体最重要的器官之一,其功能主要是分泌和排泄尿液、废物、毒物和药物;调节和维持体液容量和成分(水分和渗透压、电解质、酸碱度);维持机体内环境(血压、内分泌)的平衡。肾脏分为皮质和髓质两部分,皮质中主要有肾小球、近曲和远曲小管、集合管;髓质中主要为髓袢及集合管远端。肾脏的工作量极大,每日经肾小球滤过的血浆大约 180L。因此,变态反应、感染、肾血管病变、代谢异常、先天性疾病、全身循环和代谢性疾病、药物、毒素对肾脏的损害,均可影响肾功能,主要表现为肾功能检查指标的异常,在临床诊断和治疗上具有重要的意义。

一、血清尿素氮(BUN)

(一)简述

尿素是人体蛋白质的代谢产物,氨在肝脏尿素循环中也合成尿素。血清尿素氮主要经肾小球滤过而随尿液排出体外,比例约占90%以上。当肾实质受损害时,肾小球滤过率降低,致使血液中血清尿素氮浓度增加,因此通过测定尿素氮,可了解肾小球的滤过功能。

参考范围:速率法,成人3.2～7.1 mmol/L,婴儿、儿童1.8～6.5 mmol/L。

(二)临床意义

1. 血清尿素氮增高

(1)肾脏疾病:慢性肾炎、严重的肾盂肾炎等。肾功能轻度受损时,尿素氮检测值可无变化。当此值高于正常时,说明有效肾单位的60%～70%已受损害。因此,尿素氮测定不能作为肾病早期肾功能的测定指标,但对肾衰竭,尤其是氮质血症的诊断有特殊的价值。

(2)泌尿系统疾病:泌尿道结石、肿瘤、前列腺增生、前列腺疾病使尿路梗阻等引起尿量显著减少或尿闭时,也可造成血清尿素氮检测值增高(肾后性氮质血症)。

(3)其他:脱水,高蛋白饮食,蛋白质分解代谢增高,水肿,腹水,胆道手术后,上消化道出血,妊娠后期妇女,磷、砷等化学中毒等,心输出量减少或继发于失血或其他原因所致的肾脏灌注下降均会引起BUN升高(肾前性氮质血症)。

2. 血清尿素氮降低 急性肝萎缩、中毒性肝炎、类脂质肾病等。

二、血肌酐(Cr)

(一)简述

血肌酐的浓度取决于人体的产生和摄入与肾脏的排泄能力,血肌酐基本不受饮食、高分子代谢等肾外因素的影响。在外源性肌酐摄入量稳定,体内肌酐生成量恒定的情况下,其浓度取决于肾小球滤过功能。因此,血肌酐浓度可在一定程度上准确反映肾小球滤过功能的损害程度。

人体肾功能正常时,肌酐排出率恒定,当肾实质受到损害时,肾小球的滤过率就会降低。当滤过率降低到一定程度后,血肌酐浓度就会急剧上升。

参考范围:Taffe法,男性62～115 μmol/L,女性53～97 μmol/L。苦味酸法,全血88.4～176.8 μmol/L。血清,男性53～106 μmol/L,女性44～97 μmol/L。

(二)临床意义

血肌酐增高见于以下情况。

1. 肾脏疾病 急慢性肾小球肾炎、肾硬化、多囊肾、肾移植后的排斥反应等,尤其是慢性肾炎者,Cr越高,预后越差。

2. 其他 休克、心力衰竭、肢端肥大症、巨人症、失血、脱水、剧烈活动。血肌酐检测值增高主要见于急、慢性肾小球肾炎等肾脏疾病。当上述疾病造成肾小球滤过功能减退时，由于肾的储备力和代偿力还很强，所以，在早期或轻度损害时，血肌酐浓度可以表现为正常，仅当肾小球滤过功能下降到正常人的 30%～50%时，血肌酐数值才明显上升。在正常肾血流条件下，血肌酐 176～355 μmol/L 时，提示有中度至严重肾损害。血肌酐和尿素氮同时测定更有意义，如两者同时增高，提示肾功能已受到严重的损害。

第六节 血生化检查

一、淀粉酶(AMY)

(一)简述

淀粉酶在体内的主要作用是水解淀粉，生成葡萄糖、麦芽糖、寡糖和糊精。淀粉酶分子量较小，可从肾小管滤过直接排出，当形成巨淀粉酶后因分子量大，所以不能从肾脏排出，导致血液中的淀粉酶活性升高，而尿中的淀粉酶活性低于正常。

参考范围：速率法血清 80～220 U/L。

(二)临床意义

1. 淀粉酶增高 血清淀粉酶活性测定主要用于急性胰腺炎的诊断，急性胰腺炎发病后 2～12 h，血清淀粉酶开始升高，12～72 h 达到高峰，3～4 d 恢复正常。此外，尚可见于急性腮腺炎、胰腺脓肿、胰腺损伤、胰腺肿瘤引起的胰腺导管阻塞、肾功能不全、肺癌、卵巢癌、腮腺损伤、胆囊炎、消化性溃疡穿孔、肠梗阻、腹膜炎、急性阑尾炎、异位妊娠破裂、创伤性休克、大手术后、酮症酸中毒、肾移植后、肺炎、急性酒精中毒等。

2. 淀粉酶降低 肝癌、肝硬化、糖尿病等。淀粉酶、血清脂肪酶、胰凝乳蛋白酶的联合测定可提高对急性胰腺炎诊断的特异性和准确性。同时测定淀粉酶清除率及肌酐清除率并计算其比值也可提高对急性胰腺炎诊断的敏感性和特异性。

二、磷酸激酶(CPK、CK)

(一)简述

磷酸激酶旧称肌酸磷酸激酶(CPK)或肌酸激酶，在体内主要存在于骨骼肌、脑和心肌组织中，为诊断骨骼肌和心肌疾病最敏感的指标，其增高与骨骼肌、心肌受损的程度基本一致，尤其作为急性心肌梗死的早期诊断指标，在发病 2～4 h 开始上升，12～48 h 达高峰，2～4 d 恢复正常。另外，心肌梗死溶栓治疗使梗死的血管恢复血流后，CPK 达峰时间提前，故动态测定 CPK 变化有助于病情的观察和预后估计。

参考范围：动态法，男性 25～200 U/L，女性 25～170 U/L。

(二)临床意义

1. 磷酸激酶增高

(1)急性心肌梗死：心肌梗死(心肌缺血、心内膜下心肌梗死)、病毒性心肌炎。

(2)各种肌肉疾病：进行性肌肉营养不良发作期、各种肌肉损伤、挤压综合征、多发性肌炎、手术后、剧烈运动或反复肌内注射。

(3)脑血管疾病：脑梗死、急性脑外伤、酒精中毒、惊厥、癫痫、甲状腺功能减退等。

(4)用药：服用羟甲戊二酰辅酶 A 还原酶抑制剂(他汀类药)，或他汀类和贝丁酸类药联合应用可增加发生肌病的危险，表现为 CPK 升高。

2. 磷酸激酶降低　见于肝硬化等。

三、血尿酸

(一)简述

尿酸为体内核酸中嘌呤代谢的终末产物，98%被肾小管重吸收和排泄，如发生肾小球滤过功能受损，可致血尿酸水平升高，另外在正常生理情况下，嘌呤的合成与分解处于相对平衡状态，尿酸的生成与排泄也较恒定。但当体内核酸大量分解(白血病、恶性肿瘤等)或食入高嘌呤食物时，引起血尿酸水平升高。

参考范围：155～428 μmol/L，酶法，男性 180～440 μmol/L，女性 120～320 μmol/L。

(二)临床意义

1. 血尿酸增高

(1)疾病：痛风、高尿酸血症、急慢性肾炎、肾结核、肾积水、紫癜、多发性骨髓炎、重症肝炎等。

(2)核蛋白代谢增强：如粒细胞性白血病、骨髓细胞增生不良、溶血性贫血、恶性贫血、红细胞增多症、甲状腺功能亢进、一氧化碳中毒、牛皮癣等。

(3)生理性：食用高嘌呤食物、木糖醇摄入过多、剧烈运动、禁食。

(4)用药：三氯甲烷、四氯化碳、铅中毒，或服用非甾体抗炎药(阿司匹林、贝诺酯)、利尿剂(氢氯噻嗪、甲氯噻嗪、贝美噻嗪、苄噻嗪、阿佐塞米、托拉塞米、依他尼酸)、抗高血压药(利血平、喷布洛尔、替米沙坦、氯沙坦、二氮嗪)、胰岛素、免疫抑制剂(环孢素、巯嘌呤、吗替麦考酚酯、他克莫司、西罗莫司)、抗结核药(吡嗪酰胺、乙胺丁醇)和维生素(维生素 C、B)等，因减少尿酸排泄而引起高尿酸血症。

2. 血尿酸减少

(1)疾病：恶性贫血、范科尼综合征。

(2)饮食：高糖、高脂肪饮食。

第七节　血脂、糖代谢检查

一、血糖(GLU)

(一)简述

血糖是指血液中葡萄糖的浓度，来源是食物中的淀粉、肌内肌糖原、牛奶乳糖、蔗糖和麦芽糖等，经消化吸收而生成葡萄糖。大部分储存于肝脏和肌肉内，供应生命活动的能量。正常情况下，在胰岛素、胰高血糖素等激素的参与下，糖的合成、分解与代谢处于动态平衡状态，血糖保持相对稳定。临床通过监测空腹、餐后血糖数值的变化来诊断疾病，掌握糖尿病的病情和治疗效果。

参考范围：邻甲苯胺法，空腹血糖成人3.9～6.1 mmol/L，儿童3.3～5.5 mmol/L，餐后2 h血糖<7.8 mmol/L。

（二）临床意义

1. 血糖增高

（1）胰岛素功能低下：胰岛素分泌不足的糖尿病、高血糖。

（2）导致血糖升高的激素分泌增多：嗜铬细胞瘤、肾上腺素皮质功能亢进（库欣综合征）、腺垂体功能亢进（肢端肥大症）、甲状腺功能亢进、巨人症、胰高血糖素瘤等。

（3）其他疾病：颅内压增高、颅内出血、重症脑炎、颅脑外伤、妊娠呕吐、脱水、全身麻醉、情绪紧张。

（4）用药：服用一些影响糖代谢的药物，可引起一过性的血糖升高，如肾上腺糖皮质激素（泼尼松、泼尼松龙、甲泼尼松、去炎松、氢化可的松、地塞米松）可调节糖代谢，在中长程应用时可出现多种代谢异常，包括高血糖；甲状腺激素（左甲状腺素钠、碘塞罗宁钠）可使胰岛素水平下降；利尿剂（呋塞米、依他尼酸、氢氯噻嗪）可抑制胰岛素释放，使糖耐量降低，血糖升高或尿糖阳性；加替沙星可致严重或致死性低血糖或高血糖；非甾体抗炎药（阿司匹林、吲哚美辛、阿西美辛等）偶可引起高血糖；抗精神病药（氯氮平、奥氮平、喹硫平、阿立哌唑、利培酮、齐拉西酮、氯丙嗪、奋乃进、三氟拉嗪等）可引起葡萄糖调节功能异常，包括诱发糖尿病、加重原有糖尿病和导致糖尿病酮症酸中毒。

2. 血糖降低

（1）胰岛素分泌过多：胰岛素B细胞瘤。

（2）导致血糖升高的激素分泌减退：肾上腺素皮质功能减退、腺垂体功能减退、甲状腺功能减退等。

（3）其他病症：长期营养不良、肝癌、重症肝炎、糖原积累病、酒精中毒、妊娠、饥饿、剧烈运动等。

（4）用药：应用磺酰脲类促胰岛素分泌药过量，或单胺氧化酶抑制剂、血管紧张素转换酶抑制剂、β受体阻断剂、奥曲肽等药联合应用。

二、糖化血红蛋白

（一）简述

糖化血红蛋白为葡萄糖与血红蛋白的结合物，且结合后不再解离，并持续于红细胞的生命周期中。因此，测定糖化血红蛋白和血红蛋白的百分率，能客观地反映1～2个月内的平均血糖水平，不但用于糖尿病的诊断，且用于糖尿病尤其是1型糖尿病患者用药的疗效观察和用药监测。

参考范围：竞争免疫比浊法，4.8%～6.0%。

（二）临床意义

1. 糖化血红蛋白增高　见于糖尿病、高血糖。

2. 糖化血红蛋白降低　见于贫血、红细胞更新率增加等。

三、总胆固醇

（一）简述

人体内含胆固醇约 140 g，其中 25%分布于脑和神经组织中，胆固醇主要在体内合成，人体每日合成 1～2 g。此外，尚有由食物中吸收的胆固醇，吸收率达食物中总胆固醇的 1/3。肝脏是合成、储藏和供给胆固醇的主要器官。胆固醇的合成具有昼夜节律变化，此外，胆固醇的水平易受饮食、年龄、性别等多种因素的影响。

参考范围：＜5.2 mmol/L

两点终点法：3.1～5.7 mmol/L

胆固醇酯/总胆固醇：0.60～0.75。

（二）临床意义

1. 胆固醇升高

（1）动脉硬化及高脂血症：粥样硬化斑块、动脉硬化、冠状动脉粥样硬化性心脏病及高脂血症等。

（2）其他疾病：肾病综合征、慢性肾炎肾病期、类脂性肾病糖尿病、甲状腺功能减退、胆道梗阻、饮酒过量、急性失血及家族性高胆固醇血症。糖尿病特别是并发糖尿病昏迷时，几乎都有总胆固醇升高。胆总管阻塞时，总胆固醇增高且伴有黄疸，但胆固醇酯与总胆固醇的比值仍正常。

（3）用药：服用避孕药、甲状腺激素、肾上腺糖皮质激素、抗精神病药（如氯氮平）可影响胆固醇水平。

2. 胆固醇降低

（1）疾病：甲状腺功能亢进、严重肝衰竭、溶血性贫血、感染和营养不良、严重的肝脏疾病、急性重型肝炎、肝硬化时，血清总胆固醇降低，胆固醇酯与总胆固醇的比值也降低。

（2）贫血：如再生障碍性贫血、溶血性贫血、缺铁性贫血等，因骨髓及红细胞合成胆固醇的功能受到影响，血清总胆固醇降低。

血清中总胆固醇的浓度可以作为脂类代谢的指标，但脂类代谢又常与糖类及激素等其他物质的代谢密切相关，所以，其他物质代谢异常时也可以影响血清总胆固醇的浓度。

四、三酰甘油

（一）简述

三酰甘油（甘油三酯）是人体贮存能量的形式，主要在肝脏合成；此外，人体的小肠黏膜在类脂吸收后也合成大量的三酰甘油。三酰甘油为乳糜微粒和极低密度脂蛋白的主要成分，并直接参与胆固醇和胆固醇酯的合成。在正常情况下，人的三酰甘油水平保持在正常值范围内，伴随年龄的增长而逐渐增高。

参考范围：一点终点法，0.56～1.70 mmol/L。

（二）临床意义

1. 血清三酰甘油增高

（1）动脉硬化及高脂血症：动脉粥样硬化、原发性高脂血症、家族性高三酰甘油血症。

（2）其他疾病：胰腺炎、肝胆疾病（脂肪肝、胆汁淤积）、阻塞性黄疸、皮质增多症、肥胖、糖尿病、糖原累积症、严重贫血、肾病综合征、甲状腺功能减退等疾病都有三酰甘油升高的现象。

（3）生理性：长期饥饿或食用高脂肪食品等也可造成三酰甘油升高；大量饮酒可使三酰甘油出现假性升高。

（4）用药：应用雌激素、甲状腺激素、避孕药可出现三酰甘油升高。

2. 血清三酰甘油减少　甲状腺功能亢进、甲状旁腺功能亢进、肾上腺皮质功能减退、肝功能严重障碍等。

五、低密度脂蛋白胆固醇

（一）简述

低密度脂蛋白胆固醇（LDL-ch）是在血浆中由极低密度脂蛋白胆固醇（VLDL-ch）转变而来的，其合成部位主要在血管内，降解部位在肝脏。LDL-ch 是空腹血浆中的主要脂蛋白，约占血浆脂蛋白的 2/3。其是运输胆固醇到肝外组织的主要运载工具。LDL-ch 的含量与心血管疾病的发病率以及病变程度相关，被认为是动脉粥样硬化的主要致病因子。

参考范围：两点终点法，2.1～3.1 mmol/L。

（二）临床意义

1. 低密度脂蛋白胆固醇增多　主要是胆固醇增高可伴有 TG 增高，临床表现为Ⅱa 型或Ⅱb 型高脂蛋白血症，常见于饮食中含有胆固醇和饱和脂肪酸、低甲状腺素血症、肾病综合征、慢性肾衰竭、肝脏疾病、糖尿病、血卟啉症、神经性厌食、妊娠等。

2. 低密度脂蛋白胆固醇降低　见于营养不良、慢性贫血、肠吸收不良、骨髓瘤、严重肝脏疾病、高甲状腺素血症、急性心肌梗死等。

六、高密度脂蛋白胆固醇

（一）简述

高密度脂蛋白胆固醇（HDL-ch）主要在肝脏合成，是一种抗动脉粥样硬化的脂蛋白，可将胆固醇从肝外组织转运到肝脏进行代谢，由胆汁排出体外。其在限制动脉壁胆固醇的积存速度和促进胆固醇的清除上起着一定的积极作用，HDL-ch 水平与动脉硬化和冠心病的发生和发展呈负相关。

参考范围：直接遮蔽法，1.2～1.65 mmol/L。

（二）临床意义

高密度脂蛋白胆固醇降低见于以下情况。

(1)生理性：吸烟、肥胖、严重营养不良、静脉内高营养治疗及应激反应后。

(2)动脉硬化及高脂血症：脑血管病、冠心病、高脂肪蛋白血症Ⅰ型和Ⅴ型。

(3)其他疾病：重症肝硬化、重症肝炎、糖尿病、肾病综合征、慢性肾功能不全、创伤、心肌梗死、甲状腺功能异常、尿毒症。

HDL-ch 增高一般无临床意义，常与遗传有关。

第八节　乙型肝炎血清免疫学检查

乙型肝炎血清免疫学检查(表面抗原、表面抗体、e 抗原、e 抗体、核心抗体)对乙型肝炎病毒的感染、复制及转归，肝炎的诊断、鉴别、预后以及用药后效果有较大的参考价值，在此一并介绍。

一、乙型肝炎病毒表面抗原

（一）简述

乙型肝炎病毒表面抗原(HBsAg)为乙型肝炎病毒(HBV)表面的一种糖蛋白，是乙型肝炎病毒感染最早期(1～2 个月)血清里出现的一种特异性血清标记物，可维持数周至数年，甚至终生。HBsAg 可从多种乙型肝炎者的体液和分泌物(血液、精液、乳汁、阴道分泌物)中测出。

参考范围：ELISA 法或化学发光法阴性。

（二）临床意义

(1)异常提示慢性或迁延性乙型肝炎活动期，与 HBsAg 感染有关的肝硬化或原发性肝癌。

(2)慢性 HBsAg 携带者，即肝功能已恢复正常而 HBsAg 尚未转阴，或 HBsAg 阳性持续 6 个月以上，而患者既无乙肝症状也无 ALT 异常，即所谓 HBsAg 携带者。

二、乙型肝炎病毒表面抗体

（一）简述

乙型肝炎病毒表面抗体(HBsAb)是人体针对乙型肝炎病毒表面抗原产生的中和抗体，为一种保护性抗体，表明人体具有一定的免疫力。大多数 HBsAg 的消失和 HBsAb 的出现，意味着 HBV 感染的恢复期和人体产生了免疫力。

参考范围：ELISA 法或化学发光法阴性。

（二）临床意义

阳性见于：

(1)乙型肝炎恢复期，或既往曾感染过 HBV，现已恢复，且对 HBV 具有一定的免疫力。

(2)接种乙肝疫苗所产生的效果。

三、乙型肝炎病毒e抗原

(一)简述

乙型肝炎病毒e抗原(HBeAg)是HBV复制的指标之一,位于HBV病毒颗粒的核心部分。

参考范围:ELISA法或化学发光法阴性。

(二)临床意义

乙型肝炎病毒e抗原阳性见于:

(1)提示乙型肝炎患者的病情为活动性。在HBV感染的早期,表示血液中含有较多的病毒颗粒,提示肝细胞有进行性损害和血清具有高度传染性;若血清中HBeAg持续阳性,则提示乙型肝炎转为慢性,表明患者预后不良。

(2)乙型肝炎加重之前,HBeAg即有升高,有助于预测肝炎病情。

(3)HBsAg和HBeAg均为阳性的妊娠期妇女,可将乙型肝炎病毒传播给新生儿,其感染的阳性率为70%~90%。

四、乙型肝炎病毒e抗体

(一)简述

乙型肝炎病毒e抗体是乙型肝炎病毒表面抗原的对应抗体,但非中和抗体,即不能抑制HBV的增殖,其出现于HBsAg转阴之后,证明人体对HBsAg有一定的免疫清除力。

参考范围:ELISA法或化学发光法阴性。

(二)临床意义

乙型肝炎病毒e抗体阳性见于:

(1)HBeAg转阴的患者,即HBV部分被清除或抑制,病毒复制减少,传染性降低。

(2)部分慢性乙型肝炎、肝硬化、肝癌患者可检出抗-HBe。

(3)HBeAg和抗-HBs阴性时,如能检出抗-HBe和抗-HBc,也能确诊为近期感染乙型肝炎。

五、乙型肝炎病毒核心抗体

(一)简述

乙型肝炎病毒核心抗体是乙型肝炎病毒核心抗原(HBcAg)的对应抗体,也非中和抗体,即不能抑制HBV的增殖,是反映肝细胞受到HBV侵害后的一项指标,为急性感染早期标志性抗体,常紧随HBsAg和HBeAg之后出现于血清中,主要包括IgM和IgG两型,抗HBc-IgM对急性乙型肝炎的诊断、病情监测及预后的判断均有较大的价值,因此,常以抗 HBc-IgM 作为急性 HBV 感染的指标。

参考范围：ELISA 法或化学发光法阴性。

（二）临床意义

乙型肝炎病毒核心抗体阳性见于：

（1）抗 HBc-IgM 阳性是诊断急性乙型肝炎和判断病毒复制活跃的指标，提示患者血液有较强的传染性，比 HBeAg 敏感得多，抗 HBc-IgM 阳性尚可见于慢性活动性乙型肝炎患者。

（2）HBc-IgG 阳性，高滴度表示正在感染 HBV，低滴度则表示既往感染过 HBV，具有流行病学的意义。

如在乙型肝炎者血液中检出乙型肝炎病毒表面抗原、e 抗原、核心抗体同为阳性，在临床上称为“大三阳”；在其血液中检测出乙型肝炎病毒表面抗原、e 抗体、核心抗体同为阳性，在临床上称为“小三阳”。

“大三阳”说明 HBV 在人体内复制活跃，带有传染性，如同时见 AST 及 ALT 升高，为最具有传染性的一类肝炎，应尽快隔离。“小三阳”说明 HBV 在人体内复制减少，传染性小，如肝功能正常，又无症状，称为乙型肝炎病毒无症状携带者，传染性小，不需要隔离。

第十二章　无偿献血与造血干细胞捐献

第一节　无 偿 献 血

一、概述

血液是非常珍贵的资源，在科学技术迅速发展的今天，人类仍然不能人工合成血液，临床用血只能由健康人捐献。无偿献血就是健康适龄公民自觉自愿献出少量血液或血液成分，去挽救危重患者的生命，而献血者不要任何报酬。无偿献血是健康人拯救他人生命的一种高尚行为。

无偿献血是国际卫生组织、国际红十字会推崇的献血形式。当前世界上很多国家已经做到了临床用血来自无偿献血，无偿献血已经成为衡量一个社会文明程度的标志。各国政府都十分重视无偿献血，日本 1985 年评出的最佳献血口号是“献血是爱，是勇气，是关怀”，目前已被全世界各国血站所采用。在美国，一个很流行的献血口号是“给您一个礼物，生命”，在美国人的心目中，献血是崇高的行动，是给同胞一个新的生命，是其他任何礼物都无法比拟的。目前，世界上很多国家已达到医疗用血全部来自无偿献血。如经济发达的美国、日本、加拿大、德国、澳大利亚，也有经济欠发达的阿尔及利亚、坦桑尼亚、尼日尔、尼泊尔、缅甸等，都实行了无偿献血制度。适量献血无碍健康已被全世界几十个国家的千百万献血者所证实，我国也有“献血无碍健康，只需小小勇气”的宣传。

（一）献血无损健康

人体内的血液总量约占体重的 8%，一般成人的血液总量为 4 000～5 000 mL，而一次献血 200 mL 仅占总血量的 1/20～1/25，在临床医学实践中，一般对失血量在 600 mL 以下的都不主张输血，可见献血 200 mL 不会影响健康。

人体内的血液并不都参与血液循环，有 20%～25% 的血液贮存在脾、肝、肺、皮肤等“贮血库”内，脾脏是人体中最大的“贮血库”，可以贮存人体总血量 20% 的血液。当人体血循环需要血液时，脾脏等会连续不断地释放血液进入血管，参与血循环。人体血液成分的新陈代谢活动十分活跃，人体内每天约有 1/120 的红细胞（即 20 亿个红细胞）衰老、死亡，白细胞的平均寿命为 7～14 d，血小板的寿命就更短，仅 7～9 d。人体骨髓有强大的代偿功能，在一定的条件刺激下，骨髓造血功能可增加到正常的 6～8 倍，一个健康人每天生成红细胞约 2 000 亿个，血小板 1 200 亿个，即每个健康成人每年生的血细胞相当于人体血细胞的总量，因此献血 200 mL 后人体很快就会得到补充。

按照《中华人民共和国献血法》的规定，献血年龄为 18～55 周岁，两次献血间隔为 6

个月以上，每次献血量为 200～400 mL。如果一名符合献血标准的健康人按每 6 个月献血一次，每次献血 400 mL 计算，那么，一个人一生可献血 74 次，累计献血量 3 万 mL。

（二）无偿献血的条件

1997 年 12 月 29 日，第八届全国人民代表大会常务委员会第二十九次会议通过《中华人民共和国献血法》，于 1998 年 10 月 1 日起实施。

1. 根据国家相关规定，献血者年龄为 18～55 周岁（如既往无献血反应，符合健康检查要求的多次献血者，主动要求再次献血的，年龄可延长至 60 周岁）。

2. 健康检查一般指标要求。①体重：男子体重≥50 kg，女子体重≥45 kg。②血压：90～140 mmHg/60～90 mmHg，脉搏差≥30 mmHg。③脉搏：60～100 次/分，高耐力运动员≥50 次/分。

3. 有传染性疾病、重要器官有严重疾病、地方病等都不能献血，有感冒、炎症或女性例假期等情况要暂缓献血。

4. 献血间隔期：①两次全血献血间隔时间不少于 6 个月；②两次成分献血间隔时间不少于 2 周，不大于 24 次/年；③成分献血后再次献全血间隔时间不少于 4 周；④全血献血后再次成分献血间隔时间不少于 3 个月。

5. 以下人群不能参加献血。①本人带有传染病病原体，如乙型肝炎表面抗原、丙型肝炎抗体、艾滋病抗体、梅毒抗体阳性等。②患有不宜献血的疾病，如美尼尔氏综合征、结核病、心血管疾病等。③易感染艾滋病病毒的高危人群，如吸毒者、男性同性恋者、卖淫嫖娼者、性乱者等。

二、无偿献血的流程

（1）出示本人真实有效的身份证件。

（2）熟悉和了解献血程序。①填写《无偿献血表》；②验血；③进食茶点；④检验合格后，持《无偿献血表》和血型卡献血；⑤献血后，压紧针口休息 10 min；⑥领取无偿献血证和纪念品。

（3）认真阅读《健康情况征询》，逐项确定打“√”或“×”，如表内所列情况的不适宜献血。有不明白的，可咨询医生。《献血者声明》应签署献血者自己的姓名。

（4）《无偿献血者资料记录》（献血者填写）应用正楷字填写，不缺项，不涂改。

（5）验血主要项目为血型、乙型肝炎表面抗原、血比重的初筛检测，等待结果约需 10 min以上。

（6）检验合格后，领取《无偿献血表》和血型卡献血，献血过程中如有不适，请及时告之工作人员。

（7）献血后，一定要压紧针眼休息 15 min 以上，以防针口渗血或突然晕厥导致意外受伤。

（8）凭《无偿献血表》和血型卡领取无偿献血证和纪念品，核实是否是您的无偿献血证（献血者姓名、民族、身份证号码、献血记录的日期和献血量），方可离去。

三、献成分血

随着输血医学的发展进步，成分输血的概念逐渐被引入临床，成分输血使血液成分充分合理使用，达到“对症下药”的功效，不仅减少临床用血的浪费，而且提高了输血安全性。成分输血始于1959年，20世纪80年代初发达国家普及，是输血史上的一场革命。成分输血和成分献血是医学科学技术进步的象征，更体现了人类社会文明的进步。

（一）机采成分血

人体血液由许多成分组成，包括红细胞、白细胞、血小板、血浆等，不同成分具有不同功能。机采成分血是在封闭的管道内，通过特殊的机器（血液分离机）施加外力，有选择地采集人体血液的某一种成分，再将其余的成分安全地回输献血者的过程。不同的血液成分有不同的比重，通过离心的方法，设定不同的转速，可以把比重不同的血液成分分离。机器内部有一个离心分离杯，全血通过管道进入分离杯后在一定转速下旋转，通过离心力的作用，不同的成分进入不同的分层，所需成分被保留，其余成分通过管道回输献血者体内。

成分献血可以是血小板、粒细胞和外周干细胞。目前，国内普遍采用捐献机采血小板。血小板是血液中的一种有形成分，既不属于红细胞也不属于白细胞，它的体积很小，直径只有红细胞的1/3～1/2，没有颜色，形状又不规则，在血液中是很不起眼的小个子，但它却是我们身体内部的“止血专家”。机采血小板就是用血细胞分离机从健康献血者血液循环中单纯采集血小板，血液的其他成分如红细胞、血浆等同时还输给本人的过程。

在成分献血过程中，捐血者的血液是在经严格消毒的一次性全密闭式管道套材中循环和分离，一滴血液也不与机器接触，每位献血者每次使用的都是一次性全新套材，绝对不会造成交叉感染。例如广州每年采集近30 000个机采血小板，没有发生任何安全性问题。

（二）捐献机采血小板的程序

机采血小板对设备和场地有一定需求，所以捐献须到血液中心及下设专门采血点进行。随身携带居民身份证，并填写《献血咨询表》和《献血资料登记表》，符合条件者将接受血液检测，包括血液常规检测、常见可经血传播病毒的检测，等待检测结果的时间约30 min，检测结果合格后可上机捐献血小板，捐献过程45～60 min，捐献结束后可以休息15 min，血液中心工作人员将办理献血证以及发放献血纪念品。

（三）机采血小板临床应用优越性

（1）改善治疗效果：容易达到所规定的治疗量；质量保证，止血效果好。如果一个患者要输注一定程度的血小板，用全血通过分离血小板的话，需要6人份400 mL全血来分离集合一袋或一个治疗量血小板。

（2）延长血小板输注的间隔时间，无效输注（难治状态）发生率低。

（3）降低因输血感染疾病的危险性：所需献血者较少，减少经血液传播疾病的危险性。

(4)减少献血者不必要的接触：个数少，其他疾病感染率低。

(5)降低输血反应的发生率：白细胞混入少，降低了输血不良反应的发生。

(6)6 人份合一袋血小板，就等于 6 人份不同基因的血液移入同一个人身上，对于他当时和以后再要输注血液制品的话，排异程度高得多。一个治疗量的机采血小板只需要单个献血者就可以提供，大大地降低了输血不良反应的发生。

(7)减少同种免疫反应的发生——限制了不必要的外来(献血者)抗原的接触范围；便于开展血小板配型。

四、无偿献血者的权利

根据《中华人民共和国献血法》规定，无偿献血者及其配偶、直系亲属临床需要用血时，可以享受用血费用减免的优惠待遇。用血费用的报销按下列规定执行：

(1)自献血之日起 4 年内的累计报销用血费按献血量血费的 3 倍计算，4 年后的累计报销用血费用按献血量血费等量计算。

(2)无偿献血累计满 1 000 mL 以上的，终生享受无限量用血费用报销待遇。

(3)献血后复检不合格的，其累计报销用血费用按献血量血费等量计算。

(4)无偿献血者的配偶和直系亲属临床用血时，其累计报销用血费用按献血者献血量血费等量计算。

《武汉市献血条例》规定，在本市参加无偿献血的公民可以享受下列优惠规定：

(1)累计献血量不足 400 mL 的，免费享用总献血量 2 倍的临床用血。

(2)累计献血量在 400 mL 以上不足 800 mL 的，免费享用总献血量 3 倍的临床用血。

(3)累计献血量在 800 mL 以上的，免费享用不限量的临床用血。

(4)献血者配偶及直系亲属(父母、子女)可以同时免费享用等量的临床用血。

根据卫医政发〔2009〕128 号《全国无偿献血表彰奖励办法(2009 年修订)》，2010 年 1 月 1 日起，献血者捐献机采血小板，献血量按照一个机采单位折合全血 200 mL 计算。2010 年 1 月 1 日之前捐献机采血小板，献血量按照一次捐献折合全血 800 mL 计算。

五、无偿献血注意事项

(一)献血前注意事项

(1)献血前一周不要服药。

(2)饮食清谈，食物应少脂肪，勿空腹献血。献血前一天和当天可按往常的习惯进餐，但以低脂肪为宜，不要吃油条、牛奶、肉类等脂肪含量高的油腻食品，太油腻会影响血液质量，暂不能献血。

(3)献血前一天和当天不饮酒，尤其是不饮烈性酒。

(4)献血前一晚充足睡眠，不宜做剧烈运动。

(5)必须带好本人真实有效证件(公民身份证、军人证、护照、驾驶证、回乡证)。

(6)认真阅读献血知识，消除紧张心理。

(二)献血中注意事项

保持舒适体位,穿刺时紧握拳头,穿刺成功后拳头有节奏地交替放松、握紧。拔针后用棉球压迫止血 5～10 min,4 h 内不要弄湿针眼。

(三)献血后注意事项

(1)献血的手臂尽量不要提重物,贴在针眼处的输液贴最少保持 6 h,以保持针眼清洁。

(2)献血后 24 h 不能饮酒,4 h 内多饮水。

(3)2～3 d 尽量不要做剧烈运动、重体力劳动及高空作业,避免外伤。

(4)献血后当晚保持充足睡眠,第二天工作和生活照常。

(5)如您的手臂针眼处有少量皮下瘀血,请即时进行适当冷敷,并可在献血 48 h 后进行热敷,以促进吸收。如果形成血肿,请在上班时间咨询医生,按照医生意见处理。

(6)献血一周后可通过中国献血网查询血液检验结果是否合格。

第二节　血　　型

很早以前人们在进行输血疗法时已经发现,有些患者输血后效果良好;但另一些患者在接受输入血液后,反而产生严重后果,甚至导致死亡。经深入研究,发现人类血型之间,有类型的差别,即不同的血型。如果血型不匹配而进行输血,红细胞会出现"凝集"现象,凝集块可堵塞血管导致严重后果。随着免疫学的发展,凝集反应实质也是一种抗原＋抗体的免疫反应。通常所说的血型是指红细胞的血型。凝集原(抗原)存在于红细胞表面;凝集素(抗体)存在于血浆(血清)中。已知红细胞血型有 15 种,包括 ABO、Rh、P 等,在临床实践中意义最大的是 ABO 血型系统,其次是 Rh 血型。

一、ABO 血型

(一)血型凝集原

ABO 血型是根据红细胞所含的凝集原而划分的,有 A 和 B 两种凝集原。根据组合可以有 4 种类型:①含有 A 凝集原的称为 A 型;②含有 B 凝集原的称为 B 型;③含有 A 和 B 两种凝集原的称为 AB 型;④既无 A,也无 B 凝集原的称为 O 型。

(二)血型凝集素(抗体)

人血清中含有两类凝集素:抗 A(α 抗体)和抗 B(β 抗体)。它们属于天然抗体,婴儿出生后半年,血液中将出现抗体。在同一个体血清中,不含有同他本身红细胞抗原相对抗的抗体。A 型血中只有抗 B,B 型血中只有抗 A,AB 型血中无抗 A 和抗 B,O 型血中既有抗 A 又有抗 B(图 12-1)。

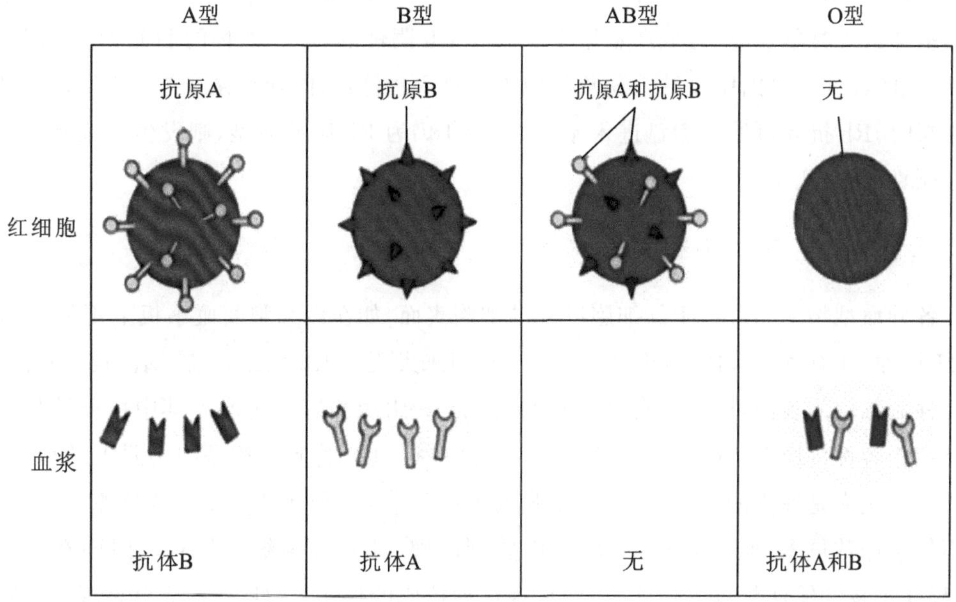

图 12-1　ABO 抗原与抗体

（三）红细胞凝集反应和输血

当含有凝集原 A 的红细胞与含有 A 凝集素的血清相混合时，或含有凝集原 B 的红细胞和含有 B 凝集素的血清相混合时，红细胞即凝集成团，即凝集反应。通常在输血时，主要考虑供血者的红细胞不被受血者的血浆所凝集。从理论上讲 O 型血者的血细胞不含 A、B 凝集原，曾被认为可供任何型的受血者；而 AB 血型则可接受任何血型者的供血。通过深入研究，发现各类血型还存在亚型，情况较复杂。故现在输血，除要求同型外，在输血前，受血者和供血者的血清和红细胞之间还必须进行交叉配血试验，两方面均不发生凝集反应时，方可输血。

二、Rh 血型

（一）血型抗原

在发现 ABO 血型和其他血型系统后，临床上仍出现一些不能解释的输血事故。后来，有人用恒河猴的红细胞注入家兔体内，使其产生对恒河猴红细胞的抗体，然后再用这种抗体的血清与人的红细胞混合，发现大部分人的红细胞被这种血清凝集，说明这些人的红细胞具有与恒河猴红细胞同样的抗原。取其英文名的前二个字母，称为 Rh 抗原，具有 Rh 抗原的称 Rh 阳性，否则就是 Rh 阴性。属于 ABO 血型的人，有的是 Rh 阳性，有的是 Rh 阴性。我国汉族人 Rh 阳性率达 99%，但有些少数民族 Rh 阳性率较低，如塔塔尔族人为 84.2%，苗族人为 87.7%等。输血时还需注意 Rh 血型的鉴定。

（二）血型抗体

Rh 血型抗体是一种免疫抗体，即输入 Rh 抗原后才在体内产生。Rh 阴性的人，如接受 Rh 阳性的血液后，即产生 Rh 抗体，当他第二次接受 Rh 阳性的血液时，输入血液中的红细胞即出现凝集反应，造成严重后果。另外 Rh 阴性的母亲，如怀的胎儿为 Rh 阳性血型，胎儿的红细胞可因胎盘绒毛脱落等原因而进入母体循环，使母亲产生 Rh 抗体。她再次妊娠时，Rh 抗体可通过胎盘进入胎儿，如胎儿仍为 Rh 阳性血型，则发生红细胞凝集反应而死亡，成为死胎。

三、白细胞与血小板血型系统

各种血型物质亦可见于红细胞以外的细胞表面，如在白细胞及血小板上不但有 A、B 和 H 抗原，还有 M、N、P、I、i 和 Lea 等抗原(但未发现有 Rh 抗原)。特别值得注意的是，这两种血细胞的表面，还有其自身特有的抗原——组织相容性抗原。其中抗原性最强的是组织相容性抗原系统(简称 HLA 系统)。这些抗原本质上也都是细胞膜上的糖蛋白，但其数量之大是惊人的，据说淋巴细胞膜的蛋白质中 1%属于 HLA 系统抗原。HLA 系统不但抗原数量多，而且分布也很广，皮肤、肾、脾、肺和心等细胞均有。因而在器官移植、异体植皮和输注骨髓等疗法中，应重视这种抗原的作用。HLA 系统也表现种族特异性，对人类学研究也很重要。

第三节　输　　血

自 1998 年以来，国家有关部门相继颁布了《献血法》《临床输血技术规范》《医疗机构临床用血管理办法(试行)》等系列法规，使输血步入法制化轨道。输血是指将血液通过静脉输注给患者的一种治疗方法，在临床上应用广泛。输血的治疗作用除了用以补给血量，维持血容量，提高血压以抗休克和防止出血性休克外，还可供给具有带氧能力的红细胞，以纠正因红细胞减少或其带氧能力降低所导致的急性缺氧症，补充各种凝血因子以纠正某些患者血液凝固障碍。输血原则上应输同型血，并作交叉配血试验，无红细胞凝集现象方可进行。

正常人的血量相对恒定，占体重的 7%～8%，如果健康人一次失血不超过全血量的 10%，所失的血浆和无机盐可以在 1～2 h 内，由组织液渗入血管内而得到补充；血浆蛋白也可以一天内得到恢复。但红细胞和血红蛋白恢复较慢，一般需 3～4 周。如果一次失血超过全血量的 15%时，机体的代偿机能将不足以维持血压的正常水平，可引起机体活动障碍，此时就需要输血。输血原则上应输同型血，并作交叉配血试验，无红细胞凝集现象方可进行。输血的途径一般采用静脉输血，抢救重症低血压时，较少量的动脉输血能迅速使血压升高，骨髓内输血仅用于垂危小儿。

一、输血种类

(一)按血源分类

1. 自体输血　输入自己预先贮存或失血回收的血液,称为自体输血。

自体输血有3种形式。

(1)稀释式:在手术前采出患者一定量的血液,同时补充晶体液和胶体液,使血液处于稀释状态,于手术后期回输给患者。

(2)保存式:把自己的血液预先贮存起来,待将来自己需要时回输。

(3)回收式:用自体血回收装置,回收自己在外伤、手术中的失血,并将之安全回输。

自体输血有下列优点:

(1)可避免血液传播疾病;

(2)避免同种异体输血引起的同种免疫反应;

(3)可节约血源,缓解血液供需矛盾。

2. 异体输血　输入与患者血型相同的他人提供的血液或血液成分,称为异体输血。

(二)按血液成分分类

1. 输全血　因库存全血几乎不含血小板、粒细胞,某些凝血因子也会因库存而降解,所以输全血仅能补充红细胞和血浆。为提高输血效果和节约血源,现不提倡输全血。

2. 成分输血　分离或单采合适供体的某种血液成分并将其输给患者,称为成分输血。包括红细胞输注、血小板输注、血浆输注等。成分输血的有效成分含量高、治疗针对性强、效率高、节约血源,是现在提倡的输血形式。

二、输血适应证

(一)急性出血

急性出血为输血的主要适应证,特别是严重创伤和手术时出血。一次失血量低于总血容量10%(500 mL)时,临床上无血容量不足的表现,可以不输血。失血量低于总血容量20%(500～800 mL)时,应根据有无血容量不足的临床症状及严重程度,同时参考血红蛋白和血细胞比容(HCT)的变化选择治疗方案。一般首选输注晶体液、胶体液或少量血浆增量剂,不输全血或血浆。当失血量超过总血容量20%(1 000 mL)时,应及时输注适量全血。

(二)贫血或低蛋白血症

常因慢性失血、红细胞破坏增加或清蛋白合成不足引起。手术前如有贫血或低蛋白血症,应予纠正。贫血而血容量正常的患者,原则上应输注浓缩红细胞;低蛋白血症者可补充血浆或清蛋白液。

(三)重症感染

全身严重感染或脓毒血症、恶性肿瘤化疗后所致严重骨髓抑制继发难治性感染者,可通过输血提供抗体和补体，以增加抗感染能力。

(四)凝血功能障碍

根据引起患者凝血功能障碍的原发疾病，输注相关的血液成分加以矫正，如血友病患者应输注凝血因子或抗血友病因子，凝血因子Ⅰ缺乏症患者应补充凝血因子Ⅰ或冷沉淀制剂，也可用新鲜全血或血浆替代。

三、输血禁忌证

静脉输血的禁忌证包括：急性肺水肿、充血性心力衰竭、肺栓塞、恶性高血压、真性红细胞增多症、肾功能极度衰竭及对输血有变态反应者。

四、输血的注意事项

输血前必须严格检查全血的外观，检查血袋有无破损渗漏，血液颜色是否合格；还要认真核对患者交叉配合报告单和待输血液之间是否无误，并且应该有两人核对，准确无误方可输血。

输血时应核对病案号、患者姓名、血型等，确定是受血者本人后，用装有滤器的标准输血器进行输血。

血液临输注前再从冷藏箱内取出，在室温中停留的时间不得超过 30 min。输用前将血袋内的血液轻轻混匀，避免剧烈震荡。血液内不得加入其他药物，如需稀释只能用静脉注射用生理盐水。

输血前后用生理盐水冲洗输血管道。连续输用不同供血者的血液时，前一袋血输尽后，用静脉注射用生理盐水冲洗输血器，再接下一袋血继续输注。

输血过程应先慢后快，再根据病情和年龄调整输注速度，并严密观察受血者有无输血不良反应，如出现异常情况应及时处理。如果发生不良反应，须立即停止输血并报告负责医师及时诊治，同时通知输血科或血库做必要的原因调查。通常，输血不必加温血液。

输血后将血袋保存于 2～8 ℃冰箱 24 h，以备出现意外情况时核查用。

第四节　白血病与造血干细胞捐献

一、白血病

白血病最早是由一位法国医生于 1827 年报道，当时他描述的是一位 63 岁的花匠，临床表现为发烧、疲乏无力、尿结石和肝脾肿大。1847 年一位名叫鲁道夫的德国著名病理学家，首创用“白血病”(leukemia)这个词，意思是“白色的血液之病”。人的血液颜色是红色的(红细胞的颜色)，白血病患者的血液经过离心沉淀后，可以发现管底部有白色沉淀物，颜色也显得发白(异常白细胞增多)。

（一）白血病是造血系统的恶性肿瘤

白血病就是造血系统的恶性肿瘤，又称之为血癌。是指异常的癌细胞即白血病细胞在骨髓等造血组织中进行性地、失去控制地无限制异常增生，血液系统本身的功能也发生障碍——白血病细胞异常增生，抑制了正常血细胞的生成，故而血液中的正常血细胞的数量减少，从而产生相应的临床表现。

造血系统又称为血液系统，包括骨髓、肝脏、脾脏等造血组织和全身所有的血液。而血液由有形成分和无形成分（即血浆）组成，所谓有形成分就是指白细胞、红细胞和血小板，统称为血细胞，3 种血细胞都有一定的数量和功能，比如人体的正常白细胞数为 4 000～10 000，它主要发挥人体抗感染的功能，红细胞数为 350 万～550 万，其作用是运输氧，而血小板数则为 10 万～30 万，起止血的作用。

（二）白血病发病率

白血病是中国人易患的十大癌症之一，男性为第 6 位，女性为第 8 位。特别需要强调的是，白血病发病率位于儿童癌症之首。我国白血病患者为 3～4/10 万人，任何年龄均可发病，男性的发病率高于女性，一年四季均可发病，农村多于城市。每年新增 4 万多名白血病患者，其中儿童占 50%，以 2～7 岁的儿童居多。近十余年来美国、日本、英国等国家白血病发生率和死亡率也有上升趋势，全世界约有 24 万急性白血病患者。

（三）白血病分类

自从 1827 年白血病首次报道以来，医学家们已经研究白血病将近 200 年，一直试图揭示白血病的本质，先后提出了各种各样的分类。白血病是包括许多亚类、亚型的一组异质性疾病。白血病的类型主要由血液内不正常的血细胞的类型来区分，一种是世界卫生组织（WHO）于 2000 年提出并于 2008 年修改的所谓 WHO 分类，另一种常用的分类法是 FAB 分类法，由法、美、英三国血液学家于 1976 年首先提出，随后又进行了多次修订。这些分类法可以提供患者预后以及处置的指导。

白血病一般按自然病程和细胞幼稚程度分为急性和慢性，按细胞类型分为粒细胞、淋巴细胞、单核细胞等，临床表现各有异同之处。FAB 分类法将急性淋巴细胞白血病分为 L_1、L_2 和 L_3 3 个亚型，急性非淋巴细胞白血病分为 M_0～M_7，共 8 个亚型。WHO 分类包括急性淋巴细胞性白血病（ALL）、急性骨髓性白血病（AML）、慢性淋巴细胞性白血病（CLL）、慢性骨髓细胞性白血病（CML）、年轻型骨髓单核细胞性白血病（JML）、成人 T 细胞淋巴性白血病（ATL）等。成年人中最常见的是急性骨髓性白血病和慢性骨髓细胞性白血病，儿童中比较常见的是急性淋巴细胞性白血病。

急性白血病较多见，多发于青年和儿童。它的特征是不成熟白细胞剧增，这种不成熟白细胞剧增的现象使得骨髓无法制造健康的血细胞。由于恶性细胞的剧增和扩散，急性白血病必须立即治疗。在不治疗的情况下患者在数月甚至数周内死亡。

（四）白血病病因

人类白血病的确切病因至今未明。许多因素被认为和白血病发生有关。病毒可能是主要因素，此外尚有电离辐射、化学毒物或药物、遗传、免疫因素等。

1. 生物因素 除了人以外，某些动物如鸡、猫、牛和小鼠也会得白血病，在这些动物白血病组织中可以分离到导致白血病的病毒。目前已经肯定的是，人类T细胞白血病病毒-1(HTLV-1)可以导致成人T细胞白血病(ATL)。

2. 物理因素 就是电离辐射，包括α射线、β射线、γ射线和X射线以及中子等。如日本广岛原子弹爆炸，当地居民的白血病发生率明显增高。有研究发现，在防护条件差的环境中工作的放射科医生白血病发生率也高。20世纪90年代初英国和德国报道，在核电厂周围的儿童经常发生白血病。接受放射治疗的患者，比如一种类风湿疾病——强直性脊柱炎接受放射治疗后，其白血病发生率增高。

3. 化学因素 包括化学药物及毒物。首先是苯及其衍生物，苯也被定为一类致癌物，能引起白血病。苯广泛使用于多种工业，是一种石油化工基本原料，也是一种有机溶剂，在煤炼焦过程中生成的轻焦油含有大量的苯，苯被用作汽油添加剂，装修材料和染发剂中含有苯，苯也存在于香烟的烟中。自然界中，苯无处不在，仅仅是多少不同而已。

其次是甲醛，常被称为福尔马林。2004年甲醛被定为一类致癌物，可引发白血病。美国国立癌症研究所(NCI)2008年报道，殡仪馆员工、解剖师以及病理学家由于要长期接触福尔马林，容易患白血病。装修材料中也含有甲醛，很多白血病患儿是家庭装修后发生。

再次是烷化剂和细胞毒药物，就是化疗药，比如烷化剂环磷酰胺是乳腺癌化疗的主要药物，乳腺癌患者经化疗后，白血病发病率增高，有不少乳腺癌患者化疗后又发生继发性白血病。接受烷化剂氮芥化疗的霍奇金淋巴瘤(HL)患者发生继发性白血病的概率会成百倍的增加，经过顺铂和鬼臼毒素类药物如依托泊苷治疗的癌症患者发生白血病的机会也会增加。此外，可导致继发性白血病的化疗药还有烷化剂以及蒽环类药物等，治疗牛皮癣的药物乙双吗啉等也可导致白血病。

4. 遗传因素 白血病不是遗传病，不会遗传。但是，单卵双生的双胞胎，一人患了白血病，另一人患白血病的概率可高达20%。某些遗传性疾病患者患白血病的概率较正常人高，比如先天愚型患者易患白血病。

5. 免疫因素 哲学上说，外因要通过内因起作用，各种致病因素这些外因，在内因受损时会有虚可乘，发挥其致病作用。就如同中医所说“正气存内，邪不可干”。当今人们的生存压力大，身体经常透支，导致机体免疫力下降，“正气”受损，这是白血病发病率增加的重要原因之一。为此，我们要改变自己的不良生活方式，戒烟限酒，加强锻炼，提高自己的身体素质。

总之，造成白血病的原因是复杂的，随着我国工业化进程，各种污染如食品污染、装修污染、环境污染包括水源和大气污染，与目前白血病发病率增加不无关系，值得关注。

(五)白血病的临床表现

白血病是造血系统的癌症，骨髓等造血组织中的造血细胞发生了恶变，白血病细胞进行性地、不受控制地异常增生，白血病细胞首先在造血系统中集聚，随着血液循环再迅速弥漫到全身各种脏器，人体的免疫系统和其他八大系统功能受损，出现有关白血病的临床表现。白血病起病急骤或缓慢，儿童及青少年患者多起病急骤。常见的首发症状包括：发热进行性贫血、显著的出血倾向或骨关节疼痛等。起病缓慢者以老年及部分青年患者居多，病情逐渐进展。此类患者多以进行性疲乏无力、面色苍白、劳累后心慌气短、食欲缺乏、体重减轻或不明原因发热等为首发症状。感染、贫血、出血和浸润是白血病的“四大临床表现”。但是具体到某个白血病患者，其临床表现可千差万别。

1. 发热和感染　发热是白血病最常见的症状之一，可发生在疾病的不同阶段，并有不同程度的发热和热型。发热的主要原因是感染，其中以咽峡炎、口腔炎、肛周炎最常见，肺炎、扁桃体炎、齿龈炎、肛周脓肿等也较常见。耳部发炎、肠炎、痈、肾盂肾炎等也可见到，感染严重者还可发生败血症、脓毒血症等。

感染的病原体以细菌多见，在发病初期，以革兰阳性球菌为主。病毒感染虽较少见但常较凶险，巨细胞病毒、麻疹或水痘病毒感染易并发肺炎，须注意。

2. 出血　出血亦是白血病的常见症状，出血部位可遍及全身，以皮肤、牙龈、鼻腔出血最常见，也可有视网膜、耳内出血和颅内、消化道、呼吸道等内脏大出血。女性月经过多也较常见。AML 的 M_3 和 M_5 亚型出血更严重，尤其是 M_3 亚型的患者易并发弥散性血管内凝血（DIC）和颅内出血而死亡。

3. 贫血　早期即可出现，少数病例可在确诊前数月或数年先出现难治性贫血，以后再发展成白血病。患者往往伴有乏力、面色苍白、心悸、气短、下肢浮肿等症状。贫血可见于各类型的白血病，但更多见于老年 AML 患者，不少患者常以贫血为首发症状。

4. 骨与关节　骨与关节疼痛是白血病的重要症状之一，ALL 多见。

5. 皮肤　可有特异性和非特异性皮肤损害两种，前者表现为斑丘疹、脓疱、肿块、结节、红皮病、剥脱性皮炎等，多见于成人单核细胞白血病，后者则多表现为皮肤瘀斑、斑点等。

6. 口腔　齿龈肿胀、出血、白血病浸润多见于 AML-M_5，严重者整个齿龈可极度增生，肿胀如海绵样、表面破溃易出血。

（六）白血病治疗方法

急性白血病初治患者 70%～90%经治疗可缓解，经巩固强化中西医结合治疗，可长期无病生存甚至治愈。急性白血病是一种血液病中的急危重症，一部分病例因化疗耐药，效果不佳，并发症多者预后较差。应积极预防治疗并发症，提高机体抗病能力，以挽救患者生命。

1. 全身化疗　张亭栋确认三氧化二砷是中药砒霜中治疗白血病的有效成分，对急性早幼粒细胞白血病（APL）患者效果最好。

2. 造血干细胞移植　造血干细胞移植（hematopoietic stem cell transplantation，HSCT）是从供者体内取出一定的 HSC 作为移植物，用预处理方案清除受者有病的造血和免疫系统，然后将供者的 HSC 移植到受者体内，重建受者的造血和免疫系统的一种方法（图 12-2）。

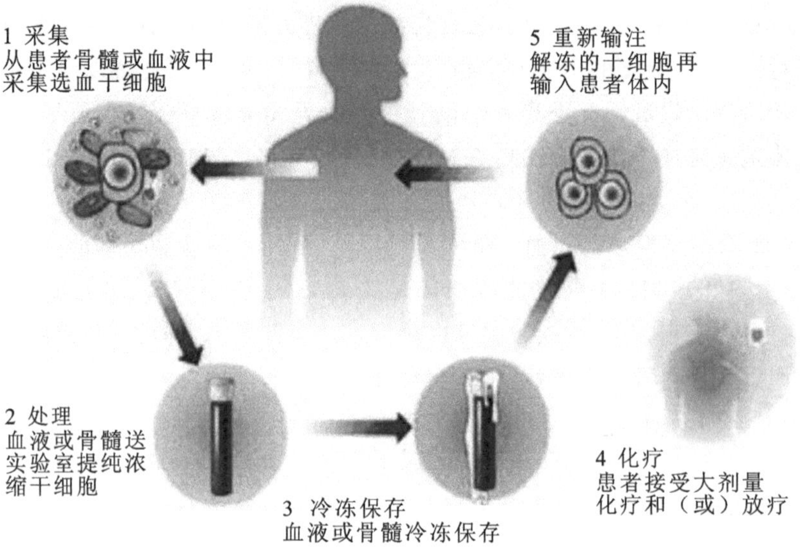

图 12-2 造血干细胞移植

二、造血干细胞移植分类

（一）造血干细胞移植方式

造血干细胞移植作为成熟的临床应用技术，在治疗血液系统、免疫系统疾病方面发挥着重大作用。2017 年 2 月国家卫计委公布的《造血干细胞移植技术管理规范（2017 版）》中更是明确规范造血干细胞在临床的应用要求，也规定了目前可以应用于临床的造血干细胞的 3 种来源：骨髓、外周血、脐带血。因此按照采集造血干细胞的来源不同分为：骨髓移植、脐血移植、外周血造血干细胞移植。

1. 骨髓移植 人类骨髓中存在造血干细胞，数量不到骨髓总细胞数的百分之一，它们具有高度自我更新的能力，成年人的骨髓分两种：红骨髓和黄骨髓。红骨髓存在于长骨（如肱骨、股骨）的骨髓腔和扁平骨（如髂骨）的稀松骨质间的网眼中，是一种海绵状的组织，能产生血细胞。人出生时，红骨髓充满全身骨髓腔，随着年龄增大，脂肪细胞增多，相当部分红骨髓被黄骨髓取代，最后几乎只有扁平骨骨髓腔中有红骨髓。此种变化可能是由于成人不需全部骨髓腔造血，部分骨髓腔造血已足够补充所需血细胞。当机体严重缺血时，部分黄骨髓可被红骨髓替代，骨髓的造血能力显著提高。骨髓的造血能力极强，骨髓最高的造血能力可达到正常造血情况的 9 倍。

骨髓移植通过多点骨髓腔穿刺，抽吸含造血干细胞的骨髓血混合液，是经典的移植方法，效果可靠。但采髓是针插入骨中抽取，需在全麻或硬膜外麻醉下进行，通常需采集骨髓混合液 600～1 000 mL，具体数值随患者体重来定。移植时 HLA 须完全相合，非孪生同胞间约有 25%的机会相合，非亲缘间的配对成功率只有十万分之一。排斥反应较重,常是造成移植失败的主要原因。

供者术前注意休息,保持良好的精神状况,还应加强营养,但不要食油腻食物,以防骨髓血中脂肪过多,造成骨髓血回输困难。采集骨髓血前一天需住院,住院当天晚上进半流食,麻醉师将进行相关检查,告知麻醉期间的相关问题及注意事项,供者签署麻醉知情同意书。采集骨髓血前 12 h 应禁食、禁水。供者进入手术室,经硬膜外麻醉后采集骨髓血,整个采集骨髓血的过程需 1～2 h。采集点一般为两侧髂后上棘和髂前上棘,采集方法遵循一个部位多方向、多层面的穿刺原则(图 12-3)。采集骨髓血后供者在病房应去枕平卧休息 6 h,先不要进食喝水。

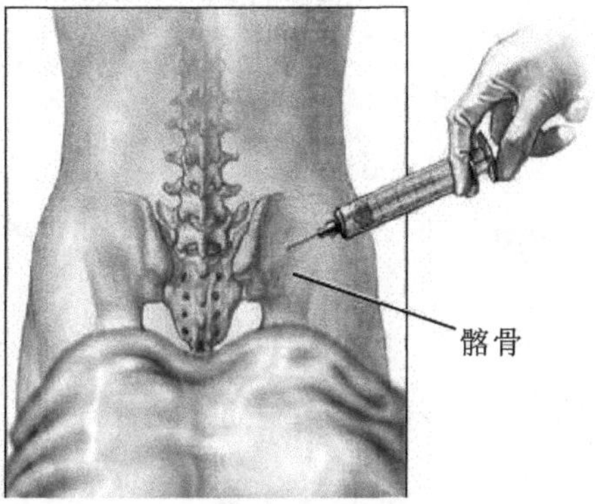

图 12-3　从捐赠者体内抽取骨髓

2. 外周血造血干细胞移植　外周血造血干细胞(PBSC)是存在于外周循环血液中的一种具有自我更新、分裂增殖和分化功能的细胞,正常成人 PBSC 占外周血液单个核细胞的 1‰左右,经适当动员处理可提高至 10‰。在人体稳态情况下,外周血造血干细胞数量很少,不能采集到满足造血干细胞移植所需的足量的造血干细胞。通常在大剂量化疗后血象恢复期或体内应用细胞因子如 G-CSF 后外周血中可有高比例的造血干细胞,我们称这一过程为“造血干细胞动员”,动员到外周血的造血干细胞通过血细胞分离机进行采集,可获得足够数量的造血干细胞,以满足临床移植所需。

造血干细胞的采集在血液细胞分离室进行。采集外周血干细胞的技术人员一般在供者的肘静脉处进针。静脉血进入一次性使用的密闭分离管中,经血细胞分离机,将需要的造血干细胞收集到贮血袋中,其余的血液成分经另一血管回到供者体内。每次采集过程一般需要 4 h 左右,医生将根据每次采集的细胞数来决定采集次数,一般采集 1～2 次。

外周血造血干细胞移植是指通过血细胞单采技术从供者体内获取外周血造血干细胞来进行的移植。正常情况下,人体外周血中是没有造血干细胞的,要通过提前注射造血细胞生长因子来促使骨髓中的干细胞释放到外周血中,然后再通过细胞单采技术采集释放到外周血中的造血干细胞。中华骨髓库目前主要采用这种方式来为志愿者采集造血干细胞。

3. 脐带血造血干细胞移植　脐带血的采集是在新生儿出生以后,取婴儿端 3～8 cm

脐带处，两把止血钳结扎、断脐，婴儿被抱走，贴近母端止血钳处消毒并将针头插入脐静脉，采集脐血。脐血采集不同于传统的骨髓采集，不需要进行麻醉，无痛、无副作用，胎盘和脐带原本在胎儿出生后，就是作为废物扔掉的，脐血采集是在胎盘、脐带与母体和胎儿完全分离以后进行的，因此对母亲和孩子没有任何不良影响，属于"废物利用，变废为宝"（图 12-4）。

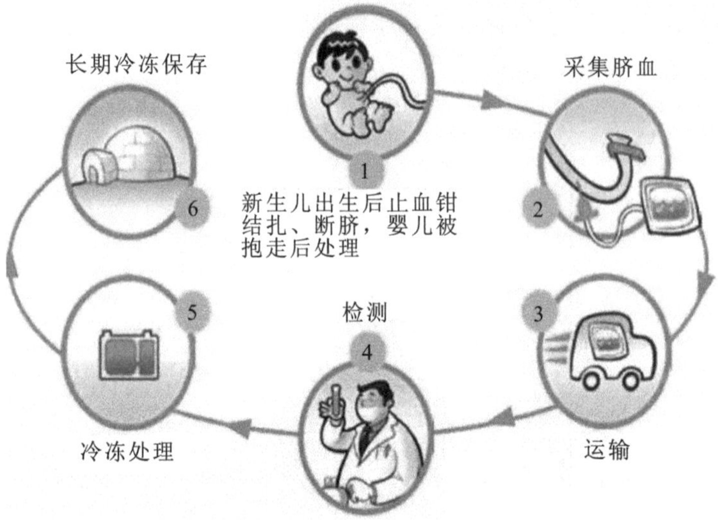

图 12-4　脐带血造血干细胞移植

脐带血采集时对产妇、新生儿是安全无痛，无任何副作用的。脐带血移植时 HLA 不须完全相合。孩子的脐带血与父母至少是半相合，脐带血在非孪生同胞间的配型全相合率是 25%。因此，储存脐带血可增加家族成员找到合适造血干细胞来源的概率，节省在造血干细胞配型上耗费的大量时间。

与骨髓干细胞相比，脐带血造血干细胞及免疫细胞均相对不成熟，对异体排斥反应小，再生能力和速度是前者的 10～20 倍。但细胞总数相对少，造血重建速度较慢，对大体重儿童及成人进行脐带血造血干细胞移植上有问题。

目前有两种干细胞库，一种为异体干细胞库，储存正常新生儿的脐带血干细胞库。通过各种检测和组织配型后，用于适合干细胞移植的无关患者。产妇填写自愿捐献荣誉证书，凭此证书，当捐献本人及子女在若干年后需进行干细胞移植时，可有一次优先配型权，并可享受供体价格上 10%～20%的优惠。另一种为自体干细胞库，用来保存婴儿本人的脐带血干细胞，为将来婴儿本人或亲属需要时做储备。产妇签署《脐带血自体储存协议书》并交付一定的费用，采集成功后，新生儿脐血干细胞被存入自体储存库，同时新生儿获得一份 30 万元保额的健康医疗保险。存储的干细胞所有权归存储者所有，其所存的干细胞只用于拥有者本人或经拥有者同意转让给其他家庭成员和无关第三人。

脐带血干细胞的浓度十分高而且品质优良，为骨髓中干细胞浓度的 10～20 倍，细胞的增生能力也比较高。移植脐带血干细胞也比移植骨髓或周边血干细胞感染到病毒的可能性低，因为胎盘拥有很好的过滤能力。随着脐带血造血干细胞移植术被卫生部批准为三类医疗技术并在临床广泛使用，脐带血造血干细胞移植使用数量逐年上升，已成为造血干细胞临床移植术的最佳选择。

（二）HLA 配型检查

人类白细胞抗原（human leukocyte antigen，HLA）是人类的主要组织相容性复合体（MHC），作为不同个体免疫细胞相互识别的标志，具有非常重要的生物学功能。HLA抗原由位于第 6 号染色体上的一组基因所编码，主要表达于有核细胞膜表面，尤其是在人类白细胞膜上含有丰富的 HLA 分子，因此被称为人类白细胞抗原。

由于 HLA 能够反映接受器官移植的受者和提供移植器官的供者之间的组织相容性程度，与器官移植术后的排斥反应密切相关，故又将 HLA 称为移植抗原。目前已知与器官移植排斥反应关系最为密切的主要是 HLA 一类抗原的 A、B 位点和 HLA 二类抗原的 DR 位点，每个位点均有两个抗原表达，一个来自父亲的基因，一个来自母亲的基因。因此，在进行移植手术前，必须对移植受者和供者外周血中淋巴细胞膜上的 HLA-A、HLA-B、HLA-DR 3 个位点 6 个抗原进行检测，根据检测结果选择 HLA 最相配的受者和供者进行移植手术。

国内外大量的临床研究结果表明，受者和供者之间 HLA 相容程度越高，也就是受者和供者之间 HLA-A、HLA-B、HLA-DR 6 个抗原中相同的抗原数越多，排斥反应的发生率就越低，移植成功率和移植器官长期存活率就越高。反之，就越容易发生排斥反应，从而降低移植成功率和移植物存活率。

HLA 以单倍体形式遗传。不足 30％的患者能找到 HLA 相合的同胞兄弟姐妹供者，加之我国独生子女家庭占优势，因此 HLA 半相合（单倍体相合）亲属或 HLA 相合无关供者可能成为除 HLA 相合兄弟姐妹之外的供者来源。

（三）捐献造血干细胞无损健康

捐献外周血造血干细胞是献血的一种，是捐献外周血造血干细胞的机采成分血。捐献一个治疗量的造血干细胞悬液只有 50～300 mL。人体血液总量约占体重的 8％，也就是说体重为 50 kg，体内血液的总量为 4 000 mL。一次失血量不超过体内总血量的 15％，既不会影响正常的生理功能，更不会影响生命及健康。一个体重≥50 kg 的人，捐献一个治疗量（200 mL 左右）的浓缩外周血造血干细胞混悬液，只占体内骨髓总量的 1/80～1/20，不会影响正常的生理功能，无须特殊休息。

捐献外周血造血干细胞，捐献者需在采血机旁边的采血床上仰卧 3～5 h，而且双侧手臂不能随意活动，抽血一侧的手指在血管内压力不够时，还需缓慢而有节奏地用力做握拳和松拳动作。在采集结束后，部分捐献者会有腰酸背痛、四肢麻木等不适和疲劳感。所以，捐献外周血造血干细胞后，在床上稍微休息，要慢慢坐起，然后下床做做轻微活动，伸伸腰、伸伸腿、散散步。只要保证捐献后 2 天内不做重体力劳动和剧烈运动，穿刺侧手臂当天不要用力伸展，更不要用力提拉重物即可。

三、中华骨髓库

中国造血干细胞捐献者资料库(简称“中华骨髓库”),前身是1992年经卫生部批准建立的中国非血缘关系骨髓移植供者资料检索库,2001年在政府有关部门的支持下,中国红十字会重新启动了建设资料库的工作。同年12月,中央编办批准成立中国造血干细胞捐献者资料库管理中心,统一管理和规范开展志愿捐献者的宣传、组织、动员,HLA(白细胞抗原)分型,为患者检索配型相合的捐献者及移植相关服务等。

由4颗红心围绕红十字组成的注册标志(图12-5),充分体现红十字会保护人的生命和健康的人道宗旨和人人为我、我为人人的博爱特征。中华骨髓库作为中国红十字工作的重要组成部分,坚持信守红十字与红新月运动的“人道、公正、中立、独立、志愿服务、统一、普遍”7项基本原则,动员和呼唤全社会奉献爱心,拯救患者的生命。

图12-5　中华骨髓库标志

2003年以来,中华骨髓库的建设得到了国家彩票公益金的支持。截至2017年3月,中华骨髓库总库容超过236万人份;累计为临床提供造血干细胞6 382例,共向世界骨髓库上传数据96万多人份。

中华骨髓库在全国有31个省级分库。担负着宣传征集适龄健康公民报名加入资料库,组织采集志愿者血样,开展相关咨询服务,检索服务,志愿者再动员,组织开展采集造血干细胞相关服务以及捐献者和移植后患者的随访等工作。中华骨髓库在专家委员会及31家省级(不含港澳台)分库、地市级工作站的协作下,与30家HLA组织配型实验室、6家HLA高分辨分型确认实验室、1家HLA质量控制实验室、6家脐血库及百余家移植/采集医院合作,共同为血液病等患者提供服务。

世界上每个骨髓库都存在着一定比例捐献者临捐时反悔和流失的造血干细胞。降低流失率和反悔率有效的办法是,每一位志愿捐献者登记时要认真了解血液科学知识和捐献造血干细胞的常识,熟悉捐献流程,做好配偶和直系亲属的思想工作,再填写《志愿捐献造血干细胞登记表》,以保证有需要进行造血干细胞移植的患者与其配型相合时能够义无反顾地实施捐献。

申请登记成为一名志愿捐献者无须支付任何费用,就是有朝一日有幸与某患者配型成功,也不需要捐献者支付任何费用。这些费用是由政府彩票公益金资助的、团体单位及个人捐赠的、受者按国家标准规定缴纳的采集成本费等几部分组成。

四、捐赠造血干细胞流程

凡年龄在18～45周岁,身体健康,经下列血液检查合格,可以成为造血干细胞捐献者。

(1)丙氨酸氨基转移酶(ALT)≤40单位;

(2)乙型肝炎病毒表面抗原阴性;

(3)丙型肝炎病毒抗体阴性；

(4)艾滋病病毒抗体阴性；

(5)梅毒试验阴性；

(6)其他符合献血要求。

大学生在无偿献血的同时，可以申请登记捐献造血干细胞。申请填表登记时除了要身心健康及年龄等状况符合入库条件外，还要确认其申请时对血液科普知识和捐献造血干细胞常识有较详细的了解，已经深思熟虑，配型相合后能够做到义无反顾的履行捐献承诺的心理状态。捐献造血干细胞的过程可分为以下几个步骤。

(一)申请入库

当符合入库条件者产生捐献造血干细胞的愿望时，首先要到具有接受捐献造血干细胞登记条件的献血点或造血干细胞捐献者资料库管理中心及其分支机构指定的地点，填写《志愿捐献造血干细胞同意书》和《造血干细胞捐献登记表》及相关资料，并留下用于进行 HLA 分型等项目检测用的血样(8 mL 左右)。

(二)信息及检测数据入库

造血干细胞捐献者资料库管理中心及其分支机构，会尽快将血样送到中华骨髓库指定的实验室进行 HLA 分型等项目的检测，然后将合格的志愿捐献者信息和 HLA 分型检测数据等资料录入中国捐献造血干细胞志愿捐献者资料库，等待需要进行造血干细胞移植的患者来检索配型。从此，申请者就真正成为中华骨髓库中的造血干细胞志愿捐献者了。此后，造血干细胞志愿捐献者应当与资料库管理部门保持电话号码、QQ 号、电子邮箱及通信地址等联络方式的更新，以保持联系顺畅。

(三)HLA 初配相合再动员

当造血干细胞捐献者资料库检索到某位志愿捐献者与需要进行骨髓移植患者的 HLA 配型相合时，资料库管理中心及其分支机构的相关工作人员，会迅速与配型相合的志愿捐献者联系，向其说明情况，若确认该志愿捐献者的身心状况符合继续履行捐献承诺时，会向其开展再动员工作，并且说明捐献和采集方法及采集过程中可能遇到的问题和解决的办法，希望其继续履行捐献造血干细胞的承诺，并予以配合。

(四)再次留血样进行高分辨配型复合检测

经过再动员确认志愿捐献者各方面的情况均符合继续履行捐献条件，并愿意履行捐献外周血造血干细胞的承诺时，由专业人员负责再次抽取血样，然后将血样送到中华骨髓库指定的高分辨检测配型实验室进行 HLA 高分辨配型复合检测，当高分辨配型复合检测确定该志愿捐献者的 HLA 与需要进行造血干细胞移植患者的 HLA 配型相合，符合移植条件要求后，请志愿捐献者签订捐献同意书及捐献协议书，并由资料库管理中心及其分支机构安排到指定医院进行采前体格检查。

(五)采前体格检查

若高分辨 HLA 配型复合检测相合的造血干细胞志愿捐献者自觉身体状况良好，并愿意继续履行捐献外周血造血干细胞的承诺，即安排对该造血干细胞志愿捐献者进行必要的体格检查，同时由专科医生对体格检查结果和志愿捐献者的身心情况进行评估，经评估确认该志愿捐献者的身心状况符合捐献造血干细胞条件，由中华骨髓库管理中心将再动员及体格检查合格等情况通报给为志愿捐献者和患者申请配型的医院，然后由将为患者进行造血干细胞移植的医院、资料库和采集医院共同制定采集和移植计划。

（六）注射造血干细胞动员剂

采集和移植计划制定出来后，移植医院、资料库管理中心及其相关机构和采集医院分别依据计划同时进行采集和移植准备。拟捐献外周血造血干细胞者，需于采集前 4～5 d到采集医院或采集中心接受皮下注射造血干细胞动员剂（又称诱导剂，粒细胞集落刺激因子，G-CSF），将大量的造血干细胞从红骨髓中诱导到外周循环血液中，并接受采集医院的监护和监测。在美国，第一针动员剂在医院或诊所注射，第一针注射后没什么问题，其余几针捐献者在家自己注射，采集当天早晨捐献者自己前往采集中心捐献。

（七）采集外周血造血干细胞

当外周血液中造血干细胞的密度达到了理想状态时即开始（一般在注射造血干细胞动员剂的第 5 d）采集。采集造血干细胞的过程，就像献血时一样，在捐献者的手臂肘部静脉血管上穿刺，然后对在血管中流动的血液进行分离，从中提取外周血造血干细胞。其过程与机采血小板一样，只是需要注射动员剂及针头保留在血管中的时间比机采血小板的时间更长一些（全过程 3～5 h），分离的血量更多一些。采集的数量根据患者和供者的体重和移植所需造血干细胞的量而定。若患者需要的造血干细胞数量较少而供者体重较重时，采集一次造血干细胞即可；若一次采集的造血干细胞数量不能满足患者需要时，将在次日再采集一次造血干细胞，每次采集造血干细胞混悬液 200 mL 左右。一般每个治疗量造血干细胞悬液内含 5～10 g 造血干细胞。

（八）采后观察

采集结束拔针后，按医生要求继续观察和休息，休息 2 h 后无异常症状即可在采血室周围进行舒缓性活动。其他注意事项与捐献机采血小板的注意事项基本相同。

五、中医治疗白血病

白血病属于中医急劳范畴，病因病机为毒热伤血，侵及骨髓，导致阴伤血耗，症见发热、骨痛、出血、贫血等。白血病的发病与外邪入侵及内伤虚损均有关系。外邪即热邪与毒邪。热邪指温热、痰热、湿热、毒热等；毒邪指湿毒、淤毒、风毒等。发病机理为七情劳倦或饥饱不节致正气虚损，邪毒内伏，累及脏腑骨髓而致。中医药治疗多采用辨证论治与专方专药相结合的方法。常见证型如下。

1. 热毒炽盛 常见于急性白血病或慢性白血病急性发作期，证见发热或高热，烦躁不安，口干尿赤，或衄血，吐血，便血，或皮肤瘀斑，舌质绛红，苔黄，脉弦数或滑数。治宜清热解毒、凉血止血，方用犀角地黄汤合化斑汤加减。

2. 痰凝血瘀 常见于慢性白血病，证见胸闷胁痛，或胁下颈腋肿块泛发，或腹部痞块，腹胀腹痛，面色萎黄，形体消瘦，乏力疲倦，舌紫，苔白或腻，脉沉弦或细滑。治宜化痰散结、活血化瘀，方用海藻玉壶汤合膈下逐瘀汤加减。

3. 肝肾阴虚　证见低热盗汗，神疲乏力，头目眩晕，耳鸣心悸，口燥咽干，五心烦热，腰膝酸软，舌质黯红，苔薄黄，脉沉细而数。治宜滋养肝肾，方用左归丸合三才封髓丹加减。

4. 气血两虚　常见于白血病晚期，证见面色苍白，虚浮，头晕耳鸣，心悸气短，倦怠乏力，失眠多梦，皮干发枯，衄血，咯血或呕血，便血，舌淡，苔薄白，脉沉细无力或虚大。治宜益气养血，常用人参养荣汤加减。

用于白血病的专方有哈尔滨的癌灵Ⅰ号，北京的抗白丹、青黄散，山东的锦棉片以及从华南三尖杉植物中提取的三尖杉酯碱和高三尖杉酯碱（注射剂）等，经临床证实对白血病均有不同程度的疗效。治疗白血病常用的中草药有黄药子、白药子、喜树根、棕树子、猪殃殃、鸭跖草、乌骨藤、水杨梅根、断肠草、农吉利、蛇泡、玉簪花、凤尾草、徐长卿、蛇六谷、菊叶三七等。

六、白血病的预防

（1）避免接触过多的X射线及其他有害的放射线，对从事放射工作的人员需做好个人防护。孕妇及婴幼儿尤其应注意避免接触放射线。

（2）防治各种感染特别是病毒感染，如C型RNA病毒。

（3）慎重使用某些药物如氯霉素、保泰松，某些抗病毒药物，某些抗肿瘤药物及免疫抑制剂等，应避免长期使用或滥用。

（4）避免接触某些致癌物质，做好职业防护及监测工作。如在生产酚、氯苯、硝基苯、香料、农药、合成纤维、合成橡胶塑料、染料等的过程中，注意避免接触有害有毒物质。

（5）对白血病高危人群应做好定期普查工作，特别注意白血病警示及早期症状。

第十三章　大学生性健康

20 多年前，象牙塔里的大学生们“谈性色变”，那时候的恋爱是被禁止的，恋爱还要悄悄地谈，同居更如同洪水猛兽；如今，性话题成了大学生间公开的谈资，不少学校设有安全套自动售卖机，甚至学校周边的“日租房”“钟点房”应运而生，周末更是爆满。有调查显示，近半大学生赞成婚前性行为，国家人口计生委发布的一组数据显示，中国每年人工流产多达 1 300 万人次，位居世界第一，其中 25 岁以下女性占一半以上，大学生成为人流的“主力军”。对于大学生的“性开放”，很多人大加驳斥，认为是“不务正业”“贪图享乐”，正是这种对待学生性行为的态度，造成现在的大学生性知识缺失，性观念出现偏差。水宜疏不宜堵，对于荷尔蒙旺盛的大学生们，关键还是要正面引导和措施防范。

“健康中国 2030 规划纲要”中提到，要强化社会综合治理，以青少年、育龄妇女及流动人群为重点，开展性道德、性健康和性安全宣传教育和干预，加强对性传播高危行为人群的综合干预，减少意外妊娠和性相关疾病传播。全面推行知情选择，普及避孕节育和生殖健康知识。完善计划生育家庭奖励扶助制度和特别扶助制度，实行奖励扶助金标准动态调整。坚持和完善计划生育目标管理责任制，完善宣传倡导、依法管理、优质服务、政策推动、综合治理的计划生育长效工作机制。到 2030 年，全国出生人口性别比实现自然平衡。

第一节　生殖系统的构成与功能

生殖是生物延续种族的各种生理功能的总称。在人类和高等动物中，生殖涉及两性生殖细胞的结合和产生新个体的全部生理过程。掌握生殖生理知识有助于根据自然规律设计合理控制人口生长的药物和措施，意义十分重大。

生殖系统由生殖器官组成，人和高等动物的生殖器官按解剖位置可分为外生殖器和内生殖器，按功能可分为主要性器官和附属性器官两部分。主要性器官又称性腺，女性为卵巢，男性为睾丸。女性附属性器官包括子宫、输卵管、阴道、外阴部等。男性附属性器官包括附睾、输精管、精囊腺、射精管、前列腺、阴茎等。

两性除了生殖器官不同外，在性成熟期出现的性特征方面也有很大差异。男性具有胡须、喉头突出、声调低沉、体格高大、肌肉发达等特征。女性具有发达的乳腺、宽大的骨盆、声调高尖、皮下脂肪较多等特征。

一、男性生殖系统

(一)男性内生殖器

1. 睾丸　睾丸呈卵圆形,共一对,位于阴囊内。阴囊能使睾丸所处的温度低于腹腔内温度1.5～2.0℃,适合于精子的生成。婴儿出生前睾丸尚未降到阴囊而仍留于腹腔中者,称为隐睾丸症。由于体内温度较高不适宜产生精子,故丧失生殖能力。睾丸表面有一层坚厚的纤维膜,称为白膜。白膜在背侧增厚形成睾丸纵隔,从纵隔发出许多结缔组织小隔,呈放射状将睾丸实质分成许多睾丸小叶。睾丸小叶由精曲小管盘曲而成。精曲小管的上皮具有产生精子作用,小管之间的间质细胞有分泌雄激素的功能(图13-1)。

2. 附睾　附睾呈新月形,紧贴睾丸的上端和后缘。主要由附睾管盘曲而成。附睾可分为附睾头、附睾体和附睾尾3部分。附睾的功能是储存精子和分泌液体供给精子营养并维持其活力。

3. 输精管和射精管　输精管长约50 cm,起于附睾尾部,沿睾丸后缘上升入精索(输精管结扎手术常在此进行)后经腹股沟部进入腹腔,走行至膀胱后面与精囊腺的排泄管汇合成射精管。射精管长约2 cm,开口于前列腺部尿道。

4. 精囊腺和前列腺　精囊腺为一对囊状腺体,长椭圆形,位于膀胱后部。前列腺形似栗子,位于膀胱后方,是一个肌性器官,由腺体和大量平滑肌纤维所组成,结构坚实。尿道贯穿于前列腺,当其肥大时,压迫尿道,导致排尿困难。前列腺的排泄管亦开口于尿道,其分泌物参与组成精液,有稀释精液和利于精子活动的作用(图13-2)。

精液包括精子及附睾、精囊腺、尿道腺的分泌液。一次射精2～3 mL,含精子3亿～5亿个。

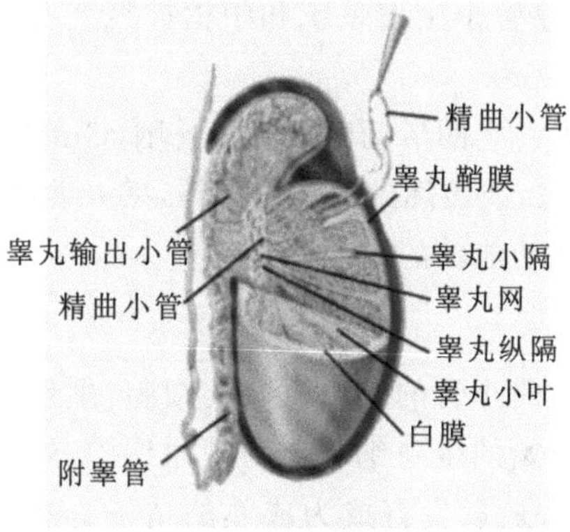

图13-1　睾丸结构

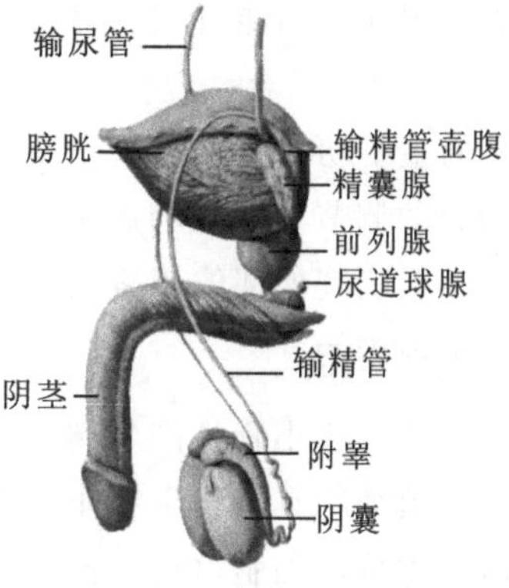

图13-2　男性生殖结构

(二)男性外生殖器

1. 阴囊　阴囊为一皮肤囊袋,位于阴茎的后下方。阴囊的皮肤薄而柔软,有少量阴毛,色素沉着明显。阴囊壁由皮肤和肉膜组成,肉膜含有平滑肌纤维,平滑肌随外界温度呈反射性的舒缩,以调节阴囊内的温度,有利于精子的发育。如外界温度高时,平滑肌舒张；而外界温度低时则收缩。肉膜在正中线向深部发出阴囊中隔将阴囊腔分为左、右两部，分别容纳两侧的睾丸和附睾。

2. 阴茎 阴茎可分头、体、根3部分。后端为阴茎根，藏于阴囊及会阴部皮肤的深面，中部为阴茎体，呈圆柱形，悬于耻骨联合的前下方，为可动部分。前端膨大部分为阴茎头，头的尖端处有矢状位的尿道外口。头后稍细的部分为阴茎颈。

阴茎主要由两个阴茎海绵体和一个尿道海绵体构成，外面包以筋膜和皮肤。阴茎海绵体为两端尖细的圆柱体，左、右各一，两者紧密并列，位于背侧，构成阴茎的基础。尿道海绵体位于阴茎海绵体的腹侧，尿道贯穿其全长。其中部呈圆柱形，前端膨大成阴茎头。每个海绵体的外面，包有一层坚厚的纤维膜。海绵体内部由许多海绵体小梁和腔隙组成，腔隙实际上是与血管相通的窦隙。当这些腔隙充血时，阴茎即变粗变硬而勃起；反之则变细变软。勃起是一种反射，来自许多感受器的刺激都可引起此反射。阴茎内的小动脉系由盆神经和腹下神经支配，当前者兴奋时，使血管舒张，引起勃起；后者兴奋可使阴茎疲软。勃起反射的基本中枢在脊髓骶段，但神经系统的高级部位特别是大脑皮质对它有明显的控制作用。

阴茎的皮肤薄而柔软，富于伸展性。皮肤至阴茎颈游离向前，形成包绕阴茎头的环形皱襞，称阴茎包皮。幼儿的包皮较长，包着整个阴茎头，包皮口也小。随着年龄的增长，包皮逐渐退缩，包皮口也逐渐扩大，若包皮盖住尿道外口和阴茎头，称包皮过长，当包皮口过小，包皮完全包着阴茎头时，称包茎。

二、男性生殖系统功能

男性性腺为睾丸，附属性器官包括附睾、输精管、精囊腺和前列腺等，男性生殖功能包括3个主要方面：①产生精子；②通过分泌激素来调节生殖功能；③完成性活动。这些功能主要靠睾丸的功能，但其中性功能还要依靠整个生殖系统和中枢神经系统的活动共同完成。

睾丸的主要功能是产生精子及分泌雄激素。它的活动同样受下丘脑（GnRH）腺垂体（FSH，LH）的调节。下丘脑产生GnRH处疾患，或破坏此处和腺垂体，睾丸萎缩，下丘脑还接受神经系统其他部位传来的信息而影响此功能轴的活动。

（一）生精作用

睾丸中的精曲小管是产生精子的场所。精曲小管的上皮有两类细胞：生殖细胞和支持细胞。生殖细胞具有产生精子的作用。最原始的生殖细胞称为精原细胞，经多次分裂而体积增大称精母细胞，再行分裂成精子细胞，最后发育成为成熟的精子。然后进入管腔，储于附睾。支持细胞具有营养精细胞的作用，亦称营养细胞。卵泡刺激素（FSH）和黄体生成素（CH）对生精过程都有调节作用，LH的作用是通过睾酮来实现的。实验发现去睾丸后，血中FSH浓度增加，现已证明睾丸能产生一种抑制素，对FSH分泌有强的负反馈作用，对LH的作用弱。此种调节也称腺垂体-曲精细管轴调节。此外，睾丸支持细胞在FSH的作用下，亦产生少量雌激素，它可降低垂体对GnRH的反应，并可能作用于间质细胞，调节睾酮的分泌。

（二）内分泌功能

睾丸的间质细胞产生雄激素，称为睾（丸）酮，睾酮入血液后，对 LH 的分泌及 GnRH 分泌有负反馈调节作用，此种调节称为腺垂体-间质细胞轴。睾酮的生理作用包括 4 个方面：①促进精子的生成与发育，睾酮与 FSH 共同调节生精过程；②促进男性附属性器官的发育成熟并维持其正常性功能；③激发和维持男子副性特征；④促进蛋白质合成，特别是肌肉、骨骼及生殖器官的蛋白质合成。此外还可引起钠水潴留，骨中钙、磷沉积增加。以上作用称为促蛋白质合成作用。

三、女性生殖系统构成

（一）女性内生殖器

1. 卵巢（图 13-3）　卵巢是产生卵和分泌女性激素的器官，呈卵圆形，灰白色，其长宽厚约为 4 cm×2 cm×1 cm，左右各一，位于盆腔内子宫两侧。其一端以卵巢韧带与子宫相连，另一端靠近输卵管的开口。卵巢的表面是一层立方上皮，称生殖上皮，上皮下的致密结缔组织称为白膜。

2. 子宫　子宫为壁厚、肌性器官，胎儿在此发育成长。形态是前后略扁倒置梨形，位于直肠与膀胱之间，两侧上方与输卵管相连，下与阴道相接（图 13-3）。子宫上 2/3 称为子宫体，其高出输卵管的部分称为子宫底；下 1/3 呈圆柱形，称为子宫颈；内腔呈三角形，称为子宫腔。子宫壁分为内膜、肌层及外膜 3 层。分娩时，子宫平滑肌节律性收缩成为胎儿娩出的动力。由于它的收缩，还可压迫血管，制止产后出血。

3. 输卵管　输卵管连于子宫底两侧，是输送卵子进入子宫的弯曲管道，长 10～12 cm，管的末端开口于腹膜腔，开口的游离缘有许多指状突起，称为输卵管伞，覆盖于卵巢表面。近子宫端较细部分称为峡部，外侧扩大部分称为壶腹部（为卵子受精部位）。输卵管管壁亦由黏膜、肌层及外膜 3 层组成。黏膜上皮为单层柱状纤毛上皮。纤毛具有摆动功能。肌层的蠕动及纤毛的摆动有助于受精卵进入子宫腔内（图 13-3）。

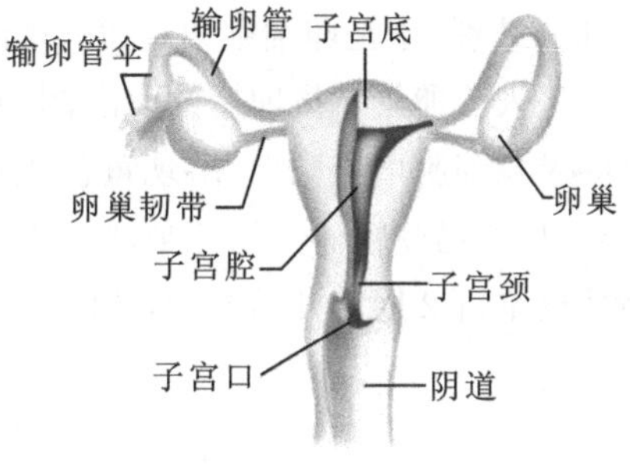

图 13-3　女性内生殖器

4. 阴道　阴道为一肌性管道，长 6～8 cm。阴道下端开口于阴道前庭，上端包绕子宫颈下部形成阴道穹，阴道壁由黏膜、肌层和外膜所构成，黏膜表面覆以复层扁平上皮。

（二）女性外生殖器

1. 阴阜　为耻骨联合前隆起，富有脂肪，成年女子上有阴毛。

2. 大阴唇　是一对纵长隆起的皮肤皱襞，位于阴阜下方，阴道外两侧，内有较多脂肪。

3. 小阴唇　是大阴唇内侧的一对皮肤皱襞。

4. 阴蒂 相当于男性阴茎，位于前庭上方两侧大阴唇之间，有丰富的感觉神经末梢。

5. 阴道前庭 是位于两侧小阴唇中间的裂隙，前部有尿道外口，后部有阴道口。阴道口有一层膜称处女膜。阴道口两侧有前庭大腺的开口，分泌液体具有滑润作用。阴道与肛门中间的部分称为会阴。（图13-4）

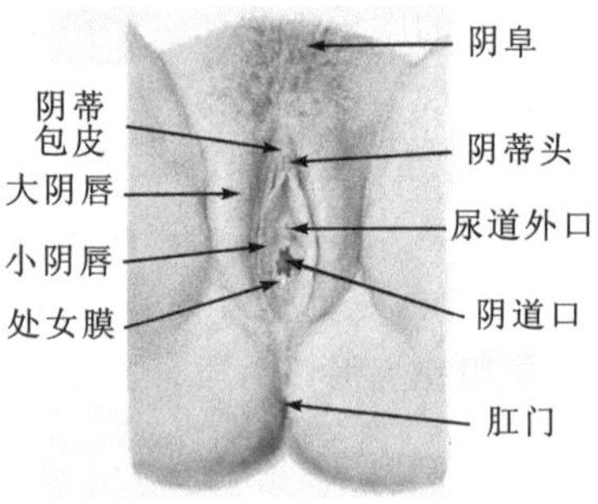

图 13-4 女性外生殖器

会阴是指封闭骨盆出口的所有软组织结构，也是指肛门与外生殖器之间的软组织结构。会阴主要为肌肉、筋膜和男、女外生殖器构成。该区前部尿道穿过，女性还有阴道穿过。会阴的皮下组织内富于脂肪组织，具有弹性垫的作用。会阴肌又加强盆腔底、协助承托盆腔脏器。

四、女性生殖系统功能

（一）卵巢的生理功能

女性的主要性腺为卵巢，卵巢具有产卵和分泌激素功能。卵巢的功能在13～15岁开始成熟，为青春期；30～35年后开始衰退、萎缩，进入更年期；卵巢完全萎缩就进入绝经期。成熟的卵巢活动有周期，亦称性周期，人体性周期约一个月。其生理功能主要受腺垂体促性腺激素FSH和LH的调节。切除垂体，性腺萎缩。

在人体内，卵泡一般需12～14 d发育成熟。同时有10～20个卵泡发育，但其中只有一个发育成熟，其余蜕变成闭锁卵泡。成熟卵泡即向卵巢表面移近和突出，从卵巢突出的部分破裂，于是卵细胞便从卵泡排出，称为排卵，此过程需LH的触发。排出的卵经输卵管伞进入输卵管。排卵后的卵泡，由于血管破裂而充满血液为血体，随后在LH的作用下，这些颗粒细胞增生肥大，出现黄色颗粒，成为黄体。黄体存在的时间以排出卵子是否受精而定，如卵已受精而开始怀孕，则黄体仍继续生长，直到怀孕4个月才逐渐萎缩，如未受精则黄体仅维持2周就开始萎缩，黄体萎缩成为结缔组织的瘢痕，称为白体(图13-5)。

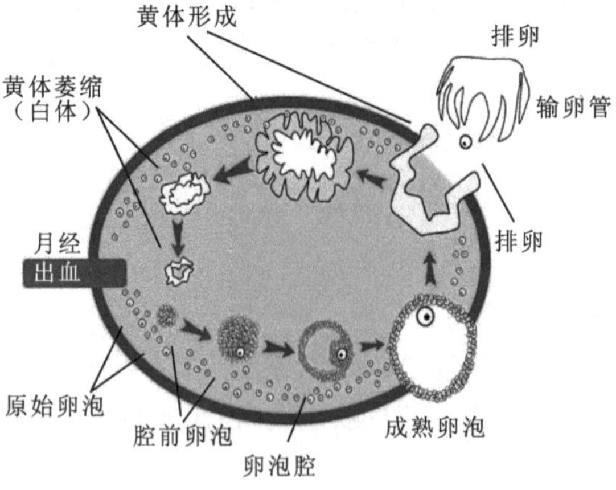

图 13-5 卵泡成熟过程

（二）卵巢的内分泌功能

卵巢除分泌两种主要类固醇激素即雌激素和孕激素外，还分泌少量雄激素。

1. 雌激素　卵巢是分泌雌激素的主要器官，此外，睾丸、胎盘和肾上腺也能分泌少量雌激素。卵巢分泌的雌激素主要是雌二醇，卵巢中颗粒细胞是合成雌激素的场所。其产生过程是使雄烯二酮转变成雌激素：内膜细胞在 LH 的作用下，使胆固醇转变为雄烯二酮；颗粒细胞在 FSH 的作用下，发育过程中产生芳香化酶，它使雄烯二酮转变成雌激素。形成的雌激素分泌到卵泡液和血液中，分泌入血液中的雌激素的代谢过程是在肝内被灭活成为活性较小的雌酮和雌三醇，并与葡萄糖醛酸或硫酸结合，增加水溶性后，由尿排出。雌激素的主要功能如下。

（1）对生殖器官的作用：雌激素能促使青春期女子附属生殖器官如阴道、子宫、输卵管等发育成熟。雌激素可使阴道黏膜上皮细胞的糖原增加，糖原分解时，阴道内液呈酸性（pH 值 4～5），利于阴道乳酸菌的生长，不利于其他细菌生长繁殖，故可增加局部抵抗力。雌激素还能刺激阴道上皮细胞分化，使上皮细胞增生和发生角质化的脱落。雌激素量越多，角化程度也愈高。随着雌激素浓度的变化阴道细胞也发生相应的变化。因此，检查阴道涂片是了解雌激素分泌状态或性周期的一种方法。雌激素还可促进输卵管的蠕动，以利于受精卵向子宫内运行。但过量的雌激素则产生相反的效应。

在月经周期与妊娠期间，雌激素能促进子宫肌增厚，子宫内膜增殖，腺体增多变长。子宫颈腺体分泌增加，以利于精子的通过。它与孕激素相配合，调节正常月经周期及维持正常妊娠。

（2）对副性特征的影响：雌激素具有刺激并维持乳房发育、促使骨盆宽大、臀部肥厚、音调高、脂肪丰满和毛发分布等女性特征的作用。它还有维持性欲等功能。

（3）对代谢的影响：雌激素能促进肾小管对钠的重吸收，同时增加肾小管对抗利尿素的敏感性，因此具有保钠、保水作用而增加血量和细胞外液。某些妇女月经期前浮肿可能与此有关。此外，雌激素还可降低胆固醇，可能对动脉粥样硬化有一定缓解作用，它还有促进肌肉蛋白质合成，对青春期发育与成长起促进作用。

2. 孕激素　孕激素在卵巢内主要在 LH 的作用下由黄体产生，主要为孕酮。体内的孕激素在肝脏中灭活，转变为孕二醇再与葡萄糖醛酸结合后由尿和胆汁随粪便排出。孕激素的主要功能如下。

（1）对子宫的作用：使子宫内膜细胞体积进一步增大，糖原含量增加，分泌腺分泌含糖原的黏液进入分泌期，以利于受精卵的着床。孕酮还可降低子宫肌的兴奋性和对催产素的敏感性，使子宫安静，故有安胎作用。

（2）对乳腺的作用：孕激素能促使乳腺腺泡进一步发育成熟，为怀孕后分泌乳汁准备条件。

（3）产热作用：女性体温随月经周期而变动。在清晨、空腹、静卧时测量体温（基础体温）发现排卵后可升高 1 ℃左右，在整个黄体期一直维持此水平。由于在排卵前体温较低，排卵后升高，故可将这一基础体温改变作为判定排卵日期的标志之一。排卵后体温升高可能与孕激素的代谢产物的作用有关。

（三）月经周期

女性从青春期开始，在整个生殖年龄期间，性周期另一个最明显的变化是子宫的周期性出血（称为月经），故这种周期称月经周期。一个月经周期一般为 28 d 左右，子宫的这种周期性变化是卵巢功能的外在表现。月经周期可分为 3 个时期（图 13-6）。

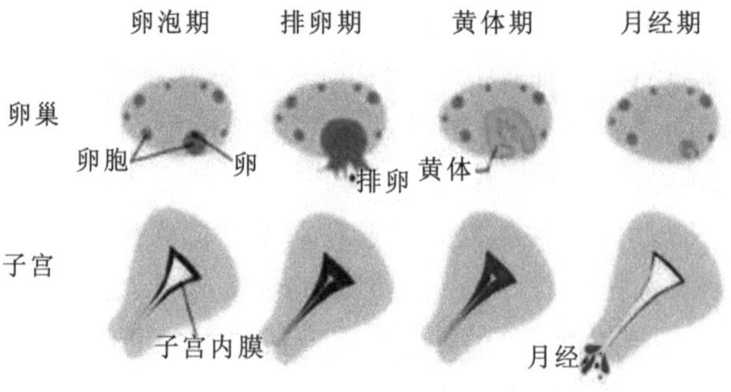

图 13-6　月经周期

1. 卵泡期（增生期、排卵前期）　此期由上次月经停止日开始至卵巢排卵日止，历时 10～12 d。此期卵泡的粒膜细胞在 FSH 和 LH 的作用下产生雌激素，在雌激素的作用下，子宫内膜迅速增殖，血管增生，腺体增宽加长，但不分泌。此期末，卵巢排卵。如果卵细胞成熟后，因故未能排出，也将进入下一期。

2. 黄体期（分泌期）　此期由排卵日算起，到月经到来之前，历时 13～14 d。这一期相当排出卵的卵泡后的黄体期，在雌激素和孕激素的协同作用下，子宫内膜进一步增生、血管滋长、腺体开始分泌含糖原的黏液。这一期末，子宫内膜的增长达到极点，为受精卵的种植和继续发育准备了条件。

3. 月经期　卵子如未受精，黄体就逐渐萎缩而成白体，分泌孕激素与雌激素的功能消失。由于此两种激素的急剧减少，引起前列腺素的释放，可导致子宫内膜血管痉挛性收缩，子宫内膜细胞脱落、剥离而流血，即出现月经。经期可历时 4～5 d，出血 30～100 mL。由于子宫内血液中纤维蛋白溶解系统功能特别活跃，故经血一般不凝固。如卵子受精而怀孕，黄体继续分泌激素，子宫内膜可不再脱落，不出现月经，称为闭经。

（四）卵巢功能和月经周期中激素分泌的调节

月经周期中，子宫内膜的变化是在卵巢激素作用下形成的，而卵巢的活动又受到下丘脑-腺垂体的控制。血中卵巢激素水平升高时，又可反馈地影响下丘脑-腺垂体促性腺素的分泌活动，进而保证卵巢活动及月经周期的过程。

在卵泡期开始时，由于血中雌激素与孕激素处于低水平，对垂体促性腺激素分泌的反馈抑制解除，垂体释放 FSH 和 LH 增加，血中 FSH 含量升高，随着 LH 也升高。在 FSH 作用下，卵泡颗粒细胞增长，并在 LH 的共同作用下，产生雌激素，分泌到卵泡液和血液中。雌激素作用于子宫内膜出现增殖期。

卵泡排出卵细胞后变为黄体。在 LH 的作用下，黄体细胞分泌大量孕激素与雌激素，子宫内膜因受孕激素和雌激素的作用而进入分泌期，为受精卵着床做好准备。若未受孕，血中 FSH 和 LH 浓度下降，黄体萎缩，孕激素和雌激素在血中浓度突然大幅度下降。目前认为这将引起前列腺素的释放，可致子宫内膜血管痉挛收缩，随后出现组织坏死，子宫内膜剥离、脱落而流血，即为月经。血中雌激素和孕激素浓度下降，又解除对 FSH 和 LH 分泌的反馈抑制，致使 FSH 和 LH 分泌增加进而重复下一个月经周期。避孕药的一种作用机制就是抑制排卵，但还要维持正常月经周期。

第二节　妊娠与分娩

妊娠是新个体的产生过程，包括受精、受精卵着床及其在子宫内整个发育成长及分娩过程。卵子由卵泡排出后，由输卵管伞端吸入，在输卵管平滑肌及上皮细胞纤毛的推动下，卵子被推送至壶腹部，与精子结合而受精（图 13-7）。一般情况下，一亿个精子中，只有 200 多个能接近卵子。其中只有一个能与卵子结合而受精。受精卵在输卵管中一面运行，一面进行细胞分裂形成胚泡，一周左右，胚泡进入子宫。胚泡的运行只有在雌激素与孕激素的比例适当情况下才能正常进行。胚泡与子宫内膜相互作用而植入子宫的过程称为着床。

人的妊娠期为 280 d 左右，在妊娠期间，在雌激素与孕激素的作用下子宫明显地增大，与胎儿的成长相适应。乳腺也明显地增大与发育，为哺乳做好准备。妊娠末期，随着子宫兴奋性的提高，开始出现不规则的收缩，以后成为有节律的收缩，它可以使子宫颈充分扩大，迫使胎儿挤向子宫颈。这样还可以进一步引起子宫体部收缩增强，进一步迫使胎儿向子宫颈口移动。胎儿压迫子宫颈可以引起神经垂体释放催产素，使子宫收缩更强，这两种正反馈的作用一直到胎儿完全娩出为止。最后再将胎盘娩出，分娩过程结束。在子宫收缩的同时还可反射性地引起腹壁肌肉和膈肌收缩，协助胎儿的娩出。

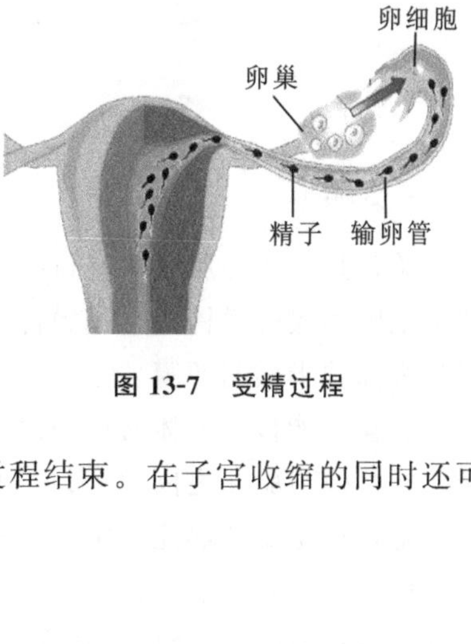

图 13-7　受精过程

一、受精及受精卵

精液射入阴道内，精子离开精液经宫颈管进入宫腔，与子宫内膜接触后，子宫内膜白细胞产生淀粉酶解除精子顶体酶上的“去获能因子”。此时的精子具有受精能力，称精子获能。获能的主要部位是子宫和输卵管。卵子从卵巢排出经输卵管伞部进入输卵管内，停留在壶腹部与峡部连接处等待受精。男女成熟的生殖细胞（精子和卵子）的结合过程称受精。受精发生在排卵后 12 h 内，整个受精过程约需 24 h。当精子与卵子相遇，精子顶体外膜破裂释放出顶体酶，溶解卵子外围的放射冠和透明带，称顶体反应。借助酶的作用，精子穿过放射冠和透明带。精子头部与卵子表面接触时，开始受精过程，其他精子不再能进入。已获能的精子穿过次级卵母细胞透明带为受精的开始，卵原核与精原核融合为受精的完成，形成受精卵标志诞生了新生命。

受精卵开始进行有丝分裂的同时，借助输卵管蠕动和纤毛推动，向子宫腔方向移动，约在受精后第 3 d，分裂成由 16 个细胞组成的实心细胞团，称桑葚胚，也称早期囊胚。约在受精后第 4 d，早期囊胚进入子宫腔并继续分裂发育成晚期囊胚。在受精后第 6～7 d，晚期囊胚透明带消失之后侵入子宫内膜的过程，称受精卵着床。（如图 13-8）

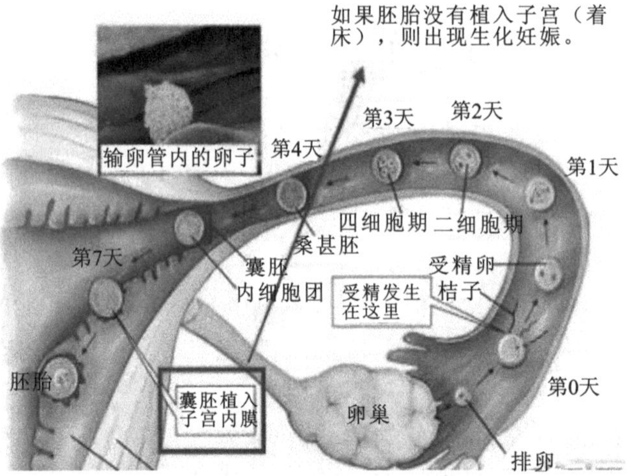

图 13-8　受精卵着床

二、胎盘

胎盘是母体与胎儿间进行物质交换的器官，是胚胎与母体组织的结合体，由羊膜、叶状绒毛膜和底蜕膜构成。羊膜构成胎盘的胎儿部分，是胎盘最内层。羊膜是附着在绒毛膜板表面的半透明薄膜。

胎盘功能包括气体交换、营养物质供应、排除胎儿代谢产物、防御功能以及合成功能等。在母体与胎儿之间，O_2 以简单扩散方式进行交换，相当于出生后肺、小肠、肾的功能。葡萄糖是胎儿热能的主要来源，以易化扩散方式通过胎盘，胎儿体内的葡萄糖均来自母体。氨基酸浓度胎血高于母血，以主动运输方式通过胎盘。胎儿代谢产物如尿素、尿酸、肌酐、肌酸等，经胎盘送入母血，由母体排出体外，相当于出生后肾的功能。胎盘的屏障作用极有限，各种病毒（如风疹病毒、巨细胞病毒等）、分子量小的对胎儿有害的药物，均可通过胎盘影响胎儿致畸甚至死亡。细菌、弓形虫、衣原体、支原体、螺旋体可在胎盘部位形成病灶，破坏绒毛结构进入胎体感染胎儿。胎盘具有活跃的合成物质的能力，主要合成激素和酶。合成的激素有蛋白激素和甾体激素两大类。蛋白激素有人绒毛膜促性腺激素、人胎盘生乳素等。甾体激素有雌激素、孕激素等。

人绒毛膜促性腺激素（HCG）是由合体滋养细胞分泌的一种糖蛋白激素。约在受精后第 6 d 受精卵滋养层形成时，开始分泌微量 HCG。着床后用特异 HCG-B 抗血清能在母血中测出 HCG。在妊娠早期分泌量增加很快，约 2 d 增长一倍，至妊娠 8～10 周血清浓度达最高峰，持续1～2周后迅速下降，妊娠中晚期血清浓度仅为峰值的10%，持续至分娩。分娩后若无胎盘残留，HCG约于产后2周内消失。

由于HCG为水溶性，易被吸收进入母体，在受精后10 d左右可用胶体金法从母体血清中测出，成为诊断早孕最敏感的方法之一。

三、羊水

充满在羊膜腔内的液体称羊水。妊娠不同时期的羊水来源、容量及组成均有明显改变。妊娠早期的羊水.主要是母体血清经胎膜进入羊膜腔的透析液。这种透析也可经脐带和胎盘表面羊膜进行，但量极少。妊娠中期以后，胎儿尿液是羊水的重要来源。妊娠11～14周时，胎儿肾脏已有排泄功能，于妊娠14周发现胎儿膀胱内有尿液，胎儿尿液排至羊膜腔中，使羊水的渗透压逐渐降低，肌酐、尿素、尿酸值逐渐增高。此时期胎儿皮肤的表皮细胞逐渐角化，不再是羊水的来源。胎儿通过吞咽羊水使羊水量趋于平衡，胎儿肺虽可吸收羊水，但其量甚微，对羊水量无大的影响。

羊水保护胎儿在羊膜腔中自由活动，不致受到挤压，防止胎体畸形及胎肢粘连；保持羊膜腔内恒温；适量羊水避免子宫肌壁或胎儿对脐带直接压迫所致的胎儿窘迫；有利于胎儿体液平衡，若胎儿体内水分过多可采取胎尿方式排至羊水中；临产宫缩时，尤其在第一产程初期，羊水直接受宫缩压力能使压力均匀分布，避免胎儿局部受压。

四、胎儿发育及其生理特点

不同孕周胎儿发育的特征描述，以4周为一个孕龄单位。在受精后6周（即妊娠8周）称胚胎，是其主要器官结构完成分化时期，在胚胎期间主要器官已完成分化。从受精后第7周（即妊娠第9周）起称胎儿，是其各器官进一步发育渐趋成熟时期。胎儿发育特征如下。

妊娠8周末：胚胎初具人形，头大，占整个胎体一半。能分辨出眼、耳、鼻、口。四肢已具雏形。B型超声可见早期心脏形成并有搏动。

妊娠12周末：胎儿身长约9 cm，体重约20 g。外生殖器已产生，部分可辨出性别。胎儿四肢可活动，肠管已有蠕动，指趾已分辨清楚，指甲形成。

妊娠20周末：胎儿身长约25 cm，体重约300 g。皮肤暗红，全身覆有胎脂并有毳毛，开始出现吞咽、排尿功能。检查孕妇时可听到胎心音。

妊娠28周末：胎儿身长约35 cm，体重约1 000 g。皮下脂肪沉积不多。皮肤粉红，有时可有胎脂。可以有呼吸运动，但肺泡Ⅱ型细胞产生的表面活性物质含量较少。出生后易患特发性呼吸窘迫综合征。若能加强护理，可能存活。

妊娠36周末：胎儿身长约45 cm，体重约2 300 g。皮下脂肪较多，毳毛明显减少，面部皱褶消失。指（趾）甲已达指（趾）端。出生后能啼哭及吸吮，生活力良好。此时出生基本可以存活。

妊娠40周末：胎儿身长约50 cm，体重约3 000 g。发育成熟，皮肤粉红色，皮下脂肪多，头发粗。外观体形丰满，除肩、背部有时尚有毳毛外，其余部位的毳毛均脱落。足底皮肤有纹理。男性胎儿睾丸已降至阴囊内，女性胎儿大小阴唇发育良好。出生后哭声响亮，吸吮能力强，能很好存活。

五、正常分娩

妊娠满28周及以后的胎儿及其附属物，从临产发动至从母体全部娩出的过程称分娩。妊娠满28周至不满37足周(196～258 d)分娩称早产；妊娠满37周至不满42足周(259～293 d)间分娩称足月产；妊娠满42周及其后(294 d及294 d以上)分娩称过期产。

随妊娠进展，子宫容积及张力不断增加，至妊娠结束期，胎儿增长速度超过子宫增长速度，宫内压升高，子宫肌壁和蜕膜明显受压，肌壁上的机械感受器受刺激，尤其是胎先露部压迫子宫下段及宫颈时，子宫下段及宫颈发生扩张的机械作用，通过交感神经传至下丘脑，使神经垂体释放缩宫素，引起子宫收缩。

临产开始的标志为有规律且逐渐增强的子宫收缩，持续30s或以上，间歇5～6 min，同时伴随进行性宫颈管消失、宫口扩张和胎先露部下降。总产程即分娩全过程，是指从开始出现规律宫缩直到胎儿胎盘娩出的过程。临床分为3个产程。

第一产程又称宫颈扩张期。从开始出现间歇5～6 min的规律宫缩到宫口开全。初产妇的宫颈较紧，宫口扩张较慢，需11～12 h；经产妇的宫颈较松，宫口扩张较快，需6～8 h。

第二产程又称胎儿娩出期。从宫口开全到胎儿娩出。初产妇需1～2 h；经产妇通常数分钟即可完成，但也有长达1 h者。

第三产程又称胎盘娩出期。从胎儿娩出到胎盘娩出，需5～15 min，不应超过30 min。

第三节　早期妊娠诊断

为便于掌握妊娠不同时期的特点，将妊娠全过程分为3个时期：妊娠12周末以前称早期妊娠；第13周至第27周末称中期妊娠；第28周及其后称晚期妊娠。

一、早孕的症状

1. 停经　生育年龄已婚妇女，平时月经周期规则，一旦月经过期10日或以上，应疑为妊娠。若停经已达8周，妊娠的可能性更大。停经可能是妊娠最早与最重要的症状。停经不一定就是妊娠，应予以鉴别。哺乳期妇女月经虽未恢复，仍可能再次妊娠。

2. 早孕反应　约半数妇女于停经6周左右出现畏寒、头晕、乏力、嗜睡、流涎、食欲不振、喜食酸物或厌恶油腻、恶心、晨起呕吐等症状，称早孕反应。早孕反应多于妊娠12周左右自行消失。

3. 尿频　妊娠早期出现尿频，系增大的前倾子宫在盆腔内压迫膀胱所致。约在妊娠12周以后，当宫体进入腹腔不再压迫膀胱时，尿频症状自然消失。

二、早孕辅助检查

1. 超声检查　(1)B型超声显像法：是检查早期妊娠快速准确的方法。在增大的子宫轮廓中，见到来自羊膜囊的圆形光环(妊娠环)，妊娠环内为液性暗区(羊水)。最早在妊娠 5 周时见到妊娠环。若在妊娠环内见到有节律的胎心搏动和胎动，可确诊为早期妊娠、活胎。

(2)超声多普勒法：在增大的子宫区内，用超声多普勒仪能听到有节律、单一高调的胎心音，胎心率多在 150～160 次/分，可确诊为早期妊娠且为活胎，最早出现在妊娠 7 周时。此外还可听到脐带血流音。

2. HCG 检测　妊娠试验孕妇尿液含有 HCG，用免疫学方法(临床多用试纸法)检测，若为阳性，在白色显示区上下呈现两条红色线，表明受检者尿中含 HCG，可协助诊断早期妊娠。酶免疫测定法特异性强，灵敏度高，试剂廉价，操作简单。

目前应用广泛的早早孕诊断试纸(图 13-9)，其原理与酶免疫法相同。只是应用胶体金标记抗体，省去了酶标记测定中与底物作用的步骤，加入金标记后直接在试纸上显示红色，更方便快捷。具体操作步骤：留被检妇女尿(晨尿更佳)于小尿杯内，用带有试剂的早早孕诊断试纸条(试纸条上端为对照测试线，下端为诊断反应线)，将标有 HLA 的一端插入尿液中，尿的液面不得越过 MAX 线。1～5 min 即可观察结果，10 min后结果无效。结果判断：仅在白色显示区上端呈现一条红色线，则为结果阴性；在白色显示区上下呈现两条红色线则为结果阳性，提示妊娠。试纸反应线可因标本中所含 HCG 浓度多少呈现出颜色深浅的变化(图 13-10)。若试纸条上端无红线出现，表示试纸失效或测试方法失败。对 HCG 的敏感度为 25～50 μg/L。

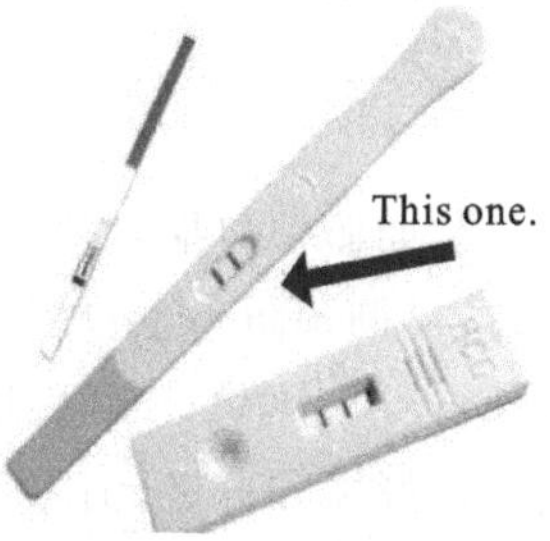

图 13-9　早孕检测试纸

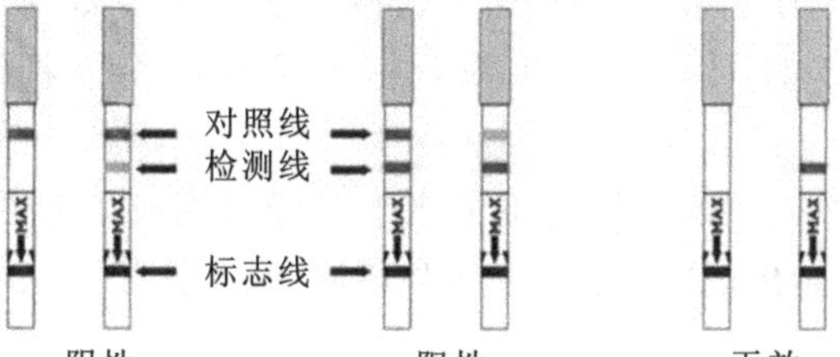

图 13-10　早孕试纸

3. 黄体酮试验　利用孕激素在体内突然撤退能引起子宫出血的原理，对月经过期可疑早孕妇女，每日肌注黄体酮注射液，连用 3 日，停药后 2～7 d 内出现阴道流血，提示体内有一定量雌激素，注射孕激素后子宫内膜由增生期转为分泌期，停药后孕激素水平下降致使子宫内膜剥脱，可以排除妊娠。若停药后超过 7 d 仍未出现阴道流血，则早期妊娠的可能性很大。

4. 基础体温测定　双相型体温的妇女，高温相持续不见下降，早期妊娠的可能性大。高温相持续 3 周以上，早孕的可能性更大。基础体温曲线能反映黄体功能，但不能反映胚胎情况。

尽管产妇自己有时也能做出早期妊娠的诊断，但当就诊时停经日数还少，常需根据病史、体征及辅助检查结果综合判断，才能确诊早孕。对临床表现不典型者，应注意与卵巢囊肿、囊性变的子宫肌瘤以及膀胱尿潴留相鉴别。注意不应将妊娠试验阳性作为唯一的诊断依据，因有时也会出现假阳性。

第四节 优生优育

人口与计划生育问题是我国可持续发展的关键问题。实行计划生育就是科学地控制人口数量，提高人口素质。既要适应社会经济及人口按比例发展的要求，又要符合广大人民优生的愿望，要避免先天性缺陷代代相传，防止先天因素影响后天发育。

一、孕期监护及保健

孕期监护包括对孕妇的定期产前检查和对胎儿监护，以及胎盘及胎儿成熟度的监测，是贯彻预防为主、尽早发现高危妊娠、保障孕妇及胎儿健康、安全分娩的必要措施。此外，还应对孕妇于妊娠期间出现的一些症状予以及时处理，并进行卫生指导，使孕妇正确认识妊娠和分娩，消除不必要的顾虑。在妊娠中期抽取羊水做染色体核型分析，以降低先天缺陷儿及遗传病儿出生率。经上述检查未发现异常者，应于妊娠 20 周起进行产前系列检查，于妊娠 20～36 周期间每 4 周检查一次，自妊娠 36 周起每周检查一次，即于妊娠 20、24、28、32、36、37、38、39、40 周共再做产前检查 9 次。凡属高危孕妇，应酌情增加产前检查次数。

（一）推算预产期

推算方法是按末次月经第一日算起，月份减 3 或加 9，日数加 7。例如末次月经第一日是公历 1999 年 10 月 21 日，预产期应为 2000 年 7 月 28 日。若孕妇只记住农历末次月经第一日，应由医师为其换算成公历，再推算预产期。必须指出，实际分娩日期与推算的预产期，可以相差 1～2 周。若孕妇记不清末次月经日期或于哺乳期无月经来潮而受孕者，可根据早孕反应开始出现的时间、胎动开始时间、手测子宫底高度、尺测耻上子宫长度加以估计。

（二）全身检查

观察发育、营养及精神状态；注意步态及身高，身材矮小（＜140 cm）者常伴有骨盆狭窄；注意检查心脏有无病变。一年内未做过胸透者，必要时应在妊娠 20 周以后行胸部透视；检查脊柱及下肢有无畸形；检查乳房发育情况、乳头大小及有无凹陷；测量血压，孕妇正常时不应超过 140/90 mmHg，超过者应属病理状态。注意有无水肿，孕妇仅膝以下或踝部水肿经休息后消退，不属于异常；测量体重，妊娠晚期体重每周增加不应越过500 g，超过者多有水肿或隐性水肿。

（三）产科检查

包括腹部检查、骨盆测量、阴道检查、肛门检查及绘制妊娠图。

二、孕妇管理

根据卫生部门的要求，国内已普遍实行孕产期系统保健的三级管理，推广使用孕产妇系统保健手册，着重对高危妊娠者（在妊娠期有某种并发症，或致病因素可能危害孕妇、胎儿及新生儿或导致难产者）进行筛查、监护和管理。

(1)如今在我国城乡，对孕产妇均已开展系统保健管理。采用医疗保健机构的三级分工。城市开展医院三级分工（市、区、街道）和妇幼保健机构三级分工（市、区、基层卫生院），实行孕产妇划片分级分工，并健全相互间挂钩、转诊等制度。农村也开展三级分工（县医院和县妇幼保健站、乡卫生院、村妇幼保健人员）。

(2)使用孕产妇系统保健手册建立孕产妇系统保健手册制度，目的是加强对孕妇的系统管理，提高产科防治质量，降低三率（孕产妇死亡率、围生儿死亡率和病残儿出生率）。使用保健手册需从确诊早孕时开始，系统管理直至产褥期结束（产后满 6 周）。手册应记录孕妇主要病史、体征及处理情况，是孕产期全过程的病历摘要，包括开始时建的手册，填写在孕产妇的登记册上，凭保健手册在一、二、三级医疗保健机构定期作产前检查。

(3)对高危妊娠者的筛查、监护和管理，通过确诊早孕时的初步筛查及每次产前检查及时筛查出具有中危或高危因素的孕妇。

三、妊娠期常见症状

1. 消化系统症状　于妊娠早期出现烧心、恶心、晨起呕吐者，可给予维生素 B_{12} 10～20 mg，每日 3 次；消化不良者，可给予维生素 B_{12}、干酵母 3 片及胃蛋白酶 0.3 g，饭时与稀盐酸 1 mL 同服，每日 3 次；也可服用开胃健脾理气中药。

2. 贫血　孕妇于妊娠后半期对铁需求量增多，仅靠饮食补充明显不足.应适时补充铁剂，如富马酸亚铁 0.2 g 或硫酸亚铁 0.3 g，每日 1 次口服，预防贫血。若已发生贫血，应查明原因，以缺铁性贫血最常见。治疗时应加大铁剂量，可给予富马酸亚铁 0.4 g 或硫酸亚铁 0.6 g、乳酸钙 1 g，每日 3 次口服。

3. 腰背痛　妊娠期间由于关节韧带松弛，增大的子宫向前突使躯体重心后移，腰椎向前突使背伸肌处于持续紧张状态，常出现轻微腰背痛。若腰背痛明显者，应及时查找原因，按病因治疗。必要时卧床休息、局部热敷及服止痛片。

4. 下肢及外阴静脉曲张　静脉曲张因妊娠次数增多逐渐加重。于妊娠末期应尽量避免长时间站立，下肢绑以弹性绷带，晚间睡眠时应适当垫高下肢以利静脉回流。分娩时应防止外阴部曲张的静脉破裂。

5. 下肢肌肉痉挛　下肢肌肉痉挛是孕妇缺钙表现，发生于小腿腓肠肌，于妊娠后期多见，常在夜间发作。痉挛发作时，应将痉挛下肢伸直使腓肠肌紧张，并行局部按摩，痉挛常能迅速缓解。已出现下肢肌肉痉挛的孕妇，应给予乳酸钙 1 片、维生素 AD 1 丸，每日 3 次；维生素 E，每日 1～2 次口服。

6. 下肢浮肿 孕妇于妊娠后期常有踝部及小腿下半部轻度浮肿，经休息后消退，属正常现象。若下肢浮肿明显，经休息后不消退，应想到妊娠高血压综合征、合并肾脏疾病或其他并发症，查明病因后给予及时治疗。此外，睡眠取左侧卧位，下肢垫高 15°使下肢血液回流改善，浮肿多可减轻。

7. 痔 痔于妊娠晚期多见或明显加重，系因增大的妊娠子宫压迫和腹压增高，使痔静脉回流受阻和压力增高导致痔静脉曲张。应多吃蔬菜，少吃辛辣食物，必要时服缓泻剂软化大便，纠正便秘。若痔已脱出，可用手法还纳。痔疮症状于分娩后可明显减轻或自行消失。

8. 便秘 妊娠期间肠蠕动及肠张力减弱，加之孕妇运动量减少，容易发生便秘。由于巨大子宫及胎先露部的压迫，常会感到排便困难，每日清晨饮开水一杯，应养成每日按时排便的良好习惯，并多吃含纤维素多的新鲜蔬菜和水果，必要时口服缓泻剂，睡前口服果导片1～2 片，或用开塞露、甘油栓，使大便滑润容易排出，但禁用峻泻剂，如硫酸镁，也不应灌肠，以免引起流产或早产。

四、母乳喂养

哺乳期是指产后产妇用自己乳汁喂养婴儿的时期，通常为 10 个月。为了保护母婴健康，降低乳幼儿死亡率，国际上已将保护、促进和支持母乳喂养作为妇幼卫生工作的重要内容。1990 年世界儿童问题首脑会议通过《儿童生存、保护和发展世界宣言》和《90 年代行动计划》两个文件，并于 2000 年将 4 个月纯母乳喂养率提高到 80%列为全球的奋斗目标之一。哺乳期保健的中心任务是促成纯母乳喂养。如今，母乳喂养已被列为挽救儿童生存的四大战略技术的第 3 项，其余 3 项分别是生长发育监测、促进口服补液和计划免疫。

（一）母乳喂养的好处

（1）母乳是婴儿必需的和理想的营养食品，营养丰富，适合婴儿消化吸收。

（2）母乳喂养是为婴儿健康生长发育提供理想食物的一个独特途径，用母乳哺育婴儿省时、省力、经济、方便。

（3）母乳含多种免疫物质，能增加婴儿的抗病能力，预防疾病。

（4）通过母乳喂养，母婴皮肤频繁接触增加母子感情。

（二）促使母乳喂养成功的十点措施

（1）有书面的母乳喂养政策，并常规地传达到所有保健人员。

（2）对所有保健人员进行必要的技术培训，使其能实施这一政策。

（3）要把有关母乳喂养的好处及处理方法告诉所有的孕妇。

（4）帮助母亲在产后半小时内开始让新生儿吸吮乳头进行哺乳。

（5）指导母亲喂奶，以及在必须与婴儿分开的情况下如何保持泌乳。

（6）除母乳外，禁止给新生婴儿吃任何食物和饮料，除非有医学指征。

(7)实行母婴同室.让母亲与其婴儿一日 24 h 都在一起。

(8)鼓励按需哺乳。

(9)不要给母乳喂养的婴儿吸吮橡皮奶头.或使用奶头做安慰物。

(10)促进母乳喂养支持组织的建立,并将出院的母亲转给妇幼保健组织。我国目前三级医疗保健网比较健全,可以将出院的母亲转给妇幼保健组织,对母婴进行家庭访视,解决母乳喂养中遇到的问题。

(三)哺乳期保健人员访视内容

(1)母乳喂养状况,询问母亲饮食、休息,婴儿睡眠、大小便情况,重点了解日夜哺乳次数(开始数周内哺乳在 10～12 次以上,晚间酌情减少),并亲自观察哺乳姿势,进行具体指导。

(2)指导婴儿服饰,改革传统的包法,应放开婴儿手脚,采用连衣衫裤。

(3)勤淋浴更衣,保持室内空气新鲜。

(4)许多药物能通过乳汁进入婴儿体内,产妇用药需慎重。

(5)指导避孕,最好采用工具避孕或产后 3～6 个月放置宫内节育器,不宜采用避孕药物和过分延长哺乳期。

第五节　避　　孕

实行计划生育是我国的一项基本国策。人口与计划生育问题是我国可持续发展的关键问题。实行计划生育就是科学地控制人口数量,提高人口素质。既要适应社会经济及人口按比例发展的要求,又要符合广大人民少生、优生的愿望。长期以来,我国坚持以避孕为主的节育措施,已取得显著成绩。

在经历了迅速从高生育率到低生育率的转变之后,我国人口的主要矛盾已经不再是增长过快,而是人口红利消失、临近超低生育率水平、人口老龄化、出生性别比失调等问题。国内 20 多位顶尖人口学者历经 2 年的研究指出,我国的人口政策亟待转向,尤其是生育政策应该调整。2011 年 11 月,中国各地全面实施双独二孩政策;2013 年 12 月,中国实施单独二孩政策;2015 年 10 月,中国共产党第十八届中央委员会第五次全体会议公报指出:坚持计划生育基本国策,积极开展应对人口老龄化行动,实施全面二孩政策。

一、自然避孕法

自然避孕法包括安全期避孕法和哺乳闭经避孕法。由于自然避孕法不干扰身体的生理功能,也无副作用,故不宜采用其他避孕方法的夫妇或处于特殊生理阶段的妇女可以采用。自然避孕法的避孕效果依赖于使用者能否正确地掌握,其实际使用效果不够理想,失败率约 20%。

(一)安全期避孕

安全期避孕,是利用卵子排出后可存活 1～2 d,而精子在女性生殖道也只存活 2～3 d

的规律，在排卵前后避免房事，以错过精子和卵子相遇的机会而达到避孕的目的，本法失败率 10%～20%。安全期避孕法的关键是准确判断排卵日期，目前常用有以下几种。

1. 日期计算法 月经周期规律的妇女，排卵一般发生在下次来潮前的 14 d，排卵的前后 4～5 d 为易受孕期，其他时期为不易受孕期，避免在易受孕期同房，即可达到避孕目的。由于排卵会受到妇女生活、工作、环境、情绪、健康和性活动的影响，亦可能因性刺激额外排卵造成失败，避孕效果并非绝对可靠。因此，月经不规律、探亲、新婚等妇女不宜采用(图 13-11)。

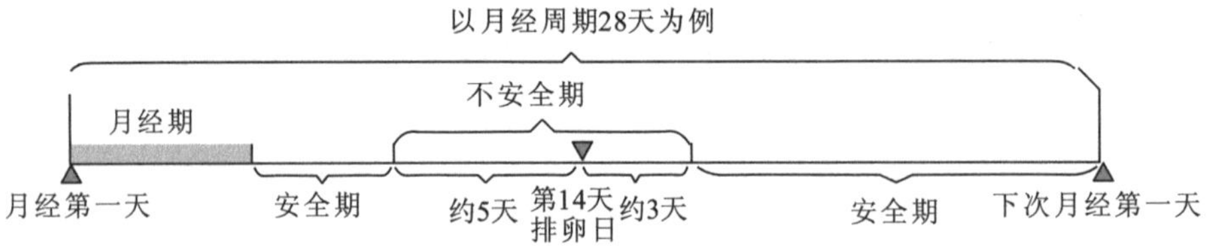

图 13-11 日期计算法

2. 基础体温法 基础体温法是利用妇女排卵后黄体形成分泌孕激素的致热作用，使基础体温升高 0.5 ℃左右，来判断排卵时间，指导避孕。正常月经妇女需持续测体温 3 个月才能得出较准确的排卵期及安全期，从而采用基础体温法避孕(图 13-12)。

在体温记录表上的体温由低到高的当日即此后连续 3 d 的高温相后，一般为不易受孕期。在不易受孕期才能进行房事，在此以前均应禁欲或工具避孕，如能按要求严格禁欲，失败率较低，为 1%～6%。

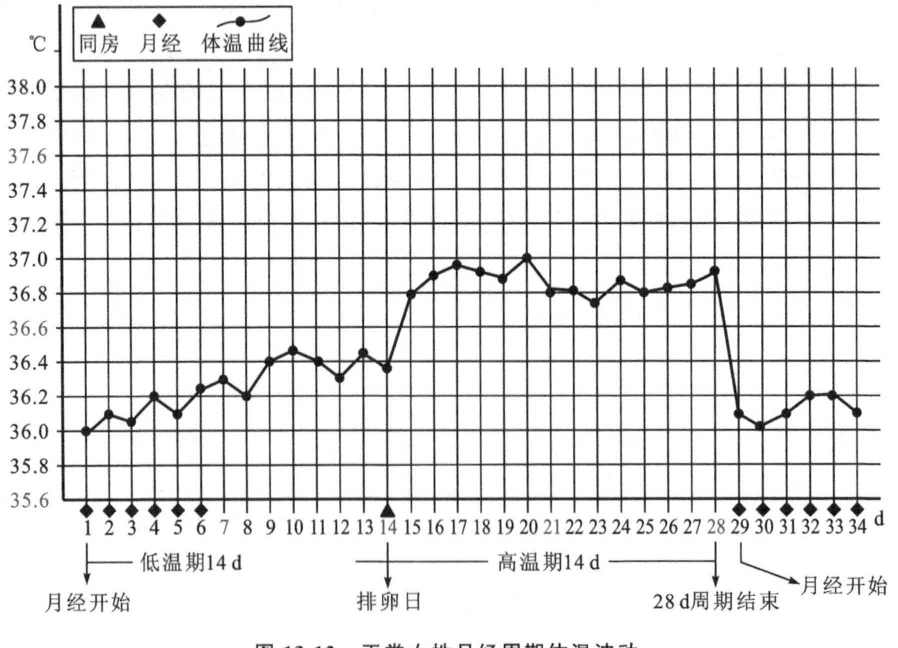

图 13-12 正常女性月经周期体温波动

3. 排卵期症状法　宫颈黏液是由子宫颈分泌细胞所分泌，接近排卵期分泌量可增加10倍，每天可达700 mg，宫颈黏液的形状反映着卵巢的功能。用手指或镊子观察宫颈黏液在月经周期中的变化（图13-13）来确定排卵日期、易受孕日和不易受孕日。

早期干燥日指月经净后至6 d内宫颈无任何黏液和润滑液，阴部也无湿润发热感觉，此期为不易受孕期。若一旦有黏液分泌，立即采取避孕措施。排卵期为峰日，系指下次月经前14 d垂体突然产生大量促黄体生成激素（LH），出现LH峰，导致卵泡破裂而排卵。出现宫颈黏液稀薄透明，拉丝度可达10 cm以上。峰日前的黏液日至峰日后的3 d内，任何一天同房都可能发生妊娠。

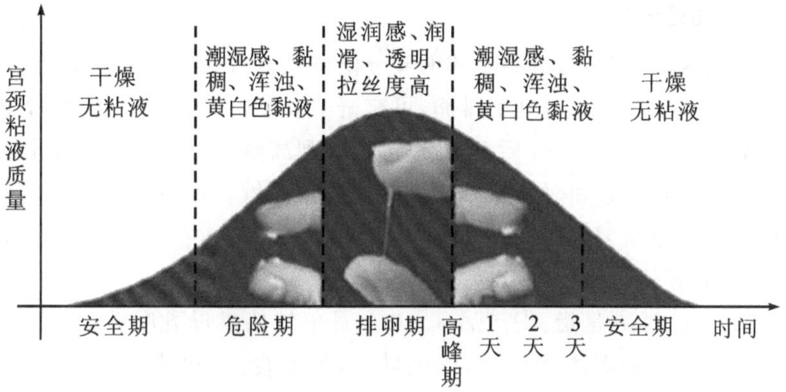

图13-13　宫颈黏液在月经周期中的变化

4. 症状-体温结合观察法　基础体温测量法与宫颈黏液观察法相结合，能更准确地观察排卵期，一般宫颈黏液高峰日早于基础体温升高日，两者结合能提高避孕效果。

5. 唾液结晶观察法　妇女唾液的物理化学性质会受到卵巢分泌雌激素的影响发生周期性变化。在激素作用下，唾液中氯化钠和蛋白质含量的变化，可使其在放大镜下呈现羊齿状结晶图像（图13-14）。近年开发的“自测镜”就是便于携带、分辨率高的放大镜，由妇女自行使用。通过每日观察唾液结晶形态，判断排卵的时间以掌握同房时间的一种避孕方法。

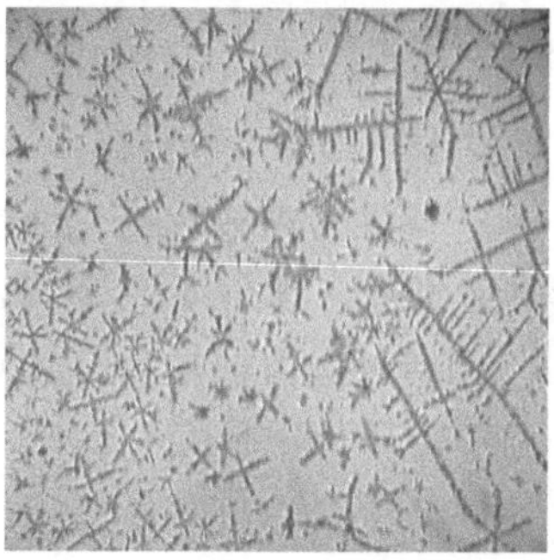

图13-14　唾液羊齿状结晶

使用“自测镜”判断排卵的妇女应于月经干净后即开始每日测定，最好于早晨起床后进食前观察，以避免饮食、饮酒、吸烟等影响结果。一般在排卵前3～4 d，唾液呈现典型的羊齿状结晶，排卵后羊齿状结晶逐渐破碎、溶解，变为不规则的斑点图案，至月经周期的22 d左右完全消失（图13-15）。因此在能够观察到典型的羊齿状结晶期间，如同房应采取避孕措施。

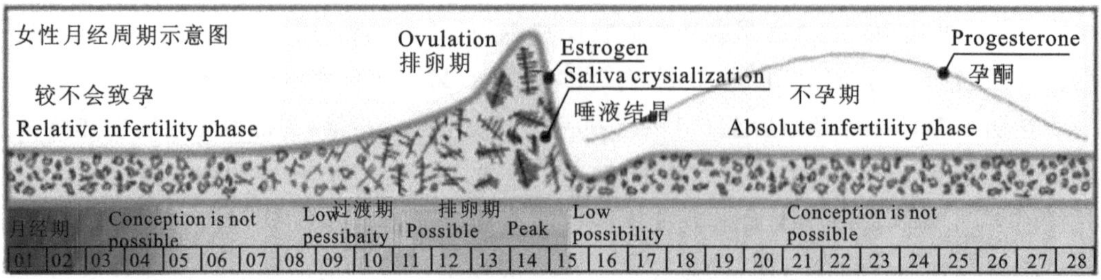

图 13-15　唾液结晶随月经周期变化

(二)哺乳期闭经避孕法

哺乳时，婴儿吸吮乳头，可刺激垂体前叶分泌催乳素(PRL)和垂体后叶分泌催产素，抑制促性腺激素的释放，从而抑制了排卵，可有避孕效果。产后 2 个月，吸吮 10 min 后可使 PRL 水平增加 8.5 倍，30 min 后 PRL 的释放达到高峰，停止吸吮后 3 h 恢复到哺乳前水平，可见足够的哺乳次数和时间是维持有效避孕的关键。产后 6 个月内若不给婴儿添加辅食，且妇女月经未恢复，约有 90%的妇女无排卵。因此，在产后 6 个月内，若母亲完全或接近完全哺乳和持续闭经时，避孕有效率可达 98%。

完全或接近完全哺乳是指：①产后 4～6 个月单纯依靠母乳喂养；②婴儿饥饿时，无论日夜均随时哺乳；③如需添加辅食，先哺乳，后加辅食；④母亲或婴儿生病时，坚持哺乳；⑤不给婴儿使用奶瓶，橡皮或仿造奶头。

二、宫内节育器避孕

我国开始引进和推广使用宫内节育器(IUD)已 30 多年。一次放入宫腔，可避孕多年，是一种相对安全、有效、简便、经济的可逆节育方法，深受广大妇女的欢迎。据统计，我国占世界使用 IUD 避孕总人数的 80%，是世界上使用 IUD 最多的国家。国内外已有数十种不同种类的宫内节育器，为了提高避孕效果，曾对节育器的形状、大小、制作材料进行了多次改进。

(一)宫内节育器种类

1. 惰性宫内节育器　由惰性原料如金属、硅胶、塑料或尼龙等制成。国外主要为蛇形和盾形节育器；国内主要为不锈钢圆环及其改良品(图 13-16)。

2. 活性宫内节育器　其内含有活性物质如金属、激素、药物等，以提高避孕效果，减少副反应。

带铜 T 形宫内节育器(图 13-17)：是我国目前临床首选的宫内节育器。带铜 T 形器按宫腔形态设计制成，以塑料为支架，纵杆上绕以铜丝，或在纵杆或横臂套以铜管。铜丝易断裂，现多改用铜套，使放置时间延长至 15 年。

带铜 V 型宫内节育器：是我国常用的宫内节育器之一。其形状更接近宫腔形态，由不锈钢作支架，外套硅橡胶管，横臂及斜臂铜丝或铜套的面积为 200 mm^2。其带器妊娠率、脱落率较低，但致出血发生率较高，故取出率较高。

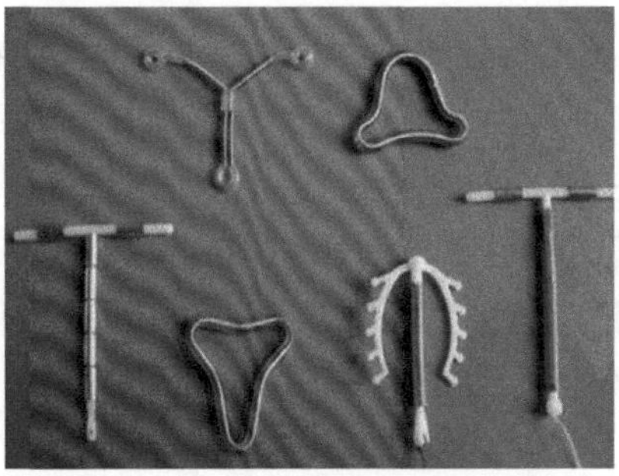

图 13-16　不同形状宫内节育器

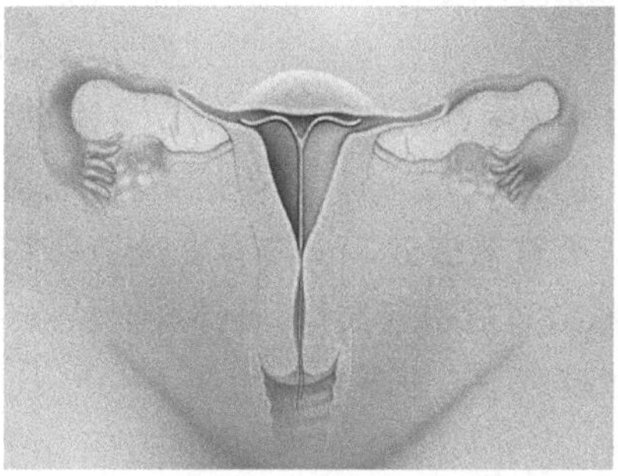

图 13-17　带铜 T 形宫内节育器

3. 含孕激素 T 形宫内节育器　采用 T 形支架，缓释药物储存在纵杆药管中，管外包有聚二甲基硅氧烷膜，控制药物释放。孕激素使子宫内膜变化不利于受精卵下着床，带器妊娠率较低；孕激素促使子宫肌安静，故脱落率也低。副反应如腹痛、月经过多发生少，但易出现突破出血。目前研制的一般用左旋 18 甲基炔诺酮(LNG)代替孕酮，并以中等量释放。有效期估计为 10 年，已在包括我国在内的 20 个国家使用。其优点是不仅妊娠率、脱落率低，且月经量少。主要副反应为闭经和点滴出血。

（二）宫内节育器避孕原理

宫内节育器抗生育作用是多方面的，主要是子宫内膜长期受异物刺激引起一种无菌性炎性反应，白细胞及巨噬细胞增多，子宫液组成也有改变，可能起破坏胚激肽的作用，使受精卵着床受阻。异物反应也可损伤子宫内膜而产生前列腺素，前列腺素又可改变输卵管蠕动，使受精卵运行速度与子宫内膜发育不同步，从而影响着床。子宫内膜受压缺血，激活纤溶酶原，局部纤溶活性增强，致使囊胚溶解吸收。

带铜节育器所致异物反应更重，长期缓慢释放的铜被宫内膜吸收，局部浓度增高改变内膜的酶系统活性，并影响 DNA 合成、糖原代谢及雌激素摄入，使子宫内膜细胞代谢受到干扰，不利于受精卵着床及囊胚发育。铜还可能影响精子获能，增强避孕效果。

（三）宫内节育器的副反应

1. 出血　常发生于放置 IUD 后 1 年内，尤其是最初 3 个月内。表现为经量过多、经期延长或周期中点滴出血。出血系 IUD 机械性压迫引起子宫内膜和血管内皮细胞损伤，释放大量前列腺素、纤溶酶原激活因子、激肽等物质，使血管渗透性增加，纤溶系统活性增加，导致月经过多。

2. 腰酸腹坠　IUD 若与宫腔大小或形态不符，可引起子宫频繁收缩而致腰酸或下腹坠胀。

（四）宫内节育器的并发症

1. 子宫穿孔　子宫穿孔、节育器异位引起穿孔原因为：

（1）子宫位置检查错误，易从子宫峡部穿孔；子宫大小检查错误，易从子宫角部发生穿孔。

（2）哺乳期子宫薄而软，术中易穿孔。确诊节育器异位后，应根据其所在部位，经腹

(包括腹腔镜)或经阴道将节育器取出。

2. 感染 无菌操作不严或圆节育器尾丝导致上行性感染,以及生殖道本身存在感染灶等均可发生急性或亚急性炎症发作,病原体除一般细菌外,厌氧菌、衣原体尤其放线菌感染占重要地位。一旦发生感染,应取出 IUD,并给予抗生素治疗。

3. 节育器嵌顿 由节育器放置时损伤宫壁引起。也可因选用的节育器过大或具尖端部分,放置后引起损伤,致部分器体嵌入子宫壁。一经诊断应及时取出,若取出困难应在 B 型超声下或在子宫镜直视下取出 IUD,可减少子宫穿孔机会。

三、避孕套

避孕套由男方掌握,需要在每次性交时使用,否则易避孕失败。阴茎套为筒状优质薄型乳胶制品,顶端呈小囊状,筒径有 29、31、33、35 nm 4 种,排精时精液储留于小囊内,使精子不能进入宫腔达到避孕目的。现采用甲基硅油作隔离剂,以提高阴茎套的透明度和润滑性;储精小囊容量由原来的 32 mL 减至 18 mL,可减轻使用时的异物感。

我国湖南研制的生物膜阴茎套,用动物组织如鱼鳔、羊肠等制成,具有良好的生物相容性,表面光滑、透亮、不渗漏、无异味或刺激性,特别适用于对乳胶过敏者。每次性交时均应更换新的阴茎套,选择合适阴茎套型号,吹气检查证实确无漏孔,排去小囊内空气后方可应用。使用前套外涂上避孕膏以润滑。射精后阴茎尚未软缩时,即捏住套口和阴茎一起取出。阴茎套还具有防止性传播疾病的传染作用,故应用广泛。

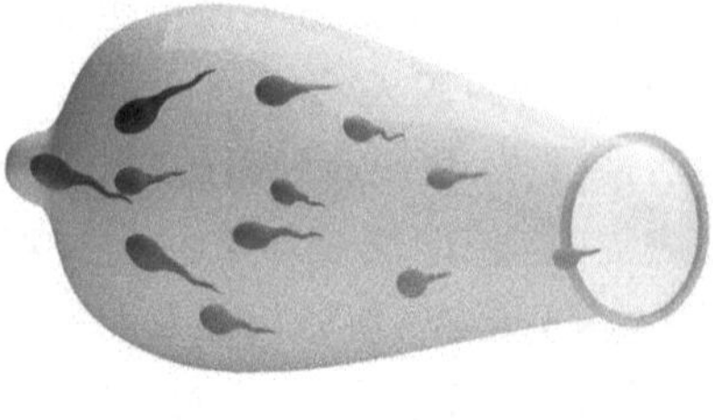

图 13-18 生物膜阴茎套

四、药物避孕

1956 年 Pincus 等首先临床应用人工合成的甾体激素避孕,1963 年国内也开始应用。避孕药物制剂大致分 3 类:①睾酮衍生物如炔诺酮、18 甲基炔诺酮、双醋炔诺醇等;②孕酮衍生物如甲地孕酮、甲孕酮、氯地孕酮等;③雌激素衍生物如炔雌醇、炔雌醇环戊醚、戊酸炔雌醇等。按照使用方法可以分为紧急避孕药、常规避孕药、长效避孕药等。常规短效口服避孕药和紧急避孕药是两类作用机理和适用人群有很大区别的避孕药物。常规短效口服避孕药,兼具安全、有效、舒适的特点,适用于所有具有避孕需求的健康育龄女性,是可靠性最高的常规避孕方式之一;而紧急避孕药是未避孕或避孕失败后,作为补救之用的避孕措施。

（一）紧急避孕药

紧急避孕药是一种补救性质的避孕药物，适用于女性遭受意外伤害、进行了无防护性生活或其他避孕方式失败（如避孕套意外破裂）等情况，可在事后 72 h 内服用以避免意外怀孕，但不适合作为日常避孕手段。

1. 紧急避孕药种类 市面上最常见的紧急避孕药，其主要成分一般为大量孕激素，使用一次所摄入的激素量与 8 d 常规短效口服避孕药中的含量相当。

（1）18-甲基炔诺酮：48 h 服用的补救避孕药，具体用法是房事后 48 h 内服一片，12 h 后再服一片。

（2）后定诺（米非司酮）：是房事后 72 h 内服用的一种避孕药，只需服用一片即可发挥避孕作用。

（3）毓婷（左炔诺孕酮片）：在房事后 72 h 内服用第一片（0.75 mg），隔 12 h 后服第二片（0.75 mg），总量为两片。本品为紧急避孕药，不能做常规避孕药服用。

（4）安婷：避孕失败或者无防护性生活后 72 h 内服用，越早服用效果越好。可在月经周期的任何时候服用。安婷为紧急避孕药，一次仅需服用 1 片。

2. 紧急避孕药副作用

（1）恶心：不同的药物发生率不同，其中米非司酮最低，为 6%～7%。恶心一般持续不超过 24 h。

（2）呕吐：不同的药物发生率不同，左炔诺孕酮约 5%，米非司酮约 1%。通常认为，与食物同时服用或睡觉前服药可以减少恶心、呕吐的发生率，但无确切的临床资料。

（3）不规则子宫出血：有些妇女用药后会有阴道点滴出血，一般无须处理。

（4）月经改变：多数妇女月经会按时来潮，也有一部分妇女月经提前或延迟。如果月经延迟 1 周，应该做尿妊娠试验，以明确是否是紧急避孕失败。

3. 紧急避孕药注意事项

（1）要掌握好时间：采用药物方法者要在发生避孕失败或无避孕房事后 72 h 内（越早越好）口服紧急避孕药。

（2）掌握好服药方法：餐后或睡前服用紧急避孕药能减缓恶心、呕吐等副反应。如服药后 2 h 内发生呕吐，应立即补服相同剂量的紧急避孕药并加服止吐药。

（3）口服紧急避孕药后，在本次月经周期内，不得再发生不避孕房事。若再有房事，应采用常规方法避孕。

（4）已经妊娠的妇女禁用紧急避孕药，因为紧急避孕药对已经确立的妊娠是没有流产作用的。

（二）常规避孕药

常规短效口服避孕药是一种可长期使用的避孕方法，在正确使用的情况下，每日一片，每个生理周期内连续服用 21 d，就可维持可靠的避孕效果，轻松远离计划外怀孕的困扰。适合健康的育龄女性日常避孕使用。

1. 常规避孕药作用机理 常规短效口服避孕药由孕激素、雌激素共同作用。作为一种安全可靠的避孕手段，常规短效口服避孕药一直在不断改进，雌激素含量逐渐降低，孕激素也在不断更新换代。

紧急避孕药主要针对事后避孕需求，避孕有效率为80%～85%，可以减少意外妊娠的可能性。而常规短效口服避孕药，只要正确服用，避孕效果十分可靠，避孕有效率可达99%以上。

2. 常规避孕药对月经周期的影响 常规短效口服避孕药的服用方法，一般为连续服用21 d后停药7 d。正常情况下，开始停药2～3 d后即会出现撤退性出血(月经)，即月经出现的时间是可以预计的。因此，使用常规短效口服避孕药可以帮助使用者维持规律的月经周期。同时，还可以减少月经出血量，缓解经痛，并对经前期的头痛、情绪改变(抑郁、易怒、易激动、焦虑等)有积极作用。而服用紧急避孕药后，本次月经周期会发生提前或者推迟的现象。下一周期自动恢复原有的生理周期。

3. 对生育的影响 大量研究表明，常规短效口服避孕药是一种可逆的避孕手段。如2007年欧洲进行了一项6万例口服避孕药的主动监测研究，结果表明，在停止服用常规短效口服避孕药后，女性怀孕的概率与同龄未服用避孕药的女性相当，也就是说，长期服用短效口服避孕药并不会影响生育。

五、避孕方法的选择

为保证计划生育国策有效地贯彻，计划生育工作者应根据每对夫妇的具体情况，指导其选择最适宜的避孕方法，以达到节育的目的。

1. 新婚夫妇避孕方法 新婚夫妇较年轻，考虑他们短期避孕要求，依次选择下述方法。①男用避孕套：偶有套脱落或破裂，立即用紧急避孕法。②女性外用避孕药：一般暂不选用宫内节育器，不宜用避孕药。

2. 有一个子女的夫妇避孕方法 应坚持长期避孕，可选用下列方法：①宫内节育器，是首选方法。②适于新婚夫妇的各种方法。③长效避孕药(口服或注射)，或皮下埋植法。④一般暂不行绝育手术。

3. 有两个或多个子女夫妇避孕方法 最好采取绝育措施。

4. 哺乳期妇女避孕方法 哺乳期的卵巢功能低下，多有闭经，子宫小而软，为不影响内分泌功能，不宜选用甾体激素避孕药，可选用宫内节育器、避孕套。

5. 围绝经期妇女避孕方法 围绝经期妇女仍可能排卵，必须坚持避孕。可选用宫内节育器、避孕套或外用避孕药。45岁以后禁用口服避孕药或避孕针。

第六节 避孕失败补救措施

因避孕失败所致的意外妊娠，可在妊娠早期人为地采取措施终止妊娠，作为避孕失败的补救措施，但不能直接用此作为节育方法。在妊娠28周之前，用人工方法终止妊娠者，称为人工流产。妊娠月份越小，方法越简单、安全。手术后应做好避孕的指导工作。

目前常用的人工流产方法有两类：一类为药物流产，一类为手术流产，手术流产前可先用药促宫颈成熟，以提高手术成功率。根据妊娠月份的大小，需采用不同的方法终止妊娠。妊娠 49 d 前，可用药物或吸引术终止妊娠。妊娠 10 周之内，胎盘尚未完全形成，胚胎甚小，宜用负压吸引人工流产术(简称吸引术)。妊娠 10～14 周，胎儿已有一定大小宜用钳刮术。妊娠 15～24 周，可用水囊、依沙吖啶引产及小剖宫取胎术等。妊娠 25～28 周，因胎儿已相当发育，一般不宜做人工流产。

一、药物流产

(一)用药方法及效果

药物流产是一种非手术的安全、高效、简便的终止妊娠方法。自 20 世纪 90 年代以来，催经止孕药物发展日臻完善。其优点是不需宫内操作，无创伤性，目前最常用的药物是米非司酮，米非司酮是一种合成类固醇，其结构类似炔诺酮，具有抗孕酮、糖皮质醇和轻度抗雄激素特性。米非司酮对子宫内膜孕激素受体的亲和力比孕酮高 5 倍，因而能和孕酮竞争而与蜕膜的孕激素受体结合，从而阻断孕酮活性而终止妊娠。同时由于妊娠蜕膜坏死，释放内源性前列腺素，促进子宫收缩及宫颈软化，单用米非司酮抗早孕，完全流产率达 60%～80%。

目前已肯定药物流产以采用米非司酮与前列腺素配伍为目前最佳方案，因两者起协同作用能提高终止妊娠效果，用药量明显减少。米非司酮 25 mg，每日口服 2 次，连续 3 d，于第 4 天上午配伍米索前列醇 0.6 mg，一次服完。适用于停经 7 周内孕妇，完全流产率达 90%～95%，且副反应轻，仅有恶心、呕吐、下腹痛和乏力，但其远期副反应尚需进一步观察。

(二)用药方法及效果

用药后应严密随访，若药物流产失败，宜及时手术终止，以免遗留受损的妊娠继续发展；有时引起不全流产，出血量多者需急诊刮宫。

副反应较轻，仅为恶心、呕吐，占总反应的 50%，呕吐严重者可出现尿酮体阳性。使用前列腺素后有下腹痛和腹泻，此外还有头晕、头痛、乏力和胃痛等。药流后子宫出血时间过长和出血过多，是其主要副反应。

(三)适应证

1. 停经 49 d 以内的健康育龄妇女。
2. 妇科诊断为正常宫内妊娠，有条件者可用 B 超证实，或查血、尿 HCG 证实。
3. 无药物禁忌证且自愿使用本法，易于随访者。

(四)结果评价标准

1. 完全流产　经临床检查和 B 超或血、尿 HCG 检查确诊妊娠物已完全排出时，不需再做清宫术。

2. 不完全流产　经临床检查和 B 超证实妊娠在继续，则需再做清宫术。

3. 继续妊娠　经临床检查和 B 超证实妊娠在继续，应做人工流产术，刮出物应做病理检查。

二、早早孕吸宫术

早早孕吸宫术是通过子宫蜕膜及囊胚用人工方法在妊娠早期终止妊娠的手术。该手术与吸刮术、钳刮术相比，具有手术早、出血少、痛苦小、手术时间短及并发症少等优点。

（一）适应证

1. 因避孕失败要求终止妊娠者。
2. 因各种疾病不宜继续妊娠者。

（二）禁忌证

1. 各种疾病的急性期或严重的全身性疾患，需待治疗好转后住院手术。
2. 生殖器官急性炎症。
3. 妊娠剧吐，酸中毒尚未纠正。
4. 术前两次测量体温≥37.5 ℃。

（三）手术操作

1. 术者穿清洁工作衣，戴帽及口罩，戴无菌手套。受术者排空膀胱，取膀胱截石位。
2. 探测宫腔：宫颈钳夹持宫颈前唇后，用子宫探针探测子宫屈向和深度。
3. 扩张宫颈：宫颈扩张器以执笔式顺子宫位置方向扩张宫颈管，扩张时用力要稳、准、轻，切忌强行伸拉。
4. 吸管吸引：此前连接好吸引管，并已进行负压吸引试验无误。当感觉宫腔缩小、宫壁粗糙、吸头紧贴宫壁、上下移动受阻时，慢慢取出吸管，仅见少量血性泡沫而无出血，表示已吸净。
5. 检查宫腔是否吸净：用小号刮匙轻刮宫腔一周，尤其宫底及两侧宫角部，检查是否吸刮干净。

第十四章　药物滥用与成瘾

药物滥用和药物成瘾已成为当今世界性的公共卫生问题和严重的社会问题，并引起人们的广泛关注和高度警觉。药物滥用(drug abuse)是指非医疗目的反复、大量使用具有依赖性特性或依赖性潜力的药，为的是体验该药物产生的特殊精神效应，并由此导致精神依赖性和躯体依赖性。药物成瘾是一种机体反复与药物接触引起的慢性复发性脑病，其主要特点是强迫性药物使用、持续性渴求状态和对药物渴求控制力的减弱。传统毒品滥用趋势减弱，新型合成毒品滥用流行几乎成为当今世界各国药物滥用的共同特点。

第一节　概　　述

药物依赖又称药瘾，是指对药物强烈的渴求。患者为了谋求服药后的精神效应以及避免停药而产生的痛苦，强制性进行长期或周期性地服药。耐药性是指重复使用某种药物，其应用逐渐减低，如欲得到与用药初期的同等效应，必须加大剂量。交叉耐药性，是指使用某种药物形成的耐药性，在开始用其他相似药物时也出现。吗啡及其他镇静剂、酒精和许多镇痛安眠药替换使用时，可看到这种现象。

一、药物依赖

药物依赖性有精神依赖性和躯体依赖性之分。精神依赖是指患者对药物的渴求，以期获得服瘾药后的特殊快感。精神依赖的产生与药物种类和个性特点有关。容易引起精神依赖的药物有吗啡、海洛因、可待因及巴比妥类、酒精、苯丙胺、大麻等。

躯体依赖，是指反复使用药物使中枢神经系统发生了某种生理变化，以致需要药物持续存在于体内，以避免出现戒断综合征等症状。轻者全身不适，重者出现抽搐，可威胁生命。可引起躯体依赖的典型药物是吗啡类、巴比妥类和酒精。也有些药物只引起精神依赖，而不引起躯体依赖，如尼古丁。可产生依赖的药物很多，如酒精类、鸦片类、大麻类、镇静催眠剂、可卡因类，以及其他兴奋剂，其他精神活性物质。精神依赖性先于生理依赖性产生，二者是导致药物滥用的生物学基础。

交叉依赖性是指人体对一种药物产生生理依赖性时，停用该药所引发的戒断综合征可能为另一性质相似的药物所抑制，并维持已形成的依赖状态，称交叉依赖性。两药药理作用可相互替代，亦可为部分药理作用的交叉依赖。

二、药物滥用

药物滥用是指背离医疗、预防和保健目的，间断/不间断地自行过度使用一些具有依赖性或具有依赖性潜力药物的行为，用药者采用自身给药形式，导致精神依赖性和身体依赖性，造成精神混乱和一些异常行为。

（一）药物滥用的特点

（1）用药方式和部位不合理。

（2）没有医生指导而自我用药，这种自我用药超出了医疗范围和剂量标准。

（3）使用者对该药不能自拔并有强迫性用药行为。

（4）由于使用药物，而往往导致精神和身体危害、社会危害。

（二）药物滥用的形式

（1）为满足某种精神体验将药物用于非医疗目的。

（2）烟酒等生活嗜好品过度使用而损害健康和社会生活。

（3）非法获取和使用法定管制的药物（危害性严重的法定管制药品常称为毒品）。

（三）定义毒品应满足3个条件

（1）药物本身具有依赖性。

（2）非医疗目的使用。

（3）在非法渠道流通将产生公共卫生与社会问题。

有依赖性的药物具有毒品的属性，如果这种药物不是用于治疗疾病，而是为了追求其精神效应，而大量滥用就是“吸毒”。

（四）药品和毒品的区别

从自然属性讲，在严格管理条件下合理使用，具有临床治疗价值，那就是药品。从社会属性讲，如果为了非正常需要而强迫性觅求，这类物质失去了药品的本性，这时的药品就成为毒品。

（五）药物滥用的危害

药物滥用对个人的危害：药物滥用者身心健康遭受摧残；药物过量，常致中毒死亡；身体免疫力降低，引发各种感染。

药物滥用对社会的危害：药物滥用破坏家庭正常生活；药物滥用促发犯罪行为；药物滥用耗竭社会经济资源，阻碍社会发展。

第二节　药物滥用的种类

一、麻醉药物

（一）阿片类（如海洛因、哌替啶、吗啡）

1. 海洛因　海洛因，系列吗啡类毒品总称，是以吗啡生物碱作为合成起点得到的半合成毒品,俗称几号、白粉、白面。海洛因来自阿片,阿片旧称或俗称为“鸦片”,即民间所说的“大烟”“烟土”,源自罂粟类植物,该植物夏季开花,花瓣脱落后露出果实,称罂粟果。割开果实外壳,有白色汁液流出,在空气中氧化风干成棕褐色或黑色膏状物,即为生阿片,生阿片经简单加工便可制成大烟。

海洛因对人类的身心健康危害极大,长期吸食、注射海洛因可使人格解体、心理变态和寿命缩减,尤其对神经系统伤害最为明显。最初的海洛因曾被用作戒除吗啡毒瘾的药物,后来发现它具有比吗啡更强的药物依赖性,即成瘾性更强。而且其成瘾性是阿片类药物中发病最高、危害最大的一种,研究认为这是以强迫性连续用药、高复发率为主要特征的一种慢性复发性脑部疾病,机制极其复杂。

海洛因已成为当今世界滥用最为广泛的毒品,在所有毒品中,涉及海洛因制造、走私、滥用的毒品犯罪案件高居首位。被称为世界毒品之王。被联合国认定为一级管制毒品,也是中国监控、查禁的最主要毒品之一。另外,由于毗邻世界重要毒品产地金三角,中国的吸毒人员以使用海洛因为主,因此中国吸毒人员一般都是指海洛因使用者,这与欧美吸毒人员普遍使用大麻不同。

需要强调的是,由于海洛因作用机制不明确,迄今并无任何有效的戒除方式,其复吸比例极高,一旦沾染,几无可能戒除。

2. 吗啡　1806 年德国化学家泽尔蒂纳首次将其从鸦片中分离出来,并使用希腊梦神 Morpheus 的名字将其命名为吗啡。其衍生物盐酸吗啡是临床上常用的麻醉剂,有极强的镇痛作用,而且它的镇痛作用有较好的选择性,多用于创伤、手术、烧伤等引起的剧痛,也用于心肌梗死引起的心绞痛,还可作为镇痛、镇咳和止泻剂。在 WHO 推荐的“癌症三级止痛阶梯治疗方案”中,提倡对重度疼痛患者使用吗啡,不主张用哌替啶。据统计,发达国家的吗啡消耗量(每百万人约定日剂量)为发展中国家的 27 倍,为方便癌症患者的镇痛,1998 年我国国家药品监督管理局下发通知,“对癌症患者镇痛使用吗啡应由医师根据病情需要和耐受情况决定剂量”,即不受药典中关于吗啡极量的限制。

吗啡的最大缺点是易成瘾,这使得长期吸食者无论从身体上还是心理上都会对吗啡产生严重的依赖性,造成严重的毒物癖,从而对自身和社会均造成极大的危害。

(二)可卡因类(如可卡因碱、古柯叶)

早在 16 世纪,西班牙探险家们便注意到南美土人通过咀嚼古柯植物的叶子来提神。1855 年,德国化学家弗里德里希首次从古柯叶中提取出麻药成分。1859 年,奥地利化学家纽曼又精制出更高纯度的物质,命名为可卡因。该化合物化学名称为苯甲基芽子碱,多呈白色晶体状,无臭,味苦而麻。在医疗中,它被用作局部麻醉药或血管收缩剂,由于其麻醉效果好、穿透力强,主要用于表面麻醉,但因毒性强,不宜注射。同时可作强烈的天然中枢兴奋剂,也因其对中枢神经系统的兴奋作用易导致滥用,1985 年起成为世界性主要毒品之一,多在美洲和欧洲。

可卡因对消化系统、免疫系统、心血管系统和泌尿生殖系统都有损伤作用,尤其作为剂量依赖性肝毒素,可导致肝细胞坏死。但与其他毒品不同,少量使用可卡因或含可卡因类物质确能起到消除疲劳、提高情绪的作用。研究认为是因为它能阻断人体神经传导，产生局部麻醉，并可通过加强人体内化学物质（如多巴胺）的活性来刺激大脑皮质，兴奋中枢神经。表现出情绪高涨、好动、甚至会有攻击倾向。进一步研究也证实，使用可卡因后，相应脑区的结构和功能都会发生变化。

2006 年，中国国家质检总局发布公告：泰国产“红牛”饮料即日起不得向中国出口。2009 年，奥地利进口的“红牛能量饮料”被卫生部门检验出含有微量一级毒品可卡因（每公升含 0.03 μg）。紧接着，香港也检测出有 3 款红牛饮料含有可卡因，这 3 款饮料为“红牛可乐”、“红牛无糖配方”及“红牛能量饮料”，每公升可卡因含量介乎 0.1～0.3 μg，比台湾验出的高 10 倍。

（三）大麻类（如印度大麻）

印度大麻又名印度草，大麻的一种，属一年生草本植物，可作催眠、止痛、镇静剂。通常所说的可制造为毒品的大麻并非指所有的大麻，而是专指印度大麻中较矮小、多分枝的变种。

小剂量的印度大麻，会使人产生洋洋自得的感受。这类吸毒者的记忆力受损害，难以做依靠智力的综合活动的工作。对时间、空间发生错觉，觉得时间过得特别慢，原来只有几分钟的时间，觉得有好几小时。他们的平衡功能也发生障碍，由于肌肉张力松弛，变得站立不稳，双手也会不由自主地震颤。

吸毒者如吸入大剂量大麻，会产生大麻中毒性精神病，出现幻觉、妄想和类偏执状态，伴有思维紊乱，自我意识障碍，出现双重人格。长期吸食大麻者，表现为呆滞、淡漠，注意力不集中、记忆力差、判断力损害，偶有无故攻击性行为。随着吸毒时间迁延，个人卫生不顾、饮食不佳、人格扭曲，对任何事物兴趣缺乏，精神衰退。

2012 年伦敦奥运会期间，美国 23 岁的柔道选手尼古拉斯因奥运药检显示含有印度大麻代谢物，被驱逐出伦敦奥运会，成为美国本届奥运会第一个因禁药遭到禁赛的运动员。事后德尔波波罗表示未通过药检的原因是赛前无意中误吃了含有大麻成分的巧克力布朗尼蛋糕。

二、精神药物

（一）镇静催眠药及抗焦虑药（如巴比妥类、苯二氮䓬类）

1. 安眠药巴比妥类　随着安眠药、镇静剂在临床上的广泛应用，成瘾者不少见，其中以司可巴比妥、甲喹酮成瘾者多见。巴比妥类药物可解除紧张，易产生精神依赖。由于耐药性的出现，剂量日趋加大，反复长期使用后可产生躯体依赖。据文献报道，司可巴比妥日量在 0.4 g 以下，不易导致躯体依赖，日量 0.6 g，服用一个月，可引起躯体依赖和戒断症状。

氟硝西泮安眠作用快速（20 min），作用强（为一般安眠药的 10 倍），安眠效果久（8～12 h），因此被一些有心人士加以利用，在饮料中加入来迷昏特定人物以达到犯罪目的，为约会强暴药物的首位。司可巴比妥为白色无晶形粉末，无臭、味苦，为超短时作用的巴比妥类药物，常用于静脉麻醉、诱导麻醉、基础麻醉、抗惊厥以及复合麻醉等。甲喹酮，无臭，味微苦，有镇静和催眠作用，适用于精神性失眠，作用较快。

长期大量服用安眠药的患者，均出现程度不等的慢性中毒症状。一次大剂量服用巴比妥类药物，可引起意识障碍及轻躁狂状态，历时数小时至数天，伴有震颤、吐字不清、步态不稳等神经系统体征。长期大量服用可出现智能障碍：记忆力、计算力、理解力均明显下降，思考问题困难，工作学习能力均有所下降。药物成瘾后均出现人格改变：不择手段偷药骗药，置家人生活于不顾，否认成瘾，当面撒谎，直至戒断症状出现，无法忍受时才向家人和医生苦苦哀求给药。患者丧失进取心，对家庭和社会丧失责任感。

戒断综合征一般于停药 1～3 d 后出现，成瘾剂量愈大，药物镇静作用愈强，戒断症状愈重。轻者出现全身难受，不适、心慌、眩晕等类似神经症症状。重者出现全身肌肉抽搐，癫痫大发作或幻觉，类似精神分裂症症状和意识障碍：兴奋、冲动、言语零乱、多疑和幻觉。

2. 抗焦虑药苯二氮䓬类　最早易成瘾的抗焦虑药物是甲丙氨酯。近 10～20 年来随着苯二氮䓬衍生物在临床上的广泛应用，由于使用不当、剂量过大、持续时间过长等原因，相继出现氮、安定阿普唑仑等成瘾病例，其中以甲丙氨酯的耐药性和成瘾剂量最大，在不少国家已被列为禁用的易成瘾药物。亦有报道一般治疗量即出现成瘾者，可能与患者的素质有关。

抗焦虑药长期、大量服用可出现消瘦、无力、面色苍白、皮肤无光泽和性功能低下。一般智能障碍不明显，神经系统症状有肌张力低下，腱反射低或不能引出，步态不稳。成瘾后均有一定程度人格变化，轻者性情易激怒、意志薄弱；重者说谎，隐瞒病情，不择手段至急诊室骗药偷药。

戒断综合征表现为成瘾患者往往白天少服一次即感难受不适。明显的精神症状往往于停药 1～3 d 后出现，如一过性幻觉、兴奋、欣快、彻夜不眠。临床表现与巴比妥类安眠药戒断症状相似，可见癫痫大发作。

（二）中枢兴奋剂（如苯丙胺类、可卡因、咖啡因）

苯丙胺类毒品的来源有两个主要渠道：地下实验非法生产和合法生产经销转为非法使用。国内外已注意到这两种主要渠道，并制定了一系列措施和条例进行管制。

1. 甲基苯丙胺　甲基苯丙胺（俗称冰毒）属于苯丙胺类兴奋剂，具有药物依赖性（主要是精神依赖性）、中枢神经兴奋、致幻、食欲抑制和拟交感效应等药理、毒理学特性，是联合国《1971 年精神药物公约》管制的精神活性物质。麻黄是中国传统的中药，已经应用 5000 多年了。1885 年，麻黄中的活性生物碱——麻黄碱被成功提取出来。从 1919 年日本人合成甲基苯丙胺后，就迅速在全世界流行开来，我国已经成为甲基苯丙胺滥用的重灾区。

二战时，在与德国、日本军队战斗的美国军队中，甲基苯丙胺作为提神剂、抗疲劳剂而广泛使用，这是美国人滥用甲基苯丙胺的开始。此后的韩战和越战中，甲基苯丙胺同样在军队中泛滥。甚至在海湾战争中，美国飞行员也大量使用苯丙胺类兴奋剂来提高战斗力。在整个 20 世纪 40 年代和 50 年代，甲基苯丙胺都被公开合法地应用于多种用途。家庭主妇、卡车司机、学生都使用苯丙胺类兴奋剂提高觉醒度、减肥等。

20世纪80年代，一种新型的甲基苯丙胺——甲基苯丙胺盐酸盐开始流行，这就是冰毒（甲基苯丙胺盐酸盐是白色结晶体，晶莹剔透，外形似冰，所以被称为冰毒）。冰毒可以用吸烟的方式吸食，这种新的吸食方式，加剧了冰毒的扩散。2014年联合国毒品与犯罪问题办公室发布的报告显示，苯丙胺类兴奋剂已经成为世界第二大滥用毒品，全球滥用人数约3440万，仅次于大麻。

2. 摇头丸 人工合成毒品的一种，一般以MDMA（3,4-亚甲基二氧甲基苯丙胺）、MDA（4,5-亚甲基二氧基苯丙胺）、AM（苯丙胺）及MAM（甲基苯丙胺）为主要有效成分。吸毒者食用后，大脑皮质兴奋，在没有音乐的时候，头会轻微地晃动，有一种疲惫、欲睡的感觉。但当服用者受到音乐的刺激时，就会随着音乐的节拍不由自主地手舞足蹈、疯狂地摇头，音乐节奏越强烈，头晃动得越厉害，感觉越舒服，甚至有摇断了脖子的记录，故此称之为“摇头丸”。

摇头丸具有兴奋和致幻作用，能诱导快感、提高自信心、增强爆发力，具有很强的精神依赖性，上瘾后难以戒断，半年内复吸率仍高达95%以上。1996年11月25日，联合国禁毒署在上海展开会议，一致认为：苯丙胺类兴奋剂将逐步取代流行的鸦片、海洛因、可卡因、大麻等传统毒品，成为21世纪全球范围滥用最为广泛的毒品。

3. 咖啡因 咖啡因是一种中枢神经兴奋剂，能够暂时地驱走睡意并恢复精力，临床上用于治疗神经衰弱和昏迷复苏。世界上最主要的咖啡因来源是咖啡豆（咖啡树的种子），同时咖啡豆也是咖啡的原料，茶是另外一个咖啡因的重要来源，每杯茶的咖啡因含量一般只有每杯咖啡的一半，决定于制茶的强度。有咖啡因成分的咖啡、茶、软饮料及能量饮料十分畅销，因此，咖啡因也是世界上最普遍被使用的精神药品。

中华人民共和国把咖啡因列为“精神药品”管制，属于一种毒品。中国台湾地区行政院消保会于2006年8月1日推行咖啡因分级制度，主要针对台湾11家连锁咖啡店的现煮咖啡，包括浓缩咖啡或其他类型，推动按照红色、黄色、绿色颜色差异标示来提醒消费者每杯咖啡的咖啡因含量。其中红色为200～300 mg或以上、黄色为100～200 mg、绿色为100 mg以下。

（三）致幻剂（如K粉、大麻、麦角酸二乙酰胺、苯环己哌啶）

1. K粉 主要成分为氯胺酮，全名2-邻-氯苯基-2-甲氨基环己酮，是苯环己哌啶（PCP）的衍生物，临床主要用于小手术或外科检查，或用于诱导麻醉及复合麻醉等。因其物理形状通常呈白色粉末，而英文名称的第一个字母是K，故俗称“K”粉。

服用后遇快节奏音乐便会条件反射般强烈扭动，产生意识和感觉的分离状态，导致神经中毒反应和精神分裂症状，表现为幻觉、运动功能障碍，出现怪异和危险行为，同时对记忆和思维能力造成严重损害。外观为白色结晶粉末的K粉，可随意勾兑进饮料、红酒中服下，易让人产生性冲动，所以又有“迷奸粉”之称。

2001年6月9日，中国国家药品监督管理局将氯胺酮纳入国家第二类精神药品进行管理。2003年，公安部将其列入毒品范畴。2004年8月，氯胺酮（包括其可能存在的盐及其制剂）被定为第一类精神药品，只能由国家食品药品监管局指定的药品生产企业定点生产。从2004年7月起，氯胺酮制剂须按要求进行销售和购买。

2. 麦角酸二乙酰胺(LSD)　源于麦角菌,由麦角素半合成而得。白色结晶体,效力强,服用前须先混合其他的物质,常将液体滴在吸墨纸、方糖、玩具城邮票等传递物上,亦做成注射剂或雪茄。LSD 被认为是当代最惊奇、最强烈的迷幻药,其中 LSD-25 极微量(20～25μg)便足以产生幻觉。吸毒者通常服用的剂量为 50～300μg。

20 世纪 60 年代是 LSD 大爆炸的时代,当时在美国风靡一时。目前流行的 LSD 迷幻剂均被制成了无色无味的粉剂、片剂、胶囊、溶液。其使用方法一般均为口服,也有洒在烟草上以抽吸方式吸入,或静脉、皮下注射。在国外市场上又出现了一种特别适合小孩玩赏且可用于集邮的五颜六色的卡通片,这些卡片大小与橡皮擦差不多,上面的图案十分吸引人,因而极受小学生们的青睐。实际上这是一种浸有 LSD 的小纸片,美其名曰"蓝色之星"。经过处理的这种 LSD 主要经皮肤吸收,一旦接触该种卡片,人就在不知不觉中吸收了 LSD。

3. 苯环己哌啶(PCP)　PCP 也称作普斯普剂,是一种有麻醉作用的致幻类药物,1956 年由美国底特律一个化学实验室首次合成。PCP 通过影响人的大脑及中枢神经活动对人体产生多种作用。小剂量服用会出现与大多数抑制剂相似的镇静效果;中等剂量服用则产生感觉障碍,表现为痛觉缺失或感觉缺失现象;大剂量用药后 1～2 h,吸毒者开始出现情绪不稳、兴奋躁动、失去痛感、神经麻木、自感失重,继而注意力不能集中,产生思维障碍,逐渐出现幻觉,有的还因此导致进攻行为或自残行为。资料表明,由服用 PCP 而引起的自杀、杀人等行为较其他致幻剂要多得多。

服用 PCP 后因思维混乱、感觉迟钝、判断力和自控力下降引起的死亡人数要远比这种毒品本身的化学毒性所造成的死亡人数多,而且很多死亡原因在常人看来是完全可以避免的。如服用者因思维混乱、自控力太差而溺死在浅水滩中;因感觉迟钝、痛感消失又无力辨别方向而在完全可以逃生的火灾事件中被活活烧死等。在生理上,吸食、注射 PCP 者有恶心呕吐、大量出汗、眼球震颤、复视等症状。像其他致幻剂一样,PCP 有一定的心理依赖性,但未发现有生理依赖性。

三、其他物质——合法毒品(如酒精、尼古丁、挥发性溶剂丙酮、四氯化碳等)

1. 酒精　酒精成瘾症又称酒精依赖症,饮酒行为在人们日常生活中非常普遍,成年人一生中滴酒不沾者仅占 5%,除了完全禁酒者外,任何程度的饮酒者都被认为是酒精依赖的潜在人群。据 2004 年 WHO 报道,全球饮酒者 20 亿,估计其中有 1.4 亿属于酒精依赖者。酒是世界上使用最为广泛的成瘾性物质,渗透于日常生活、社会经济、文化活动之中。饮酒已是一种历史悠久而普遍的生活习惯和社会风俗。然而,长期过量饮酒可造成酒精滥用和酒精成瘾,并伴发多种精神损害、躯体损害和社会损害,给个体、家人、社会带来严重不良影响。酒精依赖及其相关问题是仅次于心血管病、肿瘤位居第三的全球性公共卫生问题,引起了全社会的共同关注。

酒精依赖指由于长期大量饮酒而产生的对酒的强烈渴望和嗜好,以至饮酒不能自制,一旦停止饮酒则产生精神和躯体的各种症状。酒精依赖的发生率由于社会文化背景不同而不同,男性明显多于女性,白种人多于黄种人。一般认为酒精成瘾的临床标志是饮酒量逐步增多,较长时间不饮酒就会产生渴望饮酒的心理,没有及时喝到酒就会产生缺失感、烦躁感、甚至抽风、震颤、脱瘾性癫痫等症状。如果及时饮酒,则有舒畅感、满足感,上述症状迅速改善。这种症状称为戒断症状,这些情况称为酒精成瘾。根据以上的症状表现进行判断,同时根据患者的饮酒病史还有相关的病历进行诊断。

临床实践证明,行为疗法对帮助患者戒酒有一定的作用。戒酒硫是一种阻断酒精氧化代谢的药物,能造成乙醛在体内聚积。如在服药期间饮酒,可产生乙醛引起恶心、头痛、焦虑、胸闷和心率加快等。使用戒酒硫是行为疗法中常采用的一种手段,能促使患者建立对饮酒的厌恶反射。该药有一定的毒性,不可长期使用,一般 3～5 d 为宜,每日剂量 500 mg 左右。此外,国内外应用阿扑吗啡的厌恶反射疗法也取得了较为满意的效果。

2. 尼古丁 尼古丁是一种成瘾性药物,是烟草植物中发现的天然成分。它是一种无色透明的油状物质,自由基态的尼古丁燃点低于沸点,因此尼古丁大部分是经由点燃烟品产生。尼古丁实际上制造了大脑空虚感,通过吸烟等方式提高浓度后,缓解了尼古丁快速代谢所带来的空虚,从而诱发了令人愉悦的精神状态使人成为吸烟者。

第三节　药物成瘾检测

2014 年 6 月 25 日,由深圳远东妇儿科医院和深圳点点青少年药物成瘾关爱中心合作开展的“全国首家药物成瘾检测机构”成立。“严重的药物成瘾会改变人的情绪、意识和行为,甚至导致急性中毒、死亡”。儿保专家李慧娟建议家长在怀疑或者发现孩子有偶发药物成瘾现象后要及时进行专业治疗。深圳点点青少年药物成瘾关爱中心秘书长周丽辉介绍,目前,我国尚没有专业的药物成瘾检测权威机构。一般而言,治疗滥用药物成瘾都是由戒毒所和戒毒医院来治疗。全国首家药物成瘾检测权威机构成立后将承担青少年药物滥用的宣传、检查等工作,开展青少年药物成瘾测试项目,通过尿检查出各类滥用药物成瘾情况,从而采取身体康复和心理辅导的一整套治疗手段进行治疗。

一、毒品尿液检测法

毒品试纸检测法也称毒品尿检试纸做尿液检测。试纸又分为尿检和口含两种,另外根据检测毒品的种类分为单一毒品检验试纸和复合毒品检验试纸两种。常用于禁毒部门、公安局、戒毒所、体检中心、国家征兵体检处等机构。优点是检测方法非常方便准确。缺点则是检测的时间范围比较短,只适用于初步筛选,当检测出现临界值的时候(一般是检测线模糊,或者试纸无效的时候),应该追求更精确的检验方法。所以用作家庭戒毒检测的话,需要长期定期检查。

目前正在应用的毒品检验试剂盒:吗啡检测试剂盒、海洛因/鸦片试剂盒、摇头丸检测试剂盒、安非他命检测试剂盒、大麻检测试剂盒、可卡因检测试剂盒、苯环已哌啶检测试剂盒、巴比妥检测试剂盒、美沙酮检测试剂盒、苯二氮䓬检测试剂盒、三环抗抑郁药检测试剂盒、羟考酮检测试剂盒、氯胺酮检测试剂盒、吗啡/甲级安非他命检测试剂盒、吗啡/

甲级安非他命/氯胺酮检测试剂盒。

1. 阿片类毒品检测　吗啡是由阿片提炼的一种阿片生物碱，为纯粹的阿片受体激动剂，有强大的镇痛作用，故在医学上，吗啡为麻醉性镇痛药。该类物质使用之初有欣快感，无法集中精神，会产生梦幻现象，过量使用会造成急性中毒，极易产生耐受性和成瘾。阿片类毒品包括阿片、海洛因、吗啡、可待因，本品采用抗体-抗原特异结合反应及免疫膜层析技术，通过免疫竞争抑制法来检测人尿液中出现的吗啡，即蛋白标记的吗啡载体同尿液中存在的吗啡竞争有限的抗体上的抗原结合位点。检测杯盖内有一试纸条，在试纸条检测区(T)包被了吗啡-BSA载体结合物，另一端固定有吗啡单克隆抗体胶体金纸片。如果尿样中含有吗啡，尿液中的吗啡将与固定在硝酸纤维素膜的吗啡共同竞争标记在胶体金上的吗啡抗体上的抗原结合位点，当尿液中的吗啡浓度达到产品设计的阈值浓度以上时，它们会首先与胶体金纸片上的吗啡单克隆抗体反应并占据吗啡抗体全部的抗原结合位点，这样就阻止了胶体金上吗啡抗体和膜上检测区的吗啡结合，检测区不能捕获到胶体金颗粒而没有红色色带呈现，为阳性结果。如果尿样中没有吗啡或吗啡的浓度低于阈值浓度，则胶体金上的吗啡抗体完全没有结合尿样中的吗啡或者没有被尿样中的吗啡饱和，这样胶体金上吗啡抗体将和膜上检测区的吗啡结合，检测区捕获到胶体金颗粒而呈现红色色带，为阴性结果。

阴性：出现两条色带，即检测线(T线)和质控线(C线)位置各出现一条红色线条。表示尿样中无吗啡类毒品存在。

阳性：只在质控线(C线)位置出现一条红色线条，检测线(T线)未出现任何线条，表示尿样中有吗啡类毒品存在。

无效：质控线(C线)不出现。任何情况下，C线均应形成，表示加样和操作正确。C线未出现表明测试结果是不确定的，应重做。

2. 冰毒检测　冰毒检测试纸又称冰毒尿检板、甲基安非他明检测试纸(试剂)、甲基苯丙胺检测试纸等。它是对吸食冰毒者的现场检测、实验室检测、实验室复检3种方法中的现场检测方法。广泛使用于公安局执行突击任务、戒毒所对戒毒人员的戒毒跟进检测及征兵体检中的必检项目。优点是快速方便，3～8 min内即可得知结果。判读结果只分阴性、阳性。证明被测者在至少72 h内是否吸食冰毒类甲基安非他命毒品。采用胶体金法(金标法)生产。缺点是受感冒药、消炎药类的药物干扰可能有假阳性结果；受酒精直接作用很大程度干扰检测结果。但人体摄入酒精且代谢为尿液后不受干扰。

阴性：窗口应该观察到两条色带。检测线(T线)出现表示无甲基安非他明存在；质控线(C线)出现表明试剂盒系统工作正常。

阳性：只有质控线(C线)出现一条色带，检测线(T线)未出现表示样品中有甲基安非他明存在。

无效：质控线(C线)不出现。任何情况下，C线均应形成，C线未出现表明检测结果不确定，应重试。

针对家庭戒毒只有尿检试纸最为合适。因为能确保检测时间的准确性。如冰毒检测试纸，检测时间范围是3 d左右，家庭检测可以每3 d一次，若检测出为阳性，则代表被检测者前3 d内吸食了冰毒。可以给吸毒患者起到心理压力的作用,也可以让亲友知道其吸毒的情况。如果用血液检测仪器,只能知道被检测者是否吸过毒,但是不能精确到时间。

二、血液检测

毒品的血液检测,一般在省级医院才有血液检测设备。优点是检测时间范围比较长,3年或者5年内吸过毒通过血液都能检测出来。缺点则是这样的设备仪器很少有,并且不常用,若非涉及重大案件必须要通过血液检测来做一些判定,一般是不做的。

三、唾液检测

唾液检测,目前为止还没有正式普遍使用。优点是取得检测样本非常方便。缺点则是准确度有待考证。唾液检测一般适用于大规模的高速公路、路障交警临检,主要针对"毒驾",目前此活动已在江浙地区开展。唾液检测可以提供被测试者的身体受损害的程度,但是特别容易受到烟及其他一些物质污染。

四、毛发检验

毛发验毒是检验是否吸毒的有效手段,它能挖掘出吸毒者的用药程度,凡走过必留下痕迹。人体注射或吸食毒品后,除了尿液外,其他如汗液、粪便、泪液、毛发、指甲等或多或少都会含有曾使用过的药物或该药物的代谢物,因此都可以作为毒品检测的证据。其中毛发只要不剪掉,可完整呈现受检者在过去几个月内吸食毒品的历程,被视为目前最有效的方法之一。虽然染发会使检测结果打折扣,但有没有吸毒仍可被检测出,而且不限头发,任何毛发都可检测,只是头发是最方便取得的检体,甚至可以神不知鬼不觉地取得,而不被受检者发现。

五、吸食毒品判断方法

(一)从吸食场所、吸食方式判断

首先,从场所来看,吸食海洛因等麻醉类毒品人员一般会选择比较隐蔽、安静的地方,如家中或卫生间、宾馆客房、洗浴场所的包房内等,吸食人数上一人到数人不等;而冰毒,麻古、摇头丸、K粉等兴奋剂类毒品的吸食地点大多集中在迪吧、KTV包房等娱乐场所和能够提供音响设备的民宅、宾馆客房和汽车等处,吸食人数一般在两人以上,基本上都是男女搭配。

其次,从吸食毒品方式上看,海洛因的吸食方式有口服、鼻吸、注射、烟抽,哌替啶通常是注射,冰毒一般用工具过滤后口吸,也有静脉注射,麻古、摇头丸一般为口服,K粉大多是鼻吸。从吸食工具上进行识别,搜查现场或吸毒者身上是否留有毒品、注射器、针头、匙子、锡纸、瓶盖、小碟、吸管、纯净水、啤酒等物品。注射器、针头是扎食海洛因和哌替啶人员必备的吸毒用具;纯净水常被用作海洛因的稀释剂;匙子、锡纸、瓶盖是鼻吸海洛因的工具;K粉的鼻吸工具通常是吸管和小碟;麻古、摇头丸一般用啤酒等饮料送服。

吸食海洛因、哌替啶等麻醉类毒品的人员原则上是不饮酒的,否则会危及其生命。

（二）从人体留下的痕迹识别

海洛因、哌替啶等麻醉类毒品常用的吸食方式是注射,注射部位一般是臂膀内侧的静脉,随着注射次数的增加、静脉的萎缩及其功能的退化,注射部位就移至手背部、双脚、双腿、大腿、腹股沟处、颈部、乳房下侧(女)、舌头下部、阴茎背部等处。所以,可通过观察身体表面注射后留下的痂皮及其部位,推断其是否吸食海洛因等毒品。

（三）从吸食毒品后表现症状识别

海洛因、哌替啶等麻醉类毒品的吸食者吸食毒品后会嗜睡、感情麻木、沉默寡言,对周围事物漠不关心,常常毫无表情地望天呆坐,沉浸在半麻醉状态中,瞳孔缩小呈针尖状,这是海洛因吸毒者的典型体征,吸食其他毒品则会相反,但这不是绝对的。如果成瘾者停止吸食后会出现戒断反应,轻者眼中充满眼泪、流鼻涕、疼痛、发痒、打哈欠、起鸡皮疙瘩、忽冷忽热、瞳孔放大,变得烦躁不安和神经质;重者会出现无法入睡、出汗、四肢疼痛、恶心和腹泻等症状。海洛因等麻醉药品成瘾者一般体弱,相同季节穿衣总是比别人多。吸食冰毒、麻古、摇头丸、K 粉后表现为活动过度、情感冲动、性欲亢进、嗜舞、偏执、妄想、自我约束力下降以及出现幻觉和暴力倾向。摇头丸等毒品也会使人形成瘾癖,但主要是心理依赖,一般在特定条件如强节奏乐曲的刺激下会产生强烈的吸食愿望。

（四）从日常表现判断

对以前喜欢的事情不感兴趣了;经常处于模糊的情绪中或有不寻常的情绪爆发;学生突然拒绝参加学校组织的活动或者逃课;突然有抵触情绪或反抗某项规定或对批评变得垂头丧气;突然转变睡觉或饮食习惯或体重突然减轻;有使用毒品的证据;偷窃或者频繁借钱;忽视个人形象;忽视国家或单位规定;和家庭成员或朋友关系变坏;和新朋友特别好,尤其是可能沾染毒品的人。

第四节　药物成瘾的防治

一、药物成瘾的治疗

药物成瘾的治疗是一个长期而又艰难的过程,治疗主要包括两个阶段:第一阶段是针对生理依赖的脱毒治疗,目的是停止药物的滥用,治疗或戒断症状;第二阶段为脱瘾治疗,治疗依赖者的心理依赖,防止复吸。药物或毒品滥用的治疗目标,包括控制戒断症状、预防复吸、回归社会 3 个方面。控制戒断症状的方法较为成熟;但消除精神依赖性来预防复吸尚缺少有效方法。

对于吸毒者,要使他们重新回归到正常生活,脱离吸毒人群,存在很大困难,这不仅是一个医学问题,也是一个严重的社会问题,必须引起全社会共同关注并采取综合措施。

（一）脱毒治疗与脱瘾治疗

脱毒治疗药物包括阿片类(美沙酮、丁丙诺啡)和非阿片类(可乐定和洛非西定)。美沙酮是一种最常用的阿片类激动剂类麻醉药物，起效与吗啡类似，但药效维持时间长且具有依赖性。美沙酮能够阻止应用外源性阿片所产生的欣快感。丁丙诺啡是一种阿片受体部分激动剂，临床应用剂型为注射液和舌下含片，它能明显缓解动物的吗啡样戒断症状。可乐定刺激 α_2 肾上腺素受体，抑制去甲肾上腺素神经元的活动，对海洛因依赖的躯体戒断症状疗效较好，低血压等副作用出现明显，停药后易出现迟发型戒断症状等。

脱瘾治疗的药物包括阿片类受体拮抗剂（纳曲酮等）和阿片类受体激动剂（美沙酮和丁丙诺啡等）。纳曲酮是 μ 阿片受体特异性拮抗剂，多用于生理脱毒后的维持治疗。纳曲酮能减轻或消除海洛因正性强化作用，拮抗使用阿片类药物的欣快感，对预防复吸有疗效。美沙酮和丁丙诺啡是阿片类受体的激动剂，但对药物心理依赖的治疗效果不尽如人意。

总之，目前在脱毒治疗方面有良好的效果，但在脱瘾治疗方面缺乏有效方法，都面临着药物依赖复吸率极高的问题。中药戒毒具有悠久的历史，18 世纪末的中国即有中药戒毒的运用，并已形成一套完善的理论：健康的机体阴阳平衡、气血充盈。而毒品进入人体后，损耗脾肾的阴气，引起阴阳失调、气血亏损，造成湿浊内生，全身各通路堵塞，进而阻塞心窍，完全损害大脑，所以吸毒症表现为全身各种功能全部失调。要达到戒毒的目的，就要调节阴阳、通心窍。中国古代的医学在戒毒方面积累了丰富而宝贵的经验，清代的禁烟英雄林则徐即是其中一例。中药类戒毒药的使用早在我国 18 世纪末就已开始，当时应用最广的有戒烟丸、忌酸丸和补正丸。20 世纪 30 年代后在山西等地出现了曼陀罗戒毒丸。中药戒毒重视整体治疗，在消除稽延性症状、康复期的全面调理等方面具较好的作用。在西药已被证明不能彻底戒毒后，医学界已逐渐转向中药戒毒研究，寻求戒毒解毒的新出路。

（二）手术治疗

精神外科学中，损毁脑的特定区域可以治疗某些精神疾病。这种治疗方法基于精神障碍是脑特定区域的功能障碍的结果这一假说。用于治疗药物依赖的损毁术靶点有扣带回、伏隔核、下丘脑、无名质等。

1. 扣带回切开术　近 30 多年来，把扣带回作为药物成瘾立体定向手术靶点的研究取得了很大的成效。在成瘾的病例中，该手术的目的是通过在扣带回制造损毁灶阻断用药的强迫思维。1998 年，俄罗斯国家科学院人脑研究所用立体定向行双侧扣带回冷冻损毁术治疗药物成瘾。有 348 人接受了手术，结果显示 45％的患者手术后完全戒掉毒品；17％在两月内吸过一两次而后两年完全戒掉毒品；13％的患者失访。国内多家机构也分别对扣带回不同部位进行损毁治疗药物成瘾，大多联合伏隔核损毁，均取得较满意的效果。因此对于药物成瘾性脑病的立体定向手术治疗，扣带回可认为是个确切的靶点。

2. 伏隔核损毁术　损毁伏隔核能阻断中央皮质边缘多巴胺环路，能预防成瘾者脱毒后对毒品的渴求，以此来降低复发率。2003 年对 28 例患者进行立体定向损毁伏隔核手术，患者成瘾至少 3 年。15 个月内 7 例完全缓解；10 例 6 个月内复发，但戒断症状有所缓解；2 例戒断症状无缓解；7 例没纳入分析；2 例失访。根据随后的有关报道，平均有效率约为 70％，复吸率约 30％。动物实验发现，伏隔核壳部损毁优于核部损毁。核损毁术虽然戒断药物心理依赖效果显著，但因牵涉伦理学和手术的探索性、不可逆性，有可能给患者带来不可知的后果,存在争议。鉴于此,2004 年 11 月 2 日卫生部紧急叫停伏隔核损毁手术。

3. 脑深部电刺激(deep brian stimulation,DBS)　DBS 是临床用来治疗震颤的一种方法。是在脑的特定部位埋置微电极,脑外控制其刺激,调整刺激的电压、频率等参数达到改善相应疾病的一种方法。DBS 具有微损伤、可调节、可逆性的特点。徐纪文等在射频损毁手术的临床研究基础上,参照国外 DBS 戒断阿片药物精神依赖手术进行 DBS。患者术后停止吸毒,随访 3 个月无复吸。药物依赖诊断量表评估阴性。术后 3 个月心理量表评估,未发现有记忆、智力、人格等方面问题。DBS 不需要破坏神经核团,与传统的损毁术相比具有可逆性、治疗的可调节性和微创等突出优点。一旦患者痊愈可拔除电极,因此该手术是理想和有前景的治疗方法。

(三)非药物戒断法

是指用磁疗、针灸、理疗仪等设备,比如经颅磁、韩式戒毒仪等,减轻吸毒者戒断症状反应的一种戒毒方法。其特点是通过辅助手段和心理暗示的方法减轻吸毒者戒断症状达到脱毒目的。缺点是时间长,巩固不彻底。

二、药物成瘾的预防

预防措施根据药物成瘾的危害程度而异,对于危害性相对较轻的烟、酒等,主要做教育引导工作,节制使用;阿片类及精神兴奋剂等滥用(吸毒)危害性极大,需采取强有力的法律、行政、社会措施加以控制。

(一)毒品滥用的预防

1. 一级预防　面对全国人民,通过大规模宣传教育工作使广大群众特别是青少年和有潜在可能的用药者认识到滥用毒品危害,自觉抵制使用毒品;同时,控制毒品非法供应和流通。

2. 二级预防　针对毒品滥用者,通过采取治疗、康复和重返社会等措施,使之彻底摆脱毒品。

3. 三级预防　主要针对毒品滥用带来的严重疾病或有害行为,将其危害性减到最轻,目前特别注意静脉滥用毒品带来的艾滋病问题。

(二)处方药的行政管理措施

1. 麻醉药品管理　医疗单位使用麻醉药品可向当地卫生行政部门提出申请,经上一级卫生行政部门批准,到指定的麻醉药品经营单位购买;要有专人负责、专柜加锁、专用账册、专用处方、专册登记,麻醉药品处方要保存 3 年备查。

2. 精神药品管理　第一类精神药物制剂按麻醉药品渠道供应医疗单位使用,不得在医药商店零售;第二类精神药物可供各级医疗单位使用,在医药商店也可以凭医生处方零售。

第十五章　恶性肿瘤的预防保健

第一节　概　　述

一、中国癌症发病率和死亡率

据《2012 中国肿瘤登记年报》数据显示，中国每 10 万人中有 286 人患癌；每个人一生中有 22％的概率患癌症。每 10 万人有 181 人患癌死亡；每个人一生中有 13％的概率患癌死亡；每分钟就有 6 人被确诊为癌症，平均每 5 位癌症患者有 3 人死亡。预计 2030 年全球癌症新发病例将达到2 600万，死亡1 700万，现患病例3 000万，新增病例主要在发展中国家。癌症正在成为新世纪人类的第一杀手。

相比女性，男性癌症发病率和死亡率更高，肿瘤发病率男女之比 1.3∶1；肿瘤死亡率男女之比 1.65∶1。一生中，男性患癌症概率为 26％，女性为 19％。一生中，男性因患癌死亡概率为 17％，女性为 9％。因患癌而死亡的概率，男性(71％)比女性(54％)高。

城市人口与农村人口相比，癌症发病率要略高，但癌症死亡率要低：肿瘤发病率城市与农村之比 1.2∶1；肿瘤死亡率城市与农村之比 1.02∶1。一生中，城市患癌症概率为 22.23％，农村 21.76％。一生中，城市患癌死亡概率为 12％，农村为 15％。因患癌而死亡的概率，城市人口(60％)比农村人口(71％)低。

肿瘤发病率随人群年龄逐渐上升，特别是 50 岁以上随年龄增加而大幅上升，50 岁以上占 80％以上；80～85 岁最高。肿瘤死亡率随人群年龄逐渐上升，特别是 60 岁以上随年龄增加而大幅上升，60 岁以上约占 63％以上；85 岁以上达到最高。

二、癌症发生原因

癌症也叫恶性肿瘤，相对的有良性肿瘤。肿瘤是指机体在各种致瘤因素作用下，局部组织的细胞异常增生而形成的局部肿块。良性肿瘤容易清除干净，一般不转移、不复发，对器官、组织只有挤压和阻塞作用。但恶性肿瘤还可以破坏组织、器官的结构和功能，引起坏死出血合并感染，患者最终可能由于器官功能衰竭而死亡。

癌症病变的基本单位是癌细胞。人体细胞老化死亡后会有新生细胞取代它，以维持机体功能。可见，人体绝大部分细胞都可以增生，但这种增生是有限度的。而癌细胞的增生则是无止境的，这使患者体内的营养物质被大量消耗。同时，癌细胞还能释放出多种毒素,使人体产生一系列症状。如果发现和治疗不及时,它还可转移到全身各处生长繁殖,最后导致人体消瘦、无力、贫血、食欲不振、发热及脏器功能受损等。

(一)中医对癌症病因的认识

正气不足是癌症发生的内在原因。《内经》曰:“正气存内,邪不可干,邪之所凑,其气必虚。”《医宗必读》:“积之成也,正气不足而后邪气踞之。”

精神情绪的长期过度紧张或忧郁是癌症发生的重要因素。大量临床实践证明,癌症患者精神多有重大创伤,或有较长时间精神的压抑、郁闷等,而性格开朗的人很少患癌症。在健康人的体内,虽然正常细胞也存在着发生突变而成为癌细胞的可能,但人体的免疫系统能在这些细胞增殖之前,及时地将它们破坏和消灭。不良情绪能对机体免疫功能产生抑制作用,从而影响免疫系统对癌细胞的识别和消灭功能。

不良的饮食生活习惯,脏腑功能的失调,体内气血郁结瘀滞,痰凝毒聚,可导致癌症的形成。如过食膏粱厚味、辛辣、熏烤,酗酒等影响脾胃功能。脾主湿,脾虚不能运化水湿,湿蕴于内,积久不散,津液不化,津液凝聚成痰浊,痰积而为肿物。《景岳全书·痢疾·论积垢》:“饮食之滞,留蓄于中,或结聚成块,或胀满硬痛,不化不行,有所阻隔者,乃为之积。”《济生方》:“过餐五味,于腥乳酪,强食生冷果菜,停蓄胃脘,久则积结为瘕。”《医学统旨》:“酒面炙,黏滑难化之物,滞于中宫,损伤脾胃,渐成痞满吞酸,甚则为噎膈反胃。”这与近代医学研究中的营养失调与肿瘤发生相关的观点是一致的。

生活中过食高热饮食,食物粗糙、质硬难化,吞咽过快等导致食管黏膜受到损伤,加上感染等因素作用,使食管炎症经久不愈,是引发食道癌变的常见原因。《医碥·反胃噎膈》中认为,噎膈(即现代病名食管癌或贲门癌等)的成因为“酒客多噎膈,饮热酒者尤多,以热伤津液,咽管干涩,食不得入也”。而吸烟、过度接触粉尘等则是导致肺癌的重要原因。机体衰老、防御机能下降,或者外邪(外部致病因素)的侵犯等病因综合作用致使机体阴阳、脏腑功能失调,经络气血运行不畅,津液的输布障碍,气滞、血瘀、痰凝、毒蕴、湿聚等相互交结也是癌症发生的重要因素。

(二)现代医学对癌症病因的认识

1. 生物学与遗传学因素 细胞癌症特性变化最初是主体因素和外界物质不同程度的相互作用。虽然除基因以外的主体因素在疾病的发生中起一定的作用,但现已逐渐认识到其中某些主体因素也是在遗传作用的控制下,包括激素模式和免疫能力。常见性器官(特别是子宫、乳腺、卵巢和前列腺)的癌症都受到性激素的影响。例如,乳腺癌与雌二醇水平上升正相关。免疫功能的抑制(如器官移植后治疗和 AIDS 患者)增加了某些淋巴瘤或其他癌症的发生。负责细胞倍增和修复的基因发生突变可引起癌症发生,提示基因病理性突变能很好地预测癌症的危险性。但这并不意味着癌症都是可遗传的,那些比较罕见,但被认为是可遗传的癌症通常也需要环境中某些特殊因素的诱导作用。

2. 环境因素 目前,大量关于癌症外部环境因素影响的研究证据为癌症预防提供了很大的可能性。这些外部因素可被分为以下几类。物理性,例如阳光射线(能引起皮肤瘤)、电离辐射(诱导肺癌和某些其他器官的癌症);化学性,例如氯乙烯(能引起肝癌)、2-萘胺(能引起膀胱癌)以及苯芘(能引起烟草相关癌症);生物性,例如乙型肝炎病毒(是肝癌的一个病因)、人乳头状瘤病毒(是子宫颈癌的一个病因)。典型的癌症发生在初次接触致病因素后许多年,例如,暴露在石棉环境下的人可在几十年后发生间皮瘤。暴露剂量越大,疾病发生的可能性越大。

3. 生活方式因素 现已知道,约80%的恶性肿瘤与不良生活方式有关。主要的不良生活方式包括以下几种。

(1)烟草烟雾暴露:烟草烟雾中含几千种化学物质,其中相当部分有致癌和促癌作用。主要的致癌和促癌物质有多环芳烃、亚硝胺等。因此,主动吸烟和被动吸烟均可增加癌症发生的危险。

(2)酗酒:酒精对人体消化道黏膜有刺激作用,酒精浓度越高,刺激作用越大。过量酒精摄入对机体有中毒作用和酒精依赖作用。且在酿酒过程中有可能受到亚硝胺和黄曲霉素等致癌物的污染。研究已经证实,长期过量饮酒可引起消化道的癌症。

(3)不合理饮食:WHO认为饮食因素在发达国家与30%的癌症有关,在发展中国家与20%的癌症有关。主要包括不合理膳食结构,不科学的食物加工、烹饪和不良的饮食习惯。

(4)缺乏体育锻炼和肥胖:肥胖除遗传因素外,与静坐生活方式和过量摄入高能量食物有关。研究发现,肥胖可增加发生乳腺癌、子宫内膜癌、结直肠癌的危险。

三、癌症的治疗

由于癌症发生发展过程的复杂性和异质性,目前对其发病机理尚不明了,也无特效的根治办法,加之癌症又是多发病,这使得大多数人"谈癌色变"。癌症是医学界的主攻课题之一,在治疗方面已有很大突破,出现了不同的治疗方式,对于不同阶段的癌症均有疗效,特别是治疗早期癌症,效果比较明显。我国国内的癌症治疗方法有西医、中医和中西医结合3种治疗模式。

(一)西医治疗

西医治疗癌症有以下5种主要治疗方式。

1. 手术治疗 手术治疗是早、中期患者的最主要的治疗手段之一,给许多癌症带来长期生存的希望。如早期的食管癌、宫颈癌、乳腺癌患者的5年治愈率已超过90%。中晚期患者经过手术也能大大提高治愈率,或者达到延长生存时间的目的。因此,每个癌症患者一经确诊,应该首先考虑是否有手术切除的可能性。凡能手术治疗者,应及时采取手术治疗,莫失良机。癌瘤的手术分根治性和姑息性两类,根治性手术是指组织切除范围大于肿瘤,争取消除全部瘤组织。

2. 化疗 化疗是被广泛采用的西医疗法之一。化疗适用于中、晚期肿瘤,转移性肿瘤,亚临床转移灶。化疗可杀死肿瘤细胞、抑制肿瘤细胞的生长繁殖和促进肿瘤细胞分化等。它是一种全身性治疗手段,治疗作用广泛,但选择性差,在取得治疗效果的同时,常出现不同程度的毒副作用。不过近年来，随着新的化疗药物的出现和化疗的不断进展，许多肿瘤的化疗效果得到明显提高，有些肿瘤如淋巴瘤、睾丸肿瘤等通过化疗可以治愈。

3. 放射治疗　放射源有同位素（镭、60 钴等）、X 线治疗机和粒子加速器（产生高能电子束、中子束等）。有外照射和内照射两类方法。外照射是指从体外一定距离来照射人体的某一个部位。内照射则是将放射性同位素放入特制容器中置患者体内，或把某种放射性同位素通过口服或注射的方式，被患者的病变部位所吸收，从而使病变部位受到照射。放射治疗可造成正常组织细胞的损害，产生一些副反应，如放射性肺炎、放射性食道炎、放射性肠炎、血细胞减少、胃肠反应等，一般在放疗停止后均能恢复。为了减轻放疗的不良反应，常配合养阴补肾、益气健脾的中药治疗。

4. 生物学治疗　生物治疗是一个广泛的概念，涉及一切应用生物大分子进行治疗的方法，种类繁多。从操作模式上分为非细胞治疗和细胞治疗。生物治疗是继手术、放疗和化疗后发展的第 4 类癌症治疗方法，是利用和激发机体的免疫反应来对抗、抑制和杀灭癌细胞。肿瘤生物治疗是应用现代生物技术及其产品进行肿瘤防治的全新治疗模式。主要包括大家熟悉的免疫治疗，也包括基因治疗、分子靶向治疗、生物反应调节剂、肿瘤疫苗、细胞治疗和细胞因子治疗等治疗技术和方法。

生物治疗可通过提高机体免疫功能，增强人体对癌症的防御能力。即通过诱导机体主动免疫或过继性免疫法来重新调整被破坏的机体内的平衡，使癌症患者的免疫功能得到恢复，延长患者生存期；也可以通过基因干预、分子靶向放射免疫、生长刺激等多种生物调节机制来调整多种生物反应和生物信息传导，达到控制肿瘤生长的目的。

5. 基因治疗　基因治疗是指运用 DNA 转移来治疗甚至预防人类疾患。确切地说，它指的是遗传信息相关的特异性 DNA 序列的转移，是一项高度集成、综合性高难度的生物技术。基因治疗最初是以治疗单基因遗传病为主，现已广泛应用于肿瘤等疾病的治疗研究。

肿瘤基因治疗的原理是将目的基因用基因转移技术导入靶细胞内，以期表达此基因而获得特定的功能，继而执行或介导对肿瘤的杀伤和抑制作用，从而达到治疗目的。从理论上讲，基因治疗应有两个基本目的：一是恢复异常表达或缺失的体细胞基因的功能；另一个是引入有治疗价值的其他来源的基因。第一个目的包含的内容较广泛，如恢复肿瘤局部的抗肿瘤免疫功能，阻止异常表达的癌基因，恢复肿瘤抑制基因功能，恢复细胞周期调节基因和恢复机体对肿瘤转移的抑制等。第二个目的包括引入前药转换基因，去除或转移多药耐药基因等。因此，肿瘤的基因治疗除了干扰肿瘤细胞的生长规律，纠正其恶性表型外，还有恢复和加强肿瘤局部微环境抗肿瘤的功能。针对以上目的，基因治疗目前主要集中在免疫基因治疗、肿瘤抑制基因治疗和药物敏感基因治疗等方面。

（二）中医治疗

中医治疗大致有以下两种思路。

1. 辨证治疗　辨证治疗即对患者进行“扶正培本和祛邪”。中医认为，虚证是肿瘤发生发展的重要原因和病机，正气不足，气血虚弱，导致脏腑功能失调，因而出现气滞、血瘀、湿聚、痰结等一系列病理变化，最终形成肿瘤。中医通过滋阴、补气、壮阳、养血来“扶正培本”，从而达到缓解症状、提高生存质量、延长生存期、降低放化疗的毒副作用等目的。对于某些肿瘤可能会起到降低复发率、提高治愈率的作用。“扶正培本”集中体现了中医预防、治疗肿瘤的特色和优势。此法主要适应于晚期肿瘤。

中医是怎样“扶正培本”治疗肿瘤的呢？中医认为肿瘤的形成原因是先天活力不足，正气亏虚，邪气入而内滞，引起一系列的病变。人体的先天活力正气可以维持人体机体的正常生理功能，并有抵御外邪的功能，人体正气先天活力亏虚，也就是在人体内部环境稳定性及机体内外相对平衡性遭到破坏时，致癌因子才能起到引起肿瘤形成的作用，使肿瘤细胞浸润、扩散转移。肿瘤患者先天活力亏虚正气不足，正气不能内守，邪入而干，在治疗中补虚扶正，能预防肿瘤的发生、发展，所以“扶正固本”是治疗肿瘤的常用方法，实践证明，在临床应用“扶正固本”，增强先天活力可以提高对肿瘤治疗效果，延长寿命，减少化疗的副作用，提高内分泌功能及增强体液调节作用，提高机体的新陈代谢，调节细胞内核苷酸的含量，使肿瘤细胞转化为正常细胞。

(1)活血化瘀法：是治疗肿瘤的大法之一，瘀血，是中医特有的病因之一。在肿瘤患者中瘀血症候最多，表现为体表或体内肿块经久不消，舌唇青紫等。古代医学家指出，瘀血的治疗，主要应用活血化瘀法并结合清热活血化瘀止痛、活血止血进行治疗，这样就可消瘤散结，经研究观察，活血化瘀药不但能改善恶性肿瘤患者的高凝血状态，使癌细胞处于抗癌药物及患者自身免疫活性细胞的抑制之下，而且能降低血小板凝集，减少肿瘤转移、抗感染，配合清热解毒药，有利于癌症的控制和癌灶的消除，改善血液循环，增加血流量和血流速度，解除血管痉挛，能促进细胞免疫机能，增强巨噬细胞的吞噬能力，有明显的免疫抑制作用。

(2)以毒攻毒法：历代医学家及民间流传的治疗肿瘤方法，大都离不开以毒攻毒。肿瘤的形成，是由于气滞血疲或痰凝湿聚，热毒内蕴，先天活力正气亏虚，日久形成癖积邪毒，邪毒和正气相搏，而反映出肿瘤外表症状，而形成肿瘤的根本原因是人体内先天活力不足，不带气血运行，无力战胜侵袭机体细胞的病毒和致癌菌，使邪毒和致癌菌结于患者体内。毒陷体内，非攻不克，以毒攻毒的药物在实践中确有攻坚蚀疮、破癖散结、消肿除块的功效。

(3)化痰祛湿法：痰湿两者均系人体内的病理产物，痰湿聚集，痰湿不化是形成肿瘤的一种因素，因此化痰祛湿法在治疗肿瘤中占有重要的地位，实验证明，化痰祛湿均有明显的抗癌作用。

(4)软坚散结法：中医认为，咸性中药能软坚散结。癌瘤形成后，聚结成块，坚硬如石；而软坚散结药可使坚者消之，结者散之，客者除之。这说明软坚散结药可加强抗癌消除肿瘤的效果。

(5)清热解毒法：中医认为，清热解毒药有明显的抗肿瘤作用，是治疗恶性肿瘤最常用的方法之一。热毒是恶性肿瘤的重要病因之一，临床表现为邪热奎盛，中、晚期肿瘤患者在病情发展阶段常有发热、疼痛、肿块增大等症状，口渴、便秘、苔黄、舌质红绛，脉搏快等都表明了毒热内蕴或邪热癖毒，故应用清热解毒药，以控制和消除肿瘤周围的炎症感染，是治疗恶性肿瘤的常用方法。

2. 辨病治疗　辨病治疗即发挥中医学“辨证”诊治优势，吸纳西医“辨病”治疗模式，在辨证治疗的基础上，选用一些具有一定抗癌作用的中草药进行“辨病”治疗。辨病治疗用药直接作用于肿瘤，实践表明，辨证与辨病相结合治疗肿瘤具有较好疗效。

3. 在日常癌症治疗中应重视中医中药的作用　随着科学技术的发展，肿瘤的疗效已有很大的提高，恶性肿瘤患者的生存期不断延长，根治获愈的患者已日见增多，在不远的将来，恶性肿瘤这一人类健康大敌，定会被人类战胜。当前对癌症的治疗最常用的方法有手术疗法，抗癌化学药物疗法，光、热、电、磁疗法，免疫调整疗法，放射疗法等。这些治疗手段，具有对癌细胞的抑制和杀灭作用，但都不同程度损伤人体正气，故中医中药在癌症治疗中的作用越来越受到重视。

中医在肿瘤治疗的过程中，总体以辨证论治为核心，采取内治、外治、饮食、针灸、推拿等方法。选用煎剂、丸、散、膏、丹、现代新型口服药、注射液、外用药、中药提取物等药物。笔者认为在采用上述治疗方法过程中应特别重视以下方法的运用。

(1)保持愉悦乐观的精神情志，是配合治疗，防止病情恶化，延长生命的关键　根据临床癌症发病病因与病机的变化规律，大致将癌症分为早、中、晚 3 期。其总的病机可概括为：热毒内壅、湿聚痰凝、气滞血瘀、经络阻塞、正气亏虚。而初期形成肿瘤的病机主要是气郁、血瘀、痰凝、毒结，其中关键在“气郁”。中医认为“百病皆生于气”，气郁则诸郁成，气行则诸郁消，而肝主疏泄，气郁的关键在肝失疏泄，肝气郁结则诸气不利。所以，肝气郁结既是癌症发病的重要因素，也是癌症治疗效果和转归的重要因素。为此，治疗中必须注重引导患者保持愉悦乐观的精神情志，消除患者紧张恐惧心理，鼓励患者树立战胜疾病的信心，主动配合，积极接受治疗。同时，在处方用药上宜适当配伍疏肝理气药。实践证明，癌症患者能面对现实，不恐惧，不紧张，治疗的效果和愈后均较好或生命的延续期均较长。

(2)以正气为本。治疗癌症应以顾护正气为本，抗癌为标。由于癌症的发生和发展与人体的正气不足，抗邪无力有关。而抗癌的各种治疗手段和药物大多攻伐损伤人体正气，且癌症本身要消耗人体正气。所以在日常治疗中应坚持以人体正气为本，不可攻伐太急、太过。宜在处方中配伍能促进肿瘤细胞分化，使肿瘤细胞逆转的护正益气中药。如人参、黄芪等，既能补气扶正，又能抗癌肿。

(3)治疗癌症应时时注意保护脾胃。脾胃为后天之本，气血生化之源，“有胃气则生，无胃气则死”。在癌症治疗中调养胃气是癌症调养最为重要的环节。实践证明，脾胃功能健旺的癌症患者，抵抗能力强，愈后较好。癌症治疗是个持久战，切忌一味抗癌，伐伤脾胃。具体方法：一是用药要注意保护脾胃，比如常用的抗癌药物通常理气、软坚散结、破血逐瘀，如白花蛇舌草、龙葵、半枝莲等性质寒凉，易克伐胃气，不可过量使用，以免损伤脾胃；二是在治疗用药中应常配伍一些健脾和胃药，如茯苓、白术、山楂等以顾护胃气；

三是在治疗过程中要注意饮食的适宜，切忌荤腥厚味，大肆蛮补，阻碍脾胃对饮食的消化、吸收。

四、癌症的预防

(一)中医预防癌症

《内经》云："圣人不治已病治未病，不治已乱治未乱。"为此，在日常生活中首要的是要积极预防癌症的发生。预防癌症的关键是保养人体正气。保养正气的基本方法有以下 4 点。一是要坚持经常性的身体锻炼，增强体质，提高机体防病御邪的能力。二是要注意饮食调养，生活保持一定的规律性，做到饮食有节，清洁卫生，五味调和，五谷为养，不偏食，改变不良生活习惯，做到不吸烟，不酗酒，不过食肥甘厚腻、陈腐变质、腌烤辛辣之品等。三是要重视精神情绪的调摄。中医认为人的精神情志活动与机体的生理、病理变化有着密切的关系。突然、强烈或反复持久的精神刺激或抑郁，可致脏腑气机逆乱，气血阴阳失调。为此，保持愉悦而良好的心情，减少不良精神刺激和避免过度的情绪波动，使机体的脏腑气血平和，正气充沛，抗邪有力尤为重要。四是对有长期炎性病症、久治不愈的患者，除要重视及早检查、早期发现外，可经常煎服白花蛇舌草、半枝莲等中草药，以预防癌细胞的增生和变异。

(二)日常生活预防癌症

1. 不要吸烟 香烟的烟雾中含有多种致癌物质和促癌物质，如苯并芘、二甲基亚硝胺、放射性元素钋、酚类化合物等。其他严重有害物质还有尼古丁、一氧化碳和烟焦油等。我国肺癌患者中有 70%～80%是因为长期吸烟而患癌的。在一些大城市中，肺癌死亡率已占癌症死亡率的首位。1975 年，我国男性因肺癌死亡约 3 万人，如果不降低吸烟率，预测到 2025 年，每年男性肺癌死亡人数将达 90 万，比 1975 年高 30 倍。被动吸烟者的患癌风险也成倍增高，唇、口腔、喉、食管、胃、胰腺、肾和膀胱等处癌症的发生也与长期吸烟有关。

2. 提倡科学的膳食结构 膳食中脂肪、蛋白质和碳水化合物的结构要合乎健康的比例。以植物性食物为主，搭配合适的荤素，避免高脂肪、高蛋白、高热量饮食。国外研究认为，乳腺癌、结直肠癌、子宫内膜癌、卵巢癌等的发生与脂肪摄入量过多有关。每人每天需要 2 000～3 000 Cal 的热量，脂肪摄入量占总热量的 25%～30%为宜。蔬菜和水果中含有丰富的维生素 C、维生素 E、胡萝卜素、纤维素、微量元素，能提高人体免疫功能，有较好的抗氧化作用，具有抗癌作用，能降低过多的雌激素，保护细胞内脱氧核糖核酸免受损伤。国外专家认为豆制品和大豆发酵食品具有防癌作用。

3. 改变不科学的饮食习惯

(1)不吃发霉的粮食及其他霉变食品。已知有 20 多种霉菌及其毒素对实验动物有致癌作用，黄曲霉毒素是其代表。我国高发的食管癌、肝癌等与食入霉菌污染的食物密切相关。

(2)少吃或不吃烟熏火烤或油炸食品。烟熏火烤食物常被烟火中致癌物质污染,动物性肉食经高温烟熏后,也会产生致癌物质。油锅加热后冒出的油烟对健康不利,食用油在高温后发生化学裂变,肉类经油炸后也可产生一些致癌物质。

(3)少吃或不吃盐腌食品。腌制食品中往往加入防腐剂亚硝酸盐,并含有致癌物亚硝胺。我国科学家发现多年吃咸猪肉可使胃黏膜增生和癌变;还发现鼻咽癌的发生与幼时进食咸鱼、咸虾酱等有关。国外研究认为食盐过多摄入有促癌作用,因此建议每天摄入食盐量由目前每人每日平均10 g减少至6～7 g。

(4)不饮酒或少饮酒。专家认为酒精不仅导致肝硬化和肝癌,而且与脑瘤、喉癌的发生有关。法国专家证明每天饮酒精20～30 g的妇女患乳癌的可能性比不饮酒的妇女高2倍。中国哈尔滨医科大学专家研究后认为酒精是肝炎病毒和化学致癌物的促进因子,是辅致癌因子。

(5)致癌微生物的感染或传播。我国原发性肝癌主要是由于乙型肝炎病毒(HBV)感染和黄曲霉毒素等的综合作用引起的,因此要加强对急性肝炎患者的治疗,加强个人卫生和饮食卫生,防止肝炎传播。有条件的地方应给新生儿注射乙肝疫苗。医疗机构要严格管理好献血和输血这一关,防止输血传播肝炎。饮食店、饮食摊贩的餐具要严格消毒,未治愈的肝炎患者禁止参加饮食业和炊事工作。

预防宫颈癌与艾滋病。宫颈癌的发生与早婚早育有关。夫妻一方性生活不卫生、性混乱、性伴侣多的家庭中,子宫颈癌的危险性明显增加。国内外专家研究发现宫颈癌的发生与人乳头瘤病毒感染有关。艾滋病在世界上蔓延迅速,迄今没有好的治疗方法,死亡率非常高,患者常合并癌症,所以有人称它为“癌中之癌”。传染途径是不洁性交,同性恋,或医疗中输入有艾滋病毒(HIV)污染的血液制品,或患病母亲传给婴儿,以及吸毒者合用一个未经消毒的注射器。以上两种病的预防要加强卫生教育,洁身自爱,避免不正常性交。对艾滋病的预防包括严格管理血液制品,禁止吸毒,做好涉外宾馆的管理和有关物品的消毒。

(6)避免或减少职业致癌因素,消除环境污染。国际上已发现煤烟、焦油、沥青、蒽类、石棉、芥子气、铬及砷化物、放射性物质、苯、联苯胺、碳基镍等有致癌性。预防职业癌通常采取以下措施:首先要改革生产工艺,减少粉尘烟雾,降低环境中有害物质浓度,不断提高生产自动化、机械化、密闭化的程度;其次加强个人防护,生产时遵守正规操作,生产后换下工作服、淋浴,定期监测环境中有害物质的浓度,及时采取有效防护措施;最后定期查体,如发现与职业有关的癌前疾病或早期癌,及时治疗并调动工作,脱离致癌环境。工业产生的废气、废液、废渣应按环境卫生法妥善处理。汽车排放的尾气中含有致强突变性的苯并芘花。为了防止污染环境,要消烟除尘集中供热,开发污染少的能源,改进汽车发动机,限制吸烟,提倡绿化环境,居民点附近禁止焚烧垃圾。

(三)预防癌症的新观念和新方法

1. 化学预防　癌症的化学预防,是以一种或几种化合物防止肿瘤的发生,达到控制肿瘤的目的,这是攻克肿瘤最理想的方法。目前,依靠化学预防的方法从人类生存环境中消除致癌因素十分困难，甚至是不可能的。根据致癌机理设法阻断癌变过程，为病因学预防。例如化学致癌物在体内经代谢而活化，活化的致癌物与靶细胞起反应，使细胞癌变，癌细胞增殖形成癌组织，为了抑制化学致癌可设法干预这些过程。癌化学预防就是设法使致癌物质失活或不能形成最终致癌物，或者使之不能与靶细胞结合，或者使少数癌变了的细胞逆转成正常细胞，或者在不伤害机体的条件下使之不能继续增殖、存活。

癌症的化学预防现已取得了重要进展，发现了可有效地对抗完全致癌物的化合物和抗促癌剂及兼有抗致癌、抗促癌两方面作用的化合物。完全致癌剂的抑制物分 3 类：抑制前体化合物转变为致癌物，如维生素 C 可抑制亚硝胺的内合成；使致癌剂不能达到靶组织或不能与靶组织反应的致癌阻断剂如半胱氨酸；针对致癌剂作用的抑制剂如维生素 A 类化合物。抗促癌物质有多种，兼有抗致癌及抗促癌两种作用的癌化学预防剂有维甲类等。我国已应用维甲类化合物在湖南雄黄矿肺癌的高危人群中以及河南林州市(县)的食管癌高危人群中进行化学预防，取得了一定经验。

2. 免疫预防 接受同种器官移植的人因长期服用免疫抑制剂具有百倍于一般人群的癌症发病率。艾滋病患者因获得性免疫缺陷，约有 20%发生 Kaposi 肉瘤。美国明尼苏达大学的免疫缺陷癌症登记处 1973—1986 年登记了 491 例恶性肿瘤，其中淋巴瘤 249 例(50.7%)，白血病 62 例(12.6%)，各种腺癌 45 例(9.2%)，霍奇金氏病 43 例(8.8%)，其他恶性肿瘤 92 例(18.7%)。以上事实说明机体内免疫监视失职，患癌的危险性显著增高。免疫监视功能由遗传控制，但可受后天因素的影响。营养不平衡、微生物感染、激素平衡失调以至应激状态等对机体免疫系统都可产生不利的影响。

据国内外报道，致癌物和促癌物普遍地具有免疫抑制作用，故癌的免疫预防是合理的，微量元素硒和维甲类化合物，同时具有较强的抗癌变和促免疫两重活性，代表了迄今最好的防癌剂。中药贞芪扶正冲剂等扶正培本药物具有明显的增强免疫功能的作用，临床研究显示能减少癌症复发延长寿命，能有效阻断食管上皮重度增生癌变的药物“增生平”也具有提高免疫功能和抗促癌的作用。

3. 基因预防 就当前癌基因研究进展来看，癌变是多基因病变。人体内的原癌基因通常处于受抑制状态，所以很安全，只是一旦受到环境因素如化学致癌物、放射线或病毒侵袭后，易被激活，从而产生大量癌性蛋白质，使细胞代谢异常，增殖和分化失调，最终癌变。除了原癌基因被激活以外，很多情况下，还需要抑癌基因发生突变、失活、缺失才能形成癌变。如果我们经研究掌握了关闭癌基因使抑癌基因恢复正常功能，那就可以在癌症未形成之前，经基因诊断，基因治疗，对癌症的预防具有根本性意义。

我国在 20 世纪 70－80 年代调查发现食管癌高发区存在明显的家族聚集性，有阳性家族史者患食管癌的风险增加 4～8 倍。遗传学分析提示在某高发区人群中约有 19%的居民拥有一隐性遗传的易感基因，可使约 4%的纯合个体易患此病。进一步确定和分离这些常见的易感基因，用以检测高发家族中的易感个体，对这些个体的早期预防极为有利。1991 年，King 通过经典的连锁分析把遗传性乳腺癌的易感基因定位在人类第 17 号染色体的长臂，是世界上分离疾病易感基因的重大成就。这意味着对于某些个体来说，很快就可以在出生前或幼年时即可做出是否将患癌症的判断。

第二节　乳腺癌的预防与治疗

一、乳腺癌概述

女性乳腺是由皮肤、纤维组织、乳腺腺体和脂肪组成的，乳腺癌是发生在乳腺上皮组织的恶性肿瘤。乳腺癌中99%发生在女性，男性仅占1%。

乳腺并不是维持人体生命活动的重要器官，原位乳腺癌并不致命。但由于乳腺癌细胞丧失了正常细胞的特性，细胞之间连接松散，容易脱落。癌细胞一旦脱落，游离的癌细胞可以随血液或淋巴液播散全身，形成转移，危及生命。目前乳腺癌已成为威胁女性身心健康的常见肿瘤。

全球乳腺癌发病率自20世纪70年代末开始一直呈上升趋势。美国每8名妇女中就会有1人患乳腺癌。中国不是乳腺癌的高发国家，但不宜乐观，近年我国乳腺癌发病率的增长速度竟高出高发国家1～2个百分点。据国家癌症中心和卫生部疾病预防控制局2012年公布的数据显示：全国肿瘤登记地区乳腺癌发病率位居女性恶性肿瘤的第1位，女性乳腺癌发病率全国合计约为42.55/10万，城市约为51.91/10万，农村约为23.12/10万。

乳腺癌已成为当前社会的重大公共卫生问题。自20世纪90年代全球乳腺癌死亡率呈现出下降趋势，究其原因，一是乳腺癌筛查工作的开展，使早期病例比例增加；二是乳腺癌综合治疗的开展，提高了疗效。乳腺癌已成为疗效最佳的实体肿瘤之一。

二、乳腺癌发病原因

乳腺癌的病因尚未完全清楚，研究发现乳腺癌的发病存在一定的规律性，具有乳腺癌高危因素的女性容易患乳腺癌。所谓高危因素是指与乳腺癌发病有关的各种危险因素，而大多数乳腺癌患者都具有的危险因素就称为乳腺癌的高危因素。据中国肿瘤登记年报显示：女性乳腺癌发病率0～24岁年龄段处较低水平，25岁后逐渐上升，50～54岁组达到高峰，55岁以后逐渐下降。

1. 月经初潮早绝经晚　月经初潮年龄小于12岁与大于17岁相比，乳癌发生的相对危险增加2.2倍。绝经年龄大于55岁比小于45岁者发生乳癌的危险性增加1倍。月经初潮早、绝经晚是乳癌最主要的两个危险因素。

2. 遗传因素　有研究发现，其母亲在绝经前曾患双侧乳癌的妇女，自身患乳癌的危险性为一般妇女的9倍，而且乳癌患者的第二代出现乳癌的平均年龄约比一般人提早10年。姐妹当中有患乳癌的女性，危险性为常人的3倍。需要强调的是，乳癌并不是直接遗传，而是一种“癌症素质”的遗传，乳癌患者的亲属并非一定患乳癌，只是比一般人患乳癌的可能性要大。

3. 婚育　流行病学研究表明，女性虽婚而不育或第一胎在30岁以后亦为不利因素，但未婚者发生乳癌的危险为婚者的2倍。专家认为，生育对乳腺有保护作用，但仅指在30岁以前有足月产者。近年来的研究认为，哺乳对乳癌的发生有保护作用，主要是对绝经前的妇女。

4. 电离辐射 乳腺是对电离辐射致癌活性较敏感的组织。年轻时为乳腺有丝分裂活动阶段，对电离辐射致癌效应最敏感，而电离辐射的效应有累加性，多次小剂量暴露与一次大剂量暴露的危险程度相同，具有剂量-效应关系。日本长崎原子弹爆炸时的幸存者中，患乳癌的比例明显增加，儿童及青少年时期接受过胸部放疗的，长大后患乳癌的机会也增加。

5. 不健康的饮食习惯 不健康的饮食习惯造成乳癌的患病率明显上升，乳癌的发病率和死亡率与人均消化脂肪量有较强的关系。有些公司职员高收入造成高生活水准，饮食上发生了改变，人们的饮食都主要以肉类和海鲜类产品为主，逐渐形成了现在比较“流行”的酸性体质。人们大多都形成不科学的、不健康的“高热量、高脂肪”饮食习惯，结果导致乳癌的发病率大大提高。

6. 不健康的生活方式 有些长期从事办公室工作的女性白领坐多动少，缺乏锻炼，接触阳光少，在阳光下多做运动多出汗，可以帮助排除体内多余的酸性垃圾。但现在人以车代步现象愈来愈多，运动量大大减少，长久便会导致酸性代谢物长期滞留在体内，导致体制的酸性化。大多数职业女性由于工作关系，长时间紧箍着乳罩，难得给乳腺“松绑”；还有些职业女性迫于工作的压力或追求事业的成功，过着单身贵族或丁克族生活，不成家，不要孩子。这些因素都与乳腺病有关。

7. 精神抑郁和过度紧张 据调查，性格内向，精神长期抑郁，人们的压力越来越大，而当这种压力得不到释放的时候便会对身体造成影响，从而导致体质的酸化。早期生活不幸福，是导致癌症的重要因素。都市年轻女性面临激烈的竞争压力，精神长期处于应激紧张状态，导致情绪上的不稳定，不平和。这些精神因素与不良生活工作方式加在一起对乳房造成进一步的伤害。

8. 激素 乳癌与人体内分泌平衡失调有关系，在各种内分泌因素中，最重要的是雌激素、孕激素。研究结果表明，雌激素刺激乳房腺体上皮细胞过度增生，是造成乳癌的重要原因，常使用激素用品(如口服避孕药)及妇女更年期激素替代治疗可增加乳癌的发病危险。

9. 药物 有些药物如降压药利血平、吩噻唑等及甾体类药物有增加乳癌患病率的作用。有些保健品、护肤品、化妆品中含有致癌成分，在使用中也要特别慎重。另外，空气中的有害成分，蔬菜、水果上的残留农药等，都具有不同程度的致癌成分。

三、乳腺癌主要症状

乳腺癌主要症状表现：乳腺肿块、乳腺疼痛、乳头溢液、乳头改变、皮肤改变、腋窝淋巴结肿大。只要广大女性能有较强的防癌意识，全面地理解和掌握这些知识，认真地做好自我检查，随着医疗保健水平的提高，癌症绝不是不治之症。

1. 乳腺肿块 乳腺肿块是乳腺癌最常见的症状,约 90%的患者是因该症状前来就诊的。随着肿瘤知识的普及,防癌普查的开展,这一比例或许还会增加。若乳腺出现肿块,应对以下几个方面加以了解。

(1)部位:乳腺以乳头为中心,做一十字交叉,可将乳腺分为内上、外上、内下、外下及中央(乳晕部)5 个区。而乳腺癌以外上多见,其次是内上。内下、外下较少见。

(2)数目:乳腺癌以单侧乳腺的单发肿块为多见,单侧多发肿块及原发双侧乳腺癌临床上并不多见。但随着肿瘤防治水平的提高,患者生存期不断延长,一侧乳腺癌术后,对侧乳腺发生第二个原发癌肿的机会将增多。

(3)大小:早期乳腺癌的肿块一般较小,有时与小叶增生或一些良性病变不易区分。但即使很小的肿块有时也会累及乳腺悬韧带,引起局部皮肤的凹陷或乳头回缩等症状,较易早期发现。以往因医疗保健水平较差,患者来就诊时,肿块往往较大。现今,随着乳腺自我检查的普及和普查工作的开展,临床上早期乳腺癌患者有所增多。

(4)活动度:肿块较小时,活动度较大,但这种活动是肿块与其周围组织一起活动,纤维腺瘤活动度不同。若肿瘤侵犯胸大肌筋膜,则活动度减弱;肿瘤进一步累及胸大肌,则活动消失。让患者双手叉腰挺胸使胸肌收缩,可见两侧乳腺明显不对称。晚期乳腺癌可侵及胸壁,且完全固定,肿瘤周围淋巴结受侵,皮肤水肿可以呈橘皮状,称“橘皮症”,肿瘤周围皮下出现的结节称“卫星结节”。

2. 乳腺疼痛 乳腺疼痛虽可见于多种乳腺疾病,但疼痛并不是乳腺肿瘤的常见症状,不论良性或恶性乳腺肿瘤通常总是无痛的。有研究显示,绝经后女性出现乳腺疼痛并伴有腺体增厚者,乳腺癌检出率将增高。当然,肿瘤伴有炎症时可有胀痛或压痛。肿瘤晚期若腋淋巴结肿大压迫或侵犯臂丛神经时可有肩部胀痛。

3. 乳头溢液 乳头溢液有生理性和病理性之分。生理性乳头溢液主要见于妊娠和哺乳期女性。病理性乳头溢液是指非生理状态下的乳腺导管泌液。通常所说的指后者。乳头溢液可因多种乳腺疾病引起,也较易被患者注意,是临床上约 10%的患者前来就诊的主要原因,在各种乳腺疾病的症状中,其发生率仅次于乳腺肿块和乳腺疼痛。

4. 乳头异常改变

(1)乳头糜烂:有一种乳腺派杰氏病的典型表现,常伴瘙痒,约 2/3 患者可伴有乳晕或乳房其他部位的肿块。起始,只有乳头脱屑或乳头小裂隙。乳头脱屑常伴有少量分泌物并结痂,揭去痂皮可见鲜红糜烂面,经久不愈。当整个乳头受累后,可进一步侵及周围组织,随着病变的进展,乳头可因之而整个消失。部分患者也可先出现乳腺肿块,之后出现乳头病变。

(2)乳头回缩:当肿瘤侵及乳头或乳晕下区时,乳腺的纤维组织和导管系统可因此而缩短,牵拉乳头,使其凹陷、偏向,甚至完全缩入乳晕后方。此时,患侧乳头常较健侧高。可能出现在早期乳腺癌,但有时也是晚期体征,主要取决于肿瘤的生长部位。当肿瘤在乳头下或附近时,早期即可出现;若肿瘤位于乳腺深部组织中,距乳头较远时,出现这一体征通常已是晚期。当然,乳头回缩、凹陷并非均是恶性病变,部分可因先天发育不良造成或慢性炎症引起，此时，乳头可用手指牵出，非固定。

5. 酒窝征 乳腺位于深浅两筋膜之间，浅筋膜的浅层与皮肤相连，深层附于胸大肌浅面。浅筋膜在乳腺组织内形成小叶间隔，即乳房悬韧带。当肿瘤侵及这些韧带时，可使之收缩，变短，牵拉皮肤形成凹陷，状如酒窝，故称“酒窝征”。当肿瘤较小时，可引起极轻微的皮肤粘连，不易察觉。此时，需在较好的采光条件下，轻托患乳，使其表面张力增大，在移动乳房时多可见肿瘤表面皮肤有轻微牵拉、凹陷等现象。如有此症状者应警惕乳腺癌可能，良性肿瘤很少有此症状。

6. 橘皮症 由于乳腺皮下淋巴管被肿瘤细胞阻塞或乳腺中央区被肿瘤细胞浸润，使乳腺淋巴管回流受阻，淋巴管内淋巴液积聚，皮肤变厚，毛囊口扩大、深陷而显示“橘皮样改变”(医学上称“橘皮症”)。在肥胖、下垂的乳房常见其外下方有轻度皮肤水肿，如双侧对称，乃因局部循环障碍所致；如为单侧，则要慎重，提防癌瘤可能。

四、乳腺癌的诊断方法

1. X 线检查 乳腺 X 线检查是乳腺癌诊断的常用方法，常见的乳腺疾病在 X 线片上表现一般可分为肿块或结节病变，钙化影及皮肤增厚征群，导管影改变等。肿块的密度较高，边缘有毛刺征象时对诊断十分有帮助。毛刺较长超过病灶直径时称为星形病变。X 线片中显示肿块常比临床触诊小，此为恶性征象之一。片中的钙化点应注意其形状、大小、密度，同时考虑钙化点的数量和分布。当钙化点群集时，尤其集中在 1 cm 范围内则乳腺癌的可能性很大。钙化点超过 10 个以上时，肿瘤恶性可能性很大。

2. 超声显像检查 超声显像检查无损伤性，可以反复应用。对乳腺组织较致密者用超声显像检查较有价值，但主要用途是鉴别肿块是囊性还是实性。超声检查对乳腺癌诊断的准确率为 80%～85%。癌肿向周围组织浸润而形成的强回声带，正常乳房结构破坏以及肿块上方局部皮肤增厚或凹陷等图像，均为诊断乳腺癌的重要参考指标。

3. 近红外线扫描 近红外线的波长为 600～900μm，易穿透软组织。利用红外线透过乳房不同密度组织显示出各种不同灰度影，从而显示乳房肿块。此外红外线对血红蛋白的敏感度强，乳房血管影显示清晰。乳腺癌常有局部血流增加，附近血管扩张，红外线对此有较好的图像显示，有助于诊断。

4. CT 检查 可用于不能触及的乳腺病变活检前定位，确诊乳腺癌的术前分期，检查乳腺后区、腋部及内乳淋巴结有无肿大，有助于制订治疗计划。

5. 肿瘤标志物检查 在癌变过程中，由肿瘤细胞产生、分泌，直接释放细胞组织成分，并以抗原、酶、激素或代谢产物的形式存在于肿瘤细胞内或宿主体液中，这类物质称肿瘤标志物。

(1)癌胚抗原(CEA)：为非特异性抗原，在许多肿瘤及非肿瘤疾病中都有升高，无鉴别诊断价值。可手术的乳腺癌术前检查 20%～30%的患者血中 CEA 含量升高，而晚期及转移性癌中则有 50%～70%的患者出现 CEA 高值。

(2)铁蛋白：血清铁蛋白反映体内铁的储存状态，在很多恶性肿瘤如白血病、胰腺癌、胃肠道肿瘤、乳腺癌中有铁蛋白的升高。

(3)单克隆抗体：用于乳腺癌诊断的单克隆抗体，对乳腺癌诊断符合率为 33.3%～57%。

6. 活体组织检查　乳腺癌必须明确诊断方可开始治疗，目前检查方法虽然很多，但至今只有活检所得的病理结果方能做唯一肯定诊断的依据。

(1)针吸活检：针吸细胞学检查简便、快速、安全，可代替部分组织冰冻切片，阳性率较高，在80%～90%，且可用于防癌普查。若临床诊断恶性而细胞学报告良性或可疑癌时，需选择手术活检以明确诊断。

(2)切取活检：由于本方法易促使癌瘤扩散，一般不主张用此法。只在晚期癌为确定病理类型时可考虑应用。

(3)切除活检：疑为恶性肿块时切除肿块及周围一定范围的组织即为切除活检，一般要求将肿瘤及其周围至少1 cm宽的组织尽可能完整切除。

五、乳腺癌的治疗

乳腺癌的外科治疗历史悠久，手术方式虽有各种变化，但治疗效果并无突破性改善。近10余年乳腺癌5年生存率开始有所改善，首先归功于早期发现、早期诊断，其次是术后综合辅助治疗的不断完善，所以要重视卫生宣教及普查。

(一)手术治疗

乳腺癌根治术是治疗乳腺癌的标准术式。目前应用的5种手术方式均属治疗性手术，而不是姑息性手术。

1. 乳腺癌根治术　乳癌根治术是针对乳癌患者采取的常见的外科治疗手段，也是乳癌患者首选的治疗方案。根治术的范围是将整个患病的乳腺连同癌瘤周围5 cm宽的皮肤、乳腺周围脂肪组织、胸大小肌和其筋膜以及腋窝、锁骨下所有脂肪组织和淋巴结整块切除。

2. 乳腺癌改良根治术　随着普查及卫生宣教的广泛开展，早期病例的发现大大增加，改良根治术随之广泛开展，其治疗效果等同于根治术，因此20世纪70年代以来，渐渐成为乳腺癌外科治疗的标准术式。切口依肿瘤所在部位及乳房的大小、形态设计，自下内开始向上外将乳腺连同其深面的胸大肌筋膜一并分离，直至胸大肌外缘下，清扫胸大肌间淋巴结加清扫腋淋巴结。

3. 保留乳房的乳腺癌切除术　保乳术，是指早期乳腺癌保乳术和放、化疗的综合治疗。无论在局部和区域控制率方面，还是在长期生存率方面，均与根治术或改良根治术相同，保乳术及术后综合治疗已成为治疗早期乳腺癌的主要方法之一。

乳腺癌为全身性疾病，早期乳腺癌手术切除范围的大小，对患者预后影响不大；现代肿瘤治疗的原则是在根治的同时注重保存和改善患者的生存质量，反映在乳腺癌的治疗上，就是手术切除范围趋向缩小。

关于手术方式的选择目前尚有分歧，但没有一个手术方式能适合各种情况的乳腺癌。手术方式的选择还应根据病理分型、疾病分期及辅助治疗的条件而定。对可行切除术的乳腺癌患者，手术应达到局部及区域淋巴结能最大程度的清除，以提高生存率，然后再考虑外观及功能。对Ⅰ、Ⅱ期乳腺癌可采用乳腺癌改良根治术及保留乳房的乳腺癌切除术。

(二)化学药物治疗

乳腺癌是实体瘤中应用化疗最有效的肿瘤之一，化疗在整个治疗中占有重要地位。

由于手术尽量去除了肿瘤负荷，残存的肿瘤细胞易被化学抗癌药物杀灭。一般认为辅助化疗应予术后早期应用，联合化疗的效果优于单药化疗，辅助化疗应达到一定剂量，治疗期不宜过长，以 6 个月左右为宜，达到杀灭亚临床型转移灶的目的。

常用的有 CMF 方案（环磷酰胺、甲氨蝶呤、氟尿嘧啶）。因单药应用阿霉素的效果优于其他抗癌药，所以对肿瘤分化差、分期晚的病例可应用 CAF 方案（环磷酰胺、阿霉素、氟尿嘧啶）。化疗期间应定期检查肝、肾功能，每次化疗前要查白细胞计数，如白细胞$<3\times10^{9}/L$，应延长用药间隔时间。应用阿霉素者要注意心脏毒性。

（三）内分泌治疗

三苯氧胺系抗雌激素药物，可抑制肿瘤细胞生长。三苯氧胺的用量为每天 20 mg，至少服用 3 年，一般服用 5 年。该药安全有效，副作用有潮热、恶心、呕吐、静脉血栓形成、眼部副作用、阴道干燥或分泌物多。长期应用后少数病例可能发生子宫内膜癌。

（四）放射治疗

是乳腺癌局部治疗的手段之一。在保留乳房的乳腺癌手术后，放射治疗是一重要治疗方式，肿块局部广泛切除后应给予较高剂量放射治疗。单纯乳房切除术后可根据患者年龄与疾病分期、分类等情况，决定是否应用放疗。根治术后是否应用放疗，多数认为对Ⅰ期病例无益，对Ⅱ期以后病例可能降低局部复发率。

六、乳腺癌的预防

改变一些生活方式，可有效降低患乳腺癌的风险。

1. 向临床医生咨询乳房相关检查科目 向临床医生详细咨询，什么时候开始进行乳房临床检查和自我检查，并进行这些检查项目的利弊分析，最后制定出最合适自己的个性化检查科目。

2. 自我检查 向医生咨询如何进行乳房自我检查，比如有无肿块或其他异常症状，虽然自我检查起不到预防乳腺癌的作用，但能及时发现乳房有无异常。

3. 饮酒要适度 饮酒对于女性来说，其危害要比男性大得多，饮酒妇女患乳癌的危险性较很少饮酒者高，每日饮酒 1 杯或 1 杯以上者，乳癌危险性比很少饮酒者增高 45% 以上，这种危险性在绝经前妇女中最为显著。

4. 适量运动 运动可以使女性体内的雌激素水平下降，减少排卵次数，尤其是使能生成雌激素的腹部脂肪积聚减少，让免疫系统功能处于良好状态。

5. 避免长期补充雌激素 更年期后，长期服用雌激素可增加乳腺癌的危险性；应避免服用或尽量缩小服用的剂量。

6. 控制体重 肥胖是患乳腺癌的高发因素。研究发现，癌细胞最初处于“起始”状态，只有当其受到“刺激”之后，才能迅速增殖而发病。高脂肪饮食是乳腺癌的促发“刺激”剂，长期大量摄取脂肪，可使机体产生大量类雌激素及前列腺素样物质，这类物质过量可刺激癌肿的生长。

7. 高风险女性的预防建议 如果一旦医生通过家族史及其他风险因素，发现其有患乳腺癌的高风险，那么以下措施可有效降低本病的发病风险：

（1）药物预防：服用一些抗雌激素药物可降低乳腺癌的发病风险，比如他莫昔芬（一种抗雌激素)、雷洛昔芬(一种选择性雌激素受体调节剂)等。同时这些药物本身就有一些副作用,所以医生只会给乳腺癌高风险人群开这类药物。

(2)手术预防:这类女性可选择切除乳房或卵巢来降低乳腺癌及卵巢癌的发病风险。

第三节　宫颈癌的治疗与预防

一、概述

宫颈癌是指发生在子宫阴道部及宫颈管的恶性肿瘤,是女性常见恶性肿瘤之一。在全球范围内,每年约有20多万女性死于宫颈癌。我国每年新发现的病例为13.15万。近年来其发病率有明显上升趋势,且患者趋于年轻化。宫颈癌是目前威胁女性健康的主要疾病,在全世界范围内也是导致女性死亡的第二大癌症。世界上每2 min就有一位妇女死于宫颈癌。我国宫颈癌发病率和死亡率都很高,每年有15万新发病例,发病年龄一般在40～60岁,每年约有10万名妇女死于宫颈癌,属于最严重的肿瘤之一。

二、宫颈癌发病原因

宫颈癌是目前唯一病因明确,可以彻底根除的癌症。

20世纪70年代末,Hausen首先提出人乳头瘤病毒(HPV)可能是宫颈癌的致癌病毒;1977年,Lavery在电镜中观察到宫颈癌活检组织中存在人乳头瘤病毒颗粒;1989年左右,Keerti Shah等发现99.7%的宫颈癌与HPV感染有关,证实了宫颈癌与HPV感染有直接关系。1995年国际癌症研究机构(IARC)专题讨论会认为HPV感染是宫颈癌的主要原因。HPV感染是宫颈癌发生的必要条件,其相对危险度或危险度比值比高达250,归因危险百分比超过95%;HPV阴性者几乎不会发生宫颈癌。2005年IARC/WHO推荐HPV检测可以用于宫颈癌筛查。2008年10月6日公布Hausen获诺贝尔生理学或医学奖。

(一)HPV传播途径

1. 性接触传播　丈夫阴茎HPV的存在可使妻子宫颈受染的危险增加9倍,相同的HPV型别可以在性伴侣中检出。与此相反,处女通常检测不到HPV感染。

2. 非性直接接触感染　通过接触病变部位及患者分泌物感染。

3. 间接接触　通过患者的衣物和用品感染。

4. 医源性感染　医务人员在治疗护理时防护不好,造成自身感染或通过医务人员传给患者。

5. 母婴传播　在分娩过程中通过产道直接接触传播,还可以通过血液、羊水及胎盘传播,或者可能通过婴儿出生后与携带HPV的母亲密切接触传染。

(二)HPV感染的高危人群

1. 性行为　初次性交在16岁以前者下生殖道发育未成熟,对致癌因素较敏感,其发病风险是20岁以上者的2倍。性伴侣越多,妇女患宫颈癌的危险性越大。

2. 月经及分娩因素　阴道分娩次数过多使宫颈癌发病危险性增加。其他因素还有经期卫生不良,经期延长,早婚、早育等。

3. 性传播疾病 性传播疾病导致的宫颈炎症对宫颈的长期刺激。

4. 吸烟 摄入尼古丁会降低机体的免疫力,影响对 HPV 感染的清除,导致宫颈癌特别是鳞癌的发病风险增加。

5. 长期服用口服避孕药 口服避孕药 8 年以上,宫颈癌特别是腺癌的发病风险增加 2 倍。

6. 免疫缺陷与抑制 HIV 感染导致免疫缺陷和器官移植术后长期服用免疫抑制药导致宫颈癌的发生率升高。

7. 有宫颈病变 长期慢性宫颈炎、宫颈癌前病变、宫颈癌、子宫内膜癌、阴道癌或外阴癌。

(三)HPV 感染潜伏期与发病期

低危型 HPV 感染平均持续时间是 4.8 个月,高危型 HPV 感染平均持续时间是 8 个月。HPV 感染最常见的结局是没有明显的临床表现,绝大部分会被机体免疫力自动清除,只有持续的高危型的 HPV 感染才会发生癌前病变或宫颈癌。一般平均 8～24 个月可发生轻度、中度和重度的宫颈癌前病变(CIN1、CIN2 和 CIN3);再平均 5～10 年才可发生浸润癌,只要早查早治,是完全可以避免死于宫颈癌的(图 15-5)。

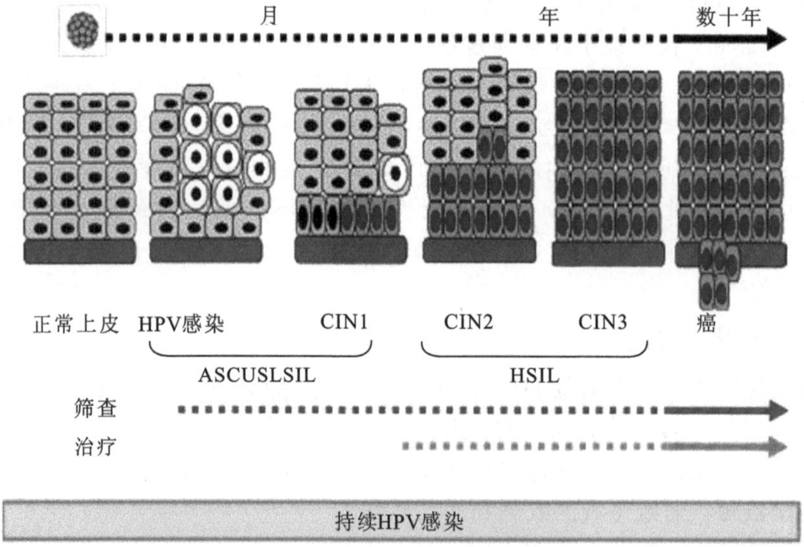

图 15-5 HPV 感染与子宫颈癌的预防

三、宫颈癌临床表现

宫颈癌的早期患者一般没有任何自觉症状,继续发展,可出现以下症状:接触性出血,阴道分泌物增多,分泌物呈淡血性并伴有臭味;晚期可出现腰腿痛和下腹痛、下肢肿胀、排便排尿困难或者尿血、便血等症状。所以定期进行宫颈癌筛查十分必要。

（一）症状

1. 阴道流血　年轻患者常表现为接触性出血，发生在性生活、妇科检查及便后，出血量可多可少，一般根据病灶大小，侵及间质内血管的情况而定。早期出血量少，晚期病灶较大表现为大量出血，一旦侵蚀较大血管可能引起致命性大出血，年轻患者也可表现为经期延长，周期缩短，经量增多等，老年患者常主诉绝经后发生不规则阴道流血。

2. 阴道排液　患者常诉阴道排液增多，是白色或血性，稀薄如水样或米汤样，有腥臭味。晚期因癌组织破溃、组织坏死、继发感染等，有大量脓性或米汤样恶臭白带排出。

3. 晚期癌的症状　根据病灶侵犯范围出现继发性症状，病灶波及盆腔结缔组织、骨盆壁、压迫输尿管或直肠、坐骨神经时，常伴尿频、尿急、肛门坠胀、大便秘结、里急后重、下肢肿痛等，严重时导致输尿管梗阻，肾盂积水，最后引起尿毒症。到了疾病末期，患者可出现消瘦、贫血、发热及全身衰竭。

（二）体征

宫颈上皮内瘤样病变、镜下早期浸润癌及极早期宫颈浸润癌，局部无明显病灶，宫颈光滑或轻度糜烂如一般宫颈炎表现。

随着宫颈浸润癌的生长发展，不同类型病变的局部体征亦不同。外生型见宫颈赘生物向外生长，呈息肉状或乳头状突起，继而向阴道突起形成菜花状赘生物，表面不规则，合并感染时表面覆有灰白色渗出物，触之易出血。内生型则见宫颈肥大、质硬，宫颈管膨大如桶状，宫颈表面光滑或有浅表溃疡。

晚期由于癌组织坏死脱落，形成凹陷性溃疡，整个宫颈有时被空洞替代，并覆有灰褐色坏死组织，伴有恶臭。癌灶浸润阴道壁见阴道壁有赘生物，向两侧旁组织侵犯，妇科检查见两侧增厚，呈结节状，质地与癌组织相似，有时浸润达盆壁，形成冰冻骨盆。

四、宫颈癌筛查

95%～99.7%的宫颈癌与感染高危型 HPV 病毒有关，因此宫颈癌是目前所有癌症中唯一病因明确的肿瘤，WHO 认为“宫颈癌是第一个有望可以预防的妇科肿瘤”。

（一）宫颈癌普查方法

1. 膜式液基薄层细胞学（TCT）　目前全球运用范围最广、用于子宫颈癌癌前筛查最可靠和最成熟的方法之一，TCT 将检出率提高了 60%左右。薄层细胞检测是采用薄层细胞检测系统检测宫颈细胞并进行细胞学分类诊断，它是目前国际上较先进的一种宫颈癌细胞学检查技术，与传统的宫颈刮片巴氏涂片检查相比明显提高了标本的满意度及宫颈异常细胞检出率。TCT 是卫生部门的“十年百项”PCC 项目之一，其特点为敏感度低、特异度高。

TCT 通过采集阴道或宫颈分泌物，获得脱落细胞后将其浸入细胞处理试剂中进行处理，试剂中的裂解成分能对红细胞进行裂解，去除红细胞对检验结果造成的干扰；同时试剂中的固定成分能保存固定白细胞、脱落上皮细胞等有价值的细胞；并使包裹在黏液中的有效细胞充分分离出来，防止有价值细胞的丢失。将有效细胞制备成细胞悬液，最后通过过滤离心方法清除黏液对制片的干扰，制成脱落细胞薄片。可用 HE 染色、巴氏染色或其他免疫组织化学染色等方法使细胞着色，再通过人工观察分析来检查阴道或宫颈的细胞形态，诊断子宫颈癌及其前期变化、人乳头瘤病毒和单纯疱疹病毒感染。

2. HPV-DNA 检测 也称 HC-II(核酸杂交检测)。原理：在分子水平采用基因杂交-化学发光-信号放大的检测技术。HPV 可分为高危型和低危型两种，长期持续感染高危型可以致癌，危害生命。低危型 HPV 可导致生殖器尖锐湿疣，影响生活质量。同时，有一定比例的低危型感染还伴有高危型混合感染。因此，临床尖锐湿疣患者进行高危及低危 HPV 病毒检测非常重要。高危型 HPV 导致癌病的机会较高，科学研究发现至少有 20 种高危型 HPV 与 95%的早期浸润和浸润性子宫颈癌有关。HPV 感染，特别是高危型 HPV 感染，与宫颈癌的发生存在明确关系。

检测方法简单且效率高：高危 HPV 检测敏感度高(98%)，阴性预测值高(99%)。如 HPV-DNA 检测阴性，该妇女在 5～10 年内患宫颈癌的机会几乎为零。

特点：有统一的临床判定标准(≥1.0 pg/mL 为阳性)，重复性好；操作不受采集样本的影响，不受操作环境的误差影响；检测范围广，可同时检测 13 种高危型。

3. HPV 分型检测 欧洲妇产科传染科协会已将 HPV 的检测列为宫颈癌的普查项目，目前正在进行大规模评估。美国癌症协会也将 HPV 检测与 TCT 检查相结合用于 30 岁以上的妇女普查，两种检查均阴性，每 3 年复查 1 次；若 HPV 阳性，每 1 年复查 1 次。

(二)我国宫颈癌的筛查方案

1. 我国宫颈癌筛查指南性建议 筛查对象：有 3 年以上性行为或 21 岁以上有性行为的妇女。

筛查起始时间：经济发达地区 25～30 岁，经济不发达地区 35～40 岁，高危人群年龄适当提前；终止时间：65 岁。

2. 最佳筛查方案 我国经济发达地区和(或)经济条件较好妇女，建议采用 HPV 检测＋细胞学检查(TBS 分级)。

3. 一般筛查方案 我国中等发展地区妇女，建议采用 HPV 检测＋传统巴氏涂片(TBS 分级)。

4. 基本筛查方案 贫穷落后、卫生资源缺乏的地区，建议采用醋酸或碘染色后肉眼观察(VIA/VILI)。

五、宫颈癌治疗

根据临床分期、患者年龄、生育要求、全身情况、医疗技术水平及设备条件等综合考虑制定适当的个体化治疗方案。采用以手术和放疗为主、化疗为辅的综合治疗方案。

(一)手术治疗

手术主要用于早期宫颈癌患者。

常用术式：全子宫切除术；次广泛全子宫切除术及盆腔淋巴结清扫术；广泛全子宫切除术及盆腔淋巴结清扫术；腹主动脉旁淋巴切除或取样。年轻患者卵巢正常可保留。对要求保留生育功能的年轻患者，属于特别早期的可行宫颈锥形切除术或根治性宫颈切除术。根据患者不同分期选用不同的术式。

（二）放射治疗

适用范围：①中晚期患者；②全身情况不适宜手术的早期患者；③宫颈大块病灶的术前放疗；④手术治疗后病理检查发现有高危因素的辅助治疗。

（三）化疗

主要用于晚期或复发转移的患者，近年也采用手术联合术前新辅助化疗（静脉或动脉灌注化疗）来缩小肿瘤病灶及控制亚临床转移，也用于放疗增敏。常用化疗药物有顺铂、卡铂、紫杉醇、博来霉素、异环磷酰胺、氟尿嘧啶等。

六、宫颈癌的预防

1. 宫颈癌疾病和一些妇科炎症有关，因此需积极预防并治疗宫颈糜烂和慢性子宫颈炎等症，分娩时注意避免宫颈裂伤，如有裂伤应及时修补。

2. 男方有包茎或包皮过长者，应注意局部清洗，最好做包皮环切术，这样不仅能减少妻子患子宫颈癌的危险，也能预防自身阴茎癌的发生。

3. 预防宫颈癌疾病，提倡晚婚和少生、优生。推迟性生活的开始年龄，减少生育次数，可以有效地减少宫颈癌的发病率。

4. 生活中，对宫颈癌高危人群，包括性生活过早、过多及生育过早、过多、过密的妇女，有乱交滥交及多个性伴侣和不洁性生活史的妇女，卫生条件落后、性保健知识缺乏地区的妇女，有宫颈糜烂、撕裂、慢性炎症及阴道感染等症的妇女，配偶有包皮过长或包茎的妇女，应特别重视定期普查，一旦发现宫颈癌前病变后，需要及时的治疗，防止宫颈癌疾病的发生。

5. 注意性卫生和经期卫生。适当节制性生活，月经期和产褥期不宜性交，注意双方生殖器官的清洁卫生，性交时最好戴安全套，减少并杜绝多个性伴侣，可以防止宫颈癌疾病。

6. 接种疫苗。美国 FDA 推荐 HPV 疫苗使用的年龄在 9～26 岁未发生性行为时，其他人根据情况可以使用。宫颈癌的预防性疫苗，在经历长达 10 多年的临床研究后，终获美国 FDA 批准上市。包括已净化并且未激活的来自 4 种最常见的 HPV 类型的蛋白质：低危型 HPV6、11 型和高危型 HPV16、18 型。我国目前也有 HPV 疫苗上市。

第四节　肺癌的治疗与预防

一、概述

肺癌发生于支气管黏膜上皮，亦称支气管癌。近 50 年来许多国家都报道肺癌的发病率明显增高，在男性癌瘤患者中，肺癌已居首位。肺癌的病因至今尚不完全明确，大量资料表明,长期大量吸烟是肺癌的一个重要致病因素。城市居民肺癌的发病率比农村高,这可能与大气污染和烟尘中含有致癌物质有关。因此应该提倡不吸烟,并加强城市环境卫生工作。

二、肺癌发病原因

(一)吸烟

大量研究表明,吸烟是肺癌死亡率进行性增加的首要原因。烟雾中的苯并芘、尼古丁、亚硝胺和少量放射性元素钋等均有致癌作用,尤其易致鳞状上皮细胞癌和未分化小细胞癌。与不吸烟者比较,吸烟者发生肺癌的危险性平均高4～10倍,重度吸烟者可达10～25倍。吸烟量与肺癌之间存在着明显的量效关系,开始吸烟的年龄越小,吸烟时间越长,吸烟量越大,肺癌的发病率越高。

被动吸烟或环境吸烟也是肺癌的病因之一。丈夫吸烟的非吸烟妻子中,发生肺癌的危险性为夫妻均不吸烟家庭中妻子的2倍,而且其危险性随丈夫的吸烟量而升高。

(二)职业致癌因子

已被确认的致人类肺癌的物质包括石棉、砷、铬、镍、铍、煤焦油、芥子气、三氯甲醚、氯甲甲醚、烟草的加热产物以及铀、镭等放射性物质衰变时产生的氡和氡子气,电离辐射和微波辐射等。接触这些物质可使肺癌发生危险性增加3～30倍。其中石棉是公认的致癌物质,接触者肺癌、胸膜和腹膜间皮瘤的发病率明显增高,潜伏期可达20年或更久。接触石棉的吸烟者的肺癌死亡率为非接触吸烟者的8倍。此外,铀暴露和肺癌发生之间也有很密切的关系,特别是小细胞肺癌,吸烟可明显加重这一危险。

(三)空气污染

空气污染包括室内小环境和室外大环境污染,室内被动吸烟、燃料燃烧和烹调过程中均可能产生致癌物。有资料表明,室内用煤、接触煤烟或其不完全燃烧物为肺癌的危险因素,特别是对女性肺癌的影响较大。烹调时加热所释放出的油烟雾也是不可忽视的致癌因素。在重工业城市大气中,存在着3,4-苯并芘、氧化亚砷、放射性物质、镍、铬化合物以及不燃的脂肪族碳氢化合物等致癌物质。污染严重的大城市居民每日吸入空气含有的苯并芘量可超过20支纸烟的含量,严重增加肺癌发生率。

(四)电离辐射

大剂量电离辐射可引起肺癌,不同射线产生的效应也不同,如在日本广岛原子弹释放的是中子和α射线,长崎则仅有α射线,前者患肺癌的危险性高于后者。美国1978年报告一般人群中电离辐射的来源约49.6%来自自然界,44.6%为医疗照射,来自X线诊断的电离辐射可占36.7%。

(五)饮食与营养

一些研究已表明较少食用含β胡萝卜素的蔬菜和水果,肺癌发生的危险性升高。血清中β胡萝卜素水平低的人,肺癌发生的危险性也高。流行病学调查资料也表明,较多地食用含β胡萝卜素的绿色、黄色和橘黄色的蔬菜和水果及含维生素A的食物,可减少肺癌发生的危险性，这一保护作用对于正在吸烟的人或既往吸烟者特别明显。

（六）其他诱发因素

美国癌症学会将结核列为肺癌的发病因素之一。有结核病者患肺癌的危险性是正常人群的10倍，其主要组织学类型是腺癌。此外，病毒感染、真菌毒素（黄曲霉）等，对肺癌的发生可能也起一定作用。

三、肺癌临床表现

肺癌患者大多数是男性，男与女之比为4∶1～8∶1，患者年龄大多在40岁以上。

肺癌的临床表现与癌肿的部位、大小、是否压迫、侵犯邻近器官以及有无转移等情况有着密切关系。早期肺癌特别是周围型肺癌往往不产生任何症状，大多在胸部X线检查时发现。癌肿在较大的支气管内长大后，常常产生刺激性咳嗽，大多有阵发性干咳或仅有少量白色泡沫痰，极易被误认为伤风感冒。癌肿继续长大会影响支气管引流，继发肺部感染时，可以有脓性痰液，痰量也较前增多。另一个常见症状是血痰，通常为痰中带血点、血丝或断续的少量咯血，大量咯血则很少见。有的肺癌患者，由于肿瘤造成较大的支气管不同程度的阻塞，可以在临床上呈现胸闷、哮鸣、气促、发热和轻度胸痛等症状。

晚期肺癌压迫侵犯邻近器官组织或发生远处转移时，可以产生下列症状：压迫或侵犯膈神经，引起同侧膈肌麻痹；压迫或侵犯喉返神经，引起声带麻痹，声音嘶哑；压迫上腔静脉，引起面部、颈部、上肢和上胸部静脉怒张，组织水肿，上肢静脉压升高；侵犯胸膜，可引起胸膜腔积液，积液常呈血性。此外，癌肿侵犯胸膜及胸壁，可以引起持续剧烈的胸痛；癌肿侵入纵隔，压迫食管，可引起吞咽困难。

四、肺癌的治疗方法

肺癌的治疗主要是以手术治疗为主，放化疗为辅的综合治疗。在选择治疗方案时，应从患者全身情况，肺癌的临床病期、病理分型，有无重要的并发症来综合考虑。非小细胞肺癌首选手术治疗，小细胞肺癌首选化疗。以下是几种常见的肺癌治疗方法。

（一）手术治疗

1. 手术适应证　临床Ⅰ期、Ⅱ期和部分ⅢA期的非小细胞肺癌；ⅢA期肺癌经新辅助治疗和适用于手术切除者；局限期小细胞肺癌经化疗后取得缓解者。

2. 手术术式　以肺叶切除加肺门纵隔淋巴结清扫为首先术式。其他术式包括全肺切除术、肺局部切除术、扩大性肺切除术、气管支气管和（或）血管成型肺切除术。各类术式的选择必须按照最大限度切除肿瘤、最大限度保留肺组织的原则，根据具体情况决定。

3. 手术禁忌证　严重心、肺、肝、肾功能损害；严重糖尿病；有远处转移者。

（二）化学治疗

1. 小细胞肺癌的化疗　小细胞肺癌对化疗高度敏感，因此，其被列为有可能用化疗治愈的疾病。小细胞肺癌目前的标准化疗方案为EP，近年公认较好的方案还有IP。

2. 非小细胞肺癌的化疗　非小细胞肺癌对化疗的敏感性不如小细胞肺癌。目前对非小细胞肺癌化疗的共识有早期肺癌可采用辅助化疗，局部晚期肺癌采用新辅助化疗或辅助化疗或同步化放疗，晚期肺癌采用姑息化疗。化疗方案以两药联合含铂方案为标准方案，化疗周期为4～6个周期，首个化疗方案治疗失败后可考虑二线化疗。目前常用的化疗方案有EP、NP、GP、TP、DP、PP。二线化疗的标准方案为多西紫杉醇或培美曲塞二钠单药化疗。

（三）放射治疗

放射治疗是肺癌的重要治疗方法之一，尤其是临床Ⅰ期、Ⅱ期的肺癌患者，如果因各种原因不能或不愿手术者，应选择放射治疗。肺癌的放射治疗分为以下3种。

1. 根治性放射治疗 以达到消灭原发性肺癌病灶及其区域转移淋巴结、使患者恢复健康为目的。

2. 姑息性放射治疗 以抑制肿瘤生长、减轻痛苦、改善生活质量为目的。

3. 综合性放射治疗 分为术前放射治疗、术中放射治疗和术后放射治疗。

（四）靶向治疗

靶向治疗是指针对那些促进癌症发生发展的缺陷基因和蛋白的治疗方法。在某些肺癌细胞中，这些异常蛋白通常大量存在。目前可应用于肺癌的分子靶向药物有抑制T-细胞增殖和细胞因子产生的免疫疗法PD-1抑制剂（健痊得等）、表皮生长因子受体络氨酸激酶（EGFR-TKI）抑制剂（吉非替尼、厄洛替尼等）、ALK抑制剂（克唑替尼）和抗血管生成剂（贝伐单抗）。

五、肺癌的预防

肺癌的预防应采取三级预防。第一级预防又称病因预防，是在疾病未发生时针对病因采取的措施，加强对病因的研究，减少对危险因素的接触，是一级预防的根本。第二级预防又称“三早预防”，包括早发现、早诊断和早治疗。第三级预防是在疾病的临床期为了减少疾病的危害而采取的措施，主要包括对症治疗和康复治疗，目的是为了防止伤残和促进功能恢复，提高生存质量，延长寿命，降低病死率。

（一）肺癌的一级预防

关于肺癌的病因和危险因素的研究比较充分，主要包括吸烟、环境空气污染、职业因素和遗传易感性等，并且肺癌进展迅速且预后不良，缺乏有效的二期预防措施，故对肺癌的预防应把一级预防放在第一位。

1. 控制吸烟 如前所述，吸烟是导致肺癌的最主要原因，在我国，虽然有一些地方特别是大城市实施了在公共场所禁止吸烟的条例，但还很不完善，人们对吸烟危害性的认识远远不足，男性吸烟率居高不下，一些地方尤其在北方仍有相当比例的妇女吸烟。因此控制吸烟是一级预防的首要措施。

（1）加强宣传，有组织、有计划地在群众中开展吸烟有害健康、防癌就要坚决不吸烟和戒烟的健康教育。从小学开始在课程中加进吸烟危害健康的内容，医务人员、学校的教师、文艺体育工作者、新闻工作者、各级行政领导干部作为广大群众的榜样应该带头不吸烟。

(2)通过制订法律和相关条例，如禁止在公共场所吸烟、禁止售烟给未成年人、禁止做烟草广告。

(3)提高烟税和卷烟的价格。

2. 改善环境　改善室内外的空气质量是预防肺癌的另一重要手段，这方面需要国家政府部门和广大人民群众共同的参与。我国生态大环境的改变要依靠国家政府部门加大生态环保力度，1991 年，国务院颁布了《大气污染防治实施细则》，对于预防肺癌和其他有关疾病，起到了很重要的作用。小环境的营造必须依靠广大群众自身的努力，如加强居室内的有效通风，采用空气净化装置，选用环保型室内装修材料，烹调时选择合适的油类并使用油烟机，预防吸入有害气体等。

(1)政府部门对工矿企业要监督管理。

(2)改革生产工艺，减少粉尘烟雾，降低环境中有害物质浓度，不断提高生产自动化、机械化、密闭化的程度，生产者避免或减少直接接触已知致癌因素。

(3)加强个人防护，生产时注意正规操作，生产后换下工作服，工作服不带回家。

(4)定期监测环境中有害物质浓度，不得超过国家允许标准，及时采取有效防护措施。

(5)定期查体，如发现与职业有关癌前病变或早期癌，应及时治疗，并调离有致癌因素的职业环境。

3. 饮食预防与化学预防　肺癌的化学预防旨在通过使用药物、食物或营养成分来干预癌前病变、预防肺癌发生来达到预防和控制肺癌的目的。

研究证实多吃各种绿叶蔬菜和番茄(西红柿)对预防肺癌有明显作用。研究人员观察到蔬菜中的黄体素、番茄红色素和吲哚及其他蔬菜成分对人体有抗癌作用。齐勒等发现十字花科蔬菜(如油菜、菜花菜、卷心菜、大白菜、甘蓝、花椰菜等)对肺癌的防护作用非常突出。美国癌症研究所和中国医学科学院肿瘤研究所在云锡矿工肺癌的研究中，除发现与上述相同的结果外，还发现葱蒜类对肺癌的防护作用，其有效成分可能是类胡萝卜素及其复合物。研究发现多吃豆腐，适量吃肉类和蛋类也有防护作用。

维生素 A 能维持细胞膜完整性，维持上皮组织正常代谢，阻断细胞癌变过程，加速细胞核 DNA 修复，对基因表达具有调控作用。格拉汉在夏威夷多民族人群中研究发现，每月摄入维生素 A 少于 25000IU 者，患肺鳞癌的危险性高于每月摄入大于 15 万 IU 者。维生素 A 的衍生物和胡萝卜素及类胡萝卜素预防肺癌的作用应引起注意。胡萝卜素广泛存在于蔬菜和水果中，流行病学研究表明，饮食和血浆中胡萝卜素含量和肺癌发生率呈负相关，一些动物实验中也可观察到胡萝卜素可以抑制癌变，但美国 NCI 资助的两项胡萝卜素预防肺癌的研究表明其会增加吸烟者肺癌发生率，因此目前不提倡补充过量的胡萝卜素以预防肺癌。

(二)肺癌的二级预防

肺癌初筛及早期诊断主要应用 X 线检查(透视、胸小片、胸正侧位片、断层片、CT 片)、痰脱落细胞学检查、纤维支气管镜检查等。美国曾在 70～80 年代进行过 3 个大样本的随机对照临床试验以评价痰细胞和X射线检查在肺癌普查中的作用，由于不能显著降低肺癌的死亡率而不主张对一般人群进行筛查。随着人类基因组计划的完成和蛋白质组研究的开始，许多相关的新技术和新方法不断出现，寻找理想的肿瘤标志物用于常见肿瘤的筛查、早诊、预后判断及指导个体治疗都已逐渐成为可能，从而能预测个体患肺癌的风险度，并对患者进行早诊早治。

（三）肺癌的三级预防

虽然近年来肺癌的临床治疗方面有较大进展，但由于目前缺乏简便实用、行之有效的能为肺癌患者快速做出正确诊断的方法，一般病理诊断时多已为中晚期，失去了早诊早治的机会，以及肺癌自身的特点，故肺癌的5年相对生存率仍较低，一般低于15%。三级预防主要是对肺癌患者进行综合有效的治疗，防止肿瘤复发和转移，注重康复、姑息和止痛治疗，进行生理、心理、营养和锻炼指导，尽量提高患者的生存率和生存质量。

肺癌是可以预防的，尽管由于我国存在人口老龄化、有吸烟等不良生活方式的人较多等问题，我国的肺癌死亡率将继续上升一段时间，但只要我们坚持不懈，重视癌症的预防工作，未来对肺癌的防治会有更好的成效。

第五节　肝癌的预防与治疗

一、概述

肝癌是我国最常见的恶性肿瘤之一。在我国，肝癌占恶性肿瘤发病率第三位。最新资料显示，目前全世界每年新发肝癌患者达100多万例，我国约占一半，其死亡率居恶性肿瘤第二位，而西北是肝癌的高发区。

在我国80%以上的肝癌患者都合并有肝硬化，而肝癌能长大说明肝硬化程度并不重，残留肝能够代偿。若肝硬化程度严重，癌灶未能长大，肝功能就已经失代偿导致患者死亡。

肝癌是肝脏恶性肿瘤，原发性肝癌分为肝细胞癌、胆管细胞癌和混合细胞癌3种组织学类型。肝细胞癌在我国占原发性肝癌的95%以上，起源于肝细胞。肝细胞癌还可分为梁索型、腺样型、实体型和硬化型4种组织学类型。胆管细胞癌在我国占原发性肝癌的3%左右。混合细胞癌包含细胞癌和胆管细胞癌两种成分。

二、肝癌发病原因

（一）肝硬化

原发性肝癌合并肝硬化的发生率很高，据国内统计为50%～90%，而肝硬化合并肝癌为30%～50%。肝癌伴有的肝硬化多为大结节性。此型肝硬化多属病毒性肝炎引起的肝炎后(坏死后)肝硬化。

肝细胞癌变可能在肝细胞再生过程中发生，即通过肝细胞破坏－增生－异型增生而致癌变。欧美各国肝癌常发生在酒精性肝硬化的基础上，一般认为胆汁性和瘀血性肝硬化与原发性肝癌的发生无关。

（二）病毒性肝炎

临床上原发性肝癌患者约1/3有慢性肝炎史。病理学发现肝癌合并肝硬化多为结节性肝硬化。后者与肝炎密切相关。近年来用地衣红染色等方法显示肝癌细胞中有HBsAg存在，另外也证实HBV（乙型肝炎病毒）可整合到宿主肝细胞的DNA中，还建立了能产生HBsAg的人肝癌细胞株。

以上事实说明乙型病毒性肝炎与肝癌之间有一定的因果关系。近年来研究过去所谓的非甲非乙型肝炎，现定名丙型肝炎，对人类的威胁较乙型肝炎更为严重，与肝癌的关系更密切。

（三）寄生虫感染

中华分支睾吸虫寄生于肝内小胆管，刺激胆管上皮细胞增生，有的细胞可发生癌变，成为胆管细胞癌，因在切片中可看到胆管上皮细胞由增生的逐渐发展为癌的各个阶段，故认为此类肝癌是在寄生虫感染的物理或化学刺激下产生的。但绝大多数胆管细胞癌并无肝吸虫感染，故可能还有其他原因。血吸虫病肝硬化的肝细胞多呈萎缩而无明显增生，因此很少引起肝癌。

（四）其他化学因素

动物实验证明，一些化学物如亚硝胺类和偶氮苯类在很多动物中能引起肝癌。在某些肝癌高发区的土壤及水源中，发现含硝酸盐及亚硝酸盐类物质较高。而亚硝酸盐在胃内酸性条件下可生成亚硝胺，这些化学致癌物与肝癌的关系值得注意和研究。

三、肝癌临床表现

（一）肝区疼痛

为最常见的首发症状，因癌瘤迅速生长使肝包膜紧张所致。多为持续性胀痛、钝痛和刺痛。病变侵及横膈或腹膜后时，可有肩背或腰部胀痛；肝右后上部的病变亦可有胸痛。

（二）全身和消化道症状

包括发热、无力、消瘦、食欲不振、腹胀、恶心，呕吐等。

（三）肝大

为中晚期肝癌最常见的主要体征，呈进行性，瘤体较大者可见上腹局部隆起。肝质地坚硬，呈结节状隆起，边缘不规则。

（四）某些特殊表现

如低血糖症、红细胞增多症、类白血病反应、高血钙症等，由癌组织产生的某些内分泌激素物质所引起。

四、肝癌的治疗

根据肝癌的不同阶段酌情进行个体化综合治疗，是提高肝癌疗效的关键。肝癌的常见疗法，除了传统的三大疗法(手术、放疗、化疗)外，还有介入治疗、消融治疗、靶向治疗、生物免疫治疗、中医药治疗等。

1. 手术治疗　肝癌手术治疗包括肝切除术、肝移植术及非切除性手术治疗。

肝切除术是治疗肝癌的首选，也是目前最有效的方法。肝切除方法包括根治性肝切除和姑息性肝切除。但能否切除和切除的疗效，不仅与肿瘤大小有关，还与肝脏功能、有无肝硬化、肿瘤部位、肿瘤界限、有无完整包膜等有非常密切的关系。

目前，采用肝移植术治疗原发性肝癌的经验已经越来越成熟，但主要问题是肝癌复发或转移。目前肝癌移植的适应证在国内外有多重标准，如何选择，尚无统一定论。

对不能切除的肝癌可根据具体情况，采用术中肝动脉结扎、肝动脉化疗栓塞、射频、冷冻、激光、微波等治疗，有一定的疗效。

2. 介入治疗　肝癌的介入治疗包括肝动脉化疗(HAI)、肝动脉栓塞(HAE)及化疗性栓塞(TACE)，单纯给予肝动脉化疗是不够的，化疗性栓塞是目前最主要的介入治疗方法。

适应证：①不能手术切除的中晚期原发性肝癌患者；②能手术切除，但由于其他原因(例如高龄、严重肝硬化等)不能或不愿进行手术的患者；③手术切除后，估计仍有癌残留的患者。对于上述患者，放射介入治疗可以作为非手术治疗中的首选方法。

3. 消融治疗　用于肝癌局部，消融治疗包括瘤内注射的化学消融、微波固化、激光热疗以及射频消融等物理消融技术。较为常用的是射频消融、微波消融和瘤内无水乙醇注射。

局部消融适用范围：①肿瘤直径小于 5 cm 的单发肿瘤，或肿瘤直径小于 3 cm 的 3 个以内多发结节，无血管侵犯无远处转移，患者肝功能 Child-Pugh A 或者 B 级的早期肿瘤；②术后复发的肝癌；③肝移植的“桥梁治疗”；④与其他治疗手段联合应用于肝癌的综合治疗中。

4. 放射治疗　20 世纪 90 年代中期之后，三维适形放疗和调强适形放疗等现代放疗技术逐渐成熟，为放疗在肝癌治疗中的应用提供了新的机会。

肝癌的放疗指征：①肿瘤局限，因肝功能不佳不能进行手术切除，或肿瘤位于重要解剖结构，在技术上无法切除，或拒绝手术；②手术后有残留病灶者；③肝门胆管的梗阻、门静脉和肝静脉的瘤栓；④远处转移灶的治疗，如淋巴结转移、肾上腺转移以及骨转移。

5. 化学治疗　肝癌化疗有全身化疗、肝动脉插管化疗、门静脉化疗等方式。肝癌对化疗药物敏感性较低，全身化疗效果较差，几乎没有一个单药或者联合方案的有效率可以超过 20%。

6. 靶向治疗　靶向治疗，是在细胞分子水平上，针对已经明确的致癌位点(该位点可以是肿瘤细胞内部的一个蛋白分子，也可以是一个基因片段)，来设计相应的治疗药物，药物进入体内会特意地选择致癌位点来结合发生作用，使肿瘤细胞特异性死亡，而不会波及肿瘤周围的正常组织细胞。

目前用于肝癌靶向治疗的药物主要有乐伐替尼和索拉非尼(多吉美)。

7. 生物免疫治疗　肝癌的生物治疗包括免疫增强药物、细胞因子、肿瘤疫苗、基因治疗和生物化疗等,种类繁多。目前有些生物技术尚处于研发和实验阶段,标准不一,疗效尚不确定。

8. 中医药治疗　目前中医药在肝癌各期治疗中均有疗效。它既可作为中、晚期(特别是晚期不宜化疗者)肝癌患者的主要治疗方法,又可作为手术、放疗、化疗的辅助治疗,以提高疗效,减轻毒副反应,提高生存质量。

临床试验表明,中医治疗肝癌,能迅速改善肝癌的症状如肝痛、发热、腹胀、腹水等,还能有效地控制肿瘤的生长,且无毒副作用。

五、肝癌的预防

病毒性肝炎是导致肝癌的常见诱因,我国大约 1/10 的人口有乙肝病毒携带或者感染,因此越来越多的人注意到肝癌的预防应从生活中做起。我国每年死于肝癌的患者有近 10 万人。由于肝癌恶性程度高,病情发展快,治疗难度较大,所以从日常生活中预防,也成为重中之重。

(一)远离致癌物

不吃发霉的、糊了的食物,这类食物中含有的黄曲霉素是致癌物。发霉的食物极容易引发肝癌。

(二)戒酒

酒在人体内需经肝脏这个人体最大的化工厂来解毒。在这一代谢过程中产生的乙醛对人体的毒性极大,可导致细胞损伤、肝细胞内脂肪沉积、肝细胞炎症坏死、纤维结缔组织增生,最终可导致肝硬化,一部分肝硬化会转变为肝癌。

(三)定期体检

慢性乙肝或丙肝患者比正常人患肝癌的概率高 10～30 倍。如果肝炎治愈,但肝炎病毒对肝脏的损害并没有消失,也就是说癌变的基础还是存在,所以应定期检查。对 35 岁以上乙肝表面抗原阳性,患慢性肝炎、肝硬化 5 年以上,直系亲属三代中有肝癌家族史的人每半年检测一次甲胎蛋白和肝脏 B 超,是早期发现肝癌的最有效方法。

(四)积极锻炼

肝癌的发生亦与机体的免疫有关。正常情况下人体内的细胞可能形成癌细胞,但人体的免疫系统有清除这些细胞的能力,人体不发生癌症。当人体免疫力减弱时,就容易发生癌变。因此建议在家里要常备硒维康口嚼片以对身体加强补硒,可活化机体的免疫系统,增强人体的免疫力和抗癌能力。乙型肝炎患者要有良好的生活习惯,起居有规律,进行适当的身心锻炼,保持乐观的情绪,这样可以增强体质,提高机体免疫力,防止肝硬化及肝癌的发生。

（五）预防肝炎

使用肝炎疫苗预防肝炎从而预防肝癌已成为预防肝癌极有希望的途径之一，不仅小孩出生后要注射乙肝疫苗，成年人没有注射过乙肝疫苗的、没有得过肝炎的也可以注射乙肝疫苗。这样可阻断部分肝炎发展成为肝癌。

第十六章　慢性病的药物与非药物治疗

第一节　高血压的治疗与保健

高血压是以体循环动脉压升高、周围小动脉阻力增高同时伴有不同程度的心排血量和血容量增加为主要表现的临床综合征。临床上分为原发性及继发性两类。发病原因不明的高血压称为原发性高血压，又称高血压病，是一种与遗传、环境有关的可导致心、脑、肾及周围血管、眼底等靶器官病理损害并致功能障碍的常见心血管疾病，占总高血压患者的90%以上。约有10%的高血压患者，其血压的升高是因为本身有明确而独立的病因及疾病所致，这种高血压称之为继发性高血压。

一、血压与高血压的分类

（一）血压的分类

《中国高血压防治指南》(2005年修订版)按血压水平将血压分为正常血压、正常高值及高血压。血压低于120/80 mmHg定为正常血压。血压120～139/80～89 mmHg定为正常高值。将高血压定义为在未用抗高血压药情况下，收缩压≥140 mmHg和/或舒张压≥90 mmHg，按血压水平将高血压分为1、2、3级。收缩压≥140 mmHg和舒张压<90 mmHg单列为单纯性收缩期高血压。患者既往有高血压史，目前正在应用抗高血压药，血压虽低于140/90 mmHg，亦应诊断为高血压。

若患者的收缩压与舒张压分属不同的级别时，则以较高的分级为准。单纯收缩期高血压也可按照收缩压水平分为1、2、3级。

（二）高血压的分类

1. 依据病因分类　高血压由多种病因和复杂的发病机制所致，迄今病因尚未完全明确。经多方检查仍不能找到确切病因(无明显原因)的高血压，称为原发性高血压。血压升高是某些疾病的临床表现，有明确而独立的病因，称为继发性(症状性)高血压。

2. 依据病程进展分类　分为缓进型和急进型两类。其中后者又称恶性高血压，病程发展迅速，血压显著升高，但临床上较为少见；另在高血压的发病过程中，可出现全身的小动脉暂时性剧烈痉挛而致血压急剧升高，出现头痛、头晕等严重症状，临床称之为高血压急重症(也称“高血压危象”)。

二、高血压的临床表现及并发症

(一)一般症状

绝大多数原发性高血压属于缓进型,多见于中老年人。特点是起病隐匿,进展缓慢,病程常长达数年至数十年,因此,初期较少出现症状,约半数患者因体检或因其他疾病测量血压后,才偶然发现血压升高。少数人一旦知道自己患有高血压后,反而会产生各种神经官能症样症状,如头晕、头胀、失眠、健忘、耳鸣、乏力、多梦、激动等。30%～50%高血压患者因头痛、头晕、心悸、高血压的严重并发症和靶器官功能性损害或器质性损害,出现相应的临床表现。

(二)主要并发症

主要是心、脑、肾、眼及血管受累的表现。

(1)心脏症状主要与血压升高加重心脏后负荷,引起左心室肥厚,继而心脏扩大、心律失常和反复心力衰竭发作有关。此外,高血压也是冠心病的主要危险因素,常合并冠心病,出现心绞痛、心肌梗死等。高血压早期心功能大多正常,伴随病程进展常先出现左室舒张功能障碍,继之可出现收缩功能不全的症状,如心悸、劳力性呼吸困难。若血压和病情未能及时控制,可发生夜间阵发性呼吸困难、端坐呼吸、咯粉红色泡沫样痰、肺底出现水泡音等急性肺水肿征象;心衰反复发作,左心室可产生离心性肥厚,心脏扩大,后期甚至发生心力衰竭。

(2)肾脏早期一般无泌尿系统症状,伴随病情进展,可出现夜尿增多伴尿电解质排泄增加,继之可出现尿液检查异常,如出现蛋白尿、管型、红细胞。高血压有严重肾功能损害时,可出现慢性肾衰竭症状,患者可出现厌食、尿量下降,血浆非蛋白氮、血肌酐、尿素氮升高,代谢性酸中毒和电解质紊乱等症状。

(3)脑高血压可致脑小动脉痉挛,发生头痛,多发生在枕部,合并眩晕、头胀、眼花、耳鸣、健忘、失眠、乏力等。当血压突然显著升高时可产生高血压脑病,出现剧烈头痛、呕吐、视力减退、抽搐、昏迷等脑水肿和颅内高压症。高血压脑部主要并发症是脑出血和脑梗死。脑出血常在血压明显升高、波动,情绪激动,排便,用力等情况下发生。

(4)血管和视网膜高血压是导致动脉粥样硬化和主动脉夹层破裂等血管性疾病的重要因素。视网膜病变是严重高血压并发症,临床常见眼底出血、渗出和视乳头水肿等并存情况。

三、高血压的治疗

(一)治疗目标

治疗高血压的主要目的是最大限度地控制动脉粥样硬化,减少高血压对靶器官的损害,降低心血管发病和死亡的总体危险。因此,在治疗高血压的同时,还应当干预患者检查出来的所有可逆性危险因素(如吸烟、高胆固醇血症或糖尿病),并适当处理患者同时存在的各种临床情况。危险因素越多,其程度越严重,若还兼有临床情况,发生心血管病的危险性就更高，治疗这些危险因素的力度应更大。

降压目标：普通高血压患者血压应降至< 140/90 mmHg，年轻人或糖尿病及肾病患者降至<130/80 mmHg，老年人收缩压降至<150 mmHg，如能耐受，还可进一步降低。

(二)治疗原则

高危及极高危患者：必须立即开始对高血压及并存的危险因素和临床情况进行药物治疗。中危患者：先观察患者的血压及其他危险因素数周，进一步了解情况，然后决定是否开始药物治疗。低危患者：观察患者相当一段时间，然后决定是否开始药物治疗。应紧密结合高血压的分级和危险分层方案，全面考虑患者的血压升高水平、并存的危险因素、临床情况以及靶器官损害的风险，为每例患者制定具体的全面治疗方案。全面治疗方案包括①监测患者的血压和各种危险因素；②药物治疗，降低血压，控制其他危险因素和临床情况；③改善生活行为(适用于所有高血压患者，包括使用降压药物治疗的患者)。

(三)非药物治疗

非药物治疗包括健康生活方式，消除不利于心理和身体健康的行为和习惯，减少高血压以及其他心血管病的发病危险，具体包括以下内容。

1. 减重 建议体重指数(kg/m^2)应控制在 24 以下。减重对健康的利益是巨大的，如人群平均体重下降 5～10 kg，收缩压可下降 5～20 mmHg。高血压患者体重减少 10%，则可使胰岛素抵抗、糖尿病、高脂血症和左心室肥厚改善。减重的方法一方面是减少总热量的摄入，强调少脂肪并限制过多碳水化合物的摄入，另一方面则需增加体育锻炼，如跑步、太极拳、健美操等。在减重过程中还需积极控制其他危险因素，如老年高血压需严格限盐等。减重的速度因人而异，但首次减重最好达到减重 5 kg 以增强减重信心，减肥可提高整体健康水平，减少包括癌症在内的许多慢性病，关键是“吃饭适量，活动适度”。

2. 采用合理膳食 根据我国情况对改善膳食结构预防高血压提出以下建议。

(1)减少钠盐：WHO 建议每人每日食盐量不超过 6 g。我国膳食中约 80%的钠来自烹调或含盐高的腌制品，因此限盐首先要减少烹调用盐及含盐高的调料，少食各种咸菜及盐腌食品。如果北方居民减少日常用盐量一半，南方居民减少 1/3 用盐量，则基本接近 WHO 建议。

(2)减少膳食脂肪，补充适量优质蛋白质：流行病学资料显示，即使不减少膳食中的钠和不减重，如果将膳食脂肪控制在总热量 25%以下，P/S 比值维持在 1，连续 40 d 可使男性 SBP 和 DBP 下降 12%，女性下降 5%。有研究表明，每周吃鱼 4 次以上与吃鱼最少的人相比，冠心病发病率减少 28%。建议改善动物性食物结构，减少食用含脂肪高的猪肉，增加含蛋白质较高而脂肪较少的禽类及鱼类的食用量。建议蛋白质的摄入占总热量的 15%左右，动物蛋白占蛋白质总摄入量的 20%。蛋白质质量由高到低排列依次为：奶、蛋；鱼、虾；鸡、鸭；猪、牛、羊肉；植物蛋白，其中豆类最好。

(3)注意补充钾和钙：研究资料表明钾与血压呈明显负相关，中国膳食低钾、低钙，应多食用含钾、钙高的食物，如绿叶菜、鲜奶、豆类制品等。

(4)多吃蔬菜和水果:研究证明增加蔬菜或水果摄入,减少脂肪摄入可使SBP和DBP有所下降。素食者比肉食者有更低的血压,其降压的作用可能基于水果、蔬菜、食物纤维和低脂肪的综合作用。人类饮食应以素食为主,适当食肉最理想。

(5)限制饮酒:尽管有研究表明少量饮酒可能减少冠心病发病的危险,但是饮酒和血压水平及高血压患病率之间却呈线性相关,大量饮酒可诱发心脑血管事件发作。因此不提倡以少量饮酒来预防冠心病。提倡高血压患者应戒酒,因饮酒可增加服用降压药物的抗性。如饮酒,建议每日饮酒量应为少量,男性饮酒精不超过 30 g,即葡萄酒少于 100 mL,或啤酒少于 250 mL,或白酒少于 25 mL;女性则减半,孕妇不饮酒。不提倡饮高度烈性酒。WHO 对酒的新建议:酒,越少越好。

3. 增加体力活动

(1)运动的目的:调整大脑皮质的兴奋与抑制过程及改善机体主要系统的神经调节功能;降低毛细血管、微动脉及小动脉的张力,调节血液循环,降低血压;降低血黏度,提高血液流变性,改善微循环,增强物质代谢的氧化还原和组织内的营养过程;发展机体和血液循环的代偿机能,改善和恢复患者的一般全身状况;减轻应激反应,稳定情绪,抑制心身紧张,消除焦虑状态。

(2)运动的种类与方法:高血压病康复体育的运动类型要以有氧代谢运动为主。要避免在运动中做推、拉、举之类的静力性力量练习或憋气练习。应该选择全身性的、有节奏的、容易放松、便于全面监视的项目。有条件的可利用活动跑道、自行车功率计等进行运动。较适合高血压病康复体育的运动种类和方法有气功、太极拳、医疗体操、步行、健身跑、有氧舞蹈、游泳、娱乐性球类、郊游、垂钓等。

气功:以放松功较好,也可用站桩功、强壮功等。练功原则强调“松”“静”“降”。要求配合意念和简单的动作。意念的部位宜低于心脏位置,如丹田、涌泉穴等。呼吸可用顺呼吸法,不宜采用停闭呼吸法。要适当延长呼气,以提高迷走神经的兴奋性。动作宜采用大幅度有松有紧、有张有弛的上下肢及躯干的交替和联合运动,切忌持续性紧张收缩运动。气功练习每天至少 1 次,每次 30～45 min。据报道,一次练功后可使收缩压下降 2.1～2.4 kPa,舒张压也有下降。一般在练功 2 周左右后见效。有报告称一组用药物治疗血压仍未能很好控制病情的病例,加用气功后血压得到有效控制。在巩固期加用气功更为有效,常可使维持用药量减少 1/3～1/2,并使血压维持平稳。

太极拳:由于太极拳动作柔和,肌肉放松且多为大幅度活动,易使思绪宁静从而有助于降低血压。高血压患者练完一套简化太极拳后,收缩压可下降 1.3～2.7 kPa(10～20 mmHg),长期练习太极拳的老人安静时收缩压的平均值约比同年龄组老人低 2.7 kPa 左右。高血压患者打太极拳时最重要的是注意一个“松”字,肌肉放松能反射性地引起血管“放松”,从而促使血压下降。此外,打太极拳时要用意念引导动作,使思想高度集中,心境守静,这有助于消除高血压患者的紧张、激动、神经敏感等症状。

步行:步行可按每分钟 70～90 步开始,约每小时步行 3～4 km 的速度,持续 10 min。主要适用于无运动习惯的高血压病患者作为一种适应性锻炼过程。以后可逐渐加快步速或在坡地上行走。国内应用医疗步行(平地行走加上下小山坡)治疗高血压取得较好疗效。

其方法举例如下。①1 600 m 平路,用 15 min 走完 800 m,中途休息 3 min。②2 000 m 平路,用 18 min 走完 1 000 m,中途休息 3～5 min。③2 000 m 路程,中有两段各长 100 m,斜度 5°～10°的短坡,用 20～25 min 步行 1 000 m,休息 3～5 min,继续用 7～8 min,走完 500 m 平路,休息 3 min 然后用 20～30 min 上山,中间可适当休息。上山后休息 5～10 min,然后下山。

健身跑:在进行健身跑前要做心电图运动试验以检查心功能和血压对运动的反应性。高血压患者的健身跑不要求一定的速度,运动的频度可根据个人对运动的反应和适应程度,采用每周 3 次或隔日 1 次,或每周 5 次等不同的间隔周期。一般认为若每周低于 2 次效果不明显。若每天运动,则每次运动总量不可过大,运动后第二天感觉精力充沛,无不适感。

4. 按摩或自我按摩　按揉风池穴、太阳穴、耳穴,抹额及掐内关、神门、合谷、足三里,可助降压和消除症状。

5. 高血压患者的休息睡眠

(1)中午小睡:工作了一上午的高血压病患者在吃过午饭后稍稍活动,应小睡一会儿,一般以 0.5～1 h 为宜,老年人可延长半小时。无条件平卧入睡时,可仰坐在沙发上闭目养神,使全身放松,这样有利于降压。

(2)晚餐宜少:有些中年高血压病患者对晚餐并不在乎,有时毫无顾忌地大吃大喝,导致胃肠功能负担加重、影响睡眠,不利于血压下降。晚餐宜吃易消化食物,应配些汤类,不要怕夜间多尿而不敢饮水或进粥食。进水量不足,可使夜间血液稠,促使血栓形成。

(3)娱乐有节:睡前娱乐活动要有节制,这是高血压病患者必须注意的一点,如下棋、打麻将、打扑克要限制时间,一般以 1～2 h 为宜,要学习控制情绪,坚持以娱乐健身为目的,不可计较输赢,不可过于认真或激动,否则会导致血压升高。看电视也应控制好时间,不宜长时间坐在电视屏幕前,也不要看内容过于刺激的节目,否则会影响睡眠。

(4)睡前泡脚:按时就寝,养成上床前用温水泡脚的习惯,然后按摩双足心,促进血液循环,有利于解除一天的疲乏。尽量少用或不用安眠药,力争自然入睡,不养成依赖催眠药的习惯。

(5)缓慢起床:早晨醒来,不要急于起床,应先在床上仰卧,活动一下四肢和头颈部,伸一下懒腰,使肢体肌肉和血管平滑肌恢复适当张力,以适应起床时的体位变化,避免引起头晕。然后慢慢坐起,稍微活动几次上肢,再下床活动,这样血压不会有太大波动。

6. 减轻精神压力,保持平衡心理　长期精神压力和心情抑郁是引起高血压和其他一些慢性病的重要原因之一,对于高血压患者,这种精神状态常使他们较少采用健康的生活方式,如酗酒、吸烟等,并降低对抗高血压治疗的依从性。对有精神压力和心理不平衡的人,应减轻精神压力和改变心态,要正确对待自己、他人和社会,积极参加社会和集体活动。

7. 其他方面 对高血压患者来说戒烟也是重要的，虽然尼古丁只使血压一过性地升高，但它会降低服药的依从性并增加降压药物的剂量。

（四）高血压的药物治疗

1. 抗高血压药物治疗原则

（1）初始剂量宜小，采用较小的有效剂量以获得疗效而使不良反应最小，如有效而对疗效不满意，可渐增剂量以获得最佳的疗效。

（2）平稳降压，为有效地防止靶器官损害，要求每天 24 h 内血压稳定于目标范围内，如此可以防止从夜间较低血压到清晨血压突然升高而致猝死、卒中或心脏病发作。要达到此目的，最好使用一日 1 次给予持续 24 h 作用的药物。

（3）针对高血压的发病机制用药，如能确定高血压的病因和机制，可有针对性的用药，如肾素-血管紧张素-醛固酮系统失衡：①肾素活性增加——肾素抑制剂阿利克仑；②血管紧张素转换酶活性增加——血管紧张素转换酶抑制剂；③醛固酮受体激动——醛固酮受体阻断剂螺内酯或阿利克仑；④血管紧张素Ⅱ作用亢进——血管紧张素Ⅱ受体阻断剂。肾上腺素能系统失衡：①过度紧张与精神刺激——镇静药、弱安定剂；②节后交感神经释放去甲肾上腺素而引起外周血管阻力增高——利血平；③髓质释放肾上腺素——利血平、α 或 β 受体阻断剂；④高血容量——利尿剂。

（4）联合治疗。为增加降压效果而减少不良反应，对采用低剂量单药治疗效果不满意的患者，可采用两种或多种作用机制不同的抗高血压药联合治疗。事实上，2 级以上高血压为达到目标血压常需联合治疗。主要由于①一种抗高血压药往往只针对一种发病机制进行调整，单药治疗的有效率仅为 40%～60%；②联合治疗可使作用协同和互补，增强降压效果；③抵消彼此的不良反应；④利于重要器官的保护；⑤降低各药剂量；⑥方便服用，提高用药依从性。

如利尿剂＋ACEI 或 ARB（作用协同，同时利尿剂可激活神经激素，ACEI 可拮抗神经激素活性，有保钾作用，并减轻利尿剂所致的高尿酸血症、低血钾症）。又如 CCB ＋ACEI 或 ARB（CCB 主要扩张小动脉、利尿，但可导致下肢体液漏出、水肿；ACEI 主要扩张小静脉，并增加静脉容量，与 CCB 作用协同，并减轻体液淤积，缓解下肢水肿）。

（5）坚持治疗。降压的益处是通过长期控制血压达到的，所以高血压者需长期降压治疗，尤其是高危和极高危者，在确立有效治疗方案并在血压控制后仍继续治疗，不要随意停药或频繁改变方案，这是治疗是否有成效的关键。在血压平稳控制 1～2 年后，可根据需要（季节、并发症）逐渐减少抗高血压药的品种与剂量。

2. 抗高血压药的种类 目前，临床常用抗高血压药主要有以下 5 类，即利尿剂、β 受体阻断剂、血管紧张素转换酶抑制剂（ACEI）、血管紧张素Ⅱ受体阻断剂（ARB）、钙通道阻滞剂（CCB）。

四、抗高血压药的合理应用

降压治疗的收益主要来自降压本身，要了解各类抗高血压药在安全性保证下的降压能力。不同类别抗高血压药除降压外，尚有其他不同作用。同一类药物有其共同作用，即同时各药之间作用也有不同，即个体作用，对不同患者的药物疗效或耐受性会有所差异。正是药物的不同作用为针对不同临床状况者的选药提供了依据。

1. 明确最佳的治疗首选药 5类主要抗高血压药，即利尿剂、β-B、ACEI、ARB、CCB，均可作为降压治疗的起始用药和维持用药。应根据治疗对象的个体状况，药物的作用、代谢、不良反应和药物相互作用，参考以下各点作为首选药进行治疗：①患者有否心血管危险因素；②是否有靶器官损害、心血管疾病、肾病、糖尿病；③患者是否有受抗高血压药影响的其他疾病；④与治疗其他并存疾病的药物之间有无相互作用；⑤选用的药物是否有减少心血管病发病率和死亡率的证据及其力度；⑥所在地区降压药品种供应与价格状况及患者支付能力；⑦患者用药经验和意愿。

2. 注意剂量个体化 抗高血压药的疗效及不良反应与剂量有密切关系。对大多数非重症或急症高血压者，既要寻找最小有效耐受剂量药物，也不宜降压太迅速。故初始给予小剂量，经1个月后，如疗效不足而不良反应少或可耐受，可酌增剂量；如出现不良反应而不能耐受，则改用另一类药物。随访期间血压的测量应在每日的同一时间，对重症高血压，须及早控制其血压，可以较早递增剂量和联合用药。随访时除患者主观感觉外，还要做必要的实验室检查，以了解靶器官状况和有无药品不良反应。对于非重症或急症高血压，经治疗血压长期稳定达1年以上，可考虑减量，目的在于减少药品的不良反应，但以不影响疗效为前提。

3. 给药方案要科学 正常人由于血管的舒缩规律，血压在昼夜之间有着显著的周期变化。晨起6时后开始升高，8～10时达峰值，在傍晚开始降低，夜间睡眠期降至低谷。血压昼夜节律变化主要与脑脊液中肾上腺素昼夜变化有关，血液、尿液和脑脊髓液中的肾上腺素在9～15时维持在较高水平，而在睡眠中处于低水平(－20%)。

用药要依从生物钟规律，一般高血压者的血压在上、下午各出现一次高峰。因此，为有效控制血压，应规律服用药物，一日仅服1次的长效降压药如氨氯地平、依那普利、拉西地平、缬沙坦、索他洛尔、复方降压平等，以晨7时为最佳服用时间，如一日服用2次，则以晨7时和下午14～16时为好，对有血压昼夜节律者抗高血压药不宜在睡前或夜间服用。

4. 依据血压类型选择给药时间 人体血压由于基因、血管紧张素、一氧化氮、交感和副交感神经活性的不同，血压类型可分为杓型、非杓型、反杓型、深杓型等。约80%的患者具有晨峰现象，一般人从晨起收缩压迅速升高20～50 mmHg，舒张压升高10～15 mmHg，在8～10时达高峰，而晚上则开始降低，于睡眠时降至低谷，至次日凌晨2～3时最低，即“一峰一谷”，血压由日间峰值降低10%～20%，称为杓型高血压。或有些患者血压在上午8～10时、下午14～16时各出现1次高峰，即“双峰一谷”。为在血压峰前给药以控制血压，对杓型或深杓型患者可选择清晨服药，对“双峰一谷”者可在下午补服一次短效的抗高血压药。

第二节　糖　尿　病

一、糖尿病的概述

糖尿病(diabetes)是以慢性高血糖为特征的一组异质性代谢性疾病,为慢性或终身疾病。其由胰岛素分泌缺陷和(或)胰岛素作用缺陷引起,以慢性高血糖伴碳水化合物、脂肪和蛋白质的代谢障碍为特征。糖尿病是心血管疾病的重要危险因素,控制1型和2型糖尿病患者的血糖至最佳水平可以减少糖尿病血管并发症的发生风险。糖尿病治疗的目的在于减轻症状并将长期并发症的发生风险降到最低,故糖尿病必须严格控制,可用糖化血红蛋白作为2～3个月内血糖控制的指标。患者可通过控制饮食、减轻体重、加强运动、口服降糖药和(或)应用胰岛素控制血糖。

二、糖尿病的类型与临床表现

(一)糖尿病的类型

1. 1型糖尿病(胰岛素依赖型)　自身免疫反应引起胰岛炎破坏细胞,胰岛B细胞损伤,引起绝对的胰岛素缺乏或分泌不足,或血液中可测到自身抗体。

2. 2型糖尿病(非胰岛素依赖型)　约占糖尿病患者总数的95%,分为肥胖和非肥胖两种类型,主要由以下5方面异常而致高血糖:胰岛素分泌不足;胰岛素释放延迟;周围组织胰岛素作用损害;肝糖产生增加,肥胖引起某种程度的胰岛素抵抗;高热量饮食、精神紧张、缺少运动。

3. 其他特殊类型糖尿病　共有8个类型数十种疾病,包括某些基因变异引起胰岛细胞功能遗传性缺陷、胰岛素作用遗传缺陷、外分泌胰腺的病变(胰腺炎、胰腺创伤、胰腺手术、胰腺肿瘤)、内分泌的病变如一些激素(生长激素、肾上腺皮质激素、胰高血糖素、肾上腺素)可拮抗胰岛素的作用、营养不良造成人体的蛋白质摄入不足等各种继发性糖尿病。另外,妊娠糖尿病是妊娠过程中初次发现的任何程度的糖耐量异常。老年糖尿病发病时间包括60岁后发病和60岁前发病而延续到60岁后,绝大多数为2型糖尿病,仅极少为1型糖尿病。

(二)糖尿病的主要症状

糖尿病临床表现典型时,患者往往已出现空腹高血糖症;而临床表现不显著时,则于葡萄糖耐量受损后被确诊。糖尿病临床表现各不相同,有明显症状者,也有很多人是在体格检查时偶然发现或因出现糖尿病并发症(视力模糊、末梢神经病变等)才被确诊。糖尿病的典型症状主要有以下几种。

1. 多饮、多尿　糖尿病血糖升高时,尿糖升高、尿量增多。每昼夜排尿可达20次以上,尿量可达3 000 mL以上。由于大量排尿导致水分丢失,患者感觉口干、口渴,饮水量随之增加。此时尿液的性状也会发生变化,如泡沫多、尿呈白色、发黏、衣服上尿渍干后发硬。

2. 多食　因多种因素的共同作用，使葡萄糖的利用率减低、刺激饥饿中枢产生饥饿感，促使进食量增加。同时由于糖尿病患者胰岛素水平升高，促进了葡萄糖利用，亦可造成多食，常表现为善饥多食，对食物的喜爱无法控制，且进食后也难有满足感，但饥饿时有恐惧感。

3. 消瘦与体重减轻　糖尿病在未得到控制时，多出现食欲亢进、多食，但由于胰岛素相对或绝对不足，严重影响糖、脂肪、蛋白质代谢；同时因多尿出现失水，可引起快速消瘦，体重下降可达几千克甚至几十千克。但需要指出的是，并非所有患者都消瘦。早期症状轻的2型糖尿病者，不仅无消瘦，还可能表现为肥胖，直到胰岛功能逐渐减退，“三多”症状出现，才会出现体重减轻，而此时患者血糖已呈中、重度升高。

4. 其他　常感疲乏无力、性欲减退、月经失调。中老年者常有骨质疏松，表现为腰腿痛。有神经系统并发症者可出现肢体麻木，针刺样、烧灼样疼痛，皮肤蚁走感，瘙痒等。男性患者表现有阴茎勃起障碍、便秘、顽固性腹泻、心悸、出汗、体位性低血压等。女性患者可有外阴部瘙痒。中老年患者常有视力下降，部分患者免疫功能降低，易并发感染。

（三）糖尿病的症状特点

1. 1型糖尿病的特点　①任何年龄均可发病，但30岁前最为常见；②起病急，多有典型的“三多一少”症状；③血糖显著升高，经常反复出现酮症；④血中胰岛素和C肽水平很低甚至检测不出；⑤患者胰岛功能基本丧失，需要终生应用胰岛素替代治疗；⑥成人晚发自身免疫性糖尿病，发病年龄在20～48岁，患者消瘦，有“三多”症状，易出现大血管病变。

2. 2型糖尿病特点　①一般有家族遗传病史；②起病缓慢，病情发展相对平稳，往往估计不出发病时间，即使发病也无任何症状，无症状的时间可达数年至数十年；③多数人肥胖、体重重、食欲好、精神体力与正常人并无差别，偶有疲乏无力，个别人可出现低血糖；④患者多在检查身体中被发现；⑤随着病程延长，血糖逐渐升高，可出现糖尿病慢性并发症。

（四）糖尿病主要并发症

1. 靶器官损伤

（1）糖尿病性心肌病造成心脏代谢紊乱、心功能减退，可出现易倦、乏力、劳动量减低，尤其女患者糖尿病性心肌病伴高血压时，心功能不全的表现出现早，患者心慌气短，并可能有心绞痛。严重者可发生急性心力衰竭、休克、心律失常甚至猝死。

（2）糖尿病合并高血压糖尿病患者临床表现为血压高，同时出现肾脏病变（浮肿、疲倦、蛋白尿），心血管病变（左心功能改变、心力衰竭）。

（3）糖尿病肾病多在起病10～20年内发生，表现有蛋白尿、浮肿、高血压、肾功能减退等。

（4）糖尿病眼病常见有糖尿病视网膜病变、白内障、视神经损害、玻璃体积血、继发性青光眼等。眼部并发症往往会导致失明。

(5)糖尿病足病十分常见,往往发生于不经意之间。一旦发生,很难得到有效治疗,最后往往只能截肢,严重时可致死。

2. 微血管和大血管病变 前者包括视网膜病变、肾病、神经病变;后者有冠心病、高血压、周围血管病变、糖尿病足、脑血管疾病。

3. 糖尿病急性并发症 糖尿病酮症酸中毒、高渗性非酮体高血糖症、低血糖症(血糖低于 3 mmol/L)、糖尿病非酮症高渗昏迷。

此外,1 型糖尿病常见有高三酰甘油血症。2 型糖尿病一般有高胰岛素血症存在,并普遍存在有胰岛素抵抗,可引起游离脂肪酸的代谢障碍,并存在极低密度脂蛋白代谢紊乱。患者多有高三酰甘油血症,低密度脂蛋白水平常在正常范围或升高,高密度脂蛋白水平一般较正常人低。

三、糖尿病诊断标准

糖尿病主要依照尿糖或血糖测定,除血糖外的主要指标如下。

1. 血糖 有糖尿病症状(典型症状包括多饮、多尿和不明原因体重下降等)者满足以下标准中一项:

(1)任意时间血糖≥11.1 mmol/L。

(2)空腹(禁食时间大于 8 h)血糖≥7.0 mmol/L。

(3)75 g 葡萄糖负荷后 2 h 血糖≥11.1 mmol/L。

2. 尿糖 测定常用班氏定性液,葡萄糖的还原性能将定性液中的高价铜还原成低价铜而使尿液变色,随着尿糖的增高而发生颜色变化:蓝色—绿色—土黄色—砖红色(含大量葡萄糖)。

3. 耐糖实验(OGTT) 口服葡萄糖 75 g,于空腹服后 0.5、1、1.5、2、3 h 取血测定,空腹血糖大于 7.8 mmol/L,2 h 血糖大于 11.1 mmol/L 为糖尿病。

4. 血浆胰岛素 测定此项主要用于糖尿病的诊断与分型。测定值以免疫活性胰岛素来表示(IRI)。2 型糖尿病患者,在葡萄负荷后(口服葡萄糖或进食后),胰岛素缓慢释放,胰岛素分泌曲线呈现不同程度的提高,但与血糖增高不成比例。说明患者外周组织对胰岛素不敏感,使葡萄糖利用受到限制,1 型糖尿病患者在口服葡萄糖或进食后血糖上升很高,但胰岛素的分泌很少,有的人甚至对血糖刺激没有反应,胰岛素水平仍处于空腹时的状态,青年型糖尿病和某些严重的成年型糖尿病属于此类。

四、糖尿病的治疗

(一)非药物治疗

糖尿病治疗的目的在于减轻症状并将长期并发症的发生风险降到最低,故糖尿病必须严格控制,可用糖基化血红蛋白作为 2～3 个月内血糖控制的指标。患者可通过控制饮食、减轻体重、加强运动、血糖监测、健康教育、口服降糖药和(或)应用胰岛素控制血糖。

1. 膳食 首先计算标准体重＝身高(cm)－105,理想体重＝标准体重±10%,然后制定膳食总原则：控制热量摄入，达到或维持理想体重，热量摄入表如下。

表 18-1　成人糖尿病患者每日热能供给量(kal/kg 标准体重)

劳动(活动)强度	消瘦	理想	肥胖
重体力活动(如搬运工)	45～50	40	35
中体力活动(如电工安装)	40	35	30
轻体力活动(如坐式工作)	35	30	20～25
休息状态　(如卧床)	25～30	20～25	15～20

(1)碳水化合物(主要为主食)应占每日总热量的 50%～60%；脂肪应占每日总热量的 20%～30%；蛋白质应占每日总热量的 15%；食盐<6 g/d；限制饮酒。

(2)应限制饱和脂肪酸的摄入，使其不超过总脂肪量的 10%～15%，胆固醇摄入量应控制在 300 mg/d 以下。蛋白质至少有 1/3 来自动物类优质蛋白和大豆蛋白。无机盐、维生素、膳食纤维的食用量要充足合理。注意补充 B 族维生素，高血压患者食盐<6 g/d，对于病程长的老年患者，应注意供给充足的钙，保证每日摄入 1 000～1 200 mg 防治骨质疏松。膳食纤维每日 20～35 g，以进食天然食物为佳。供给充足的铬、锌、锰等微量元素对于糖尿病的治疗有帮助。

(3)限制饮酒：特别是肥胖、高血压和/或高三酰甘油的患者，酒精还可引起使用磺脲类或胰岛素治疗的患者出现低血糖。

(4)三餐热量分配：1/5、2/5、2/5，在活动量稳定的情况下，要求定时定量。

2. 控制体重　超重和肥胖与糖尿病的患病密切相关，总体脂和/或局部(腹部体脂)，尤其是腹腔内体脂增加是糖尿病的独立风险因素。肥胖，特别是中心性或躯干性肥胖是胰岛素抵抗的主要决定因素。

减肥目标：至少使体重持久降低当前体重的 5%～15%。除控制热量，合理安排饮食外，应强调体力活动在治疗中的作用。提倡每日进行轻、中等强度体力活动 30 min，如骑自行车、擦地板、散步、跳舞等。

3. 进行有规律的体育锻炼

(1)目的：体力活动在糖尿病治疗中起重要作用。会增加胰岛素敏感性，因而改善血糖控制，能帮助减轻体重，增强患者的体力和心肺功能，促进身心健康。规律运动还对高血压、冠心病、高胰岛素血症、中心性肥胖和血脂异常有改善作用。

(2)下列情况不宜运动治疗：冠心病伴心功能不全、增殖性视网膜病变、临床蛋白尿性肾病、糖尿病严重神经病变、足部溃疡、急性代谢并发症期、血糖控制很差。

(3)运动类型：如果无运动禁忌证，患者可自由选择运动项目，一般以适量、全身性、有节奏的有氧运动为好。如慢跑、快走、体操、游泳、舞蹈等。

(4)运动方法如下。运动时间：一般应在饭后 1 h 开始，每次 20～60 min，每次运动时达到最大耗氧量。运动频率：要改善胰岛素敏感性和控制血糖，每周运动至少 3 次或隔日 1 次。如果降低体重为主要目的，则每周应运动 5 次以上。最大心率计算方法＝

60%～80%(180－患者年龄)。

(5)运动强度:为使心血管系统最大受益,无严重糖尿病并发症和运动中血压波动不大者,一般说运动时收缩压不要超过 180 mmHg,运动强度达到最大耗氧量的 50%～70%,<50%的有氧运动如步行和跳舞对心血管有益,应长期坚持。

(6)热身运动:正式运动前需做 5～10 min 低强度有氧热身运动。一次运动后应做至少 5～10 min的放松运动,以减少运动后低血压和其他心血管、骨骼系统并发症。

(7)注意事项:运动项目要与患者的年龄、社会、经济、文化背景及体质相适应。将健康有益的体力活动方式融入日常的生活中,如爬楼梯而不是坐电梯、走路上班少坐车等。保证充分水分,避免脱水。运动前后检查足部情况注意足部保护。避免在过冷或过热环境中运动。告诉患者在突然或剧烈的运动后要调整食物及药物,以免发生低血糖。应在运动前、中、后自我监测血糖。

4. 戒烟 吸烟可能与糖尿病的发病有关,并促进糖尿病大血管并发症的发生和发展,也是促使糖尿病患者早亡的主要原因之一。因此糖尿病患者应戒烟。

5. 空腹血糖受损人群干预目标

(1)一般要求:主食每天减少 2～3 g;运动每周增加 150 min;体重减少 5%～7%。

(2)改变生活方式的目标:使 BMI 达到或接近 24,体重至少减少 5%～7%;饱和脂肪酸摄入量占总脂肪酸摄入量的 30%以下;体力活动增加到每周 250～300 min。

(二)药物治疗

抗糖尿病药物的作用机制各异,优势不同,在选药上应依据糖尿病的分型、体重、肥胖、血糖控制情况、并发症、药物敏感或抗药性、药品不良反应、个体差异等因素综合考虑。

(1)1 型糖尿病患者本身胰岛素分泌不足,可选用胰岛素注射给药,或与 α-糖苷酶抑制剂阿卡波糖、双胍类降糖药联合使用。

(2)糖尿病合并妊娠及妊娠期糖尿病、糖尿病合并酮症酸中毒、高渗性昏迷、乳酸性酸中毒、各种应激情况、严重慢性并发症、消耗性疾病应选用胰岛素注射。

(3)2 型肥胖型糖尿病患者(体重超过理想体重 10%)经饮食和运动治疗尚未达标者,尤其是伴高脂血症、高三酰甘油血症、高密度脂蛋白水平低者可首选二甲双胍,用药 3 个月后体重可下降。初始量一次 0.125～0.5 g,可增至一次 0.5～1 g,一日 3 次,餐中服用,一般一日 1.5 g,不超过 2 g,以后视血糖控制情况而增减。

(4)2 型非肥胖型糖尿病患者在有良好的胰岛 B 细胞储备功能、无胰岛素血症时可应用磺酰脲类降糖药。其中格列本脲在临床上应用广泛,作用快且强,其强度为甲苯磺丁脲的 500～1 000 倍。一日仅需 2.5～20 mg 即可控制大多数病例,一日小于 5 mg 时可于晨起一次口服,大于 10 mg 者应分 2 次口服,服后 15～20 min 即开始降血糖。格列齐特作用较强,为甲苯磺丁脲的 10 倍,且能防治微血管病变,一日 40～160 mg,分 1～2 次给予,老年患者一日 80 mg。格列喹酮吸收完全、作用强,且能防治微血管病变,用于治疗单纯饮食尚不能控制的中老年糖尿病,初始剂量一日 15～30 mg,早餐前 0.5 h 服用,渐增至一日 60～180 mg,分 1～2 次口服;老年者最佳剂量一日 45～60 mg。血糖不稳定时可考虑与二甲双胍合用，使血糖波动性降低。

(5)如单纯的餐后血糖高，而空腹和餐前血糖不高，则首选 α-葡萄糖苷酶抑制剂；如以餐后血糖升高为主，伴餐前血糖轻度升高，应首选胰岛素增敏剂；如空腹、餐前血糖高，不管是否有餐后血糖高，都应考虑用磺酰脲类、双胍类或胰岛素增敏剂。对 2 型糖尿病患者在餐后出现高血糖，为控制餐后血糖，可选α-糖苷酶抑制剂阿卡波糖，对糖苷酶有高度亲和性，延缓肠内的双糖、低聚糖和多糖的释放、使餐后的血糖水平上升被延迟或减弱，拉平昼夜的血糖曲线，适用于老年人，初始剂量一次 25～ 50 mg，一日 3 次，随餐中第 1～2 口食物吞服，后视尿糖、血糖控制情况而增加至一次 0.1～0.2 g，一日 3 次，最大剂量一日 0.6 g。

(6)非磺酰脲类降糖药诱发胰岛素分泌，降糖作用快，对餐时、餐后血糖有显著控制作用。餐前空腹口服瑞格列奈 1～4 mg 或初始时一次 0.5～1 mg；那格列奈一次 60～120 mg，一日 3 次，主餐前 0.5 h 或餐前即服。

(7)对妊娠和哺乳期妇女、患有急性病症如心肌梗死、大手术、严重创伤、烧伤者，可短期改用胰岛素治疗。对初发糖尿病者，青年发病者，有酮症倾向、身体消瘦、空腹血糖＞11.1 mmol/L 者，应尽早给予胰岛素治疗。

(三)胰岛素制剂种类与其特点

胰岛素(insulin)是一个分子量为 56 000 的酸性蛋白质。按作用时间长短分为超短效、短效、中效、长效、超慢效等胰岛素。预混胰岛素中诺和灵 30R、优泌林 70/30(即 30％短效胰岛素加 70％中效胰岛素)；诺和灵 50R、优泌林 50/50(即 50％短效胰岛素加 50％中效胰岛素)。

(四)口服降糖药种类与其特点

目前批准使用的口服降糖药包括促胰岛素分泌剂(磺酰脲类、非磺酰脲类药)和非促胰岛素分泌剂(α-葡萄糖苷酶抑制剂、双胍类、噻唑烷二酮类、二肽基肽酶-Ⅳ抑制剂)。这些药物降糖的机制各不相同，使用的方法和注意事项也不同。

五、抗糖尿病药的合理应用

(1)治疗糖尿病应依据安全、有效、经济的原则，顾及费用/效益比值。治疗理念宜积极，首要是保护和逆转胰岛 B 细胞功能，尽早地采用药物治疗，尽早地联合治疗，尽早地应用胰岛素治疗。其次，治疗要贴近人体的病理、生理规律，既改善 B 细胞功能受损，又要减少组织对胰岛素的抵抗(基础＋团队)。提高胰岛素浓度与改善胰岛素抵抗同时并举，此外，减肥和降低血脂常有釜底抽薪之效。

(2)采用“精细降糖”策略，一种或几种药的联合可使糖尿病患者得到更个体化的治疗。治疗策略能够发挥降糖药治疗的最大作用，避免药物盲目使用并减少不良反应。当糖尿病患者的血糖水平被控制在接近正常时，为避免低血糖的发生，需采取“精细降糖”的措施，包括指导患者采取更严格的饮食和运动计划、更密切的血糖监测和对降糖药更加得心应手的应用。在降糖药的选择上，作用方式越接近人体控制血糖生理模式的药物，越能帮助人们安全接近正常血糖的目标。

(3)在治疗糖尿病的随访中，一方面为了控制血糖并使血糖值达标，需在各点测定血糖，并定期测定糖化血红蛋白，制定降糖药的治疗方案(单独或联合用药、剂量调整)；另一方面是为了尽早查出并发症或相关问题，包括体重、体重指数、血压、足背动脉搏动、血脂谱、肝肾功能、尿常规、尿蛋白、心电图等。

(4)药物治疗中需注意各药的禁忌证和不良反应，尤其是降糖药可诱发低血糖和休克，严重者甚至致死，药师应提示患者注意，一旦出现低血糖，立即口服葡萄糖水和糖块、巧克力、甜点或静脉滴注葡萄糖注射液。①1型糖尿病者不可单独使用磺酰脲类药。②急性严重感染、手术、创伤或糖尿病急性并发症及严重的肝、脑、心、肾、眼等并发症者一般均禁用磺酰脲类药。③老年人要密切监测血糖指标，酌情调整用药剂量。儿童和妊娠妇女不推荐应用磺酰药，肝、肾功能不全及对磺胺药过敏者禁用。④单用磺酰脲类药不能达标者，应寻找原因纠正或及时改为联合用药，必要时加用胰岛素。

(5)注意保护肝肾功能，糖尿病合并肝病时，宜服用葡萄糖苷酶抑制剂；对轻、中度肾功能不全者推荐应用格列喹酮，因其由肝胆排泄。

(6)肥胖型糖尿病者应首选二甲双胍、阿卡波糖；非肥胖型糖尿病者应首选磺酰脲类药物。双胍类降糖药长期口服可使患者体重下降。近期临床研究证实，二甲双胍对肥胖或非肥胖者等效，阿卡波糖对饮食疗法不能控制的2型糖尿病显示出良效，且肥胖或非肥胖者均可使用。对胰岛素储备功能很差的非肥胖型糖尿病患者，当降糖药不能很好地控制血糖时，应及时使用胰岛素治疗。

(7)选择适宜的服用时间和食物对口服降糖药的吸收、生物利用度和药效都有不同程度的影响。因此，降糖药应注意在不同的时间服用。

1)餐前0.5 h：适于餐前服用的药物有甲苯磺丁脲、格列本脲、格列吡嗪、格列喹酮、伏格列波糖。瑞格列奈、那格列奈起效快，在空腹或进食时服用吸收良好，餐后给药(尤其是脂肪餐)可影响其吸收，使血浆达峰时间和半衰期延迟，因而提倡餐前给药。国内报道，小剂量格列本脲在早餐前服用疗效好，血浆达峰浓度时间比餐中服用提前1 h；早餐前服2.5 mg比早餐同时服用7.5 mg更有效，其疗效也提高80%。国外报道，瑞格列奈口服后15 min起效，血浆半衰期短，三餐前给药使整个进餐期都有降糖作用。

2)餐中：适于餐中口服的药物有二甲双胍、阿卡波糖、格列美脲。阿卡波糖应在就餐时随第1～2口饭吞服，可减少对胃肠道的刺激，减少不良反应，增加患者的依从性，并视个体的情况调整剂量。格列美脲在早餐或第一次就餐时服用。

3)餐后0.5～1 h：食物对药物的吸收和代谢影响不大的药物可在餐后口服，如罗格列酮。对有胃肠道不适者二甲双胍可在餐后服用。

(8)注射胰岛素时宜注意的事项

1)注射宜注意其制剂种类、起效、维持时间与就餐时间，一般注射胰岛素后15～30 min就餐较为适宜，但不同情况下注射胰岛素的时间可调整。

2)注射时血糖高，选择腹部注射，注射稍深一些，适当延长注射和进餐的间隔；注射后要立即就餐，可选择腹部注射；注射后不能按时就餐，选择上臂或臀部，注射浅一些；注射时血糖正常，可选择任何部位，正常进餐；注射时血糖偏低，可选择上臂或臀部，注射浅一点，注射后尽快进餐。腹部注射吸收最快，其次为前臂外侧，再次为股外侧、臀、双上臂外侧。

3)注射时宜变换注射部位，两次注射点要间隔 2 cm，以确保胰岛素稳定吸收，同时防止发生皮下脂肪营养不良。

4)动物和人胰岛素在结构上有差异，有一定的抗原性，对动物胰岛素过敏者可应用人胰岛素。

5)注意仅有可溶性胰岛素可静脉给药。

6)未开启的胰岛素应冷藏保存，冷冻后的胰岛素不可再应用。

7)使用中的胰岛素笔芯不宜冷藏，可与胰岛素笔一起使用或随身携带，但在室温下最长可保存 4 周。

第三节　抑　郁　症

一、抑郁症的概述

抑郁症(depression)是一种常见的精神障碍，以持续的心境恶劣与情绪低落、兴趣缺失、思维活动缓慢、言语动作减少、精力不足等为主要临床特征，常伴随认知或精神运动障碍或躯体症状等。根据抑郁发作的严重程度分为轻度、中度及重度。

抑郁症的发病年龄在 16～35 岁，病因未明。而更年期抑郁症则是在人由中年向老年过渡期所发生的以情绪忧郁、焦虑紧张为主要症状的一组综合征。常见于 50～60 岁的男性或 45～55 岁的女性，女性的发病率更高。

在更年期内，人体内分泌功能减退，尤其是性腺功能的变化，使体内的一系列平衡失调，神经和精神活动稳定性降低，对各种环境的适应力下降。对各种精神因素、外界刺激和身体疾病都比较敏感，耐受力较差，以致工作和生活上一些易引起紧张、悲伤、忧虑或身体疾病的因素都可成为抑郁症的诱因。

二、抑郁症的临床表现

抑郁症起病可缓可急，以缓慢者居多，病程初始有头昏、头痛、失眠、全身乏力、食欲减退或工作能力下降，后渐发展为明显忧郁、焦虑、猜疑等症状。抑郁的症状如忧郁、焦虑、猜疑等常表现为晨重晚轻。主要表现在以下 5 个方面。

1. 忧郁　情绪低落、精神萎靡、悲观绝望、幻觉妄想、有明显自责感，常把过去的琐事重提，认为自己的错误严重、罪孽深重，不思饮食，拔头发或割皮肤，甚至自杀。

2. 焦虑　在情绪低落的同时，患者焦虑不安、紧张恐惧、坐立不安。此为更年期抑郁症与其他抑郁症的显著差别之一。患者表现为瞻前顾后、心神不宁、犹如大祸临头、惶惶不可终日，稍有惊动便不知所措。

3. 猜疑　敏感多疑，发病后常把生活中所遇到的事件联系起来，在自罪自责的基础上，认为别人会讨厌或陷害他，严重者形成明显的被害妄想。或把身体的不适和听到的病情结合而夸大，形成疑病妄想。

4. 自主神经紊乱 有些人可出现早醒、厌食、消瘦，女性患者可有月经失调、闭经，男性患者可有阳痿、性欲减退。

5. 躯体症状 多数人有心率加快或减慢、四肢麻木、肢端发冷、出汗、头晕、头痛、乏力、食欲不振、关节痛、便秘、腹泻等。

三、抑郁症的治疗

（一）非药物治疗

1. 心理治疗 心理治疗可增加药物治疗的依从性。认知行为治疗和人际关系治疗是抑郁症治疗中应用和研究最多的心理疗法，这两种疗法都能有效缓解抑郁症急性期的症状和治疗慢性抑郁症状，若联合药物治疗可使有效率从48%提高到73%。另有报道，人际关系治疗和认知行为治疗联合小剂量抗抑郁药能降低抑郁症的复发率。

2. 电休克治疗(ECT) ECT可作为严重消极、自杀、木僵、拒食等重型抑郁患者的首选治疗，难治性抑郁症者也应联合ECT治疗。

3. 体育疗法 剧烈的有氧运动可以改善情绪，减轻焦虑，增进食欲、睡眠、性兴趣、性功能和自尊，改善抑郁状态，提升患者的自尊心，改善记忆和判断力。

4. 音乐疗法 音乐通过声波有规律的频率变化作用于大脑皮质，并对丘脑下部和边缘系统产生效应，提高皮质神经的兴奋性，活跃和改善情绪状态，消除外界精神心理因素所造成的“紧张状态”，调节激素分泌、血液循环、新陈代谢等，提高应激能力，改变人的情绪和身体功能状态。

5. 重复经颅磁刺激疗法 高频磁刺激能兴奋大脑皮质中水平走向的连接神经元，并可导致大脑皮质局部代谢水平增高，有明显抗抑郁作用。

6. 认知疗法 轻度抑郁者可拜访朋友，接受按摩，饲养宠物，装饰房屋，度假旅游。

7. 食物治疗 补充维生素B_1、B_2、B_6、B_{12}，维生素C，烟酸，叶酸和泛酸。

8. 光线疗法 季节性抑郁是由于冬季缺乏阳光引起的，每日在特殊的装置面前光照半小时，可改善60%～80%的冬季抑郁症患者的情绪。

（二）药物治疗

目前抗抑郁药主要有单胺氧化酶抑制剂(MAOI)、三环类、选择性5-羟色胺再摄取抑制剂(SSRI)、5-羟色胺及去甲肾上腺素再摄取抑制剂(SNRI)、去甲肾上腺素和特异性5-羟色胺再摄取抑制剂(NSSA)、5-羟色胺受体阻断剂/再摄取抑制剂(SARI)、选择性去甲肾上腺素再摄取抑制剂(NRI)等。除MAOI外，其他广泛用于临床。三环类抗抑郁药虽疗效明确，但因作用位点多，易产生多种不良反应，目前不建议作为首选药。

四、抗抑郁药的合理应用与药学监护

(1)应用抗抑郁药，须全面考虑患者症状特点、年龄、躯体状况、药物的耐受性、并发症，予以个体化用药。

(2)应尽可能单一用药，以避免发生药物相互作用，只有在足量、足疗程单一用药治疗无效时，方可考虑两种作用机制不同的抗抑郁药联合使用。一般情况不主张联用两种以上抗抑郁药。同时，应从小剂量开始，逐步递增剂量，使药品不良反应减至最少，以提高用药的依从性。当小剂量疗效不佳时，可根据药品不良反应和患者对药物的耐受情况，渐增至足量(有效剂量上限)。

(3)抗抑郁药种类繁多，虽作用机制不尽相同，但每一种药物只对70%左右的患者有效，有一部分患者治疗无效。这些患者中部分是“难治性抑郁症”。另外，尚有部分在抗抑郁药治疗中已达到痊愈的患者，在维持治疗期间药物剂量未变，也没有任何心理社会应激事件时，却出现了抑郁复发。此现象被称为“对抗抑郁剂的快速药物抵抗反应”，又称失效现象。国外研究发现，抑郁症者对抗抑郁剂耐药性的发生率约25%，一般出现在维持治疗期的第31周左右。

(4)经过两种以上作用机制的药物足疗程治疗仍然无效的难治性抑郁症，及对抗抑郁剂产生快速药物抵抗反应者，可尝试联合用药，包括两种抗抑郁药合用、抗抑郁药与情感稳定剂(锂盐)合用、抗抑郁药与非典型抗精神病药合用。

近期研究显示，抗抑郁剂氟西汀与抗精神病药如奥氮平、利培酮等联合应用，治疗抑郁症的疗效和安全性均比较理想。

(5)抗抑郁药的起效时间通常在2～4周，一般4～6周方可显效，即便是起效较快的米氮平和文拉法辛，也需1周左右的时间，因此，要有足够的耐心，选择一种药治疗后至少4周以上再判定效果，切忌频繁换药。如经足够治疗剂量、足够疗程而抑郁症状仍然未得到缓解(一般出现的比例约为30%)，则应考虑换药。换药应注意选择作用机制不同、药物结构不同的抗抑郁药，这样可能会有效。如某些患者经选择性5-羟色胺再摄取抑制剂治疗无效，可以考虑文拉法辛、曲唑酮、米氮平等新型抗抑郁药或单胺氧化酶抑制剂吗氯贝胺等。

(6)SSRI可通过乳汁分泌而影响婴儿，动物试验表明有致畸危险。因此，妊娠或准备怀孕的妇女及哺乳期妇女慎用；重度肾功能不全者慎用。另外，肝硬化者单次服用SSRI后，几乎所有SSRI的血浆半衰期均延长1倍，尤其老年人血药浓度更高。因此肝病患者宜减少SSRI剂量与使用频率。

第四节　痛　　风

一、痛风的概述

痛风(gout)又称“帝王病”或“富贵病”，其与酒、肉的关系密切。痛风由体内嘌呤代谢异常所致，人体在正常生理情况下，嘌呤合成与分解处于相对平衡状态，尿酸的生成与排泄也较恒定。正常人血浆中尿酸含量为120～360 μmol/L(2～6 mg/dL)，其中男性平均为270 μmol/L(4.5 mg/dL)；女性平均为210 μmol/L(3.5 mg/dL)左右。

当嘌呤的代谢异常、体内核酸大量分解(白血病、恶性肿瘤等)或食入高嘌呤食物时,血尿酸水平升高,当男性超过 416 μmol/L(7.0 mg/dL),女性超过 357 μmol/L(6.0 mg/dL)时,则形成暂无症状、无痛风石的高尿酸血症,有 5%～12%的高尿酸血症者最终发展为痛风。当血尿酸超过 8 mg/dL 时,尿酸钠盐将过饱合而形成结晶体,沉积于关节、软组织、软骨及肾等体温较低的部位,而致关节炎、尿路结石及肾疾病,称为痛风。痛风的高危因素有①酗酒、进食高嘌呤饮食等;②有家族遗传史及肥胖者;③患高血压、高血脂、动脉硬化、冠心病、糖尿病、肥胖症;④服用噻嗪类利尿剂、胰岛素、青霉素、环孢素、阿司匹林等药;⑤创伤与手术。

尿酸是嘌呤代谢的最终产物,在体内无任何生理功能和药理作用,微溶于水,可被转化为溶解度高的尿囊素,但人体内缺乏这种酶,因此转化率极少。体内嘌呤的来源有以下 3 个途径。

(1)合成途径:自然界以嘌呤碱的形式存在,存在于 DNA 和 RNA 中,DNA 和 RNA 中所含嘌呤碱主要为腺嘌呤和鸟嘌呤,它们氧化后成次黄嘌呤和黄嘌呤,再进一步氧化成尿酸。

(2)回收途径:核苷酸分解产生嘌呤碱可重新被肾脏回收利用。

(3)饮食途径:摄入含高嘌呤食物(动物的心、肝、肾、脑、蛤、蚝、蚌、鱼卵、啤酒、肉脯、肉汁、沙丁鱼、酵母、肉精、干贝、鱼子、凤尾鱼、鲱鱼、大比目鱼、鲤鱼、野鸡、鹅、鸽、鹌鹑、火鸡、扇贝肉、咸猪肉、干豌豆、干豆、鸡汤、肉汤等)。

高尿酸血症和痛风与心血管不良事件、高血压、糖尿病、脑卒中密切相关,尿酸是高血压发病和长期血压变化的独立预测因素;同时,高尿酸血症可损伤胰岛 B 细胞功能,加重胰岛素抵抗状态,导致糖耐量异常和糖尿病。

二、痛风的类型与临床表现

(一)痛风的类型

痛风可分为原发性和继发性痛风两种。

(1)原发性痛风常有家族遗传史,是一种先天性代谢缺陷,主要是体内嘌呤的合成过多,产生过多的尿酸,其中部分患者的尿酸排除过少。体内嘌呤合成过多的原因:①体内的谷胱甘肽还原酶过多,最终使 1-焦磷酸-5-磷酸核糖(PRPP)数量增加,促进嘌呤核苷酸的合成;②谷氨酸脱氢酶缺陷或不足;③磷酸核糖焦磷酸酰胺转移酶缺陷,以致次黄嘌呤核苷酸的合成调节失常,导致嘌呤核苷酸的合成过多;④次黄嘌呤、鸟嘌呤磷酸核糖转移酶的活性降低,限制了游离的嘌呤碱基转变为核苷酸,有利于嘌呤碱分解而生成尿酸。

(2)继发性痛风无家族史,多继发于肿瘤、白血病等所致核酸大量分解及肾功能减退而造成的尿酸排泄减少;或由于药物抑制肾小管的排泄能力而致尿酸的排除不畅,体内尿酸蓄积过多,以女性多见。

（二）痛风的临床表现

过多的尿酸钠从超饱和细胞外液中沉积于组织或器官（中枢神经系统除外），主要在关节、滑膜、肌腱、肾及结缔组织等处沉积，形成痛风结石。结石中的尿酸钠结晶可引起粒细胞浸润，导致关节炎症和疼痛。

1. 急性关节炎期　起病较突然，发病急似刮风、快重而单一，病变和痛风结石并非对称性。发作的单个关节出现红、肿、痛、热和功能障碍，常在夜间发作，疼痛在 6 h 内可达高峰。常见部位为跖趾关节，约占半数；其次为踝、足跟、腕、指关节等。在老年人中，手关节受累较多，表现为完全不能负重，局部肿胀，皮肤呈紫红色，数日可自行缓解，但反复发作。发作间歇至少有 1～2 周的完全缓解期。

2. 慢性关节炎期　反复发作，未治疗或治疗不彻底者，可表现为多个关节受累，尿酸盐在关节的软骨、滑膜、肌腱等处沉积而形成痛风结石。

3. 肾结石　尿酸结晶在肾形成结石，出现肾绞痛或血尿。尿酸盐结晶在肾间质沉积及阻塞肾集合管而形成痛风肾，可出现蛋白尿、高血压、肾功能不全。

血尿酸水平超过 380.8 μmol/L，关节滑囊液检查可发现尿酸结晶。X 线检查可发现在关节软骨及邻近的骨质有圆形或不整齐的穿凿样透光缺损。

三、痛风的治疗

（一）非药物治疗

1. 限制高嘌呤食物的摄入　对嘌呤限制在 100～150 mg/d 以下，禁食动物内脏、干贝、鱼子等；保持理想体重，限制饮食或减轻体重均可改善病情。

2. 禁酒　乙醇可致体内乳酸和酮体聚集，抑制尿酸排泄，乙醇还能促进腺嘌呤核苷酸转化，使尿酸合成增加，血尿酸升高，诱发急性痛风性关节炎。每日饮 1L 以上啤酒，相对危险性（RR）为 2.51，白酒 RR 为 1.17，但葡萄酒无明显相关性。人血尿酸值与酒精摄入量呈正比，日酒精摄入量每增加 10 g，痛风的 RR 增加 1.17 倍。

3. 多饮水　保持每日尿量在 2 000～3 000 mL。为防止夜间尿液浓缩和利于排除尿酸，在睡前或半夜适当饮水为宜。

4. 增加碱性食物　增加碱性食物（香蕉、西瓜、南瓜、黄瓜、草莓、苹果、菠菜、萝卜、四季豆、莲藕、海带）的摄取，碱化尿液（碳酸氢钠 3 g/d、枸橼酸钠 3 g/d），维持尿液 pH6.5，防止发生肾结石。

5. 物理治疗　对有炎症的关节可行红外线、透热疗法、矿泉浴、沙泥疗法，推拿按摩。

（二）药物治疗

1. 痛风急性发作期　以控制关节炎症（红肿、疼痛）为目的，尽早使用抗炎药，首选秋水仙碱首剂 0.5～1 mg 顿服，以后每隔 2 h 给予 0.5 mg，至疼痛缓解为止或第一日一次 1 mg，一日 3 次，第 2～3 日一次 1 mg，一日 2 次，第 4 日及以后一次 1 mg，一日 1 次，于睡前服用；或出现胃肠道反应不能耐受时，减量为一次 0.5 mg，一日 1～3 次。多数患者在 24～48 h 急性症状缓解，总量不超过 5 mg。也可用 2 mg 溶于 0.9%氯化钠注射液 20 mL 中缓慢静脉注射。如病情需要，4～6 h 后再给 1 mg，总量不超过 5 mg。用于预防痛风发作，秋水仙碱一日 0.5～1 mg。

对剧痛者首选对乙酰氨基酚、吲哚美辛、双氯芬酸，次选布洛芬、尼美舒利。吲哚美辛等不但抑制前列腺素的合成，镇痛和抗炎，且能抑制尿酸盐结晶的吞噬，可作为急性期的基本用药，或在秋水仙碱疗效不好时作为替代药。吲哚美辛一般在用药后 4 h 内开始生效，初始剂量一次 25～50 mg，每隔 8 h 给予 1 次，疼痛缓解后改为一次 25 mg，一日 2～3 次，直至完全缓解。布洛芬控制急性发作效果不如吲哚美辛，多在 72 h 内控制，但不良反应较小，剂量为一次 0.2～0.4 g，一日 2～3 次。

肾上腺糖皮质激素能使症状迅速缓解，但停药后易复发，仅在上述药无效时才使用，可服用泼尼松一次 10 mg，一日 3～4 次，症状缓解后逐渐减量停药。

2. 痛风发作间歇期 发生于急性期之后，可反复发作，未治疗或治疗不彻底，可表现为多关节受累，仅表现为血尿酸浓度增高，无明显临床症状、无疼痛、无炎症。此期应有效控制血尿酸浓度、排除尿酸，预防尿酸盐沉积，保护肾脏，减少急性痛风发作次数。需使用排除尿酸药或抑制尿酸生成的药物，使血尿酸维持在正常范围，预防急性期的发作及防止痛风结石的形成。

排除尿酸药能阻止肾小管对尿酸盐的重吸收，增加尿酸排出，适用于肾功能良好的患者，如肌酐清除率＜80 mL/min，疗效降低，达 30 mL/min 时无效。已有尿酸结石形成，或一日尿中尿酸＞540 μmol(900 mg/d)，不宜使用此类药物。

第五节 消化性溃疡病

一、概述

消化性溃疡病(PU)属于酸相关性疾病，包括胃溃疡(GU)和十二指肠溃疡(DU)，是指胃肠道黏膜在消化道内胃酸和胃蛋白酶等的腐蚀作用下发生的溃疡，其深度达到或穿透黏膜肌层。另在胃食管反流病患者还可见食管消化性溃疡，在 Meckel 憩室患者还可见回肠远端的消化性溃疡。

溃疡病的病程多有慢性且反复发作的特点，发病常在秋冬及冬春季之交，发病率约占人口总数 10%，发生在胃肠道接触胃酸和胃蛋白酶的部位，其发病机制较为复杂，迄今仍未阐明。

消化性溃疡诊断主要依赖于内镜检查和上消化道造影。内镜检查是确诊消化性溃疡的主要方法，并可通过活体组织检查协助鉴别良恶性溃疡以及幽门螺杆菌(Hp)的检测。上消化道造影检查可见到腔外龛影等溃疡征象。

二、消化性溃疡病的病因

（一）消化性溃疡病的内因

传统的学说认为是胃酸和胃蛋白酶对胃、十二指肠的腐蚀作用与胃肠黏膜防御系统之间的不平衡所造成的。但目前更多的研究结论认为胃窦部 Hp 感染为导致消化性溃疡病的主要病因，大约 90％的十二指肠溃疡和 80％的胃溃疡由 Hp 感染所致。同时，胃炎所导致的 H^+ 反向弥散、幽门括约肌功能不全所造成的十二指肠胃反流、十二指肠内容物中的胆盐和溶血卵磷脂均可损伤胃黏膜，诱发胃溃疡。

人体胃部分泌胃酸和胃蛋白酶等物质，帮助消化食物，但胃酸和胃蛋白酶（攻击因子）会损害胃和肠内的黏膜而形成溃疡，即胃肠黏膜发生糜烂，严重时发生穿孔、出血等并发症。正常情况下，胃黏膜具有屏障作用（防御因子）保护其免受胃酸和胃蛋白酶的侵蚀，这个平衡均势对维持一个健康的消化系统是十分重要的。

但这个平衡均势却很容易被打破，胃酸分泌过多或胃黏膜保护功能削弱，让胃酸入侵而刺激黏膜层下的细胞组织，当其一或两者同时发生时，溃疡便会形成。

（二）促成消化性溃疡病的外部因素

1. 遗传因素　在部分消化性溃疡患者（特别是 20 岁前起病的十二指肠患者）的发病中发现遗传因素有重要意义。

2. 地理区域、环境因素

3. 精神因素　精神刺激、恐吓、工作压力，生活节奏紧张，常引起本病发生及加重。

4. 饮食因素　饮食不当，过冷过热，暴饮暴食及不规则进食等。

5. 药物及化学品的刺激　很多药物与胃黏膜接触后，都可以破坏胃黏膜屏障，使胃酸氢离子由胃腔进入黏膜层，并引起组胺的释放，进一步加重胃黏膜层损伤，产生胃黏膜肿胀、出血等症，如服用非甾体抗炎药、抗血小板药。

6. 吸烟　吸烟影响溃疡愈合和促进溃疡复发的机制尚未阐明，可能与吸烟促进胃酸分泌、减少十二指肠碳酸氢盐分泌、影响胃十二指肠协调运动、增加黏膜损害性自由基等因素有关。

三、消化性溃疡病的临床表现

多数消化性溃疡患者表现为中、上腹反复发作性节律性疼痛，少数患者可表现为上腹不适等消化不良症状，极少数则以呕血、黑便、急性穿孔等为首发症状。

（一）主要症状

（1）慢性过程，反复发作，缓解期与发作交替，发作时疼痛有规律性：上腹痛可为隐痛、钝痛、饥饿样痛、胀痛、烧灼样痛，长期反复发作。疼痛多在精神紧张，饮食不当，秋、冬季气候变化等情况下发作；疼痛多有规律性，与饮食关系密切，如胃溃疡常在餐后 0.5～1 h疼痛，持续 1～2 h 消失；十二指肠溃疡则在餐后 2～3 h 开始疼痛，持续至下次进餐才消失，或夜晚睡前疼痛；进食或服碱性药物可使疼痛缓解。

(2)伴有恶心、呕吐、反酸、嗳气、上腹部饱胀感、消化不良、贫血、消瘦等。

(3)发作期间上腹部常有局限性压痛，但无肌紧张。十二指肠溃疡压痛点在中线偏右，胃溃疡压痛点多在中线偏左。

(4)胃液分析可见十二指肠溃疡酸度增高，胃溃疡酸度可高可低，但多数正常；溃疡病活动阶段，潜血试验多为阳性。

(5)X线钡餐检查在病变处可见壁龛，黏膜向溃疡集中。十二指肠球部溃疡大多表现为球部畸形，少数可见到点状龛影及周围黏膜向龛影集中。Hp感染的临床诊断可通过胃镜取胃黏膜组织作组织学染色(银染法)、^{13}C或^{14}C尿素呼气试验、大便多肽检测法等。

(二)并发症

并发症为大出血时，表现为呕血、柏油样便、面色苍白、出冷汗、头昏、眼花、心悸、脉速、血压下降等；穿孔时，突然上腹部剧痛，继而扩散至满腹，伴有出大汗、恶心、呕吐、脉细速、烦躁不安，腹膜刺激征，肝浊音界消失，血白细胞计数增多；幽门梗阻时，规律性上腹部疼痛逐渐消失，伴有饱胀、反复出现发作性呕吐，呕吐物有隔餐或隔夜食物，上腹部有胃型、逆蠕动波及震水声等；如年龄较大、病期较长，而近期疼痛性质改变，明显消瘦、贫血等，应考虑有癌变的可能性。

老年人由于生理原因在表现上有许多特点：①平时症状较轻微，出血和穿孔往往是首发表现；②溃疡常发生在胃体的上部，其疼痛常放射到背部和胸部剑突上方，出现胸骨后痛，酷似不典型的心绞痛和心肌梗死；③消化道溃疡的穿孔率比青壮年高2倍，呕吐率是青壮年3倍，穿孔后出现全腹压痛、反跳痛、腹部肌肉强直；④合并出现幽门梗阻，老年人在进食后，常感上腹部饱胀和不适，呕吐物中可见到隔餐和隔日的食物。如老年人的胃部疼痛变成持续性的或不规则的，同时伴有消瘦、食欲减退、贫血、大便潜血等，应警惕有癌变的可能。

四、消化性溃疡病的治疗

(一)非药物治疗

确诊后一般采取综合性治疗，目的是缓解临床症状，促进溃疡愈合，防止溃疡复发，减少并发症。无并发症的消化性溃疡患者首先采用内科治疗，包括休息、减少精神刺激、消除有害环境因素，饮食宜有节律，并停用导致溃疡和出血的药物。

(二)一般常规药物治疗

对消化性溃疡治疗的目的：①缓解或消除症状；②治愈和加速创面愈合；③防止严重并发症(如胃和十二指肠出血、穿孔或梗阻)的出现；④防止溃疡复发。

1. 解除平滑肌痉挛和镇痛　阿托品一次0.5 mg皮下注射，必要时4～6 h给予一次；或口服溴丙胺太林一次15～30 mg，一日3次；或曲美布汀一次100 mg，一日3次。

2. 口服抗酸药　多为弱碱性药物，服后可中和或吸附胃酸，减少或解除胃酸对胃及十二指肠黏膜的刺激，减轻疼痛，有利于溃疡面的愈合。临床主要用于胃、十二指肠溃疡及胃酸增多症的辅助治疗。包括碳酸氢钠、碳酸钙、氢氧化铝、三硅酸镁、碳酸镁、铝碳酸镁、氧化镁及复方制剂。

3. 口服抑酸剂

(1)组胺 H_2 受体阻断剂西咪替丁具有明显缓解溃疡疼痛和促进溃疡愈合的功效，剂量为一次 0.4 g，一日 2 次或每餐前 0.2 g，一日 3 次，睡前另加 0.3～0.4 g。雷尼替丁抑制胃酸分泌作用比西咪替丁强，但副作用小，常用剂量为 0.15 g，一日 2 次，或睡前顿服 0.3 g，疗程为 4～6 周。法莫替丁一次 20 mg，一日 2 次，用于活动性胃及十二指肠溃疡，一次 40 mg，睡前服，连续 4～6 周为 1 疗程，溃疡愈合后，使用维持量，剂量减半。

(2)胃泌素受体阻断剂丙谷胺可抑制胃酸和胃蛋白酶的分泌，对胃黏膜具有保护作用，剂量为一次 0.4 g，一日 3～4 次，于餐前 15 min 给药。

(3)胆碱受体抑制剂哌仑西平有高度的选择性，抑制胃酸分泌作用强，一次 50～75 mg，一日 2 次，于早、晚餐前 1.5 h 服用。

(4)质子泵抑制剂可降低胃酸分泌，抑制了胃酸形成的最后步骤。抑酸作用强、抑酸的时间久，对消化性溃疡的疗效较高，疗程也较短，愈合溃疡的时间比 H_2 受体阻断剂快。可应用的药物有奥美拉唑、兰索拉唑、泮托拉唑、雷贝拉唑、埃索美拉唑。

4. 胃黏膜保护剂　传统的抗酸剂如硫糖铝等，除中和胃酸外，尚具有黏膜保护作用，且价廉和不良反应少，口服一次 1 g，一日 3～4 次，餐前服用。较新的黏膜保护剂如前列腺素类似物(米索前列醇、恩索前列素等)、替普瑞酮、瑞巴派特等，均具有增强黏膜抗损伤能力和加速溃疡愈合的作用，替普瑞酮一次 50 mg，一日 2 次，于餐前 0.5 h 服用；瑞巴派特口服一次 0.1 g，一日 3 次。铋剂(铝酸铋、碱式碳酸铋、枸橼酸铋钾、胶体果胶铋)能与溃疡基底膜坏死组织上的蛋白或氨基酸结合，形成蛋白质-铋复合物，覆盖于溃疡表面起到黏膜保护作用。吉法酯可保护胃黏膜，促进溃疡修复愈合，并增加前列腺素的分泌，口服一次 2 片(每片 400 mg 中含吉法酯 50 mg 和铝硅酸镁 50 mg)，一日 3 次，连续 1 个月为 1 个疗程。

目前治疗上已不满足单一制酸药治疗消化性溃疡，通常是多种抗酸剂和黏膜保护剂组成复方药物，以取长补短，同时与胃酸分泌抑制剂、H_2 受体阻断剂、质子泵抑制剂合用，治疗效果更好。

(三)Hp 感染的治疗

当前推荐的治疗方案可分为两类，即以质子泵抑制剂、铋剂加用抗生素的三联疗法和以抑酸药为中心加用抗生素的联合疗法，疗程 2 周。前者可达 85%左右的 Hp 根除率，但不良反应也较高，多达 20%左右，症状控制亦较慢；后者多采用奥美拉唑、雷尼替丁、法莫替丁，联合应用氨苄西林、阿莫西林、利福布汀、克拉霉素、甲硝唑和左氧氟沙星等抗菌药物，使 Hp 的根除率提高至 80%～90%。近年来，国内外推出的质子泵抑制剂、铋剂、甲硝唑加抗生素的四联疗法，对耐甲硝唑的 Hp 的消化道溃疡病更有效，有效率可提高至90%以上。

Hp感染治疗首先需确定根除治疗的适应证，选择根除率高的治疗方案，以免引起同范围Hp及其他细菌对抗生素的普遍耐药性。

1. Hp根除推荐治疗方案

(1)PPI/RBC(标准剂量)+阿莫西林(1 g)+克拉霉素(0.5 g)，一日2次，连续7 d。

(2)PPI/RBC(标准剂量)+甲硝唑(0.4 g)+克拉霉素(0.5 g)，一日2次，连续7 d。

(3)PPI/RBC(标准剂量)+阿莫西林(1 g)+呋喃唑酮(0.1 g)/甲硝唑(0.4 g)，一日2次，连续7 d。

(4)铋剂(标准剂量)+呋喃唑酮(0.1 g)+克拉霉素(0.5 g)，一日2次，连续7 d。

(5)铋剂(标准剂量)+甲硝唑(0.4 g)+四环素(0.75～1 g)，一日2次，连续14 d。

(6)铋剂(标准剂量)+甲硝唑(0.4 g)+阿莫西林(0.5 g)，一日2次，连续14 d。也可用H_2受体阻断剂替代PPI(西咪替丁400 mg、雷尼替丁150 mg、法莫替丁20 mg)，但根除率可能会有所降低。

2. 二线方案

(1)PPI(标准剂量)+铋剂(标准剂量)+甲硝唑(0.4 g)+四环素(0.75～1 g)，一日2次，连续7～14 d。

(2)PPI(标准剂量)+铋剂(标准剂量)+呋喃唑酮(0.1 g)十四环素(0.75～1 g)，一日2次，连续7～14 d。

注：PPI为质子泵抑制剂，目前有埃索美拉唑(E)20 mg、雷贝拉唑(R)10 mg、兰索拉唑30 mg、奥美拉唑20 mg、RBC(枸橼酸铋雷尼替丁)350 mg。

五、抗消化性溃疡药的合理应用

(1)组胺H_2受体阻断剂对妊娠及哺乳期妇女忌用；对急性胰腺炎者慎用；对有过敏史、肝肾功能不全者和儿童应慎用；严重心脏及呼吸系统疾病，系统性红斑狼疮，器质性脑病者慎用。H_2受体阻断剂于餐后口服较餐前效果为佳，是因为餐后胃排空延迟，有更多的缓冲作用；另鉴于相同的原因，不宜与促胃动力药联合应用。

(2)在选择根治Hp药物方案中，注意避免耐药菌株的产生，防范措施有①严格掌握Hp根除的适应证，选用正规和有效的治疗方案；②联合治疗，避免使用单一抗生素或抗菌药物，提倡在治疗前作药敏试验，选择对Hp敏感的抗生素；③对根除治疗失败者，再次治疗前先做药物敏感试验，避免使用对Hp耐药的抗菌药物；④由于Hp的耐药性，PPI三联方案必要时可使用2周；⑤对一线治疗失败者，改用补救疗法时，尽量避免应用甲硝唑类药，应改用其他药物，如呋喃唑酮、胃内滞留型庆大霉素缓释片等；⑥间隔治疗；⑦寻求新的非耐药的抗生素；⑧研制Hp疫苗。

(3)各种抗酸药中和酸的作用相差很大，长期应用伴有的最常见的不良反应是腹泻或便秘，所有抗酸药均产生暂时性代偿性盐酸分泌增多，对习惯性便秘者不宜使用。PPI对餐后胃酸分泌抑制作用强，应在餐前立即服用；应用抗酸药宜在餐后1～2 h服用，治疗时间不宜少于 3 个月，另避免与酸性药、含鞣酸的药物同服。

(4)应当提醒的是，消化性溃疡通常预后良好。几乎所有患者通过用药和改变生活方式均治疗成功，大多数治疗失败者乃由于治疗不当、患者不依从或对药品不良反应不耐受、疗程不足、剂量不适当或诊断不正确。当药物治疗停止后，40%～80%患者在 1 年内复发。药师应加强对上述治疗失败因素和用药依从性的监控，并应在根治 Hp 4 周后复诊以确定 Hp 是否被根除。

参考文献

[1] 谢幸，苟文丽.妇产科学[M].8版.北京：人民卫生出版社，2016.

[2] 葛均波，徐永健[M].内科学.8版.北京：人民卫生出版社，2013.

[3] 中华医学会计划生育学分会.临床诊疗指南与技术操作规范(计划生育分册)[M].2版.北京：人民卫生出版社，2017.

[4] 康震.常见疾病谱用药：速查速用手册[M].北京：化学工业出版社，2014.

[5] 夏保京，王少.慢性病管理学[M].上海：上海第二军医大学出版社.，2014.

[6] 国家食品药品监督管理总局组织.药学综合知识与技能[M].7版.北京：中国医药科技出版社，2015.

[7] 吴中朝.人体经络穴位标准大图册[M].北京：中国轻工业出版社，2015.

[8] 臧俊岐.图说针灸点穴按摩拔罐针灸[M].南京：江苏科学技术出版社，2016.

[9] 崔晓丽.24节气养生食补大全[M].福州：福建科学技术出版社，2012.

[10] 李悦山，罗健东.药理学[M].北京：科学出版社，2014.

[11] 张银柱.中医入门一看就懂[M].杭州.：浙江科学技术出版社，2013.

[12] 周幸来，祝小敏，周举.身体的疾病信号：有病早知道、早治疗[M].沈阳：辽宁科学技术出版社，2007.

[13] 李健康.旅游保健应变指南[M].北京：中华联合出版社，2004.

[14] 李俊涛.家有保健师[M].石家庄：河北科学技术出版社，2012.

[15] 何裕民.癌症只是慢性病[M].3版.上海：上海科学技术出版社，2014.